JAHRBUCH
DES BUNDESINSTITUTS FÜR
KULTUR UND GESCHICHTE DER DEUTSCHEN
IM ÖSTLICHEN EUROPA

23/2015

JAHRBUCH DES BUNDESINSTITUTS FÜR KULTUR UND GESCHICHTE DER DEUTSCHEN IM ÖSTLICHEN EUROPA

BAND 23

RELIGION UND ERINNERUNG

Konfessionelle Mobilisierung und Konflikte im Europa der Frühen Neuzeit

Herausgegeben von
Dagmar Freist und Matthias Weber

DE GRUYTER
OLDENBOURG

Herausgeber:
Matthias Weber, BKGE, Oldenburg

in Verbindung mit:
Mirosława Czarnecka, Wrocław
Ladislau Gyémánt, Cluj-Napoca
Reinhard Johler, Tübingen
Christopher Long, Austin/Texas
Ágnes Tóth, Budapest

Redaktion:
Detlef Haberland, BKGE, Oldenburg
Jens Stüben, BKGE, Oldenburg

Bibliographische Information der Deutschen Nationalbibliothek
Die Deutsche Nationalbibliothek verzeichnet diese Publikation in der Deutschen Nationalbibliographie; detaillierte bibliographische Daten sind im Internet über http://dnb.d-nb.de abrufbar

Library of Congress Cataloging-in-Publication Data
A CIP catalog record for this book has been applied for at the Library of Congress.

Veröffentlicht durch Verlag De Gruyter Oldenbourg, München 2015

Umschlaggestaltung: NRDesign AGD, Oldenburg

Satz, Layout und Druck: TZ-Verlag & Print GmbH, Roßdorf, www.tz-verlag.de

ISBN 978-3-11-041204-8
ISSN 1865-5696

Inhalt

Vorwort zum Themenband „Religion und Erinnerung" 7

Dagmar Freist: Einleitung 9

Konflikthaftigkeit religiöser Erinnerungskulturen und Identitätsbildung

Mihai-D. Grigore: Von Papisten, Schismatikern und Ketzern. Der Donau-Karpaten-Raum als Konfliktfeld konfessioneller Geschichtspolitik im 16. und 17. Jahrhundert 21

Thomas Wünsch: Identitätsstiftung durch Erinnerungsgestaltung: Religionspolemik in der polnisch-litauischen Adelsrepublik im 16. und 17. Jahrhundert 33

Anna Mikołajewska: Rottengeister und Glaubenszeugen in der *Preussischen Kirchen-Historia* (1686) Christoph Hartknochs 49

Lorenz Erren: Orthodoxer Aufklärer oder zynischer Protestant? Feofan Prokopovič im Urteil der deutschen und der russischen Geschichtsschreibung 59

Corinna Hauswedell: Von der *Battle of the Boyne* (1690) zu einer „nordirischen Identität"? Die lange Tradition politisch-religiöser Konfliktgeschichte in Irland 73

Politisierung des religiösen Gedächtnisses: Martyrologien und apokalyptische Visionen

Arno Herzig: Politisierung des kollektiven Gedächtnisses in Chroniken und Martyrologien der Frühen Neuzeit 91

Wojciech Gruk: „Zufluchtsorte des Wortes Gottes" – Licensed places of worship and their role in maintaining Lutheran identity in early modern Silesia and Royal Hungary 97

Silvia Serena Tschopp: Protestantisches Märtyrertum und lutherische Konfessionsbildung: Georg Mylius und der Augsburger Kalenderstreit 115

Robert Born: Der Erbfeind im Freundschaftspark. Überlegungen zu den unterschiedlichen Funktionalisierungen des Türkenbildes in Ostmittel- und Südosteuropa im 20. Jahrhundert 137

Tobias Weger: Die *Weissagungen des blinden Jünglings aus Böhmen.* Von der religiösen Endzeitstimmung zur nationalen Stereotypisierung 171

Migration, Diaspora und Erinnerungspraktiken

Susanne Lachenicht: „Wenn nur noch die Erinnerung bleibt“. Diaspora-Identitäten zwischen Vormoderne und Postmoderne 191

Jessica Cronshagen: Herrnhuter Diaspora, Einnerungskultur und Identitätsbildung „in Abwesenheit“. Briefnetzwerke zwischen Europa und Surinam 201

Beiträgerinnen und Beiträger 220

Vorwort zum Themenband „Religion und Erinnerung“

Nach der vorangegangenen Ausgabe dieses Jahrbuchs mit dem Schwerpunktthema „Reformation“ wird ein weiterer Band mit religionsgeschichtlicher Ausrichtung vorgelegt. Die im BKGE erfolgende Auseinandersetzung mit der Reformation im östlichen Europa steht im Kontext der von der Beauftragten der Bundesregierung für Kultur und Medien (BKM) geförderten „Reformationsdekade 2008–2017“ und erfolgt in Zusammenarbeit mit dem an der Carl von Ossietzky Universität Oldenburg durchgeführten BKM-geförderten Projekt „Freiheitsraum Reformation 2012–2017“.

Bereits 2013 wurde die Tagung „Jan Hus – 600 Jahre Erste Reformation“[1] gemeinsam durchgeführt, die den spezifischen historischen und theologischen Beitrag des böhmischen Reformators zur Kirchen- und Geistesgeschichte Europas gewürdigt hat. Vom 13.–15. November 2014 fand die Tagung „Grenzen der Pluralisierung? Zur Konflikthaftigkeit religiöser Identitätsbildung und Erinnerungskultur in Europa seit der Frühen Neuzeit“ statt – aus dieser Konferenz ist der vorliegende Band hervorgegangen. Die während der Tagung gehaltenen Referate und die sich daran anschließenden Diskussion haben zu einer konzeptionellen Erweiterung des thematischen Rahmens geführt. Diese schlägt sich in einer entsprechenden Modifizierung des Titels des vorliegenden Bandes nieder.

Das Projekt „Freiheitsraum Reformation“ soll bis 2017 fortgeführt werden. Darüber hinaus bereitet das BKGE derzeit in Zusammenarbeit mit dem Deutschen Historischen Museum (Berlin) eine weitere Konferenz mit dem Thema „Der Luthereffekt im östlichen Europa. 500 Jahre Reformation. Geschichte, Kultur, Erinnerung“ (Berlin 6.–8. März 2016) vor.

Dieser Band erscheint wieder vor dem eigentlichen Reformations-Jubiläumsjahr 2017. Durch die Präsentationen neuer Forschungsergebnisse wollen die vom BKGE zusammen mit der Universität Oldenburg veröffentlichten Publikationen die Kenntnisse über die Bedeutung der Reformation für die Kultur und Geschichte Europas – mit einem Akzent auf dem östlichen Europa – erweitern. Ein besonderer Dank gebührt Detlef Haberland, der die Redaktion des Bandes übernommen hat. Den Autorinnen und Autoren danken die Herausgeber ganz herzlich für die Übersendung ihrer Beiträge und für die gute Zusammenarbeit.

Oldenburg, November 2015

Matthias Weber
Dagmar Freist

---

1 Hg. v. Andrea Strübind u. Tobias Weger. München 2015 (Schriften des Bundesinstituts für Kultur und Geschichte der Deutschen 60).

Dagmar Freist

Einleitung

Religion im frühneuzeitlichen Europa umfasst eine theologische ebenso wie eine diskursive, eine liturgische, eine ritualistische, eine erfahrungsbezogene und eine handlungspraktische Dimension.[1]

Die theologische Dimension bezieht sich auf die inhaltlichen Merkmale, die Glaubensgrundsätze und einen zunehmend institutionalisierten Wahrheitsanspruch, der sich diskursiv in Bild, Wort und Schrift[2] ebenso wie in Handlungsanweisungen und disziplinarischen Maßnahmen einer kontroverstheologischen Abgrenzung zwischen den christlichen Konfessionen manifestiert.[3] Mit dem Paradigma der Konfessionalisierung haben Heinz Schilling und andere das politisch und sozialdisziplinarisch motivierte Streben nach einer konfessionellen „Homogenisierung des Untertanenverbandes" seit dem 16. Jahrhundert konzeptionell gefasst und zugleich eine intensive wissenschaftliche Kontroverse um die analytische Schärfe dieses Paradigmas ausgelöst.[4] Die Bedeutung von Liturgie und Ritual als Sinn- und Gemeinschaft stiftende, religiöse Praktiken ist neben umfangreicher Studien zum Mittelalter[5] sowohl in der Konfessionalisierungsforschung als auch in Studien zu Umgangsweisen mit religiöser Differenz[6], in mikrohistorischen Studien zur Wirkmächtigkeit von Reli-

---

1 Vgl. zu einem multidimensionalen Religionsbegriff Charles Y. Glock: Religion in Sociological Perspective. Essays in the Empirical Study of Religion. Belmot 1973.

2 Exemplarisch Matthias Pohlig: Zwischen Gelehrsamkeit und konfessioneller Identitätsstiftung. Lutherische Kirchen- und Universalgeschichtsschreibung 1546–1617. Tübingen 2007 (Spätmittelalter und Reformation N.R. 37).

3 Henning P. Jürgens, Thomas Weller (Hg.): Streitkultur und Öffentlichkeit im konfessionellen Zeitalter. Göttingen 2013 (Veröffentlichungen des Instituts für Europäische Geschichte, Mainz, Beiheft 95).

4 Heinz Schilling: Die Konfessionalisierung im Reich. Religiöser und gesellschaftlicher Wandel in Deutschland zwischen 1555 und 1620. In: Historische Zeitschrift 246 (1988), S. 1–45; Ders.: Disziplinierug oder „Selbstregulierung der Untertanen"? Ein Plädoyer für die Doppelperspektive von Makro- und Mikrohistorie bei der Erforschung der frühmodernen Kirchenzucht. In: Ders., Luise Schorn-Schütte [u. a.] (Hg.): Ausgewählte Abhandlungen zur europäischen Reformations- und Konfessionsgeschichte. Berlin 2002 (Historische Forschungen 75), S. 632–645. Für einen Überblick vgl. Stefan Ehrenpreis, Ute Lotz-Heumann: Reformation und Konfessionelles Zeitalter. Darmstadt 2002.

5 So etwa Karl Schmid, Joachim Wollasch (Hg.): Memoria. Der geschichtliche Zeugniswert des liturgischen Gedenkens im Mittelalter, München 1984; allgemein Gerd Althoff: Die Macht der Rituale. Symbolik und Herrschaft im Mittelalter. Darmstadt 2003; Barbara Stollberg-Rilinger, Matthias Puhle, Jutta Götzmann, Gerd Althoff (Hg.): Spektakel der Macht. Rituale im Alten Europa 800–1800. Darmstadt 2009.

6 So etwa C. Scott Dixon, Dagmar Freist, Mark Greengrass (Hg.): Living with Religious Diversity in Early-Modern Europe. Farnham 2009.

Jahrbuch des BKGE 23 (2015), S. 9–20

gion im Alltag[7] und in der Diasporaforschung[8] thematisiert worden. Insbesondere jüngere Arbeiten, die sich für die rechtlichen, soziokulturellen und räumlichen Bedingungen im Zusammenleben verschiedener religiöser Glaubensangehöriger interessiert haben, konnten auf einen gewissen Pragmatismus im Alltag verweisen und zugleich die Konflikthaftigkeit gemischtkonfessionellen und -religiösen Zusammenlebens herausarbeiten.[9] Auch die Konversionsforschung hat pragmatische Überlegungen bei der Frage der offiziellen Religionszugehörigkeit betont,[10] aber auch die grundsätzliche Frage nach den Praktiken religiöser Subjektivierung und der prozessualen Veränderung des Selbst- und Weltverhältnisses aufgeworfen.[11]

Die religiöse Zugehörigkeit hat sich nicht nur in der Topographie gemischtkonfessioneller frühneuzeitlicher Städte[12] oder der Herausbildung konfessioneller Milieus gezeigt,[13] sondern auch im Umgang mit religiösen Artefakten[14] und Sinnlichkeit als konfessionsspezifische Deutungsmatrix.[15] Die erfahrungsbezogene und handlungspraktische Dimension von Religion schließlich wird neben umfangreichen Arbeiten zur Kirchenzucht[16] insbesondere in der Selbstzeugnisforschung[17], in der

---

7 Wegweisend immer noch Lyndal Roper, Robert W. Scribner: Religion and Culture in Germany (1400–1800). Leiden [u.a.] 2001 (Studies in medieval and reformation thought 81).

8 Exemplarisch Peter Vogt: „Gloria Pleurae!" Die Seitenwunde Jesu in der Theologie des Grafen von Zinzendorf'. In: Pietismus und Neuzeit. Ein Jahrbuch zur Geschichte des Neueren Protestantismus 32 (2006), S. 175–212, 185; sowie der Beitrag von Susanne Lachenicht in diesem Band.

9 Andreas Höfele, Stephan Laqué, Enno Ruge, Gabriela Schmidt (Hg.): Representing Religious Pluralization in Early Modern Europe. Berlin, Münster 2007 (Pluralisierung & Autorität 12); Dagmar Freist: Crossing Religious Borders: The experience of Religious Difference and ist Impact on Mixed Marriages in Eighteenth-Century Germany. In: Dixon, Freist, Greengrass (Hg.): Religious Diversity (Anm. 6), S. 203–223.

10 Ute Lotz-Heumann, Jan-Friedrich Mißfelder, Matthias Pohlig (Hg.): Konversion und Konfession in der Frühen Neuzeit. Schriften des Vereins für Reformationsgeschichte Nr. 205. Göttingen 2007.

11 Constantin Rieske: Doing the Paperwork: Early Modern Converts, their Narratives, and the (Re) Writing of Religious Lives. In: The Medieval History Journal 18 (2015), No. 2 (im Erscheinen)

12 Vera Isaiasz, Ute Lotz-Heumann, Monika Mommertz, Matthias Pohlig (Hg.): Stadt und Religion in der Frühen Neuzeit: Soziale Ordnungen und ihre Repräsentation. Frankfurt a.M., New York 2007 (Eigene und fremde Welten 4).

13 Luise Schorn-Schütte. Konfessionalisierung als wissenschaftliches Paradigma. In: Joachim Bahlke, Arno Strohmeyer (Hg.): Konfessionalisierung in Ostmitteleuropa: Wirkungen des religiösen Wandels im 16. und 17. Jahrhundert in Staat, Gesellschaft und Kultur. Stuttgart 1999 (Forschungen zur Geschichte und Kultur des östlichen Mitteleuropa 7), S. 63–77, 70; Thomas Kaufmann: Dreißigjähriger Krieg und Westfälischer Friede. Kirchengeschichtliche Studien zur lutherischen Konfessionskultur. Tübingen 1998 (Beiträge zur historischen Theologie 104), S. 7f.; Ders.: Konfession und Kultur. Lutherischer Protestantismus in der zweiten Hälfte des Reformationsjahrhunderts. Tübingen 2006 (Spätmittelalter und Reformation N.R. 29).

14 Alexandra Walsham (Hg.): Relics and Remains. Past and Present. Supplement 5. Oxford 2010.

15 Wietse de Boer, Christine Göttler (Hg.): Religion and the Senses in Early Modern Europe. Leiden 2013.

16 Für einen guten Überblick die Beiträge in Heinz Schilling (Hg.): Kirchenzucht und Sozialdisziplinierung im frühneuzeitlichen Europa. In: Zeitschrift für Historische Forschung. Beiheft 16 (1994).

17 Kaspar von Greyerz (Hg.): Selbstzeugnisse in der Frühen Neuzeit. Individualisierungsweisen in interdisziplinärer Perspektive. München 2007 (Schriften des Historischen Kollegs, Kolloquien 68).

Pietismusforschung[18] sowie in der Missionsgeschichte[19] thematisiert. Diese autobiographischen Schriften offenbaren die Bedeutung Generationen übergreifenden Erinnerns für die Herausbildung und Stabilisierung religiöser Zugehörigkeit seit dem 16. Jahrhundert, ein Phänomen, das allerdings bislang kaum im Rahmen der auf den Nationalstaat, in jüngerer Zeit auf transnationale Erinnerungsdiskurse, fixierten wissenschaftlichen Debatte um Erinnerungskultur und Erinnerungspraktiken thematisiert wird.[20]

Seit einigen Jahren wird die identitäts- und sinnstiftende Relevanz kollektiver und persönlicher Formen der Erinnerung auch für die Frühe Neuzeit diskutiert. Judith Pollmann etwa hat der aktuellen Erinnerungsforschung vorgeworfen „(to) posit an evolution of memory and memory practices away from the organic, local, traditional and communal, first towards the hegemonic nationalist memory cultures of the nineteenth and early twentieth centuries, and subsequently towards the hybridity and chaotic individuality of postmodern memory practices."[21] Der Vorstellung, vor 1800 wäre jegliche Form institutionalisierter Erinnerung die Prerogative der sozialen Eliten gewesen, Geschichte wäre allenfalls als Magistra vitae oder in einem eschatologisch geprägten Zeitdenken von Bedeutung gewesen, setzt Pollmann ein komplexes und sozial differenziertes Bild frühneuzeitlicher Erinnerungspraktiken bezogen auf Erinnerungspolitik und die Politik des Vergessen, die Relevanz von Medien und die Bedeutung persönlicher Erinnerung für die Entstehung von Erinnerungsnarrativen entgegen. Achim Landwehr hat auf die einsetzende Historisierung der Vergangenheit seit dem 17. Jahrhundert, den Bedeutungsgewinn der Gegenwart und damit verbunden die Gestaltbarkeit der Zukunft hingewiesen und die Ausbildung eines spezifischen Zeitverständnisses von Vergangenheit, Gegenwart und Zukunft

---

18 Exemplarisch Ulrike Gleixner: Pietismus und Bürgertum: Eine historische Anthropologie der Frömmigkeit Württemberg 17.–19. Jahrhundert. Göttingen 2005 (Bürgertum N.F. 2), S. 119–208.

19 Anne-Charlott Trepp: „Daher entsteht so viel naturhistorisches Unheil". Wissens- und Kulturtransfer zwischen Indien und Europa*: Die Halleschen Missionsberichte.* In: Andreas Beck, Nicola Kaminski (Hg.): Literatur der Frühen Neuzeit und ihre kulturellen Kontexte. Frankfurt a. M. [u. a.] 2012, S. 229–255; Renate Dürr: Der „Neue Welt-Bott" als Markt der Informationen? Wissenstransfer als Moment jesuitischer Identitätsbildung. In: Zeitschrift für historische Forschung 34 (2007), S. 441–466, 450–456.

20 Für die Klassiker vgl. Maurice Halbwachs: Les cadres sociaux de la mémoire. In: Les Travaux de L'Année Sociologique. Paris 1925; Paris 1952; On collective memory. Chicago 1992; Pierre Nora (Hg.): Les lieux de mémoire. 7 vols. Paris 1984–1992; Etienne François, Hagen Schulze (Hg.): Deutsche Erinnerungsorte. 3 Bde. München 2001; für Ansätze einer transnationalen / translokalen Erinnerungskultur Aleida Assmann, Sebastian Conrad (Hg.): Memory in a Global Age. Discourses, practices and trajectories. Basingstoke 2010; Dagmar Freist: Lost in Time and Space? Glocal Memoryscapes in the Early Modern World. In: Erika Kuijpers, Judith Pollmann, Johannes Müller, Jasper van der Stehen (Hg.): Memory before Modernity. Practices of Memory in Early Modern Europe. Leiden [u. a.] 2013 (Studies in medieval and Reformation traditions 176), S. 203–222.

21 Erika Kuijpers, Judith Pollmann: Introduction: On the Early Modernity of Modern Memory. In: Ebd., S. 1–26, hier S. 2.

im 17. Jahrhundert aufgezeigt.[22] Dieses Zeitwissen und die Verortung des eigenen Selbst in diesem Zeitfluss bietet interessante Anknüpfungspunkte für die Bedeutung von Erinnerung in der Ausbildung religiös geprägter Selbst- und Weltverhältnisse.[23] Neben diesen persönlichen Selbstverortungen haben insbesondere Städtechroniken in der Frühen Neuzeit die Grundlage einer städtischen Erinnerungskultur gelegt.[24] Die Frage nach den spezifischen Ausprägungen einer frühneuzeitlichen Erinnerungskultur und dem Verhältnis von Geschichte und Erinnerung steht auch im Fokus einer Gesprächsrunde im Forum der Zeitschrift *German History* von 2015.[25] Der vor allem unter Soziologen und Zeithistorikern verbreiteten These eines „unselfconscious premodern memory" setzt Matthew Lundin in seinem Forum Beitrag die Relevanz von Erinnerung etwa bei Rechtsstreitigkeiten, im Umgang mit Katastrophen oder bei der überlegten Orchestrierung einer Familientradition in Form von Familienchroniken, Wappen, Porträts und Stiftungen entgegen.[26] Hans Medick fordert in diesem Zusammenhang mit Recht, die Vielzahl an nicht offiziell sanktionierten Erinnerungsnarrativen in Selbstzeugnissen und ihre Generationen übergreifenden Verwendungszusammenhänge in den Blick der Forschung zu rücken. Bislang sei vor allem die Repräsentation und Inszenierung einer öffentlichen Erinnerungskultur untersucht worden.[27]

Religion und Erinnerung sind sowohl in den offiziell sanktionierten Erinnerungspraktiken in der frühen Neuzeit als auch in autobiographischen „Self-narratives"[28] wechselseitig konstitutiv. Gabriele Jancke hat auf die Bedeutung religiöser Anliegen als Motivation autobiographischen Schreibens hingewiesen,[29] ein Befund, der sich

22 Achim Landwehr: Alte Zeiten. Neue Zeiten. Aussichten auf die Zeit-Geschichte. In: Ders. (Hg.): Frühe Neue Zeiten. Zeitwissen zwischen Reformation und Revolution. Bielefeld 2012 (Mainzer historische Kulturwissenschaften 11), S. 9–40, hier S. 24, 30. Für die Historisierung der Vergangenheit und die Bedeutung von Erinnerung für städtische Gesellschaften vgl. Susanne Rau: Geschichte und Konfession. Städtische Geschichtsschreibung und Erinnerungskultur im Zeitalter von Reformation und Konfessionalisierung in Bremen, Breslau, Hamburg und Köln. München, Hamburg 2002 (Hamburger Veröffentlichungen zur Geschichte Mittel- und Osteuropas 9).

23 Vgl. dazu Stefan Hanß: „Bin auff diße Welt gebohren worden". Geburtsdatierungen in frühneuzeitlichen Selbstzeugnissen. In: Landwehr (Hg.): Alte Zeiten. Neue Zeiten (Anm. 22), S. 105–153, hier S. 106f.

24 Stellvertretend Günther Lottes: Stadtchronistik und städtische Identität. Zur Erinnerungskultur der frühneuzeitlichen Stadt. In: Mitteilungen des Vereins für Geschichte der Stadt Nürnberg 87 (2000), S. 47–58.

25 Forum: Memory before Modernity. Cultures and Practices in Early Modern Germany. In: German History 33 (2015), No. 1, S. 100–122.

26 Matthew Lundin: Forum: Memory before Modernity. In: Ebd., S. 100–122, hier S. 102.

27 Hans Medick: Forum: Memory before Modernity. In: Ebd., S. 100–122, hier S. 108f.

28 Claudia Ulbrich, Hans Medick, Angelika Schaser: Einleitung. In: Diess. (Hg.): Selbstzeugnis und Person Transkulturelle Perspektiven. Wien, Köln, Weimar 2012 (Selbstzeugnisse der Neuzeit 20), S. 1–19, hier S. 3.

29 Gabriele Jancke: Autobiographie als soziale Praxis. Beziehungskonzepte in Selbstzeugnissen des 15. und 16. Jahrhunderts im deutschsprachigen Raum. Köln, Weimar, Wien 2002 (Selbstzeugnisse der Neuzeit 10).

ebenso für den englischen Puritanismus[30] wie auch für den Pietismus[31] nachweisen lässt. Zu den herausragenden Beispielen religiös geprägter Selbsterzählungen gehören das Memorialbuch von Hermann Weinsberg (1518–1597)[32] sowie die Briefe von Philipp Jakob Spener (1636–1705).[33]

In Gedenkfeiern an die Reformation oder an einzelne reformatorische Persönlichkeiten wurde das städtische Erinnern an reformatorische Ereignisse in periodischer Wiederkehr öffentlich medial inszeniert und zelebriert. Hartmut Lehmann hat am Beispiel der Reformationsjubiläen seit 1617 aufgezeigt, wie bereits in der frühen Neuzeit das „Luthergedächtnis für bestimmte politische, kirchliche und kulturelle Zwecke instrumentalisiert" wurde.[34] Stadtchroniken trugen ebenfalls dazu bei, konfessionelle Zugehörigkeiten auszubilden, zu präsentieren und damit zugleich zu bestätigen.[35] Einflussreiche Studien wie die von Keith Thomas, „Religion and the Decline of Magic"[36] oder Eamon Duffy, „The Stripping of the Altars",[37] haben nachhaltig die Forschung über die kulturelle und gesellschaftliche Wirkmächtigkeit der Reformation geprägt. An die Stelle einer eng mit Ritualen, Dingen und Praktiken des Alltags verwobenen katholisch geprägten Religiosität trat eine protestantisch geprägte Religiosität, so die Thesen, die Rituale, Reliquien und sakrale Artefakte ablehnte und durch das gesprochene Wort und nackte Kirchenräume ersetzte. Die „Reformation simply ‚dematerialized' religious memory".[38] In der jüngeren Geschichtsschreibung wurde das Verhältnis der Reformation zu traditionellen Formen der Erinnerungskultur, ritualisierten Strategien von Sinnstiftung und Alltagsbewältigung und der Relevanz materieller Kultur und sakraler Räume für das religiöse Gedenken und Gemeinschaft neu gestellt.[39]

Bislang hat die Forschung überwiegend die Sinn- und Gemeinschaft stiftende Funktion von Erinnerung gerade auch bezogen auf Fragen religiöser Identität, die Ausbildung von Konfessionskulturen oder religiöser Gemeinschaften betont. Ein gemeinsamer Nenner aller theoretischen Ansätze zur Erinnerungskultur besteht

---

30 Kaspar von Greyerz: Vorsehungsglaube und Kosmologie: Studien zu englischen Selbstzeugnissen des 17. Jahrhunderts. Göttingen, Zürich 1990 (Veröffentlichungen des Deutschen Historischen Instituts London 25).

31 Gleixner: Pietismus (Anm. 18).

32 Matthew Lundin: Paper Memory: A Sixteenth-Century Townsman Writes his World. Cambridge/Mass., London 2012.

33 Vgl. dazu das Editionsprojekt der Sächsischen Akademie der Wissenschaften <http://edition-spenerbriefe.de/> (letzter Zugriff 12.10.2015).

34 Hartmut Lehmann: Luthergedächtnis 1817 bis 2017. Göttingen, Bristol/Conn. 2012 (Refo 500 18), S. 11.

35 Susanne Rau: Geschichte und Konfession. Städtische Geschichtsschreibung und Erinnerungskultur im Zeitalter der Reformation und Konfessionalisierung in Bremen, Breslau, Hamburg und Köln. Hamburg 2002 (Hamburger Veröffentlichungen zur Geschichte Mittel- und Osteuropas 9).

36 Keith Thomas: Religion and the Decline of Magic. Studies in Popular Beliefs in sixteenth- and seventeenth-century England. London 1971.

37 Eamon Duffy: The Stripping of the Altars: Traditional Religion in England 1400 – 1580. Yale 1992.

38 Lundin: Forum: Memory before Modernity. (Anm. 26), S. 107.

39 Walsham: Relics (Anm. 14).

in der Annahme, dass Erinnerung sowohl auf individueller als auch auf kollektiver Ebene identitätsstiftend wirkt.[40] Erinnerung ist verbunden mit einer Deutung und Neu-Interpretation der Vergangenheit. So entscheidend diese Deutung der Vergangenheit für das individuelle und gesellschaftliche Selbstverständnis in der Gegenwart ist, so konflikthaft kann die Auseinandersetzung zwischen unterschiedlichen Erinnerungskollektiven verlaufen. Die „Deutungshoheit" über die Erinnerung hat immer auch etwas Konfrontatives, weil diese Positionierung des eigenen Selbst immer in Relation zu anderen Individuen und gesellschaftlichen Gruppen erfolgt und damit (implizit) bewertet, deutet, hierarchisiert und marginalisiert. Die Konflikthaftigkeit von Erinnerungskultur zeigt sich in Geschichte und Gegenwart insbesondere im Bereich der Religion.

Es ist das Ziel dieses Sammelbandes, die wechselseitig konstitutiven Mechanismen von Religion, Erinnerung und religionspolitischen Konflikten vor dem Hintergrund konfessioneller Mobilisierung empirisch zu reflektieren. Dies erfolgt anhand von drei Themenkomplexen, die aus unterschiedlichen historischen und disziplinären Blickwinkeln befragt werden. Räumlich beziehen sich die Beiträge auf Europa, mit einem Akzent auf diejenigen Regionen des östlichen und westlichen Europas, die durch eine religiöse beziehungsweise konfessionelle Vielfalt gekennzeichnet waren. Prozesse des Erinnerns verlaufen nicht nur diskursiv, so eine Grundannahme dieses Bandes, sondern auch durch Performanz und durch jeweils spezifische Umgangsweisen mit religiös/konfessionell aufgeladenen Räumen und Artefakten.

Der erste Teil trägt den Titel „Konflikthaftigkeit religiöser Erinnerungskulturen und Identitätsbildung" und untersucht anhand exemplarisch ausgewählter Regionen die rechtlichen Voraussetzungen religiöser Koexistenz sowie die alltägliche Praxis im Umgang mit religiösen Differenzerfahrungen auf der Suche nach einer eigenen religiösen Zugehörigkeit. Die Mechanismen, die Koexistenz in Konfrontation verwandelten, waren vielfältig, doch die Politisierung des Religiösen, die Instrumentalisierung von Erinnerung und die Fortschreibung von gewalthaltigen Erinnerungsnarrativen zählten zu wiederkehrenden Konfliktursachen. Die Leitfrage dieses Teils bezieht sich auf die historischen Umgangsweisen mit religiöser Heterogenität sowohl auf der Ebene der Politik als auch im Alltag. Besonderes Augenmerk wird in den Beiträgen auf die Bedeutung von Erinnerungskultur für die Stiftung religiöser Identität gerade in religiös pluralisierten und damit potentiell kompetitiven Gesellschaften gelenkt werden. Die Autoren und Autorinnen dieses Teils haben ihre Beiträge an folgenden Fragestellungen orientiert:

- Wie wird religiöse Zugehörigkeit in Medien, in der materieller Kultur, in Ritualen und Performanz sowie in der „Konfessionalisierung" des öffentlichen Raums artikuliert?
- In welchem Verhältnis stehen integrative und konfrontative Merkmale religiöser Identitätsbildung.

40 Jan Assmann: Erinnern, um dazuzugehören. Kulturelles Gedächtnis, Zugehörigkeitsstruktur und normative Vergangenheit. In: Kristin Platt, Mihran Dabag (Hg.): Generation und Gedächtnis. Erinnerungen und kollektive Identitäten. Opladen 1995, S. 51–75.

- Inwieweit trägt Erinnerung als Deutung der Vergangenheit zu religiöser Sinnstiftung bei?

In seinem Beitrag „Von Papisten, Schismatikern und Ketzern. Der Donau-Karpaten-Raum als Konfliktfeld konfessioneller Geschichtspolitik im 16. und 17. Jahrhundert“ zeichnet **Mihai-D. Grigore** die sozio- und religionspolitische Dynamik nach, die in den Donaufürstentümern Walachei, Moldau und Siebenbürgern durch die Ausbreitung der Reformation ausgelöst wurde. Die in Alltagspraktiken eingespielte Koexistenz zwischen dem römischen Katholizismus und der byzantinisch geprägten Orthodoxie in dieser Region wurde nachhaltig von der sich entfaltenden konfessionellen Dynamik geprägt. Grigore zeigt auf, wie das Ringen um religiöse Identität in einem ethnoreligiös pluralem Umfeld zu einer machtpolitischen Frage wurde. Die Herausbildung einer überwiegend orthodoxen und rumänischen Identität in den Fürstentümern Walachei und Moldau waren das Ergebnis politischer und legislativer Zentralisierung und zugleich Abgrenzung von den anderen Konfessionen. In Siebenbürgen dagegen führte eben diese Entwicklung der benachbarten Fürstentümer zur Ausgrenzung der zahlenmäßig stark vertretenden Rumänen: Im Unterschied zu anderen ethnoreligiösen Minderheiten ließen sie sich als *schismatici* nicht in das konfessionelle und politische Gefüge einpassen. Zugleich wurden sie als „Missionsfeld“ wahrgenommen. Unter diesem Druck erfolgte eine wachsende, grenzüberschreitende Ausbildung eines orthodox-rumänischen Zusammenhalts, der in den nachfolgenden Jahrhunderten den spezifischen, orthodox-rumänischen Nationaldiskurs hervorbrachte. **Thomas Wünsch** stellt in seinem Beitrag „Identitätsstiftung durch Erinnerungsgestaltung: Religionspolemik in der polnisch-litauischen Adelsrepublik im 16. und 17. Jahrhundert“ die Frage nach dem Zusammenspiel von Polemik, Identität und Erinnerung. Er verweist dabei auf den Orientierungswert konfessionspolitisch aufgeladener Polemiken. Unter Rückgriff auf ein Reservoir geteilter Grundüberzeugungen, Erinnerungen, tradierter und zugleich aktualisierter, polemischer Konstruktionen des religiös „Anderen“, und der Ausübung gemeinsamer Rituale wird kommunikativ eine religiöse Gruppenidentität hergestellt. Am Beispiel der *theologica polemica* des Johannes Sacranus von Ausschwitz zeichnet Wünsch nach diesen einleitenden Überlegungen nach, wie in diesem Werk die polemische Auseinandersetzung zwischen orthodoxer Ost- und lateinischer Westkirche verbunden mit der Propagierung eines römisch-katholischen „uniformitaristischen“ Modells geführt, und welchen Einfluss diese Schrift rezeptionsgeschichtlich auf die Kontroverstheologie seiner Zeit hatte. Der folgende Beitrag von **Anna Mikołajewska** mit dem Titel „Rottengeister und Glaubenszeugen in der *Preussischen Kirchen-Historia* (1686) Christoph Hartknochs“ zeigt exemplarisch auf, welche Wirkmächtigkeit die Kirchengeschichte als Erinnerungsdiskurs für die Herausbildung konfessioneller Identitäten und konfessionspolitisch motivierter Abgrenzungsmechanismen spielte. Als offiziell sanktioniertes Wissensreservoir, so konnte man diesen Beitrag zusammenfassen, hielt die Kirchengeschichte historische und theologische Angebote zur religiösen Selbstverortung in einem zeitlichen Kontinuum zwischen Vergangenheit und Zukunft bereit. Das Ziel war die Gleichsetzung des Vergangenen mit dem Ewigen und allgemein Gültigen. Die theologische Rahmung von Hartknochs *Kirchen-Historia* war der allgegenwärtige Kampf zwischen Gott und dem Teufel, den er auf sämtliche Lebensbereiche der Menschen übertrug, die politische Rahmung die der Familia als Staat im Staat, der Bürger als Kind, die Obrigkeit als Vater. Der städtische Raum als Gemeinschaft der Gläubigen ist für ihn der Ort, in dem der Kampf um das Seelenheil der Bürger ausgetragen wurde. In ihrem Beitrag „Orthodoxer Aufklärer oder zynischer Protestant? Feofan Prokopovič im Urteil der deutschen und der russischen Geschichtsschreibung" fragt **Lorenz Erren** nach den Gründen, die für die sehr unterschiedliche Rezeption des Theologen und Reformers Prokopovic vor dem Hintergrund der russischen Kirchenreform und der konfessionellen Mobilisierung in Europa bis in die Gegenwart verantwortlich waren und sind. Den Ausgangspunkt der Rezeptionsgeschichte bildet die religiöse Vielfalt in Moskau seit dem 16. Jahrhundert sowie die konfessionellen, kulturellen und politischen Rivalitäten mit der Ukraine, die einen Höhepunkt mit der Eingliederung der Kiewer Metropole in das Moskauer Patriarchat erreichten. Den Abschluss dieses ersten Teils bildet der Beitrag von **Corinna Hauswedell** mit dem Titel „Von der *Battle of the Boyne* (1690) zu einer ‚nordirischen Identität'? Die lange Tradition politisch-religiöser Konfliktgeschichte in Irland". Aus konflikttheoretischer Perspektive rekonstruiert sie die (nord)irische gewalthaltige Erinnerungskultur und ihrer Narrative im 20. und 21. Jahrhundert. Dabei geht sie zunächst ausführlich auf die frühneuzeitlichen religions- und gesellschaftspolitischen Konfliktursachen ein, um dann die Mechanismen nachzuzeichnen, die immer wieder zu einer Radikalisierung der Konfliktparteien bis in unsere Gegenwart geführt haben. Der Beitrag endet mit einem Ausblick auf identitätsrelevante Wandlungsprozesse im Kontext des nordirischen Friedensprozesses.

Der zweite Teil dieses Sammelbandes widmet sich der „Politisierung des religiösen Gedächtnisses: Martyrologien und apokalyptische Visionen". Eine religiös aufgeladene Rhetorik durchzieht die Geschichte innergesellschaftlicher und zwischenstaatlicher Auseinandersetzungen im frühneuzeitlichen Europa. Besondere Spielarten dieser Rhetorik sind Martyrologien, in denen der Tod um religiöser Gewissensfreiheit willen in Kauf genommen oder sogar als Form aktiv gesucht und inszeniert wird, wie auch apokalyptische Vorstellungen, die den Kampf gegen einen als Erzfeind charakterisierten Gegner legitimieren.[41] Die propagandistische Untermauerung von Kriegen als ‚Kampf gegen das Böse' gehört als Teil eines apokalyptisch geprägten Weltbildes zu den Denk- und Argumentationsmustern radikalisierter religiöser Gruppen und davon beeinflusster politischer Akteure. Martyrologien als Heldengeschichten religiös motivierter Opfertode waren bereits in der Frühen Neuzeit ent-territorialisiert und ließen sich als medial verbreitete und ritualisierte Formen der Erinnerungen transnational für die Mobilisierung Gleichgesinnter einsetzen.[42] Die Autoren und Autorinnen dieses Teils haben ihre Beiträge an folgenden Fragestellungen orientiert:

---

41 Peter Burschel: Sterben und Unsterblichkeit. Zur Kultur des Martyriums in der frühen Neuzeit. München 2004 (Ancien Régime, Aufklärung und Revolution 35).

42 Freist: Lost in Time and Space (Anm. 20).

- In welcher Form wurden heldenhaft-martyrologische und apokalyptische Motive in einer religiös ausgerichteten Erinnerungskultur instrumentalisiert?
- Wie wurden Martyrologien durch Umdeutungen jeweils aktuellen, religiös unterlegten politischen Konfliktfeldern angepasst und welche Wirkmacht hat diese politische Vereinnahmung apokalyptischer Weltdeutungen in Konfliktfeldern entwickelt?
- Mit welchen Bildern des „Guten" und des „Bösen" operieren Gegner in religiös/konfessionell motivierten Konflikten; wie betreiben sie eine materiell/mediale Inszenierung von Selbst- und Feindbildern?

Arno Herzig eröffnet diesen Teil mit einem Beitrag über die „Politisierung des kollektiven Gedächtnisses in Chroniken und Martyrologien der Frühen Neuzeit". Ausgehend von der Politisierung der reformatorischen Bewegung, die sich unter anderem in der orchestrierten Abgrenzung gegenüber konkurrierenden Kirchen und ihrem Alleinvertretungsanspruch manifestierte, zeichnet Herzig am Beispiel Schlesiens nach, wie diese Politisierung konfessionspolitisch forciert und medial konstruiert und verbreitet wurde. So kann er aufzeigen, wie lutherische Chroniken durch Jesuiten umgeschrieben und materielle Zeugen lutherischen Glaubens vernichtet wurden. Die lutherische Periode vor der Rekatholisierung ging in das so revidierte kollektive Gedächtnis als *damnatio memoriae* ein. Die lutherische Minderheit dagegen entwarf ihre religiöse Identität in der volkssprachlichen Verfassung protestantischer Martyrologien, die bis zu Jan Hus zurückgeführt wurden und in einem endzeitlichen Weltverständnis verankert waren. Der Beitrag von **Wojciech Gruk** mit dem Titel „*Zufluchtsorte des Wortes Gottes*. Licensed places of worship and their role in maintaining Lutheran identity in early modern Silesia and Royal Hungary" greift die Frage nach der identitätsstiftenden Funktion und Verherrlichung religiösen Märtyrertums auf und lenkt den Blick auf die materiell/mediale Inszenierung. Am Beispiel der lutherischen Gnaden- und Friedenskirchen in Schlesien und der lutherischen Artikularkirchen in Oberungarn untersucht er die Wirkmächtigkeit ihrer ikonographischen Programme für die Ausbildung einer eigenen Identität als benachteiligte religiöse Minderheit. Mit der Begrenzung lutherischer Glaubensausübung auf „licensed Churches" erfolgte zugleich eine Stigmatisierung dieser Glaubensgruppe im öffentlichen, katholisch konfessionalisierten Raum. Dieser Ausschluss markierte zugleich den Beginn einer spezifisch lutherischen Ikonographie in den neu gebauten lutherischen Kirchen. Rechtliche Restriktionen, die diesen Kirchenbauten auferlegt wurden, bezogen sich nahezu ausschließlich auf den Ort, das zu verwendende Material und die Frage der „Hörbarkeit": Die wenigen lizensierten lutherischen Kirchen sollten weder gesehen noch gehört werden. Dieser symbolische Ausschluss aus der Topographie städtischer Sakralbauten provozierte eine aufwendige innere liturgische Bildgestaltung der Kirchenräume. Die Erfahrung der Verfolgung wurde übersetzt in ein ikonographisches Programm, das die Leidensgeschichte als identitätsstiftendes Moment eines „wir" in klarer Abgrenzung eines „ihr" inszenierte. In ihrem Beitrag „Protestantisches Märtyrertum und lutherische Konfessionsbildung: Georg Mylius und der Augsburger Kalenderstreit" spürt **Silvia Serena Tschopp** der Vielschichtigkeit religiöser Identitätsbildung am Beispiel eines Ereigniskomplexes – dem Kalenderstreit – nach, der die Dynamiken der gewaltsamen Konfrontationen zwischen Angehörigen verschiedener Glaubensgemeinschaften beobachtbar und empirisch fassbar macht. Ausgehend von den konfessionellen Verwerfungen, die die Einführung des Gregorianischen Kalenders im Heiligen Römischen Reich Deutscher Nation auslöste, analysiert Tschopp die für das frühe Luthertum charakteristischen Strategien religiöser Selbstbehauptung in einer als krisenhaft empfundenen Gegenwart.

Die beiden abschließenden Beiträge dieses Teils erweitern den Untersuchungszeitraum zeitlich und geographisch. In einem diachronen Blick auf Erinnerungsdiskurse bis in das 20. Jahrhundert zeigt **Robert Born** in seinem Beitrag „Der Erbfeind im Freundschaftspark. Überlegungen zu den unterschiedlichen Funktionalisierungen des Türkenbildes in Ostmittel- und Südosteuropa im 20. Jahrhundert" am Beispiel der materiellen Überlieferung in Ungarn, Rumänien und dem Habsburgerreich auf, welchen Einfluss das sogenannte „Türkenbild" für die religiöse Identitätsbildung der christlichen Konfessionskirchen ausübte. Insbesondere im Luthertum wird die Bedeutung eschatologischer Konzepte, in denen die Konstruktion der Türken als Manifestation des Antichristen eine wirkmächtige Rolle spielten, deutlich. **Tobias Weger** fokussiert in seinem Beitrag „Die Weissagungen des blinden Jünglings aus Böhmen. Von der religiösen Endzeitstimmung zur nationalen Stereotypisierung" auf die Rezeption, Adaption und politische Instrumentalisierung einer der bekanntesten apokalyptischen Prophezeiungen aus den Böhmischen Ländern zwischen dem 16. und dem 20. Jahrhundert. Die Medien und Praktiken der Verbreitung umfassten mündliche und schriftliche Formen und variierten bezogen auf das jeweilige Zielpublikum. Seit dem 19. Jahrhundert wurde diese eschatologische Prophezeiung zunehmend konfessionell und ethnisch gedeutet und fand Eingang in den Diskurs nationalstaatlicher Stereotypenbildung. Nach 1945 schließlich lässt sich die Rezeption der Weissagung des blinden Jünglings in der sudetendeutschen Vertriebenenrhetorik wiederfinden.

Der letzte und kürzere Teil erlaubt einen Ausblick auf das Zusammenspiel von „Migration, Diaspora und Erinnerungspraktiken" und bildet damit einen Anschluss an die jüngere Forschung über transnationale Erinnerungspraktiken. Der Begriff der Diaspora wird traditionell auf religiöse Minderheiten bezogen, die ihre Heimat verließen und den Zusammenhalt in der Fremde über religiöse und familiäre Zugehörigkeiten festigten. Die neuere Forschung verwendet diesen Begriff aber ebenso für Migrantengruppen, die über lange Zeiträume hinweg auch mit ihren Herkunftsorten verbunden blieben und eine eigene Identität als ethnische und religiöse Gruppe aufbauten.[43] Ein zentrales Merkmal dieser „virtuellen Gemeinschaften" sind enge Netzwerke, wechselseitige Abhängigkeiten und endogame Familienstrukturen, die über Grenzen hinweg erhalten bleiben. Die Verbindungen über Raum und Zeit wurden durch die Mobilität von Menschen und Dingen, gut funktionierende Kommunikationsnetzwerke und Erinnerungspraktiken aufrechterhalten. Dabei wurden ortsgebundene kulturelle Wissensbestände in diesen interaktiven Netzwerken ortsunab-

43 Robin Cohen. Global Diasporas. An Introduction. London, Seattle 1997.

hängig vermittelt und verfügbar gemacht. Kulturelle Praktiken, Identitätsstiftung und Erinnerungskulturen lassen sich demnach nicht auf lokale oder naturräumliche Kontexte reduzieren. Ungeachtet dieser zentralen Bedeutung der Kommunikationswerke für eine orchestrierte Erinnerungsarbeit als Grundlage ethnischer und religiöser Identität zeigen jüngere Studien, dass die lokalen Kontexte sowohl die Erinnerungskultur als auch die religiöse Identitätsbildung von Diasporas nicht nur beeinflussen, sondern auch verändern. Dieses Spannungsfeld zwischen ortsunabhängiger Traditionspflege in Diasporanetzwerken, lokalen Kontextbedingungen religiöser Identitätsbildung in den jeweiligen Zielländern und Veränderungen in den Erinnerungspraktiken der Herkunftsgesellschaften steht im Zentrum dieses abschließenden Teils. Die Autorinnen dieses Teils haben ihre Beiträge an folgenden Fragestellungen orientiert:

- Wie konstituieren sich „diasporic public spheres" über Medien und den Aspekt der Migration?
- Welche herkunftsbezogenen, ortsunabhängigen Erinnerungspraktiken und -diskurse finden sich in exemplarisch untersuchten Diasporas?
- Wie agieren Träger der Erinnerung im globalen Raum und welche Konflikthaftigkeit kann einer organisierten, transnationalen Identitätsstiftung innewohnen?

In ihrem Beitrag „‚Wenn nur noch die Erinnerung bleibt'. Diaspora-Identitäten zwischen Vormoderne und Postmoderne" zeichnet **Susanne Lachenicht** zunächst die rechtlichen und administrativen Rahmenbedingungen und Privilegien von Diasporagemeinden in ihren jeweiligen Zielländern nach. Am Beispiel der jüdisch-sephardischen „Nation", einer der größten frühneuzeitlichen Diasporagemeinden, verdeutlicht Lachenicht die Fiktion einer homogenen Glaubensgemeinschaft. Tatsächlich handelte es sich um eine äußerst heterogene Gruppe von Migranten unterschiedlicher Herkunft, die sich in ständig aktualisierten Erinnerungsnarrativen einer gemeinsamen Vergangenheit vergewisserte, um die Gegenwart bestehen zu können. Die Identitäts- und Gemeinschaft stiftende Funktion dieser Erinnerungsnarrative und damit verbundenen religiösen Praktiken hatte zugleich den Effekt, die Glaubensgemeinschaft als Fremde sichtbar zu machen und potentiell auszugrenzen. Dieses Dilemma zwischen Zusammengehörigkeit und Exklusivität auf der einen Seite und Integration auf der anderen Seite lösten Hugenotten äußerst erfolgreich: Erinnerungskultur und Geschichtsmythologie, so die abschließende These, haben sich im Fall dieser Diaspora positiv in nationale Historiographien eingeschrieben und wurden damit zu einem Bestandteil nationalstaatlicher Erinnerungskultur. **Jessica Cronshagen** arbeitet in ihrem Beitrag „Herrnhuter Diaspora, Erinnerungskultur und Identitätsbildung ‚in Abwesenheit'. Briefnetzwerke zwischen Europa und Surinam" die Bedeutung von Briefen neben den offiziell sanktionierten Kommunikationsorganen der Herrnhuter Diaspora heraus. Ihre Studie stützt sich auf eine Briefauswahl, die nicht durch die Selektion der zentralen Herrnhuter Archive gegangen und als offizielle Herrnhuter Nachrichten zirkuliert und archiviert worden ist, sondern die als Kapergut englischer Privateers zufällig erhalten ist und heute in den National Archives, London, liegt. Im Mittelpunkt der Studie stehen drei Missionsehepaare, die im ausgehenden 18. Jahrhundert in Surinam lebten. Gemeinsames Kennzeichen dieser Briefe ist der Austausch über gemeinsame Bekannte und die langsame Ablösung von der Illusion eines geteilten Alltags hin zu der Erinnerung an eine gemeinsame Vergangenheit. Die Briefgespräche bezogen sich auf sehr persönliche alltägliche Freuden, Sorgen und Anpassungsleistungen an die Fremde. Der offizielle Diskurs der Herrnhuter als weltumspannende Glaubensgemeinschaft gemeinsamer Sprache, Herkunft, Religion und Missionsauftrag findet in diesen Briefen kaum Widerhall. Sie geben damit einen ungewöhnlichen Einblick in Selbsterzählungen und Erinnerungspraktiken, die teilweise unbeeinflusst von der Konstruktion von Erinnerung als Gemeinschaft stiftendes Band von Diasporas existierten, und dennoch oder vielleicht gerade deswegen wirkmächtig für den Zusammenhalt der Menschen in einer Diaspora waren.

Mihai-D. Grigore

Von Papisten, Schismatikern und Ketzern. Der Donau-Karpaten-Raum als Konfliktfeld konfessioneller Geschichtspolitik im 16. und 17. Jahrhundert

1. Präliminarien

Im Folgenden werde ich anhand ausgewählter Beispiele einen Einblick in die komplexe Lage der Donaufürstentümer Walachei, Moldau und Siebenbürgen im konfessionellen Zeitalter des 16. und 17. Jahrhunderts geben, als sich die Reformation auch im Donau-Karpaten-Raum bemerkbar machte. So entstand eine starke sozio- sowie religionspolitische Dynamik in Interaktion mit dem römischen Katholizismus und der byzantinisch geprägten Orthodoxie. Ich möchte vor allem zeigen, wie die von der Reformation angestoßenen Prozesse, die bereits existierende Koexistenz lateinischer und orthodoxer Christen im Donau-Karpaten-Raum beeinflussten und prägten.

Dabei soll unter anderem die These untermauert werden, dass sich das Nationalbewusstsein der rumänischen Bevölkerungsgruppe, das im 19. Jahrhundert so stark in Erscheinung trat, bereits in der besagten Zeitspanne artikulierte: Es war meines Erachtens vor allem ein Ergebnis der ausgeprägten konfessionellen Dynamik, die in unterschiedlichen ‚konfessionellen Projekten' dieser Region Niederschlag fand. Meine Beispiele sind folgende: 1. der ‚politische Hesychasmus' in der Walachei und der Moldau; 2. das System der *receptae nationes* in der Konfessionalisierung Siebenbürgens nach 1544; 3. das reformatorische Projekt des moldauischen Fürsten Jacob Heraclides (reg. 1561–1563); 4. die Gründung eines rumänisch-reformierten Bistums in Siebenbürgen; und 5. die katholische und orthodoxe Gegenreformation im langen 16. und 17. Jahrhundert.

2. Politischer Hesychasmus in der Walachei und der Moldau

Unter dem Forschungsbegriff des ‚politischen Hesychasmus'[1] fragt man nach der

1 Der Begriff ‚politischer Hesychasmus' wurde zum ersten Mal in der Studie von G[elean] M. Prokhorov: L'hésychasme et la pensée sociale en Europe Orientale au XIVe siècle. In: Contacts. Revue Française de l'Orthodoxie 31 (1979), S. 25–63, benutzt. Dies stellt die Übersetzung eines russischen Aufsatzes Prokhorovs von 1968 dar: Исихазм и Общественная Мысль в Восточной Европев 14в' [Hesychasmus und soziales Denken in Osteuropa im 14. Jh.]. In: Литературные Связи Древних Славян 23 (1968), S. 86–108. Zum Konzept einer Politisierung des Hesychasmus siehe Fairy von Lilienfeld: Art. „Hesychasmus". In: Theologische Realenzyklopädie. Bd. 15. Berlin, New York 1986, S. 282–289, hier S. 284f.; Christopher D. L. Johnson: The Globalization of Hesychasm and the Jesus Prayer. Contesting Contemplation. London, New York 2010 (Continuum

wenig berücksichtigten Verbindung zwischen mystischer Religiosität und politischer Aktion. Nach den hesychastischen Konzilen (die letzten fanden 1351 statt) übernahmen Mitglieder der hesychastischen (od. ‚palamitischen‘[2]) Partei Schlüsselpositionen in der Kirche bzw. am spätbyzantinischen Hof.[3] Die Einflussnahme der hesychastischen Patriarchen zur Errichtung eines alternativen Ordnungsmodells zum schwindenden byzantinischen Staat kann man unter Umständen als ‚politischen Hesychasmus‘ bezeichnen. Im Grunde stehen wir vor einer aggressiven Zentralisierungspolitik, die darauf abzielte, alle südosteuropäischen orthodoxen Kirchen unter die kanonische Jurisdiktion des Patriarchen von Konstantinopel zu bringen.[4] Der ‚Orthodoxe Commonwealth‘[5] baute auf drei Säulen auf: institutionell-rechtliche Konsolidierung, theologisch-diskursive Untermauerung und wirtschaftliche Infrastruktur.

Die Walachei und die Moldau stellen zwei der besten Beispiele der Wirkungen des politischen Hesychasmus dar. Ihre Metropolitansitze wurden nach hartem Kampf mit den Missionaren der lateinischen Kirche unter die Jurisdiktion des Patriarchen von Konstantinopel gestellt.[6] Dazu kam, dass sich die Fürsten wirtschaftlich daran

---

Advances in Religious Studies), S. 17; Daniel P. Payne: The Revival of Political Hesychasm in Contemporary Orthodox Thought. The Political Hesychasm of John Romanides and Christos Yannaras. Lanham 2011 (jedoch mit anderem Schwerpunkt).

2 Von Gregorios Palamas (ca. 1297–1359); siehe dazu Britta Müller-Schauenburg: Religiöse Erfahrung, Spiritualität und theologische Argumentation. Gotteslehre und Gottebenbildlichkeit bei Gregorios Palamas. Stuttgart 2011 (Forum Systematik 43).

3 Vgl. Hans-Georg Beck: Geschichte der orthodoxen Kirche im Byzantinischen Reich. Göttingen 1980 (Die Kirche in ihrer Geschichte 1, Lieferung D1), S. 218–226.

4 Vgl. Petre Guran: Jean VI Cantacuzène, l'hésychasme et l'empire. Les miniatures du codex Parisinus graecus. In: Ders. (Hg.): L'empereur hagiographe. Bukarest 2001, S. 73–121; Petre Guran: Nouvelles definitions du puvoir patriarcal è la fin du XIVe siècle. In: Revue des études sud-est européenes 40 (2002), S. 109–124; Petre Guran: L'origine et la function théologico-politique de la couronne patriarcale. In: Le Patriarcat Œcuménique de Constantinople aux XIVe–XVIe siècles: rupture et continuité. Actes du colloque international Rome. 5–6–7 décembre 2005. Paris 2007 (Dossiers byzantines 7), S. 407–427.

5 Vgl. Paschalis M. Kitromilides (Hg.): An Orthodox Commonwealth. Symbolic Legacies and Cultural Encounters in Southeastern Europe. Aldershot 2007 (Variorum Collected Studies CS891).

6 Vgl. Emilian Popescu, Mihai Ovidiu Căţoi (Hg.): Istorie bisericească, misiune creştină şi viaţă culturală [Kirchengeschichte, christliche Mission und kulturelles Leben]. Bd. 2: Creştinismul românesc şi organizarea bisericească în secolele XIII–XIV. Ştiri şi interpretări noi [Rumänisches Christentum und kirchliche Organisation im 13.-14. Jh. Neue Zugänge]. Galaţi 2010 (hier sind vom besonderen Interesse für die Problematik die Beiträge von Mihai Ovidiu Căţoi, Fabian Doboş, Gerhard Schullerus, Ştefan Ştefănescu, Nicolae Chifăr, Alexandru Moraru, Dan Ioan Mureşan, Alexandru Simon und Anton Despinescu). Weitere Literatur siehe Mircea Păcurariu: Istoria Bisericii Ortodoxe Române [Geschichte der Rumänisch-Orthodoxen Kirche]. Bd. 1. 2. Aufl. Bucureşti 1991, S. 253–262, S. 273–285; Constantin Rezachevici: Istoria popoarelor vecine şi neamul românesc în Evul Mediu [Die Geschichte der Nachbarvölker und das rumänische Volk im Mittelalter]. Bucureşti 1998, bes. S. 53–97, S. 321–335; Şerban Turcuş: Sfântul Scaun şi românii în secolul al XIII-lea [Der Heilige Stuhl und die Rumänen im 13. Jh.]. Bucureşti 2001, S. 284–312; Flavius Solomon: Politică şi confesiune la început de Ev Mediu moldovenesc [Politik und Konfession am Anfang des moldauischen Mittelalters], Iaşi 2004, bes. S. 113–121, 127–144, 162–168.

beteiligten, die Infrastruktur der orthodoxen Gemeinschaft zu sichern.[7] Sie wurden zu Fürsprechern der unterjochten balkanischen Christen vor den osmanischen Behörden.[8]

Durch den politischen Hesychasmus – und das ist für die hier behandelte Problematik festzuhalten – etabliert sich ein konfessionelles Identitätsbewusstsein der südosteuropäischen orthodoxen Christen, das vor allem in hartnäckiger, sogar aggressiver Abgrenzung von den Lateinern zustande kam. Die Pendelpolitik zwischen Konstantinopel und Rom mit letztendlichem Bekenntnis zum orthodoxen Glauben erlaubte den Fürsten der Walachei bzw. der Moldau, mehr oder weniger effizient den katholischen Mächten Ungarn oder Polen entgegenzuwirken. Im Kleinen geschah dies z. B. in der Walachei der Fürsten Basarab I. (ca. 1310–1352) und Nikolas-Alexander (1352–1364), was im Großen bereits unter den bulgarischen Zaren Boris Mihail (852–889) bzw. später Kalojohannes (1197–1207) oder unter dem serbischen König und Zaren Stefan Dušan (1331–1355) geschehen war: ein Pendeln zwischen Rom, Konstantinopel bzw. Autokephalie-Bestrebungen.[9]

---

7 Vgl. Emil Turdeanu: Din vechile schimburi culturale dintre români și jugoslavi [Zum frühen Kulturaustausch zwischen Rumänen und Jugoslawen]. Sonderdruck aus: Nicolae Cartojan (Hg.): Cercetări literare [Literaturforschung]. Bd. III. București 1939, S. 146–148; Ioan Moldoveanu: Aspects of the Relations of the Romanian Principalities with Mount Athos in the Light of Recent Research Findings. In: Emanoil Băbuș, Ioan Moldoveanu, Adrian Marinescu (Hg.): The Romanian Principalities and the Holy Places along the Centuries. București 2007, S. 53–68, hier S. 55. Der große Aufschwung von Stiftungen und Schenkungen fand an der Schwelle zwischen dem 15. und 16. Jahrhundert in der Zeit der Woiwoden Radu der Große (1495–1508) und Neagoe Basarab (1512–1521) statt. Vgl. Gavriil Protul: Viața Sfântului Nifon, Patriarhul Constantinopolului [Das Leben des Hl. Nephons, Patriarch von Konstantinopel]. Hg. v. Vasile Grecu. 2 Bde. București 1944, Bd. 2, S. 157–159; in dieser *Vita* aus dem beginnenden 16. Jahrhundert wird die umfangreiche Stiftungstätigkeit des Radu, aber insbesondere des Neagoe Basarab detailliert ausgeführt). Dazu Ion D. Sandu: Neagoe Basarab apărător și sprijinitor al ortodoxiei [Neagoe Basarab, Beschützer und Unterstützer der Orthodoxie]. Sibiu 1938, S. 8 und S. 13–17; Ștefan Bazilescu: Relațiile lui Neagoe Basarab cu lumea ortodoxă din afara granițelor Țării Românești [Die Beziehungen Neagoe Basarabs zur orthodoxen Welt außerhalb seiner Landesgrenzen]. In: Mitropolia Olteniei 23 (1971), S. 676–690, hier S. 682–684; Moldoveanu: Aspects (Anm. 7), S. 56f; Florin Marinescu: Sfântul Neagoe Basarab și ajutorul său către Biserici din Răsăritul Ortodox [Neagoe Basarab und seine Unterstützung an Kirchen des orthodoxen Ostens]. In: N[icolae]-C. Câdă (Hg.): Sfântul Voievod Neagoe Basarab – ctitor de biserici și cultură românească [Der hl. Woiwode Neagoe Basarab – Kirchenstifter und Förderer der rumänischen Kultur]. București 2012, S. 81–91.

8 Vgl. Manole Neagoe: Neagoe Basarab. București 1971, S. 101f.

9 Vgl. Dietmar Hintner: Die Ungarn und das byzantinische Christentum der Bulgaren im Spiegel der Register Papst Innozenz' III. Leipzig 1976 (Erfurter theologische Studien 35), S. 91–115; Constantin I. Andreescu: Reacțiuni ortodoxe în contra catolicizării regiunilor carpato-dunărene în prima jumătate a sec. al XIII-lea [Orthodoxe Reaktion auf die Katholisierung des Donau-Karpaten-Raums in der 1. Hälfte des 13. Jh.s]. In: Biserica Ortodoxă Română 56/11–12 (1988), S. 770–779, hier S. 771f.; Viorel Achim: Structuri ecleziastice și politici confesionale în spațiul balcano-carpatic în secolul al XIII-lea [Kirchliche Strukturen und konfessionelle Politik im Raum zwischen Balkan und Karpaten im 13. Jh.]. In: Studii și materiale de istorie medie 20 (2002), S. 115–138; Constantin J. Jiriček: Geschichte der Bulgaren. Frankfurt a. M. 2008, S. 234; Alexandru Madgearu: Asăneștii. Istoria politico-militară a statului dinastiei Asan (1185–1280) [Die Assen-Dynastie. Die militärische und politische Geschichte des Asseniden-Staates (1185–1280)]. Târgoviște 2014, S. 111–119;

Im 14. und 15. Jahrhundert bestand die Glaubensfrage der Donauherrscher und ihrer Untertanen eigentlich in einem institutionell-politischen Votum. Obwohl die lateinischen Quellen wohl zwischen der *orthodoxa fides* der Lateinischen Christen und den *schismatici* des östlichen Ritus unterschieden,[10] ist festzustellen, dass die jeweiligen Glaubensbekenntnisse wenig bekannt waren, wenig angewendet wurden und nur eine geringe Rolle gespielt haben. Wichtig war dagegen die Jurisdiktion. Im Zeichen der konfessionellen Ambiguität[11] war es den Herrschern der Walachei und der Moldau möglich, die Einflüsse Roms und Konstantinopels gegeneinander auszuspielen. Mit der letztendlichen Entscheidung für Konstantinopel[12] öffnete sich der Weg erst im späten 15. und frühen 16. Jahrhundert für die Etablierung bekenntnis-artiger Unterschiede, die man dann auch politisch konsequent durchzusetzen versuchte: durch den Ausbau der monastischen Infrastruktur der Länder, durch doktrinäre Festigung und durch religionspolitischen Protektionismus.[13]

Georges Ostrogorsky: Problèmes des relations byzantino-serbes au XIVe siècle. In: J[oan] M. Hussey, D[imitri] Obolensky, S[teven] Runciman (Hg.): Proceedings of the XIIIth International Congress of Byzantine Studies Oxford 5–10 September 1966. Oxford 1967, S. 41–55. Turcuş: Sfântul Scaun (Anm. 6), S. 170. Mihai Ovidiu Căţoi: Ofensivă catolică şi rezistenţă schismatică la Dunărea de Jos în prima jumătate a secolului al XIII-lea [Katholische Offensive und ‚schismatischer' Widerstand an der unteren Donau in der ersten Hälfte des 13. Jh.s]. In: Popescu, Căţoi (Hg.): Istorie bisericească (Anm. 6), S. 166–213, hier S. 169.

10 Vgl. Academia Republicii Socialiste România (Hg.): Documenta Romaniae Historica. D. Relaţiile între Ţările Române I (1222–1456) [Documenta Romaniae Historica. D. Die Beziehungen zwischen den Donaufürstentümern (1222–1456)], Bucureşti 1977, Nr. 9, Nr. 10 oder Nr. 32, passim. Dazu Ioan-Aurel Pop: Din mâinile valahilor schismatici. Românii şi puterea în regatul Ungariei medievale (secolele XIII–XIV) [Aus den Händen der schismatischen Walachen. Die Rumänen und die politische Macht im mittelalterlichen ungarischen Königreich, 13.–14. Jh.]. Bucureşti 2014, S. 274.

11 Vgl. Barbara Stollberg-Rilinger: Einleitung. In: Andreas Pietsch, Barbara Stollberg-Rilinger (Hg.): Konfessionelle Ambiguität. Uneindeutigkeit und Verstellung als religiöse Praxis in der Frühen Neuzeit. Gütersloh 2013 (Schriften des Vereins für Reformationsgeschichte 214), S. 9–26.

12 Vgl. Documente privind istoria României. Veacul XIII, XIV şi XV. B. Ţara Românească [Dokumente zur Geschichte Rumäniens. Das 13., 14. und 15. Jh. B. Die Walachei]. Hg. v. Academia Republicii Populare Române. Bukarest 1953, Nr. 9, S. 13–14 und Nr. 10, S. 14–16; Franz Miklosich, Joseph Müller (Hg.): Acta et diplomatica Graeca medii aevi. 1: Acta patriarchatus Constantinopolitani 1315–1402. Bd. 1. Aalen, Nr. 171/1, S. 383–386 und Nr. 171/2, S. 386–388; Krista Zach: Orthodoxe Kirche und rumänisches Volksbewußtsein im 15. bis 18. Jahrhundert. Wiesbaden 1977 (Schriften zur Geistesgeschichte des östlichen Europa 11), S. 32–46; Matei Cazacu, Dan Ioan Mureşan: Ioan Basarab, un domn român la începuturile Ţării Româneşti [Ioan Basarab, ein rumänischer Herrscher in der Entstehungszeit des Fürstentüms Walachei]. Bucureşti 2013, S. 162–167.

13 Hier sei beispielsweise auf die reformerische Tätigkeit des Nikodemus von Tismana (ca. 1320–1406) in der Walachei hingewiesen. Der serbische Mönch Nikodemus führte mit Unterstützung der Herren der Walachei eine intensive Gründungstätigkeit von orthodoxen Klöstern in den Regionen der lateinischen Mission. Außerdem leitete er auch die moralische Reform des walachischen Klerus, vgl. Documente XIII, XIV, XV (Anm. 12), S. VIII-X; Păcurariu: Istoria (Anm. 6), S. 308f.; Nicolae Săsăujan: Sfântul Nicodim de la Tismana şi contemporanii săi. Consideraţii de istorie culturală în spaţiul sud-est european în a doua jumătate a secolului al XIV-lea [Der hl. Nicodemus aus Tismana und seine Zeitgenossen. Bemerkungen zur Kulturgeschichte im südöstlichen Raum in der 2. Hälfte des 14. Jh.s]. In: Anuarul Facultăţii de Teologie Ortodoxă Patriarhul Justinian 6 (2006), S. 219–234, hier S. 224f.

3. *Nationes receptae* in Siebenbürgen

Während die Walachei und die Moldau – trotz weiterer Präsenz lateinischer Elemente – als überwiegend orthodox und rumänisch galten, änderte sich die Lage in Siebenbürgen, wo wir vor einer demographischen und religiösen Vielfalt stehen.

Unter den vier großen Bevölkerungsgruppen Siebenbürgens stellten die Rumänen bzw. Walachen zahlenmäßig eine demographische Größe dar. Sie erfreuten sich allerdings nicht der Privilegien, die den Szeklern, Magyaren und Deutschen zukamen. Hier bedarf es einer Nuancierung, denn walachische Adlige und Freie besaßen – wie die neuere Forschung zeigt – während der ‚ungarischen Landnahme' Siebenbürgens (ca. vom 11. bis 14. Jahrhundert) wohl umfangreiche Rechte und waren als aktive Akteure in die Organisation, Verwaltung und Verteidigung des neuen Herrschaftsverbands einbezogen. Dies änderte sich nach 1355, als zum letzten Mal Vertreter der rumänischen Distrikte auf einem siebenbürgischen Landtag (*Dieta vel congregatio trium partium*) erwähnt wurden.[14]

Wie ist dieser Wandel zu erklären? Es muss wohl unter anderem daran gelegen haben, dass der Ausschluss rumänischer Elemente aus der aktiven Organisation des Herrschaftsverbands Siebenbürgen etwas mit ihrem ostkirchlichen Glauben und mit ihrer institutionellen Zugehörigkeit zum Patriarchat von Konstantinopel zu tun hatte. Sie waren alle *schismatici*. Ferner stand dies wohl im Zusammenhang mit ihren engen Verbindungen zur Walachei oder zur Moldau, insbesondere bei den Rumänen der Grenzdistrikte Fogarasch, Hatzeg, Hunedoara, Marmorosch oder Bistritz. Teilweise standen die Mächtigen dieser Regionen unter der Suzeranität walachischer Fürsten,[15] was wohl zur Relativierung des siebenbürgischen Gewaltbereichs[16] führte und was es zu unterbinden galt. Bereits im Mittelalter konturierten sich also die ersten Züge einer grenzüberschreitenden Zusammengehörigkeit und Aktivität der walachischen Bevölkerungsgruppe, die wohl von den politischen Akteuren der Zeit mehr oder weniger bewusst wahrgenommen wurden.

Verfassungsrechtlich baute man in Siebenbürgen auf die *unio nationum* auf. Am 16. Dezember 1437 schloss man in Căpâlna (ung. *Kápolna*) eine *fraterna unio trium partium*, unter Ausschluss der orthodoxen Rumänen.[17] Diesem ersten Schritt in der Verfassungsentwicklung[18] folgten im 16. Jahrhundert weitere Schritte: die Landtage

14 Vgl. Documenta (Anm. 9), vol. X: Transilvania (1351–1355), Nr. 312, S. 325f.; Pop: Valahilor (Anm. 10), S. 95, 315, bes. S. 321–329.

15 Vgl. Krista Zach: Zur Geschichte der Konfessionen in Siebenbürgen im 16. bis 18. Jahrhundert. In: Südostdeutsches Archiv 24–25 (1981–1982), S. 40–89, hier S. 48f.

16 Zum Territorium des Fürstentums Siebenbürgen im Spätmittelalter und der Frühneuzeit siehe ebd., S. 43f.

17 Vgl. Păcurariu: Istoria (Anm. 6), S. 288; Pop: Valahilor (Anm. 10), S. 60.

18 Zur Ständeverfassung Siebenbürgens siehe Friedrich Schuler von Libloy: Siebenbürgische Rechtsgeschichte. Bd. 1. Hermannstadt 1854, S. 60–66; Konrad G. Gündisch: Ständische Autonomie und Regionalität im mittelalterlichen und frühneuzeitlichen Siebenbürgen. In: Heinz-Dietrich Löwe, Günther H. Tontsch, Stefan Troebst (Hg.): Minderheiten, Regionalbewusstsein und Zentralismus in Ostmitteleuropa. Köln [u. a.] 2000 (Siebenbürgisches Archiv 35), S. 21–48, hier S. 24f.; Krista Zach: Politische Ursachen und Motive der Konfessionalisierung in Siebenbürgen. In: Volker

von Thorenburg (Turda) 1545 und 1568, die neben der soziopolitischen Bestätigung der *unio nationum* auch die religiöse Frage klärten: nämlich die religiöse Toleranz für die anerkannten Nationen (*receptae nationes*) und ihre Religionen, nämlich Katholizismus für Magyaren und Szekler, Reformiertentum für Magyaren und Szekler, Luthertum für die Sachsen und Antitrinitarismus ebenfalls für einen Teil der Szekler.[19] In dieser Verfassungs-Konstellation kam den Rumänen und ihrer Religion nur der Status ‚geduldet' (*tollerati*) zu.[20] Dies sollte wohl zur Erhärtung sowohl konfessioneller als auch ethnischer Grenzen führen.[21] Auch die heute gängige Begrifflichkeit der Forschung zur siebenbürgischen ‚Toleranzpolitik' und ‚Religionsfreiheit' wird durch die aufgezeigten Sachverhalte auf die Probe gestellt.[22]

4. Jacob Heraclides Despota (1561–1563)

Die Regierung des moldauischen Fürsten Jacob Heraclides Despota[23] (rum. Despot Vodă) stand im Zeichen der habsburgischen Politik des Anschlusses der Moldau an die Front gegen die Osmanen. Einerseits belegt die Herrschaft Heraclides' die Wirkungskraft reformatorischer Ideen im Osten, andererseits bietet sie der anti-osmanischen Front Ferdinands I. von Habsburg (1558–1564) die nötige geopolitische Breite.[24]

Jacob Heraclides war ein Abenteurer und Söldner, also fast ein *condottiere,* könnte man sagen. Von den reformatorischen Ideen wittenbergischer Prägung angetan, kontaktierte und besuchte er Philipp Melanchthon in Wittenberg und hinterließ einen guten Eindruck, wie Melanchthon selbst bezeugte: „er ist in grekischer Sprach wohl

---

Leppin, Ulrich A. Wien (Hg.): Konfessionsbildung und Konfessionskultur in Siebenbürgen in der Frühen Neuzeit. Stuttgart 2005 (Quellen und Studien zur Geschichte des östlichen Europa 66), S. 57–70, hier S. 61–63.

19 Vgl. Păcurariu: Istoria (Anm. 6), S. 497.

20 Vgl. Teodor Pompiliu: Beziehungen zwischen Reformation und Rumänen im Spiegel vornehmlich rumänischer Geschichtsschreibung. In: Georg Weber, Renate Weber (Hg.): Luther und Siebenbürgen. Ausstrahlungen von Reformation und Humanismus nach Südosteuropa. Köln, Wien 1985 (Siebenbürgisches Archiv 19), S. 79–94, hier S. 83 und 89.

21 Vgl. Teodor: Beziehungen (Anm. 20), S. 91.

22 Vgl. u.a. Zach: Konfessionen (Anm. 15), S. 78; Teodor: Beziehungen (Anm. 20), S. 81; Zach: Ursachen (Anm. 18), S. 66.

23 Vgl. Émile Legrand: Deux vies de Jacques Basilicos seigneur de Samos, marquis de Paros, comte palatin et prince de Moldavie, l'une par Jean Sommer, l'autre par A. M. Graziani, suivies de piéces rares et inédites. Paris 1889 (Collection de documents concernant l'histoire politique et littéraire de la Greèce mediévale et moderne 1); Johannes Sommer: De clade Moldavica elegiae XV / Vita Jacobi Basilici Heraclidis Despotae. Hg. v. Lore Poelchau. Heidelberg 2001 (Biblioteca Neolatina 8).

24 Şerban Papacostea: Moldova în epoca Reformei. Contribuţii la istoria societăţii moldoveneşti în veacul al XVI-lea [Die Moldau in der Reformationszeit. Beiträge zur Sozialgeschichte der Moldau im 16. Jh.]. In: Studii. Revistă de istorie 11/4 (1958), S. 55–76, hier S. 58; Adolf Armbruster: Jacobus Heraclides Despota und der Romanitäts- und Einheitsgedanke der Rumänen. In: Revue roumaine d'histoire 10/2 (1971), S. 257–256; Zach: Volksbewußtsein (Anm. 12), S. 153.

geübt [...] und ist der Lehre in unseren Kirchen zugethan."[25] Heraclides bekannte sich schließlich öffentlich zum evangelisch-lutherischen Glauben. Von den dynastischen Querelen in der Moldau profitierend, bestieg er 1561 mit protestantischer Hilfe aus Polen den moldauischen Thron.[26]

Vielsagend ist seine Erklärung von Vaslui am 11. Dezember 1561: Sein Fürstentum stünde ab sofort für alle verfolgten Protestanten Europas offen. Er versprach ihnen das Siedlungsrecht und Unterstützung bei der Gründung von Gemeinden und Städten.[27] Ebenso hob Heraclides die Religionsverbote seines Vorgängers Alexandru Lăpuşneanu (reg. 1552–1561 u. 1564–1568) gegen die ungarischen und deutschen ‚Ketzer' auf und setzte für sie einen neuen Bischof ein. Dieser wurde an erster Stelle beauftragt, die von den moldauischen Fürsten zerstörten protestantischen Kirchen wiederaufzubauen (*constituisse se episcopum nationis Saxonicae et Hungaricae, qui et templa ablata restauret et animas in fide confirmet*).[28] Unter die pro-reformatorischen Maßnahmen Heraclides' zählt auch die Gründung einer konfessionellen Schule in Cotnari unter der Leitung des reformierten Gelehrten Johannes Sommer, des Autors etwa einer humanistisch angehauchten *Vita Jacobi Despotae*.[29] Außerdem bemühte sich Heraclides um die Reformierung der moldauischen Gesetzgebung durch Rechtsgelehrte, die er aus Konstantinopel holte. Ein weiterer Punkt seines Programms war die steuerliche Entlastung des Bauerntums, was ihm allerdings den Hass der Bojaren einbrachte. Ich möchte auch die bilderfeindliche Maßnahme Heraclides' erwähnen, der aus den orthodoxen Kirchengebäuden die Ikonen und das liturgische Geschirr konfiszierte.[30]

5. Das rumänisch-reformierte Bistum in Siebenbürgen

Angesichts des unklaren Status der orthodoxen Rumänen und angesichts ihrer demographischen Stärke lag es auf der Hand, dass die Rumänen für die sich in Konkurrenz befindenden Konfessionen Siebenbürgens ein ideales Missionsfeld boten. Nach 1550 wuchs hauptsächlich der Einfluss der Reformierten Kirche, zu der sich die Woiwoden Siebenbürgens aus der Familia Zápolya bekannten. Die Reformierten begannen, Druck auf die rumänische Bevölkerungsgruppe auszuüben. Diese war

25 Papacostea: Moldova (Anm. 24), S. 18, Anm. 4.

26 Vgl. Coloman Szentmartoni: Despot Vodă şi ungurii [Despot Woiwode und die Ungarn]. Odorhei 1931, S. 11; Tadeusz Gostnynski: Despot Vodă şi Ciprian Bazylik [Der Woiwode Despot und Ciprian Bazylik]. In: Revista istorică română 15/1 (1945), S. 90–93, hier S. 92; Zach: Volksbewußtsein (Anm. 12), S. 153.

27 Vgl. Andrei Veress (Hg.): Documente privitoare la istoria Ardealului, Moldovei şi Ţării Româneşti [Dokumente betreffend die Geschichte Siebenbürgens, der Moldau und der Walachei]. Bd. 1: 1527–1572. Bucureşti 1929, Nr. 251, S. 201f.; Armbruster: Heraclides (Anm. 24), S. 258f.

28 Papacostea: Moldova (Anm. 24), S. 20, Anm. 2.

29 Siehe Anm. 23. Zur Schule von Cotnari siehe Ştefan Bârsănescu: *Schola latina* de la Cotnari, biblioteca de curte şi proiectul de academie al lui Despot Vodă [Die *schola latina* von Cotnari, die Hofbibliothek und das Akademieprojekt des Woiwoden Despot]. Bucureşti 1957.

30 Vgl. Papacostea: Moldova (Anm. 24), S. 20.

seit spätestens 1456 in einer eigenen transsilvanisch-orthodoxen Erzdiözese organisiert. Der Sitz des Erzbistums befand sich ab Ende der 1480er Jahren in der Nähe von Klausenburg.[31]

Die orthodoxen Rumänen und ihre Kirchenhierarchie wurden 1566 unter einen reformierten Superintendenten, Georg von Sankt Georgen (George din Sângeorz), gestellt. Die nationalgeschichtliche Forschung Rumäniens hat versucht, das reformierte Bistum der siebenbürgischen Rumänen herunterzuspielen.[32] Inzwischen zeigen andere Forschungen, dass die reformatorischen Ideen im Allgemeinen und die reformierten insbesondere doch relativ breite Schichten der rumänischen Freibauern in Süd-Siebenbürgen in den Distrikten Fogarasch, Hunedoara, Hatzeg und im Banat erreicht haben.[33] Obwohl das rumänisch-reformierte Bistum nach 1595 im Zuge der siebenbürgischen Gegenreformation abgeschafft worden war, bestehen rumänisch-reformierte Gemeinden bis heute. Angesichts der Privilegienlosigkeit, der die orthodoxen Rumänen weiterhin im System der *nationes receptae* ausgesetzt waren, nahmen die reformierten Rumänen eine Sonderstellung in dem sich artikulierenden vor-nationalen Diskurs ein. Sie gehörten weder der orthodoxen Gemeinschaft noch der rumänischen Mehrheit an und nahmen eine hybride und damit schwierige Stellung im pluralisierten Siebenbürgen ein.[34]

6. Orthodoxe und katholische Gegenreformation in den Donaufürstentümern

Sowohl die Politik des moldauischen Fürsten Jacob Heraclides als auch die mehr oder weniger erzwungene Gründung eines reformierten Bistums für die Siebenbürger Rumänen führten zur Verhärtung konfessioneller Fronten, zu heftigen Reaktionen und schließlich zu einer aggressiven Gegenreformation in allen drei Donaufürstentümern.

Die pro-lutherische Regierung des Fürsten Heraclides konnte in einer stark orthodoxen Kultur, die auch politisch – wie oben erwähnt – fest in dem ‚orthodoxen Commonwealth' verankert war, nicht gut enden. Die orthodoxe Kirche der Moldau rief zum offenen Widerstand der Bevölkerung gegen den Herrscher auf. Die Truppen der Bojaren kesselten Heraclides in der Hauptstadt Suceava ein, wo er sich trotz seiner schwierigen Lage der bedingungslosen Treue der städtischen Bürgerschaft erfreute, die sich für die neuen Ideen seiner Herrschaft offen zeigte. Nach einer mehrwöchigen Belagerung unterlag er und wurde von den Aufständischen enthauptet, unter dem Vorwurf, er sei fremd von Sippe und Gesetz.[35]

---

31 Vgl. Păcurariu: Istoria (Anm. 6), S. 293–295 und 296f.
32 Vgl. ebd., S. 504.
33 Vgl. Teodor: Beziehungen (Anm. 20), S. 86.
34 Vgl. ebd., S. 90f.
35 Vgl. Papacostea: Moldova (Anm. 24), S. 21.

Wie oben gezeigt, stellt die Herrschaft Heraclides' eine Ruhepause für die moldauischen Protestanten dar. Sowohl Vorgänger als auch Nachkommen Heraclides' ordneten unter dem Druck der orthodoxen Kirche bzw. der katholischen, polnischen Krone heftige Verfolgungen der ‚Ketzer' im Lande an. Bekannt sind die Maßnahmen der moldauischen Fürsten Ştefan Rareş (1551–1552), Ştefan Tomşa (1563–1564) oder Alexandru Lăpuşneanu gegen die ‚Ketzer' (*eretici*).[36] Der zweite, Ştefan Tomşa, war der Führer der Aufständischen gegen Jacob Heraclides und auch dessen Mörder. Er startete eine heftige Gegenreformation, um die pro-lutherischen Versuche Heraclides' auszumerzen.[37] Ungarische Quellen sprechen von Zwangsbekehrungen der Protestanten zum ‚Glauben der Walachen' (*quod waywoda Moldavensis omnes Hungaros in regno suo existentes in Valachicam fidem baptisari vellet*).[38] Jacob Heraclides informierte selbst in einem Brief vom 1. April 1560 an Ferdinand I., dass sein Vorgänger, Alexandru Lăpuşneanu, protestantische Kirchen abreißen oder Pfarrer pfählen ließ (*templa a pijs, multis ante annis aedificata diruit, Sacerdotes contra omne ius Christianorum, non exutos dignitate trucidat, quemadmodum nuper septem sacerdotes indicta causa, nullis auditis testibus ex sola suspitione, palis affixit*).[39] Die Unterdrückung von Nicht-Orthodoxen ging Hand in Hand mit der Verbreitung der Orthodoxie. Im polnischen Lemberg (poln. Lwów) ließ Lăpuşneanu z.B. eine orthodoxe Kirche bauen und forderte sieben junge Männer an, die in moldauischen Klosterschulen zu Priestern ausgebildet werden sollten.[40]

In Siebenbürgen dagegen fand eine katholische Gegenreformation durch die Fürsten der Báthory-Dynastie statt (Stephan [István] Báthory [1571–1576], Christoph [Kristóf] Báthory [1576–1581] und Sigismund [Zsigmond] Báthory [1581–1599, mit Unterbrechungen]).[41] Auf einem Landtag beschloss man 1574, dass der rumänisch-reformierte Superintendent seine Autorität über die orthodoxen Rumänen verlieren sollte. Die Rumänen durften fortan ihren eigenen Bischof wählen, der dann vom Fürsten bestätigt werden musste.[42] Die orthodoxe Erzdiözese wurde etwa um 1576 in Weißenburg (Alba Iulia) neu gegründet. Die Walachei übernahm die Advokatenrolle der orthodoxen Rumänen Siebenbürgens. In der Walachei wurden ihre Priester und Bischöfe geweiht und sie versorgte diese mit Kultusbüchern und

36 Vgl. P[etre] P. Panaitescu (Hg.): Grigore Ureche. Letopiseţul Ţării Moldovei [Grigore Ureche. Chronik der Moldau]. Bucureşti 1957, S. 57.

37 Vgl. Zach: Volksbewußtsein (Anm. 12), S. 154.

38 Aus einem Brief eines Ungarn aus Piatra Neamţ (in der Moldau) nach Hermannstadt; Zach: Volksbewußtsein (Anm. 12), S. 152.

39 Eudoxiu de Hurmuzaki (Hg.): Documente privitoare la istoria românilor [Dokumente zur Geschichte der Rumänen]. Bd. 2.1: 1451–1575. Bucureşti 1891, Nr. 324, S. 374.

40 Vgl. Papacostea: Moldova (Anm. 24), S. 17f.

41 Vgl. Tamás Kruppa: Die Religionspolitik der Báthorys in den 1580er Jahren. Ein Versuch zur Verhinderung der protestantischen Religionspraxis (1579–1581). In: Ulrich A. Wien, Juliane Brandt, András F. Balogh (Hg.): Radikale Reformation. Die Unitarier in Siebenbürgen. Köln [u.a.] 2013 (Studia Transylvanica 44), S. 135–152.

42 Augustin Bunea: Vechile episcopii româneşti ale Vadului, Geoagiului, Silvaşului şi Bălgradului [Die alten rumänischen Bistümer von Vad, Geoagiu, Silvaş und Weißenburg]. Blaj 1902, S. 58.

Kultusobjekten.[43] Diese Realität *de facto* entwickelte sich 1595 zur Realität *de jure*, als die orthodoxe Erzdiözese Siebenbürgens dem Metropoliten der Walachei offiziell unterstellt wurde.[44] Nach 1598 versuchte man, selbst das System der rezipierten Religionen zu reformieren. Kaiser Rudolf II. schrieb Ende des 16. Jahrhunderts in einem Brief an Michael den Tapferen (1593–1601), den Fürsten der Walachei und Siebenbürgens, er solle in Transsylvanien nur den griechischen, ‚fränkischen' und lutherischen Glauben dulden und alles gegen Reformierte und ‚Arianer' unternehmen:

> Ich, der Kaiser, bitte Eure Herrschaft, in jenem Gebiet nicht viele, sondern nur drei Glaubensbekenntnisse zuzulassen: das griechische, das fränkische und das lutherische; verbanne aber die Kalviner und die Arianer, nimm ihnen die Kirchen und gib sie, wem du willst.[45]

7. Fazit

Die angeführten Beispiele zeigen im Laufe der Prozesse, die mit der Konfessionalisierung Siebenbürgens verbunden sind, eine zunehmende, grenzüberschreitende Erstarkung des orthodox-rumänischen Zusammenhalts in allen Donaufürstentümern. Damit setzt die Artikulierung eines Selbstbewusstseins vor-nationaler Ausprägung bei den Rumänen viel früher ein als gedacht. Am Ende des 16. Jahrhunderts und im 17. Jahrhundert verzeichnet man z. B. die immer häufigere Verwendung des Ethnonyms ‚Rumäne' bzw. ‚rumänisch'.[46] Unter protestantischem Einfluss entstand eine literarische rumänische Sprache, in welche die liturgischen Bücher übersetzt wurden. Dementsprechend hielt man nunmehr die orthodoxe Liturgie in Rumänisch ab. Die immer noch ‚tolerierten' Rumänen Siebenbürgens erhielten substantielle Hilfe aus der Moldau bzw. der Walachei: Bücher, Gelder, geweihte Priester, politische Befürwortung, Privilegien auf den siebenbürgischen Lehen der Fürsten von der Walachei und der Moldau.

Pluralisierung bedeutet, wie gezeigt, nicht automatisch Toleranz und Öffnung, sondern führt nicht selten zur Verhärtung konfessioneller Fronten. Angesichts der

43 Teodor: Beziehungen (Anm. 20), S. 92.

44 Vgl. Mircea Păcurariu: Începuturile Mitropoliei Transilvaniei [Die Anfänge der Metropolie Siebenbürgens]. Bucureşti 1980, S. 113–116.

45 „Eu împăratul rog pe Domne-Ta să nu laş într'acel loc mulţi credincioşi, numai să laş 3: Greci şi Frânci şi Lotreni; numai să goneşti Calvin[i] şi Areianâi şi să le ei bisearaca să o dai un veri vrea Domne-Ta". Original. N[icolae] Iorga: Documente nouĕ, în mare parte romănesci relative la Petru Şchiopul şi Michaiŭ Vitézul [Neue Dokumente, hauptsächlich rumänisch, Petru Şchiopul und Mihai den Tapferen betreffend]. In: Analele Academiei Române 20 (1898), S. 435–488. Siehe das Dokument auch bei Ion I. Nistor: Domnia lui Mihai Viteazul în Transilvania.1 Noembrie 1599–19 August 1601 [Die Herrschaft Michaels des Tapferen in Siebenbürgen. 1.11.1599–19.8.1601]. Bucureşti 1946, S. 40, allerdings mit Fehlern.

46 Vgl. Eugen Stănescu: Premisele medievale ale conştiinţei naţionale româneşti. Mărturii interne român-românesc în textele româneşti din veacurile XV–XVII [Die mittelalterlichen Ursprünge des rumänischen Nationalbewusstseins. Zeugnisse des Rumänischen in rumänischen Texten des 15.-17. Jh.s]. In: Studii. Revistă de istorie 17 (1964), S. 967–1000; Şerban Papacostea: Les Roumains et la conscience de leur romanité au Moyen Âge. In: Revue roumaine d'histoire 4/1 (1965), S. 15–24.

beschriebenen Sachverhalte versteht man besser, warum u. a. der orthodoxe Glaube im Nationsdiskurs zur *conditio sine qua non* des Rumänentums wurde. Die Grenzen der konfessionellen Pluralisierung im Donau-Karpaten-Raum des 16. und 17. Jahrhunderts ergeben sich aus der ‚theologischen Wahrheitsfrage', demgemäß der Glaube nicht relativierbar ist und keine Abstriche machen kann, ohne sich selbst in Frage zu stellen.[47] Die von der neuen Konfessionenforschung angesprochene ‚Umgangsökumene' der Frühen Neuzeit[48] stößt in der Frage dogmatischer Reinheit an ihre Grenzen. Wenn zu dieser Grundeinstellung auch noch politische, geostrategische, kulturelle, ethnische oder gar wirtschaftliche Interessen dazukommen, ergibt sich ein spannungsreiches Konfliktfeld.

Sowohl auf der Ebene politischer Entscheidungsträger als auch im Alltag stellt die konfessionelle Pluralisierung keine friedliche, abgeschlossene Selbstverständlichkeit dar, sondern wird ständig ausgehandelt und angepasst. Aushandlung und Anpassung rufen jedoch Widerstand, Reaktion, Unterdrückung und gegenseitige Bekämpfung hervor. Nuanciert gesehen bemerkt man in den angesprochenen Zeitspannen und Regionen, dass auf der Ebene der politischen Entscheidungsträger die konfessionelle Ausdifferenzierung in ihren jeweiligen Herrschaftsbereichen oft durch Zwangsmaßnamen, ja sogar durch Gewaltanwendung geregelt wurde. Auf der Ebene der Untertanen, die miteinander in derselben Stadt oder im selben Dorf leben mussten, entstanden viel diskretere und pragmatischere Mechanismen der Aushandlung konfessioneller Pluralität: Differenzen wurden keineswegs verwischt, sondern man fügte sie in ein breiteres System gesellschaftlicher Kommunikation.[49]

Konfessionelle Pluralisierung öffnet also in den sozio-politischen Verbänden der Frühneuzeit im Donau-Karpaten-Raum ein Spannungsfeld mit erhöhtem Konfliktpotential, das allerdings weitere kommunikative Prozesse von Aushandlung, Anpassung, Widerstand und Schlichtung freigibt.[50] In diesem Sinne stellt sich die Konflikthaftigkeit konfessionell-pluralisierter Räume als „autopoietische Dimension von kommunikativen Prozessen" dar – um es mit Niklas Luhmann zu formulieren.[51]

---

47 Vgl. Klaus Unterburger: Das bayerische Konkordat von 1583. Die Neuorientierung der päpstlichen Deutschlandpolitik nach dem Konzil von Trient und deren Konsequenzen für das Verhältnis von weltlicher und geistlicher Gewalt. Stuttgart 2006 (Münchner kirchenhistorische Studien 11), S. 46; C. Scott Dixon: Introduction. Living with Religious Diversity in Early-Modern Europe. In: Dagmar Freist, Mark Greengrass (Hg.): Living with Religious Diversity in Early-Modern Europe. Farnham, Burlington 2009, S. 1–20, hier S. 7 und S.13f.

48 Vgl. Willem Frijhoff: Religious Toleration in the United Provinces. From Case to Model. In: Ronnie Po-Chia Hsia (Hg.): Calvinism and Religious Toleration in the Dutch Golden Age. Cambridge 2002, S. 27–52; Ders.: The Threshold of Toleration. Interconfessional Conviviality in Holland during the Early Modern Period. In: Ders. (Hg.): Embodied Belief. Ten Essays on Religious Culture in Dutch History. Hilversum 2002, S. 39–65; Joris van Eijnatten, Fred van Lieburg: Niederländische Religionsgeschichte. Göttingen 2011, S. 221; Stollberg-Rilinger: Einleitung (Anm. 11), S. 22.

49 Vgl. Scott Dixon: Introduction (Anm. 47), S. 9f.

50 Vgl. ebd., S. 4.

51 Vgl. Niklas Luhmann: Soziologische Aufklärung. Bd. 6: Die Soziologie und der Mensch. 2. Aufl. Wiesbaden 2005, S. 13, 146, 169.

Thomas Wünsch

Identitätsstiftung durch Erinnerungsgestaltung: Religionspolemik in der polnisch-litauischen Adelsrepublik im 16. und 17. Jahrhundert

1. Polemik, Identität und Erinnerung

Polemik ist Teil des „kommunikativen Handelns",[1] mit dem Verständigung mit einem fiktiven Ansprechpartner gesucht wird. Diese Verständigung, die als Telos sicherlich jeder menschlichen Sprache innewohnt,[2] rückt durch den polemischen Gehalt des sprachlichen Ausdrucks allerdings in ein Spannungsverhältnis: Es wird schwerer, das „Sprechaktangebot" anzunehmen und eine „rational motivierte Bindung einzugehen".[3] Mit der Polemik kommt eine Form der bewussten Einwirkung auf den Angesprochenen zum Tragen, die das ansonsten in den Raum gestellte Einverständnisangebot bereits vorwegnimmt. Die Einigkeit mit dem Sprecher ist nicht ins Belieben gestellt und sie ist auch nicht irgendwann möglich; sie ist vielmehr notwendig, und zwar sofort. Polemik erzeugt Parteinahme und reißt Gräben auf – was auch dazu führt, dass das Potential an Gewaltvermeidung, das Kommunikation in Form von Verständigung grundsätzlich innewohnt (nach dem Motto: „wer miteinander spricht, bringt sich nicht um"),[4] nur noch in reduzierter Form vorhanden ist.

Doch sind Polarisierung und die Schaffung von Distanz nicht die einzigen Auswirkungen von Polemik. Deutlicher als bei anderen Redeformen scheint es bei der Polemik, insbesondere bei der religiösen, eine extrovertierte und eine introvertierte Ebene der (berechneten) Wirksamkeit zu geben. Was den (religiösen) Gegner treffen soll und ihn zum „Anderen" macht, schweißt die eigene Gruppe zusammen. Sie erkennt sich im abschreckenden Zerrbild, das einem apostrophierten „Ihr" zugeordnet wird, als „Wir" wieder, das sich auf dem richtigen Weg befindet. Mehr noch als abgewogene Rede, besitzt Polemik damit einen hohen Orientierungswert in komplexen Bezugsfeldern. Die rhetorischen Schläge, die auf die Adressaten niedergehen, festigen den Zusammenhalt auf der Seite der Aussteller. In uneigentlicher Rede formuliert, bietet Polemik die Negativfolie für das korrekte (Glaubens-)Verhalten der eigenen Gruppe. Identität entsteht, und sei es um den Preis einer Diskriminierung.

---

1 Jürgen Habermas: Theorie des kommunikativen Handelns. Bd. 1: Handlungsrationalität und gesellschaftliche Rationalisierung. Frankfurt a. M. 1981.

2 Ebd., S. 387.

3 Ebd., S. 376.

4 Joachim von Soosten: Jürgen Habermas: Religionsgespräch im Diskurs der Moderne. In: Volker Drehsen, Wilhelm Gräb, Birgit Weyel (Hg.): Kompendium Religionstheorie. Göttingen 2005, S. 272–281, hier S. 274f.

Jahrbuch des BKGE 23 (2015), S. 33–48

Der Zusammenhang von Kommunikation und Religion[5] erweist sich damit als ambivalent. Es geht, gerade auch bei so scheinbar unilateralen rhetorischen Verfahren wie der (religiösen) Polemik, immer auch um die eigene Seite. Schon auf einer sehr grundsätzlichen Ebene ist Religion darauf angelegt, Gruppenidentität herzustellen, durchzusetzen und zu erhalten – was auf bestimmten Riten, einer eigens ausgebildeten Priesterschaft, Gotteshäusern, spezifischem Schrifttum, gemeinsamen Feiern etc. basiert. Insofern Religion über „Bedeutungssysteme" verfügt, die sich in Symbolen materialisieren,[6] müssen diese auch den eigenen Leuten (immer wieder) nahegebracht werden, nicht nur den potentiell zu gewinnenden Angehörigen. Dabei spielt der Appell an die Erinnerung in Form gemeinsam geteilter Grundüberzeugungen eine besondere Rolle. Glaubenswahrheiten werden – und sei es in der paradoxen Form einer Kritik an Perversionen – den Angehörigen der eigenen Gruppe als unumstößlich präsentiert. Der Rückgriff auf vergangenes Geschehen dient dabei als sicheres Reservat für die Unangreifbarkeit der damit verknüpften Behauptungen. Indem Traditionen „erfunden" (E. Hobsbawm) und zur Grundlage für rechtgläubige Glaubenspraxis gemacht werden, entstehen „Erinnerungsgemeinschaften" (P. Burke).[7] Die „Rechtgläubigkeit" der Glaubensgemeinschaft konstituiert sich über die von der religiösen Polemik vorgetragene Form einer sanktionierten Erinnerung.

Es verwundert nicht, dass diese Erinnerung in maximaler zeitlicher Spannweite postuliert wird; idealerweise mit einem Vorlauf in der Alten Kirche. Dabei spielt sicher nicht nur das Moment der fehlenden Kontrollierbarkeit von bestimmten Aussagen eine Rolle, sondern auch ein bestimmtes Vergangenheitsverständnis, das grundsätzlich von der Idee einer „aetas aurea" lebt. Die Gegenwart, wie sie von den Polemikern erkannt wurde, bedurfte der Korrektur – aber damit war keine Neuerung gemeint, sondern eine Reparatur. Den erstrebenswerten Zustand hatte es schon einmal gegeben, und die Anstrengung jetzt musste darauf gerichtet sein, ihn wieder herzustellen. Von daher rührt zu einem Großteil die Apodiktik und Härte des Urteils, aber auch das innovative Potential der polemischen Schriften. Vergangenheit wurde benutzt, um einen vermeintlichen Schaden der Gegenwart zu kennzeichnen und Lösungswege für die Zukunft aufzuzeigen. Das Gewicht der einschlägigen polemischen Traktate bestimmt sich dabei nicht nur dadurch, inwieweit sie von den Zeitgenossen gehört wurden, sondern auch, welche späteren Kommunikationssitua-

5 Vgl. Peter Eicher: „Offenbarungsreligion". Zum sozio-kulturellen Stellenwert eines theologischen Grundkonzepts. In: Ders. (Hg.): Gottesvorstellung und Gesellschaftsentwicklung. München 1979 (Forum Religionswissenschaft 1), S. 109–129; Konrad Ehlich: Religion als kommunikative Praxis. In: Gerhard Binder, Konrad Ehlich (Hg.): Religiöse Kommunikation – Formen und Praxis vor der Neuzeit. Trier 1997 (Bochumer Altertumswissenschaftliches Colloquium 26), S. 337–355; daneben Ingo Mörth: Kommunikation. In: Hubert Cancik u. a. (Hg.): Handbuch religionswissenschaftlicher Grundbegriffe. Bd. 3. Stuttgart 1993, S. 392–414.

6 Clifford Geertz: Dichte Beschreibung. Beiträge zum Verstehen kultureller Systeme. Frankfurt a. M. 1987, S. 94.

7 Peter Burke: Geschichte als soziales Gedächtnis. In: Aleida Assmann, Dietrich Harth (Hg.): Mnemosyne. Formen und Funktionen der kulturellen Erinnerung. Frankfurt a. M. 1991, S. 289–304, hier S. 298f.

tionen dadurch beeinflusst wurden. Der Fokus der im Folgenden zu behandelnden Schriften wird deshalb gattungstypologisch breiter gefasst sein; firmiert die Polemik doch unter der Bezeichnung *theologia polemica* im Zeitalter des Barock auch als Synonym für Kontroverstheologie insgesamt.[8]

2. Johannes Sacranus von Auschwitz (1443–1527) und sein „Elucidarius errorum ritus Ruthenici"

Am Anfang steht ein Schlesier. Es ist kennzeichnend für seine Mischung aus sachlicher Verzerrung und historisch korrektem Referat, wenn der Krakauer Doktor der Theologie Johannes – geboren 1443 in Auschwitz (Oświęcim), latinisiert zu „Sacranus" – in seinem *Elucidarius errorum ritus Ruthenici* aus dem Jahr 1500[9] den Unionsversuch von Lyon 1274 letztlich als gescheitert beurteilt und die Kirchenspaltung kurz darauf erneut aufbrechen sieht, diesmal bis zum Konzil von Florenz 1439 (Speyer 1582, S. 216). Mit Florenz ist für Sacranus der diskriminierende Reiz gegeben: Denn von nun an müsste es seiner Ansicht nach allen, denen an der Überwindung der Kirchenspaltungen gelegen ist, ein Leichtes sein, diese Absicht umzusetzen. Wer jetzt noch in Richtung zweier christlicher Kirchen arbeitet, so der Krakauer Theologe, hat jeden Kredit verspielt, jemals das göttliche Wohlwollen zu erlangen. Was Sacranus beobachtet, ist genau dies: dass griechische Kleriker und Mönche das Volk indoktrinierten, in der Kirchenspaltung zu verharren – auch über Florenz hinaus. Der Fall Konstantinopels 1453 ist für ihn, auch hierin schon ein klassischer

8 Hermann Stauffer: Polemik. In: Gert Ueding (Hg.): Historisches Wörterbuch der Rhetorik. Bd. 6. Darmstadt 2003, S. 1403–1415, hier S. 1407. Zur rhetorischen Technik der Polemik in Religionsfragen, wie sie sich seit der Spätantike herausgebildet hat, vgl. Wilhelm Süß: Der heilige Hieronymus und die Formen seiner Polemik. In: Volkskundliche Ernte. Hugo Hepding dargebracht am 7. September 1938 von seinen Freunden. Gießen 1938, S. 212–238; Ilona Opelt: Die Polemik in der christlichen lateinischen Literatur von Tertullian bis Augustin. Heidelberg 1980. Zur Religionspolemik des „konfessionellen Zeitalters" und der Renaissance vgl. Karl Hase: Handbuch der protestantischen Polemik gegen die römisch-katholische Kirche. Leipzig 1862; Henri Plard: Folie, subversion, hérésie: la polémique de Thomas Murner contre Luther. In: Folie et déraison à la Renaissance. Bruxelles 1976 (Université libre de Bruxelles. Travaux de l'Institut pour l'étude de la Renaissance et de l'Humanisme 5), S. 197–208; Hildegard Traitler: Konfession und Politik. Interkonfessionelle Flugschriftenpolemik aus Süddeutschland und Österreich (1564–1612). Frankfurt a. M. 1989 (Europäische Hochschulschriften III 3, 400); Herbert Grabes: Das englische Pamphlet. Bd. 1: Politische und religiöse Polemik am Beginn der Neuzeit (1521–1640). Tübingen 1990; Georg Braungart: Zur Rhetorik der Polemik in der Frühen Neuzeit. In: Franz Bosbach (Hg.): Feindbilder. Die Darstellung des Gegners in der politischen Publizistik des Mittelalters und der Neuzeit. Köln 1992 (Bayreuther Historische Kolloquien 6), S. 1–21; sowie Paul Hankamer: Die Sprache. Ihr Begriff und ihre Deutung im sechzehnten und siebzehnten Jahrhundert. Ein Beitrag zur Frage der literarischen Gliederung des Zeitraums. Bonn 1927. Gesamteuropäisch zur Polemik in der Reformationszeit vgl. Marja Czapska: Polemika religijna pierwszego okresu Reformacji w Polsce [Religionspolemik in der ersten Phase der Reformation in Polen]. In: Reformacja w Polsce 5 (1928), S. 1–51.

9 Vgl. Thomas Wünsch: Das römische Modell einer Kirchenunion mit der Orthodoxie und sein Architekt, Johannes Sacranus von Auschwitz/Oświęcim (1443–1527). In: Roczniki Historyczne 74 (2008), S. 83–112.

lateinischer Topos, die gerechte Strafe Gottes für dieses Fehlverhalten.[10] Sarkastisch fügt er hinzu, dass die Orthodoxen jetzt zusammen mit den Juden und den Moslems eine Art „Union der Ungläubigen" eingehen können (*In ignominiosa servitute uniti.* Speyer 1582, S. 217).

Damit ist der theoretische Kern des *Elucidarius* erreicht. Er besteht in einem dreistufigen Axiom; erstens: es gibt nur einen Glauben; zweitens: dieser ist von Griechenland nach Rom gekommen; drittens: wer sich dagegenstellt, ist schismatisch und häretisch. Der springende Punkt dabei ist die holistische Qualität: In diesem Modell werden die Orthodoxen nicht an die Seite der römisch-katholischen Kirche gestellt, sondern in diese hineingezwungen. Für Kontingenz ist kein Platz, und wenn es Diversität geben sollte, dann nur im Rahmen einer einzigen Kirche.[11] Die Theorie des Johannes Sacranus, die eine Art *translatio fidei* von Ost nach West beinhaltet, bedeutet letztlich, dass es nur *eine* legitime Kirche geben kann. Von daher scheint es ihm auch unnötig, die abweichenden und zum Teil abstrusen Phänomene, die in seinem Irrtumskatalog vorgestellt wurden, im Einzelnen zu diskutieren (wobei ihm sehr darum zu tun ist, den abweichenden Ritus gerade hinsichtlich der Sakramente zu eliminieren).[12] Es geht ums Ganze, wobei die Kombination von Universalismus und Regionalismus auffällt: Sacranus stellt ein universal gültiges Modell vor, das aber auch regional, d. h. in den Ostteilen Polen-Litauens, anzuwenden ist.[13]

Die „Union", die Sacranus vorschwebt, ist eine „uniformitaristische", keine ökumenistische. Sie kennt kein Eigenleben; eine „unierte Kirche" wäre eine *contra-*

---

10 Exemplarisch: Chronicon Maius (Georgios Sphrantzes zugeschrieben). Übers. von Ende von Ivánka. 2. Aufl. Graz 1961 (Byzantinische Geschichtsschreiber 1), S. 89ff. Vgl. allgemein Franz-Reiner Erkens (Hg.): Europa und die osmanische Expansion im ausgehenden Mittelalter. Berlin 1997 (Zeitschrift für Historische Forschung 20).

11 Darauf scheinen die rätselhaften Aussagen des Sacranus zu griechischen Traditionen in den lateinischen Chorgesängen abzuzielen (Speyer 1582, S. 218). Dass die geistlichen Gesänge im katholisch-orthodoxen Spannungsraum zur Hybridisierung neigten, zeigt – allerdings in der umgekehrten Richtung, das ostslawische Lied betreffend – Achim Rabus: Geistliche Gesänge des 17. und 18. Jahrhunderts in Polen-Litauen als Zeugnisse interkultureller Kommunikation. In: Stefan Rohdewald, David Frick, Stefan Wiederkehr (Hg.): Litauen und Ruthenien. Studien zu einer transkulturellen Kommunikationsregion (15.–18. Jahrhundert). Wiesbaden 2007 (Forschungen zur osteuropäischen Geschichte 71), S. 331–349.

12 Dem dient die Aussage, dass sich nicht einmal der Papst über den Inhalt der Sakramente hinwegsetzen und deshalb auch nicht den Ritus der ruthenischen Priester anerkennen könne (Cim. BJ 4401, fol. XXIra). Auch der Hinweis auf die Gefährdung des Seelenheils bei weiterbestehenden rituellen Unterschieden in der Sakramentenspendung (Cim. BJ 4401, fol. XXIva-b) geht in dieselbe Richtung.

13 Die Behauptung von Albert M. Ammann: Zur Geschichte der Geltung der Florentiner Konzilsentscheidungen in Polen-Litauen: Der Streit über die Gültigkeit der „Griechentaufe". In: Orientalia christiana periodica 8 (1942), S. 289–314, hier S. 312, der Traktat des Sacranus richte sich „vor allem gegen die moskowitischen Schismatiker", ist irreführend. Dass es sich um „russische" (im Sinne von ruthenische) Gebiete handelte, ist ebenso klar wie die prinzipielle Gültigkeit der getroffenen Aussagen auch für die russische orthodoxe Kirche; nur war eine Bekehrungsoffensive über den polnisch-litauischen orthodoxen Raum hinaus, das Moskauer Reich anvisierend, für Sacranus weder interessant noch zweckmäßig. Eher hat es den Anschein, als stünden die Moskowiter (noch) außerhalb der Konversionspropaganda.

dictio in se. Von daher durften sich neben der eigentlichen Zielgruppe der orthodoxen Ukrainer und Weißrussen[14] (im Bereich der Polnisch-Litauischen Union: Ruthenen) implizit auch die Unierten, also die griechisch-katholischen Gläubigen, angesprochen fühlen. Den Orthodoxen im polnisch-litauischen Machtbereich, so die mit Sacranus zu ziehende Folgerung, hätte es gut angestanden, nach dem Florentiner Unionskonzil die Inkorporation in die römisch-katholische Kirche zu suchen.[15] Die Unierten waren insofern tangiert, als rituelle Besonderheiten mit Störfaktoren gleichgesetzt wurden, die der Einfügung in die eine und einzige Kirche entgegenstanden. Indem Orthodoxie und Union in polemischer Manier als Irr- oder Umwege gekennzeichnet werden, hält die von Sacranus präsentierte Konzeption aber auch eine Aussage für die Katholiken bereit: Sie befinden sich auf dem Königsweg – was eine Identifikation mit dieser Glaubensgemeinschaft erleichtert. Verbindendes Element (für Katholiken, Orthodoxe und Unierte) ist ein historisches Argument: Römisch-Katholische Kirche und Urkirche werden als „Primitiva Ecclesia" in eins gesetzt (Speyer 1582, S. 219). Die solcherart gelenkte Erinnerung an die Frühgeschichte der christlichen Kirche insgesamt dient damit als Baustein für die Bildung einer (nicht nur regional bedeutsamen) kollektiven Identität in der Gegenwart.

3. Varianten der Unionsidee in der Frühen Neuzeit: Orzechowski, Łasicki, Possevino, Skarga, Herbest

Johannes Sacranus steht in einem längeren Strom polemischer Auseinandersetzung zwischen Ost und West, und er erzeugte eine eigene Bugwelle. Sie lässt sich dreiteilen: in direkte Replik (Orzechowski), in explizite Zustimmung (Łasicki, Possevino, Skarga) – und in eine Haltung, die von ihm selbst beeinflusst sein könnte, auch wenn sein Name nicht fällt (Herbest). Damit meine ich eine grundsätzliche Reserviertheit gegenüber der Union, wie sie sich auch in der geteilten Akzeptanz der Union von Brest ausdrückt. Natürlich kann das orthodoxe Misstrauen gegenüber den Lateinern nicht allein auf das Wirken des Sacranus zurückgeführt werden; das wäre

14 Mychajlo Voznjak: Geschichte der ukrainischen Literatur. Bd. II,1. Gießen 1975, S. 44, nennt nur die Ersteren.

15 Anders als Ihor Mončak: Florentine Ecumenism in the Kyivan Church. The Theology of Ecumenism applied to the Individual Church of Kyiv. Rome 1987, S. 248, sehe ich keine Grundlage dafür anzunehmen, Sacranus hätte die Bestimmungen des Florentiner Unionskonzils – entgegen dem Inhalt von „Letentur caeli" (COD 2, 524ff.) – nur als temporär eingestuft. Die Stelle, auf die sich Mončak bezieht (Cim. BJ 4401, fol. XXIXrb), spricht nicht vom Florentinum, sondern vom Register Gregors VII. – wo der Papst in der Tat für eine gewisse Duldung im Azymenstreit plädierte; vgl. Georgij Avvakumov: Die Entstehung des Unionsgedankens. Die lateinische Theologie des Hochmittelalters in der Auseinandersetzung mit dem Ritus der Ostkirche. Berlin 2002 (Veröffentlichungen des Grabmann-Institutes 47), S. 225; zur Byzanzpolitik Gregors VII. noch Axel Bayer: Spaltung der Christenheit. Das sogenannte Morgenländische Schisma von 1054. Köln 2002 (Beihefte zum Archiv für Kulturgeschichte 53), S. 138–146.

angesichts anderer Faktoren, wie etwa der Wirkmächtigkeit des Traumas von 1204[16] oder der kämpferischen nachtridentinischen katholischen Theologie,[17] zu viel der Ehre. Aber fest steht auch, dass es nach Sacranus keine bedeutende Änderung des römisch-katholischen Unionsmodells gegenüber der Orthodoxie mehr gegeben hat. Insofern erscheint es gerechtfertigt, die Reichweite des Sacran'schen Einflusses bis zu dem Paradigmenwechsel zu postulieren, den die päpstliche Verlautbarung „Mystici Corporis" in der Mitte des 20. Jahrhunderts markiert (Pius XII. 1943).

Wie bedeutsam die von Johannes Sacranus entworfene Unionstheorie war, zeigt sich zuerst an der dadurch ausgelösten Gegenwehr. Sie kam von niemandem Geringeren als Stanisław Orzechowski (1513–1566), einem der bekanntesten Schriftsteller und Polemiker im Polen-Litauen des 16. Jahrhunderts überhaupt. Für das Œuvre des aus der *terra* Przemyśl in Rotreußen stammenden Orzechowski spielt sein bewegter Lebenswandel eine große Rolle.[18] Er soll hier aber nur insoweit interessieren, als Orzechowskis Replik auf Sacranus, betitelt *Baptismus Ruthenorum*, 1544 im Druck erschienen ist,[19] in einer Lebensphase, in der Orzechowski bereits seine Kontakte mit den deutschen Reformatoren geknüpft und seine Studienreise nach Italien abgeschlossen hatte. Frisch zum Kaplan geweiht, befand er sich noch im „katholischen" Abschnitt seiner Vita, bevor er 1551 heiratete und von da an hauptsächlich damit beschäftigt war, diese Tat zu legitimieren. Orzechowski, der viel Wert auf die Feststellung legte, er sei *natione Polonus*, aber *gente Ruthenus*,[20] fühlte sich augenscheinlich durch die Polemik des Sacranus herausgefordert. Die Replik war sein erstes theologisches Werk überhaupt, und sein Urteil lässt bereits den späteren brillanten Polemiker erkennen.[21] Seine gedankliche Grundlage ist derjenigen von Sacranus diame-

16 Theodor Nikolaou (Hg.): Das Schisma zwischen Ost- und Westkirche. 950 bzw. 800 Jahre danach (1054 und 1204). Münster 2004 (Beiträge aus dem Zentrum für ökumenische Forschung München 2).

17 Borys A. Gudziak: Crisis and Reform. The Kyivan Metropolitanate, the Patriarchate of Constantinople and the Genesis of the Union of Brest. Cambridge Mass. 1998, S. 253.

18 Vgl. Hieronim Wyczawski: Orzechowski Stanisław. In: Słownik Polskich Teologów Katolickich. Bd. 3. Warszawa 1982, S. 265–271 (mit Literatur und Werkverzeichnis). Zu seiner Stellung im literarischen Geschehen der Zeit: Jerzy Ziomek: Renesans. Warszawa 1996, hier S. 196–204; Krzysztof Koehler: Stanisław Orzechowski i dylematy humanizmu renesansowego [Stanisław Orzechowski und die Dilemmata des Renaissancehumanismus]. Kraków 2004; Markus Osterrieder: Das wehrhafte Friedensreich. Bilder von Krieg und Frieden in Polen-Litauen (1505–1595). Wiesbaden 2005 (Imagines Medii Aevi 20), Register s. v. (dort allerdings mit falschen Lebensdaten).

19 Hier benutzte Ausgabe: Stanisław Orzechowski: Baptismus Ruthenorum. Cracoviae 1544 [Cim. Biblioteka Jagiellońska 133; mit halbseitiger Folienzählung]. Die Schrift ist Piotr Gamrat gewidmet, der nicht nur Krakauer Bischof von 1538 bis 1545 war, sondern zusätzlich ab 1541 auch Erzbischof von Gnesen und Primas von Polen; als solcher ein energischer Gegner der Reformation.

20 Auch die Autorenangabe in dem Werk lautet *Stanislaus Orzechowski Ruthenus* (Cim. BJ 133, fol. 1b). Zur Einordnung der bekannten Sentenz in den Nationsdiskurs der Prämoderne vgl. Serhii Plokhy: The Origins of the Slavic Nations. Premodern Identities in Russia, Ukraine, and Belarus. Cambridge 2006, S. 169–177.

21 Vgl. Andrzej Kaim: Ekumenia w dobie renesansu. Jedność Kościoła w ujęciu Stanisława Orzechowskiego [Ökumene im Zeitalter der Renaissance. Die Einheit der Kirche im Verständnis des Stanisław Orzechowski]. Lublin 2002 (Jeden Pan, jedna wiara 13), S. 92ff.; generell zur Qualität

tral entgegengesetzt: Für Orzechowski zeichnet sich Polen, das er als *Sarmatia* bzw. *Sarmatiae Regnum* bezeichnet, dadurch aus, dass hier verschiedene Völker lebten, die sich nicht nur in der Sprache, sondern auch in Ritus und Kultus und auch in den Religionen unterschieden – und sich dennoch als Einheit verstünden (Cim. BJ 133, fol. 1b). Geeint würden sie – ganz im Geist der Argumentation eines Nikolaus von Kues – durch denselben Gott. Es bestehe also kein Grund, dass Ruthenen und Lateiner, Lateiner und Armenier sowie Armenier und Moskowiter, Litauer und Walachen sich durch ihren jeweiligen Ritus abgesondert fühlten (Cim. BJ 133, fol. 2a). Für Orzechowski sind die hausgemachten Streitigkeiten zwischen diesen ethno-konfessionellen Gruppen schwerwiegender noch als die türkische Bedrohung. Sieht Orzechowski wie Sacranus ebenfalls die griechische Kirche als „erste“ (Cim. BJ 133, fol. 2b), setzt er die „Translationstheorie“ doch ganz anders fort: Für ihn geht der Weg von den Griechen zu den Russen (über Fürst Vladimir), und die Spannungen, die zwischen Katholiken und Orthodoxen entstanden seien, hätten sich erst nach der polnischen Expansion in den russischen Raum und dem damit einhergehenden römischen Glaubensimport ergeben (Cim. BJ 133, fol. 4a–b).

Abgesehen davon, dass Orzechowski hier wesentlich näher an der politischen Realität entlang argumentiert als Sacranus, ergeben sich Konsequenzen für das katholische Verhältnis gegenüber den Ruthenen. Aus eigener Beobachtung, so der rotreußische Gelehrte, könne er nur bestätigen, dass das Filioque kein Problem für die Ruthenen sei (Cim. BJ 133, fol. 6a). So ist Orzechowskis Verdikt gegenüber Sacranus vernichtend: Zwar sei dieser ein prinzipiell gebildeter Mann, als Schlesier (*homo Sylesius*) aber völlig ahnungslos, was die ruthenischen Gebräuche angeht. In der ruthenischen und griechischen Sprache unkundig, wird nun Sacranus seinerseits als – in diesem Feld – ungebildeter Mensch hingestellt. Er habe eigentlich gar nicht richtig verstanden, wovon er schrieb, und deshalb sei von ihm auch nichts Gescheites zu erwarten (Cim. BJ 133, fol. 7a). Und dann holt Orzechowski zum polemischen Gegenschlag aus: Wenn die Ruthenen keine Christen sind, weil sie andere Taufriten als die römisch-katholischen haben, dann waren auch die griechischen Kirchenväter keine Christen (Cim. BJ 133, fol. 8a). Die Tendenz seiner Rede zielt also deutlich darauf ab, eine bestehende regionale religiöse Identität zu festigen, nicht – wie Sacranus es vorhatte – sie als Aberration zu brandmarken.

Inwieweit die spätere Rezeption des Sacran'schen Werkes die Gegenargumente von Orzechowski beherzigt hat, ist schwer zu ermitteln; auffällig ist jedenfalls, dass sich das Weiterleben des *Elucidarius* auf Teile beschränkt – wenn auch unter Erhalt der Kernaussage. Es dürfte nicht erstaunen, dass der Irrtumskatalog, auf den sich die Kritik Orzechowskis hauptsächlich bezogen hatte, in der Gesamtrezeption des *Elucidarius* keine prominente Rolle gespielt hat. Es waren andere Werte, die für nachfolgende Theologen attraktiv erschienen. An zeitlich erster Stelle steht mit Jan Łasicki

---

Orzechowskis als Polemiker Bogumiła Kosmanowa: Stanisław Orzechowski (1513–1566) jako polemista religijny [Stanisław Orzechowski (1513–1566) als religiöser Polemiker]. In: Euhemer – Przegląd Religioznawczy, Nr. 4, (1975), S. 21–33. Zu den Bezügen zu Sacranus vgl. Mončak: Florentine Ecumenism (Anm. 15), S. 295–308.

(1533/34 – nach 1599) ein Szlachtize aus calvinistischer Familie, der zur Konfession der Böhmischen Brüder konvertierte und für eine historische Darstellung der Brüderunität seit Wyclif und Hus verantwortlich zeichnet.[22] Für unseren Zusammenhang ist er bedeutsam, weil er der Kompilator jenes 1582 publizierten Sammelkodex ist, in dem die *versio strictior* des „Elucidarius“ von Johannes Sacranus enthalten ist.[23] Gewidmet ist der Band Jan Hlebowicz (gest. 1593), Kastellan von Minsk und Schatzkanzler des Großfürstentums Litauen – und dazu noch ein dezidierter Calvinist.[24] Hlebowicz kann als inoffizieller Patron der calvinistischen Kirche in Litauen bezeichnet werden.[25] Die Intention der Zusammenstellung liegt, wie Łasicki einleitend ausführt, in der Erhellung der *theologia Moscovitica* (Speyer 1582, Praefatio). Zu diesem Zweck findet sich darin nicht nur der Traktat des Sacranus, sondern auch der Text des berühmten Religionsgespräches, das Jan Rokyta, Leiter einer Gemeinde der Böhmischen Brüder, im Gefolge einer polnischen Gesandtschaft nach Russland 1570 mit dem russischen Zaren Iwan IV. „dem Schrecklichen“ geführt hatte.[26] Aus Sicht des Kompilators handelt es sich bei der Sammlung um eine Maßnahme des Wissenserwerbs, was wiederum einer Auseinandersetzung mit der russischen Religion zugute kommen sollte. Łasicki wollte sein Werk also verstanden wissen als geistiges Marschgepäck bei der Bekehrung der Orthodoxen.

Angesichts der Komponenten, die der *Elucidarius* aufwies, verwundert ein solches Ansinnen zunächst einmal. Wie, so fragt man sich unwillkürlich, sollte ein orthodoxer Gläubiger, noch dazu im Rang eines Herrschers, von seiner Religion abgebracht werden, wenn sie in einem Vierzig-Punkte-Irrtumskatalog vollkommen destruiert wird? Der konstruktive Aspekt muss also woanders liegen. Gerade wenn man berücksichtigt, dass es sich bei Łasicki ja nicht um einen römisch-katholischen Propagator einer orthodoxen Konversion handelt, liegt die Lösung auf der Hand: Das entscheidende Moment, warum auch ein Anhänger der Böhmischen Brüder, gestützt auf einen Calvinisten im Zentrum der politischen Macht, den Traktat des Sacranus

---

22 Jan Łasicki: Historiae de origine et rebus gestis Fratrum Bohemorum, 1568. Zur Person vgl. Henryk Barycz: Jan Łasicki. Studium z dziejów polskiej kultury naukowej XVI wieku [Jan Łasicki. Studien zur Geschichte der polnischen gelehrten Kultur des 16. Jhs.]. Wrocław 1973 (Monografie z dziejów nauki i techniki 90); zur Bedeutung als Chronist der Religion Samogitiens (De diis Samagitarum, Basel 1615) vgl. Mathias Niendorf: Das Großfürstentum Litauen. Studien zur Nationsbildung in der Frühen Neuzeit (1569–1795). Wiesbaden 2006 (Veröffentlichungen des Nordost-Instituts 3), S. 195f.

23 Zum Bezug auf Sacranus vgl. Barycz: Jan Łasicki (Anm. 22), S. 149; Mončak: Florentine Ecumenism (Anm. 15), S. 276.

24 Vgl. Barycz: Jan Łasicki (Anm. 22), S. 113; ferner Urszula Augustyniak: Testamenty ewangelików reformowanych w Wielkim Księstwie Litewskim [Testamente der Reformierten im Großfürstentum Litauen]. Warszawa 1992.

25 Massimo Firpo: Antitrinitari nell'Europa orientale del '500. Nuovi testi di Szymon Budny, Niccolò Paruta e Jacopo Paleologo. Firenze 1977, S. 134.

26 Zu diesem Disput, einschließlich der Frage nach seiner Authentizität, vgl. Valerie Tumins: Tsar Ivan IV's Reply to Jan Rokyta. The Hague, Paris 1971; Boris Florja: Ivan Groznyj [Iwan der Schreckliche]. Moskva 1999; Olga Chumicheva: Ivan der Schreckliche und Jan Rokyta. Der Zusammenstoß zweier Kulturen. In: Historisches Jahrbuch 124 (2004), S. 77–96.

schätzt, liegt in dessen uniformitaristischer Qualität. Der *Elucidarius* war polyvalent: Er konnte nicht nur als Aufforderung für eine Konversion hin zur römisch-katholischen Kirche gelesen werden, sondern allgemein als Regieanweisung dafür, wie scheinbar inkongruente konfessionelle Systeme ineinander überzuführen waren. Der Schlüssel für die Rezeption des Traktats an dieser Stelle liegt also in der ekklesiologischen Theoriebildung, nicht so sehr in der empirischen Analyse bestehender Kirchen oder Konfessionen. Sacranus hatte mit seiner Inkorporations- und Assimilationsstrategie eine philosophische, nicht konfessionsgebundene Begründung für die Vereinbarkeit des östlichen mit dem westlichen Christentum gefunden. Man konnte ihn lesen und verwenden, ohne ihn zu akzeptieren.

Anders die (prominenten) Rezeptionsfälle auf katholischer Seite. Es geht zunächst um den italienischen Jesuiten Antonio Possevino (1533/34–1611), der als päpstlicher Gesandter, genau wie Rokyta, zum russischen Zaren Iwan IV. in den Jahren 1581–1582 unterwegs war. Possevino sollte auf Einladung des Zaren einen Waffenstillstand im Livländischen Krieg zwischen Russland und Polen vermitteln. Die Hoffnung des Jesuiten bestand nun darin, neben dieser diplomatischen Mission auch eine kirchliche auszuführen: nämlich die russisch-orthodoxe Kirche unter die Autorität des Papstes zu bringen.[27] In diesem Kontext entstand das Werk „Moscovia“, das zuerst in Wilna 1586 herausgekommen ist.[28] Von den fünf Kapiteln der formal als Reisebericht gestalteten Schrift interessieren hier nur die Passagen, die direkt auf das Missionsgeschehen eingehen. Possevino berichtet in ethnographischer Manier über die Taufgebräuche bei den Russen (Köln 1587, S. 5) und beruft sich dann, bevor er auf die religiösen Besonderheiten der Russen detailliert zu sprechen kommt, auf den Krakauer Kanoniker Sacranus (Köln 1587, S. 28).[29] Der habe schon gegen die *Ruthenorum errores* angeschrieben, und in der Tat bezieht Possevino einen Gutteil seiner eigenen Phänomenologie der russischen Religiosität (Köln 1587, S. 38–46) aus dem „Elucidarius“. Es geht um das Glaubensbekenntnis, die Eucharistie, die Fegefeuerlehre, den Status der römischen Kirche und anderes mehr. Die Gemeinsamkeiten mit der Irrtumsliste bei Sacranus sind zahlreich – aber sie umfassen bezeichnenderweise gerade nicht die von Sacranus so lustvoll herausgestellten Kuriosa. Es hat den Anschein, als habe Possevino das Werk des Sacranus einer Art Zensur unterworfen und ihm Handbuchcharakter zu verleihen gesucht. Was noch blieb, war eine zwar scharfe, aber eben nicht mehr verletzende Distinktion zwischen der römisch-katholischen und der russisch-orthodoxen Konfession.

---

27 Zur Sache vgl. Walter Delius: Antonio Possevino, S.J. und Ivan Groznyj. Ein Beitrag zur Geschichte der kirchlichen Union und der Gegenreformation des 16. Jahrhunderts. Stuttgart 1962 (Kirche im Osten 3).

28 Aufschlussreich ist der Titel der Kölner Ausgabe, die hier auch verwendet wurde: Antonio Possevino: Moscovia et alia opera de statu huius seculi adversus Catholicae Ecclesiae hostes. Coloniae 1587. – Englische Übersetzung mit hilfreichem Kommentar von Hugh F. Graham: The Moscovia of Antonio Possevino, S. J. Pittsburgh 1977 (UCIS Series in Russian and East European Studies 1).

29 Vgl. Mončak: Florentine Ecumenism (Anm. 15), S. 304; zur Parallele mit Łasicki vgl. Barycz: Jan Łasicki (Anm. 22), S. 20, 30, 117f.

Der *Elucidarius* als geistiges Rüstzeug für die katholische Glaubenspropaganda war ‚politisch korrekt' geworden. Damit spielte sich im Zeitraffer ein Vorgang ab, der auch sonst in der Geschichte der konfessionellen Polemik bekannt ist, aber für gewöhnlich erst im 18. Jahrhundert in Erscheinung tritt: eine Ent-Emotionalisierung und Reduzierung negativer Werturteile zugunsten einer stärker sachbezogenen Erörterung der kontroverstheologischen Probleme – freilich ohne die Nützlichkeit des Instruments der Polemik generell infrage zu stellen,[30] und auch ohne spürbare Revision der eigenen Standpunkte. Die Stärkung der Identität der eigenen Gruppe erfolgte nun nicht mehr auf Kosten einer weitgehenden Diffamierung der anderen Gruppen, sondern mit einem unverkennbar integralistischen Unterton. Damit verbindet sich zwar keine Trendwende, aber immerhin ein Akzentwechsel.

Ebenfalls für die katholische Seite arbeitete Piotr Skarga (1536–1612),[31] wie Possevino[32] Jesuit und einflußreicher Prediger am Hof von Zygmunt III. Wasa. Immerhin hat Łasicki in seinem Sammelkodex direkt nach dem *Elucidarius* Ausschnitte aus einer einschlägigen Abhandlung Skargas in lateinischer Übersetzung aufgenommen und die beiden Autoren damit in ein direktes Verhältnis gesetzt.[33] Was das ideelle Grundgerüst angeht, so darf Skarga als Schüler und Fortsetzer des Sacranus gelten: Für Skarga ging es um den möglichst zahlreichen, d.h. nicht nur konfessionsweise vorgenommen, sondern auch individuellen Übertritt zum Katholizismus sowie darum, den Primat des Papstes zu legitimieren. Die Versammlung der christlichen Gläubigen in einer einzigen Kirche unter *einem* Hirten war das letzte Ziel; die Katalogisierung von *errores Russorum*, die Skarga ebenfalls vornahm, sollte das unterstützen. 1577 hatte er diese Idee in seiner Schrift an den ruthenischen Fürsten Konstantin Ostrožskij, den Woiwoden von Kiew, expliziert („O jedności Kościoła Bożego pod jednym pasterzem"); im historischen Augenblick der Synode von Brest bekräftigte er

30 Vgl. Gottfried Hornig: Das Abflauen der konfessionellen Polemik in der protestantischen Aufklärungstheologie des 18. Jahrhunderts. In: Harm Klueting (Hg.): Irenik und Antikonfessionalismus im 17. und 18. Jahrhundert. Hildesheim 2003 (Hildesheimer Forschungen 2), S. 177–192, bes. S. 179f.

31 Zur Biographie vgl. Ludwik Grzebień: Skarga Piotr. In: Słownik Polskich Teologów Katolickich. Bd. 4. Warszawa 1983, S. 84–92; zur Qualität Skargas als Polemiker: Auguste Berga: Pierre Skarga (1536–1612). Etude sur la Pologne du XVIe siècle et le protestantisme polonais. Paris 1916, S. 301–317, und Aleksander Kossowski: Ze studiów nad polemiką religijną XVII w. Polemiki Adama Gosławskiego [Studien zur Religionspolemik des 17. Jahrhunderts. Die Polemik des Adam Gosławski]. In: Roczniki Humanistyczne 8 (1959), S. 173–214.

32 Die Verbindung zwischen beiden betont Wolodymyr Zyla: Die national-religiösen Besonderheiten der katholischen polemischen Literatur in der Ukraine Ende des 16./Anfang des 17. Jahrhunderts. In: Jahrbuch der Ukrainekunde (1988), S. 45–71, hier S. 53.

33 *Plura eiusmodi, quae Sacranus Russica refutans* [...]; Appendix Scargae Jesuitae de iisdem Russorum erroribus et causis propter quas Graeci a Romana Ecclesia defecerunt. In: De Russorum Moscovitarum et Tartarorum religione, sacrificiis, nuptiarum, funerum ritu. E diversis scriptoribus. Speyer 1582, S. 220–224. Das Werk ist ganz oder teilweise in mehreren Drucken und Editionen publiziert worden; vgl. Grzebień: Skarga (Anm. 31), S. 85f., Nr. 2 (mit falschen Seitenangaben). Titel der Vollversion: Piotr Skarga: O jedności Kościoła Bożego pod jednym pasterzem [Über die Einheit der göttlichen Kirche unter einem Hirten]. Wilno 1577. Kraków 1885.

in seiner dort am 20. Oktober 1596 gehaltenen Predigt diese Ansicht.[34] Skarga argumentiert ausgesprochen historisch, beginnend mit der Alten Kirche und endend mit dem Konzil von Florenz, das im Übrigen ja auch die Unionen mit den Armeniern (1439) und den Jakobiten (d.h. der syrisch-orthodoxen Kirche, 1442) gebracht habe. Grundgedanke ist die These, dass nicht die Lateiner von den Griechen abgewichen seien, sondern die Griechen von den Lateinern, und dass jetzt, in Brest, die Chance bestünde, diesen Lapsus im Hinblick auf die Ruthenen wettzumachen.[35] Die Identitätsbildung erfolgt hier nicht so sehr in Form einer polemischen Abgrenzung gegenüber anderen Glaubensrichtungen oder einer partiellen Nivellierung der Unterschiede zwischen lateinischem und griechischem Christentum. Vielmehr bildete die Unterordnung unter das (alleinige) Dach des Papsttums die identitätsstiftende Funktion. Differenzen im Kult und in der Frömmigkeitspraxis traten dahinter zurück; was blieb, war die Versammlung aller „Schafe" in einem „Stall", ungeachtet von Unterschieden, die zu rein äußerlichen wurden.

Insofern Skarga auch auf den Ausführungen des jesuitischen Humanisten und Theologen Benedykt Herbest (ca. 1531–1593)[36] fußt,[37] schließt sich der Kreis der Sacranus-Rezeption im 16. und beginnenden 17. Jahrhundert. Denn Herbest kannte nicht nur die rotreußischen Verhältnisse aus eigener Anschauung (er wirkte lange Jahre als Schulrektor und später Ordensoberer in Lemberg), sondern polemisierte auch mit den Böhmischen Brüdern.[38] Er war also ein direkter Antagonist Łasickis – und traf sich doch mit ihm in der Inkorporationsstrategie gegenüber den Orthodoxen (die bei ihm freilich romzentriert war).[39] Wie bei Skarga bildet auch für ihn das Papsttum das natürliche Haupt aller Christen; der kontroverstheologische Ansatz vereinte auf einer vordergründigen Ebene sowohl Protestanten wie Orthodoxe und Unierte. Gleichwohl musste die regionale „Herausforderung", die sich der rö-

34 Vgl. Georg Hofmann: Wiedervereinigung der Ruthenen mit Rom. In: Orientalia christiana 12 (1924), S. 125–172, hier S. 131f.; Julian Ataman: Geneza i zawarcie Unii Brzeskiej [Entstehung und Abschluss der Union von Brest]. In: Bolesław Kumor, Zdzisław Obertyński (Hg.): Historia Kościoła w Polsce [Geschichte der Kirche in Polen]. Bd. I, 2. Poznań 1974, S. 261–268, hier S. 262f.; Ihor Ševčenko: Ukrajina miž schodom i zachodom. Narysy z istoriji kul'tury do počatky XVIII stolittja [Die Ukraine zwischen Ost und West. Skizzen zur Kulturgeschichte bis zum Beginn des 18. Jahrhunderts]. L'viv 2001 (Ukrainian Historiography in the West 3), S. 159; Niendorf: Das Großfürstentum Litauen (Anm. 22), S. 148; Plokhy: The Origins (Anm. 20), S. 174f.

35 Piotr Skarga: O jedności Kościoła Bożego (Anm. 33), S. 81–191. In einem eigenen Traktat zur Synode von Brest wird dieser Gedanke wiederholt; vgl. ebd., S. 250–292.

36 Zur Person Hieronim Wyczawski: Herbest Benedykt. In: Słownik Polskich Teologów Katolickich. Bd. 2. Warszawa 1982, S. 36–38. Zum religionspolemischen Kontext vgl. Kyrylo Studyns'kyj: Pamjatky ukrajin'skoho polemičnoho pys'menstva kincia XVI i počatku XVII v. [Monumente des ukrainischen polemischen Schrifttums Ende 16., Anfang 17. Jh.]. Bd. 1. L'viv 1906. S. 1–12; Mončak: Florentine Ecumenism (Anm. 15), S. 299.

37 Zyla: Die national-religiösen Besonderheiten (Anm. 32), S. 54.

38 Siehe vor allem seine Schrift: Chrześcijańska porządna odpowiedź na tę Confessią, która pod tytułem Braciej Zakonu Chrystusowego niedawno jest wydana [Übersetzung]. Kraków 1567.

39 Dazu seine Schrift: Wiary Kościoła Rzymskiego wywody i greckiego niewolnictwa historia [Herkunft des Glaubens der Römischen Kirche und Geschichte der griechischen Knechtschaft]. Kraków 1586.

mischen Kirche in Gestalt der unierten Kirche gerade in der Ostgrenze Polens stellte, zu besonderen Argumentationsmustern führen. Herbest wirkte hier mittelbar, über Skarga, und der immense Einfluss, den Skarga als Kirchen- und Sejmprediger wie als Hagiograph entfaltet hat, half dabei, die Substanz des von Sacranus entworfenen Unionsmodells weiter zu tradieren.

4. Die Union von Brest 1595/96 und ihre Folgen

Nach dem Scheitern der beiden übergreifenden Unionsversuche von Lyon 1274 und Florenz 1439 verlagerte sich der Unionsimpuls auf einzelne Regionen; von den daraus erwachsenen partikularen Unionen war diejenige von Brest 1595/96, geschlossen für die östlichen Teile Polen-Litauens, sicher die bedeutendste.[40] Dabei markiert die Synode von Brest keineswegs den Endpunkt der Wirkungsgeschichte des uniformitaristischen Unionsmodells, wie es Johannes Sacranus maßgeblich geprägt hatte – das verbietet schon ein Blick auf die russisch-orthodoxe Polemik (gegenüber den Lateinern, wie auch den Unierten), die erst gegen Ende des 16. Jahrhunderts richtig in Schwung kommt und mindestens bis zur Mitte des 17. Jahrhunderts anhält. Brest scheint eher so etwas wie einen Scheitelpunkt der Sacranus-Rezeption zu bilden.

Beruhend auf denselben Vorgaben von erzwungener Konformität, Unterwerfung und theologischer Inferiorität,[41] ist die Union von Brest letztlich für beide Seiten, die römisch-katholische wie die orthodoxe, ein Fehlschlag gewesen: für Rom deshalb, weil die auf dieser Synode gefundene Union nicht zur Brücke wurde, auf der die Orthodoxen scharenweise in die katholische Kirche „zurück" gefunden hätten, sondern eigene Strukturen ausbildete und damit Teil des Konfessionalisierungsgeschehens in Polen-Litauen wurde.[42] Und für die Orthodoxie hat man, parallel zur römischen Sicht, die Gründung einer unierten Kirche 1596 mit dem Aufkommen des Protestantismus für den Katholizismus verglichen.[43] Das bedeutet nichts anderes, als dass die Union nur von einem Teil der Orthodoxie vollzogen wurde, und dass sie

40 Vgl. Christoph Augustynowicz: Die Union von Brest. In: Joachim Bahlcke, Stefan Rohdewald, Thomas Wünsch (Hg.): Religiöse Erinnerungsorte in Ostmitteleuropa. Konstitition und Konkurrenz im nationen- und epochenübergreifenden Zugriff. Berlin 2013, S. 897–904, bes. S. 897.

41 Vgl. Sophia Senyk: The Union of Brest: An Evaluation. In: Bert Groen, Wil van den Bercken (Hg.): Four Hundred Years Union of Brest (1596–1996). A Critical Re-Evaluation. Leuven 1998 (Eastern Christian Studies 1), S. 1–16, hier S. 13.

42 Am deutlichsten: Andrzej Gil, Ihor Skoczylas: Kościoły wschodnie w państwie polsko-litewskim w procesie przemian i adaptacji: Metropolia Kijowska w latach 1458–1795 [Die Ostkirchen im polnisch-litauischen Reich im Wandlungs- und Anpassungsprozess: Die Kirchenprovinz Kiew in den Jahren 1458–1795]. Lublin, Lwów 2014.

43 Niendorf: Das Großfürstentum Litauen (Anm. 22), S. 123; vgl. Gudziak: Crisis and Reform (Anm. 17). Eine kritische Sicht der Union aus der Perspektive der Orthodoxie auch bei Boris N. Florja: Popytki zaključenija cerkovnoj unii v Velikom Knjažestve Litovskom v konce XV v. i Brestskaja unija [Versuche, eine Kirchenunion zu schließen, im Großfürstentum Litauen am Ende des 15. Jh.s und die Union von Brest]. In: Juliusz Bardach (Hg.): Katolicyzm w Rosji i Prawosławie w Polsce (XI–XX w.) [Katholizismus in Russland und Orthodoxie in Polen (11.–20. Jh.)]. Warszawa 1997, S. 77–86.

eine neuerliche Kirchenspaltung (innerhalb der Kiewer Kirche) auslöste. Die unterschiedliche Akzeptanz der Brester Union in den betroffenen Ländern Weißrusslands und der Ukraine deutet den Konflikt an; die Basis der kirchlichen und weltlichen Opposition gegen die Union lag in der Ukraine.[44] Die „andere Seite der Union" (A. Brüning), fassbar in einer Ablehnung des Aktes von Brest, war in der (nachmaligen) Ukraine am stärksten ausgeprägt und dauerte bis gegen 1700, als die westukrainischen Eparchien sukzessive zur Union mit Rom übertraten. Danach war die Spaltung eindeutiger, aber nicht behoben; denn das Endresultat war ein veritabler Dualismus von Orthodoxie und Uniatismus, der bis zum Ende des Polnisch-Litauischen Commonwealth anhielt.[45] Aber auch in Weißrussland formierte sich Widerstand, der im sogenannten Witebsker Aufstand von 1623 gipfelte und mit der Ermordung des unionsfreundlichen Erzbischofs von Polack, Josafat Kuncevyč, sogar ein prominentes Todesopfer aufweist.[46]

Lenkt man den Blick nun auf die *geistigen* Ursachen der Konfliktgeschichte der Union von Brest, dann bietet sich ein Erklärungsmuster an, das bereits eine Norm darstellte: dass die römisch-katholische Seite nicht bereit war, zwischen dem römischen Patriarchat und der Gesamtkirche zu differenzieren.[47] Das war eine lange, seit der Kirchenspaltung des 11. Jahrhunderts gepflegte Übung, die mit der kolonialen Expansion am Beginn der Frühen Neuzeit noch einmal Auftrieb erhielt und im kirchlich-politischen Machtgefüge durchaus eine eigene Rationalität besaß. Das Problem war nur, dass sie sich als ausgesprochen kontraproduktiv für einen Dialog mit der Orthodoxie und letztlich auch für eine Union erwies. Dafür musste erst die mentale Voraussetzung geschaffen werden, in Form einer grundsätzlichen Akzeptanz von Verschiedenheit zwischen den Protagonisten – denn das sah das römisch-katholische Unionsmodell nicht vor. Das Scheitern von Brest war also kein „Paradoxon"

---

44 Plokhy: The Origins (Anm. 20), S. 164.

45 Alfons Brüning: Die andere Seite der Union von Brest – Ablehnung der Union und orthodoxe Ukrainer. In: Hans-Joachim Torke (Hg.): 400 Jahre Kirchenunion von Brest (1596–1996). Berlin 1998 (Arbeitspapiere Geschichte und Kultur des Osteuropa-Instituts der Freien Universität Berlin 1), S. 18–29; Antoni Mironowicz: Orthodoxy and Uniatism at the End of the Sixteenth Century and during the Seventeenth Century in the Polish-Lithuanian Commonwealth. In: Stefan Rohdewald, David Frick, Stefan Wiederkehr (Hg.): Litauen und Ruthenien. Studien zu einer transkulturellen Kommunikationsregion (15.–18. Jahrhundert). Wiesbaden 2007 (Forschungen zur osteuropäischen Geschichte 71), S. 190–209.

46 Niendorf: Das Großfürstentum Litauen (Anm. 22), S. 141; zum lokalen Kontext ausführlicher Stefan Rohdewald: „Vom Polocker Venedig". Kollektives Handeln sozialer Gruppen einer Stadt zwischen Ost- und Mitteleuropa (Mittelalter, frühe Neuzeit, 19. Jh. bis 1914). Stuttgart 2005 (Quellen und Studien zur Geschichte des östlichen Europa 70), S. 279f. Zur Verehrung Josafats als „Märtyrer für die Union" vgl. jetzt Stefan Rohdewald: Medium unierter konfessioneller Identität oder polnisch-ruthenischer Einigung? Die Verehrung Josafat Kuncevyčs im 17. Jahrhundert. In: Yvonne Kleinmann (Hg.): Kommunikation durch symbolische Akte. Religiöse Heterogenität und politische Herrschaft in Polen-Litauen. Stuttgart 2010, S. 271–290.

47 Ernst Christoph Suttner: Das wechselvolle Verhältnis zwischen den Kirchen des Ostens und des Westens im Lauf der Kirchengeschichte. Würzburg 1996, S. 70.

(wie M. V. Dmitriev es genannt hat),[48] bestehend aus heftigen Konflikten in der Ukraine und in Weißrussland bei gleichzeitiger Unionswilligkeit der beiden Partner (wobei „Unionswilligkeit" bei den Orthodoxen nicht weniger heißt, als dass ein fundamentaler Prozess der Abkehr von Konstantinopel und der gleichzeitigen Zuwendung nach Rom stattfand).[49]

Das vermeintliche Paradoxon erklärt sich vielmehr schlüssig aus den geistigen Grundlagen der römischen Unionsstrategie, wie sie von Johannes Sacranus am Ausgang des Mittelalters ausformuliert worden war und in der Neuzeit weiter bestand – und die zu unterschiedlichen Auffassungen von „Union" (auf lateinischer und griechischer Seite) führten. Die bessere Akzeptanz späterer regionaler Unionsprojekte,[50] wie beispielsweise dem von Užhorod in der Karpato-Ukraine mit den dortigen Ruthenen im Jahr 1646, scheint diese Einschätzung zu bestätigen; war hier doch der ekklesiologische wie soteriologische Exklusivismus Roms nur in abgeschwächtem Grad wirksam.[51] Erst mit der Abmilderung dieser Punkte im Diskursgeschehen, so die Folgerung aus dem relativen Erfolg von Užhorod, wurde der nötige Spielraum für die Akzeptanz der orthodoxen Andersheit geschaffen. Aber auch wenn in der Verknüpfung von Kirchenzugehörigkeit und Seelenheil bzw. in deren Gewichtung für eine Beurteilung der Orthodoxie vonseiten Roms Abstriche gemacht wurden – der *cantus firmus* des römischen Unionsmodells blieb in jedem Fall das Prinzip der Erstrangigkeit des lateinischen Ritus (*praestantia ritus latini*). Und dessen virtuose Zuspitzung war die Leistung des Johannes Sacranus gewesen.

Dabei ist die Vermutung, es handele sich bei Polen-Litauen um einen Sonderfall, der dem speziellen Charakter Rutheniens geschuldet sei, irreführend. Eher umgekehrt scheint in diesem Raum, der in neueren Studien als Teil des „ukrainischen Dreiecks",[52] als „multicultured land"[53] oder als Beispiel für europäische „multiple borderlands"[54] beschrieben wird, ein grundlegender Prozess stärker akzentuiert her-

---

48 Michail V. Dmitriev: L'Union de Brest (1595–1596), les Catholiques, les Orthodoxes: un malentendu? In: Marian Dygo, Sławomir Gawlas, Hieronim Grala (Hg.): Stosunki międzywyznaniowe w Europie Środkowej i Wschodniej w XIV–XVII wieku [Interkonfessionelle Beziehungen in Mittel- und Osteuropa im 14.–17. Jh.]. Warszawa 2002, S. 39–60, hier S. 39.

49 Gudziak: Crisis and Reform (Anm. 17), S. 245.

50 Sämtliche Unionen nach Florenz weisen eine regionale Begrenzung auf; vgl. die Aufstellung in Hubert Jedin, Kenneth Scott Latourette, Jochen Martin: Atlas zur Kirchengeschichte. Freiburg 1987, Karte 132b.

51 Vgl. Walerian Bugel: Ekleziologie Užhorodské unie a jejích dědicû na pozadí doby [Die Ekklesiologie der Union von Užhorod und ihr Erbe im Lauf der Zeit]. Olomouc 2003 (Univerzita Palackého v Olomouci). Ebd., S. 61ff. auch ein Überblick über andere eher lokale Unionen; vgl. dazu auch Ernst Christoph Suttner: Unionsabschlüsse östlicher Kirchen mit der Kirche von Rom im 16. und 17. Jahrhundert. In: Ostkirchliche Studien 45 (1996), S. 227–247.

52 Lilija Berežnaja: „Ukrainskij treugol'nik" Stepana Tomašivs'kogo (1875–1930), ili ob osobennostjach „voobražaemoj geografii" načala XX veka [„Das Ukrainische Dreieck" des Stepan Tomašivs'kyj (1875–1930), oder über die Besonderheiten der „imaginären Geographie" zu Beginn des 20. Jahrhunderts]. In: Ab Imperio 4 (2007), S. 1–26.

53 Ch. M. Hann, Paul Robert Magocsi (Hg.): Galicia: A Multicultured Land. Toronto 2005.

54 Thomas Bremer (Hg.): Religion and the Conceptual Boundary in Central and Eastern Europe. London 2008.

vorzutreten. Über die regionalen Kontingenzen[55] hinaus kommen die zentralen, also vom Papsttum verantworteten Besonderheiten[56] in paradigmatischer Weise zum Vorschein. Das Wechselspiel von staatlichen und religiösen Ordnungsvorstellungen konkretisiert sich in einer päpstlichen Politik, die den intellektuellen Diskurs seit dem 15. Jahrhundert ungebrochen fortführt. Gebärdet sich das Papsttum noch 1595 restriktiv (Clemens VIII.: Instruktion „Presbyteri Graeci", DS 1990–1992; ähnlich Benedikt XIV. 1742, DS 2522–2524), was die Amtsbefugnisse der Priester der sogenannten Italo-Griechen anlangt, so konnte 1813 bei der Gründung einer Gesellschaft zur Herausgabe der Bibel in St. Petersburg schon der Erzbischof von Mogilew der Repräsentant der Katholischen Kirche sein – auch wenn er sich harsche Kritik seitens Pius' VII. wegen der Unterschätzung der nachteiligen Folgen volkssprachlicher Bibeln anhören musste (1816, DS 2710–2712). Was die Unionsbemühungen mit den orthodoxen Kirchen angeht, wird man dem Papsttum unterstellen dürfen, auf der Linie Clemens' VIII. (1592–1605)[57] weitergefahren zu sein: Versuche einer „Sammlung" nach allen Richtungen hin zu unternehmen, ohne der anderen, orthodoxen Seite eine grundlegende Gleichberechtigung einzuräumen.[58]

5. Fazit

Der Kern des von Johannes Sacranus formulierten römisch-katholischen Unionsmodells war „uniformitaristisch"; das heißt, es ging Rom darum, die orthodoxen Kirchen ohne Preisgabe eigener Positionen in das eigene System zu überführen – und damit zu Änderungen nur auf deren Seite zu zwingen. Dahinter stand die zur Ideologie verfestigte Vorstellung, dass die durch diverse Schismen getrennten Glaubensbrüder der Orthodoxie in die römische Kirche „zurückkehrten". In der Praxis beinhaltete dies nicht nur die Unterordnung der Orthodoxen unter den Jurisdiktionsprimat des Papstes, sondern auch deren theologische und rituelle Nivellierung. Das Gegenteil wäre eine „ökumenistische" Strategie gewesen,[59] bei der beide Seiten

---

55 Vgl. hier nur die einschlägigen Kirchengeschichten zur Union von Anton Korczok: Die Griechisch-Katholische Kirche in Galizien. Leipzig 1921, bes. S. 1–10, und Kazimierz Chodynicki: Kościół prawosławny a Rzeczpospolita Polska 1370–1632 [Die orthodoxe Kirche und die Republik Polen 1370–1632]. Warszawa 1934.

56 Vgl. Wilhelm de Vries: Rom und die Patriarchate des Ostens. Freiburg 1963 (Orbis academicus 3), bes. S. 189, und John-Paul Himka: The Greek Catholic Church and Ukrainian Society in Austrian Galicia. Cambridge/Mass. 1986, bes. S. 426ff.

57 Zur Polenpolitik des Papstes allgemein: Die Hauptinstruktionen Clemens' VIII. für die Nuntien und Legaten an den europäischen Fürstenhöfen 1592–1605. Bd. 1. Bearbeitet von Klaus Jaitner. Tübingen 1984, besonders Nr. 52 (1596) und Nr. 74 (1599).

58 Vgl. Josef Metzler: Die Missionsinitiativen und Unionsbemühungen in den Hauptinstruktionen Clemens' VIII. In: Georg Lutz (Hg.): Das Papsttum, die Christenheit und die Staaten Europas 1592–1605. Forschungen zu den Hauptinstruktionen Clemens' VIII. Tübingen 1994, S. 35–51, bes. S. 44ff. Vgl. Oleh Turij: Eine Grenzüberschreitung? Zu den Beziehungen zwischen Griechisch- und Römisch-Katholischen in der Ukraine. In: Hans Hecker (Hg.): Grenzen. Gesellschaftliche Konstitutionen und Transfigurationen. Essen 2006, S. 115–127, bes. S. 117.

59 Beide Begriffe in Anlehnung an Mončak: Florentine Ecumenism (Anm. 15), passim.

unter Wahrung ihrer jeweiligen Spezifik eine Verbindung mit der anderen Seite eingegangen wären. Diesen Weg ist Rom *nicht* gegangen, sondern es hat Druck auf die orthodoxe Seite ausgeübt, einseitige Zugeständnisse zu machen.

Symptomatisch dafür ist das Konzil von Florenz und die dort 1439 erzielte Union, die sich bekanntlich der drohenden osmanischen Invasion Konstantinopels verdankt. Konsequenterweise musste eine unierte Kirche nicht nur dogmatische Kontroverspositionen aufgeben, sondern auch alle jenen rituellen Verschiedenheiten ablegen, die Rom ein Ärgernis waren. Das uniformitaristische Unionsmodell Roms setzte also nicht nur einen Konversionsimpuls gegenüber den Orthodoxen frei, sondern bedeutete auch einen Assimilationsschub für die dann Unierten. Und es förderte die Identitätsbildung auf katholischer Seite, indem es mit einer polemisch aufgeladenen Interpretation der Kirchengeschichte eine Erinnerungsgemeinschaft sui generis erzeugte.

Die lange Lebensdauer des römischen „uniformitaristischen" Modells zeigt an, dass es in gewisser Weise funktional war. Dabei dürfte sich diese Funktionalität kaum für den interreligiösen Bereich behaupten lassen; eher schon im Verhältnis zwischen den Ordnungsangeboten von Religion und Nation bzw. Kirche und Staat. Über Jahrhunderte konnte dem Staat Widerpart geboten werden, der die Verhandlungen zwischen Katholiken und Orthodoxen nach eigenen, religionsinternen Gesetzen handhabte. Erst als im 20. Jahrhundert der Staat seine – scheinbar – endgültige nationale Gestalt gefunden hatte, als die Zeit „rotierender"[60] Grenzen vorüber war, verlor ein Unionsmodell wie das hier vorgestellte seine Gültigkeit. Es hat den Anschein, als ob sich das von Johannes Sacranus in die Welt gesetzte Identifikationsangebot überlebt hat. Seine Polemik, die von einer ganz bestimmten Gestaltung der (gesamtchristlichen) Erinnerung lebte, entfaltete gleichwohl identitätsstiftende Funktion. Ein Blick auf die andere, „russische" Seite des Diskurses könnte dies erweisen.

60 Zum Begriff vgl. Janusz Kurtyka: Podolia: the ‚Rotating Borderland' at the Crossroads of Civilizations in the Middle Ages and in the Modern Period. In: Thomas Wünsch, Andrzej Janeczek (Hg.): On the Frontier of Latin Europe. Integration and Segregation in Red Ruthenia, 1350–1600. Warsaw 2004, S. 119–187.

Anna Mikołajewska

Rottengeister und Glaubenszeugen in der *Preussischen Kirchen-Historia* (1686) Christoph Hartknochs[1]

Die Kirchengeschichtsschreibung ist ein Medium der „Selbstbeschreibung und *Auseinandersetzung* mit der eigenen Gegenwart".[2] Sie weist dem Vergangenen einen festen Platz in der Heilsgeschichte und verleiht dem Geschehenen somit eine Bedeutung, nach der die Glaubensgemeinschaft verlangt. Besonders in Zeiten der Konflikte und des Zerfalls althergebrachter Strukturen macht sie die Vergangenheit gegenwärtig, indem sie allgemeingültige Erklärungsmuster aufzeigt und die vielen Konfliktlinien, die bis in die Gegenwart reichen, im Sinne der Auseinandersetzung zwischen Gut und Böse interpretiert.[3] In der *Preussischen Kirchen-Historia* Christoph Hartknochs kommt es zu einer Auslegung der preußischen Geschichte, die für den Wandel politisch-wirtschaftlicher Art konfessionelle Erklärungen bietet:

> [I]n solchen Kirchen Geschichten lieset man nicht/ was die grossen Monarchen der Welt für Thaten gethan/ wie sie über ihre Feinde gesieget/ Schlösser und Städte eingenommen und also Land und Leute unter ihre Bothmäßigkeit gebracht: sondern es werden allhier erzehlet die Kriege des HErren/ so Christus selbst durch seine Diener wieder den Teuffel, die ungläubige Welt/ und die Ketzer und alle so auff irgend eine Weise sich ihme wiedersetzen wollen/ geführet und dadurch sein geistliches Reich durch die gantze Welt ausgebreitet.[4]

Mit diesen Worten konkretisierte der preußische Geschichtsschreiber Christoph Hartknoch gleich in den Eingangsworten seiner *Preussischen Kirchen-Historia* das Vorhaben, eine allgemeingültige preußische Kirchengeschichte zu verfassen. Der bisher im Bereich des Politisch-Rechtlichen tätige Gelehrte machte sich zum Ziel, seinen Lebensabend mit der Bearbeitung ihm wichtig erscheinender Themen zu verbringen, die seiner Meinung nach die Macht hatten, die menschliche Gemeinschaft zu sprengen oder sie in einer allen Bürgern gemeinsamen Erinnerung zu festigen. Während ihm der rechtliche Rahmen einer Gesellschaft durchaus von Bedeutung war, schien Hartknoch überzeugt zu sein, dass das weltliche Geschehen nur ein Widerhall des ewigen Kampfes zwischen Gott und dem Teufel sei. Dieser Kampf wur-

1 Dieser Text basiert auf der Dissertation der Autorin *In seinen Schrancken bleiben – Preußen und die Preußen in der „Kirchen=Historia" von Christoph Hartknoch*, die 2013 der Philologischen Fakultät der Nicolaus-Copernicus-Universität Thorn/Toruń zur Erlangung des Doktorgrades vorgelegt wurde.

2 Matthias Pohlig: Zwischen Gelehrsamkeit und konfessioneller Identitätsstiftung. Lutherische Kirchen- und Universalgeschichtsschreibung 1546–1617. Tübingen 2007 (Spätmittelalter und Reformation. Texte und Untersuchungen, N. F. 37), S. 4.

3 Über die *Preussische Kirchen-Historia* als einen Deutungsversuch des politisch-wirtschaftlichen Wandels schreibt die Autorin in ihrem Aufsatz *Grenzen setzen, Grenzen überwinden*, der demnächst im Sammelband *Kultura niemieckiego obszaru językowego w dialogu z tradycją* erscheinen wird.

4 Christoph Hartknoch: Preussische Kirchen-Historia. Frankfurt, Leipzig, Danzig 1686, o. S.

de keineswegs jenseits des menschlichen Tätigkeitsbereiches ausgetragen, sondern betraf alle Menschen. Jeder Bürger war an dem Kampf entweder als Verbündeter Gottes oder Anbeter des Teufels beteiligt. Da es sich in der Hartknochschen *Kirchen-Historia* um einen Text handelte, der auch verschiedene Bürger und Gelehrte in diesem göttlichen Krieg den verschiedenen Positionen zuordnete, konnte dieses Werk durchaus Zündstoff für Konflikte sein. Dass diese Gefahr bestand, dessen war sich Christoph Hartknoch bewusst. In seinem letzten Werk wurde das Vergangene nicht nur vergegenwärtigt, sondern auch auf die Ebene des Ewigen und Allgemeingültigen gestellt. Somit konnte sich niemand seiner Wirkung entziehen.

Die Sicherheit, dass Gott über Preußen wacht und dessen Geschichte lenkt, war den preußischen Lutheranern zu Hartknochs Lebzeiten besonders wichtig, zumal sie das 17. Jahrhundert als eine vom Verfall und Anfechtung gezeichnete Prüfung gesehen haben. Die kriegerischen Auseinandersetzungen 1626–1629 bedeuteten zwar vor allem für Thorn und Elbing im Königlichen Preußen einen konjunkturellen Abschwung, während Danzig relativ unversehrt aus dem Krieg hervorgegangen war;[5] in dem Krieg von 1655–1660 trafen hingegen alle negativen Zukunftsvisionen der Preußen ein. Die königlich-preußischen Städte Danzig, Thorn und Elbing waren nicht imstande, eine wirksame Allianz hervorzubringen, weil sie untereinander um die politische Vormachtstellung kämpften und einen Zusammenschluss mit Friedrich Wilhelm von Brandenburg als eine Gefahr für die eigene Autonomie sahen. Die auseinanderdriftenden Interessen des Adels und der großen Städte Königlich-Preußens machten sich in dem Vertrag von Ryńsk bemerkbar, kraft dessen brandenburgische Truppen in die kleinen – nicht aber in die großen – Städte gerufen wurden. Dieses Bündnis war freilich nicht von langer Dauer, da der Kurfürst bereits im Januar 1656 die Seiten gewechselt und sich mit Schweden verbündet hatte. Diese Entscheidung prägte auch das Leben des Verfassers der *Preussischen Kirchen-Historia* Christoph Hartknoch. Die polnisch-litauischen Truppen brannten am 19. November 1656 Passenheim im Herzogtum Preußen, die Heimatstadt des Historiographen, nieder und verwüsteten die Gegend, in der seine Familie ansässig war – sowohl väterlicher- als auch mütterlicherseits waren es lutherische Pfarrer. In seinem Lebenslauf schilderte Hartknoch die Flucht aus der brennenden Stadt über den vereisten See[6] und die Angst vor dem Angreifer, die größer war als die Furcht vor dem Ertrinken unter dem dünnen Eis. Bald nach der Ankunft in Allenstein erfuhr er, dass seine

5 Siehe Maria Bogucka: Handel zagraniczny Gdańska w pierwszej połowie XVII wieku [Der Danziger Außenhandel in der ersten Hälfte des 17. Jh.s]. Wrocław 1970, S. 12f. Vgl. Dies.: Danzig als Metropole in der Frühen Neuzeit. In: Sabine Beckmann, Klaus Garber (Hg.): Kulturgeschichte Preußens Königlich Polnischen Anteils in der Frühen Neuzeit. Tübingen 2005 (Frühe Neuzeit. Studien und Dokumente zur deutschen Literatur und Kultur im europäischen Kontext 103), S. 89–98; Dies.: Danzig an der Wende zur Neuzeit: Von der aktiven Handelsstadt zum Stapel- und Produktionszentrum. In: Hansische Geschichtsblätter 102 (1984), S. 91–104.

6 Siehe: Continuiertes Gelehrtes Preussen. 4. Quartal (1725), S. 69.

Eltern ums Leben gekommen waren.[7] In dieser schweren Zeit nahm sich die lutherische Gemeinde des Jungen an. Auch in seinem Erwachsenenleben war der kränkliche Hartknoch nicht ausschließlich auf sich selbst gestellt, sondern fand Unterstützung seiner Kommilitonen und Professoren an der Königsberger Albertina. Auch an das Akademische Gymnasium nach Thorn wurde er von dem mit ihm befreundeten Rektor gerufen. Hier verbrachte Hartknoch die letzten zehn Jahre seines Lebens und vollendete seine zwei wichtigsten Werke: *Alt- und Neues Preußen*, das 1684 erschien, und die *Preussische Kirchen-Historia*, die 1686 kurz vor dem Tod des Verfassers herauskam.

Thorn, in dem Hartknoch seinen Lebensabend verbracht hat, gehörte zweifelsohne zu den Verlierern des polnisch-schwedischen Krieges. Wie im Falle Elbings haben sich die schwedische Besatzung, Brände in den Vorstädten, die Unterbrechung des Handels und der landwirtschaftlichen Aktivitäten negativ auf den Stadthaushalt ausgewirkt. Dem Krieg folgten Seuchen, Teuerung und eine verstärkte Mobilität der Bevölkerung. In Thorn, Elbing und Marienburg waren auch nach dem Krieg polnische Truppen stationiert, für deren Lebensunterhalt die geschwächten Städte aufkommen mussten. Die Kriegshandlungen wurden zum Teil von den städtischen Obrigkeiten im Sinne einer prolutherischen Konfessionspolitik ausgenutzt. Die Anwesenheit polnischer Truppen, der Wiederaufbau katholischer Klostergemeinschaften sowie die Ankunft und verstärkte Präsenz der Katholiken aus dem Umland, die sich anstelle der getöteten oder geflohenen protestantischen Bewohner in den Städten niederließen, sorgten für Spannungen und Konflikte.

Der Historiograph Hartknoch kehrte zwar nicht ins Herzogtum zurück, blieb aber im regen Kontakt mit seinem Kollegen und Professoren an der Albertus-Universität. Die Situation an der Albertina lud freilich auch nicht zu einem Besuch ein: Die meisten Professoren, die in Hartknochs Lebenslauf eine Rolle spielten – vornehmlich Christian Dreier, Melchior Zeidler sowie später Bernhard von Sanden der Ältere –, galten schon zu seiner Zeit an der Albertina als Schüler des Irenikers Georg Calixt. In der polemischen Tätigkeit dieser Theologen lebte der Synkretismusstreit zwischen Calixt und Abraham Calov weiter, der so weit ging, dass Anhänger des Synkretismus als latente Katholiken angeprangert wurden. Bernhard von Sanden der Ältere, der Hartknoch die Stelle eines Praezeptors bei der Familie von Kalnein verschaffte, geriet 1684 in den Verdacht einer gefährlichen Nähe zum Katholizismus, indem er als Präses der Disputation Johann Philipp Pfeiffers[8] beigewohnt hat, den seine theologischen Forschungen schließlich 1694 zum Übertritt zum Katholizismus bewogen. Dabei war sich von Sanden der Gefahr durchaus bewusst, die die

7 Siehe Jacob Sahme: Leben und Schriften Christoph Hartknochs, eines berühmten preussischen Geschichtsschreibers. In: Erleutertes Preußen Oder Auserlesene Anmerckungen, Über verschiedene Zur Preußischen Kirchen- Civil- und Gelehrten=Historie gehörige besondere Dinge [...], 5 (1742), S. 189–203, hier S. 192.

8 Siehe Johan Philipp Pfeiffer: Disputatio theologica, inauguralis, ostendens quod in coetu Lutheranorum etiam sit vera ecclesia, et quod propter ministerium ejusdem, nemo transire cogatur ad partes pontificiorum [...]. Königsberg 1684.

Konversionen der Prediger und Professoren der Universität für die Albertina und den Zusammenhalt der Gemeinde bedeutete – nicht zuletzt war schon zu seinen Zeiten augenscheinlich, dass mit der Situation an der Universität eine Entfremdung dieser Lehranstalt von der Bevölkerung einherging.[9]

Die lutherische Gemeinde der Gläubigen, die Universität, die Stadt im heterogenen Gefüge Polen-Litauens – Bereiche, in denen Hartknoch sein Leben führte und die ihn als Geschichtsschreiber prägten, waren zugleich Schauplätze zahlreicher Konflikte militärischer bzw. konfessioneller Art. Eine ähnliche Art und Weise die Welt zu strukturieren, ist auch in Hartknochs *Kirchen-Historia* zu sehen, wo auf der Mikroebene der Vergangenheit zahlreiche Auseinandersetzungen geschildert werden, die dann im Hinblick auf das Gesamtwerk als Manifestationen des alles umfassenden Kampfes zwischen Gut und Böse aufgefasst werden können. So ist der Mikroraum der Stadt zahlreichen Anfechtungen von Innen und Außen ausgesetzt, Konflikte in der Gelehrtenwelt bringen den Staat ins Wanken, die daraus resultierende Schwäche macht den Staat gegenüber exogenen Gefahren weniger widerstandsfähig und damit angreifbar. Siegen oder Niederlage in einzelnen Schlachten schwächten wiederum das Individuum, dass in der gespaltenen Gemeinde keinen Rückhalt hat und das Heil der eigenen Seele aufs Spiel setzt. Zugleich ist eben die Deutung des Konfliktes als Teil der Heilsgeschichte ein Ausweg aus der anhaltenden Krise, weil nur auf diese Art und Weise alle Niederlagen am Ende der Zeiten zu einem Sieg werden können.

Besonders interessant sind die Abschnitte der *Kirchen-Historia*, in denen sich Christoph Hartknoch mit der in Preußen fortschreitenden Reformation befasst, weil sie das Spannungsverhältnis zwischen territorialer und konfessioneller Identität sowie die Verortung des Individuums im sozialen Gefüge der Stadt thematisieren.

Ein relevanter Themenkreis der *Kirchen-Historia* ist die Schilderung der Kontakte zwischen den Räten der großen königlich-preußischen Städte und den Bischöfen, denen sie unterstehen. Die Bischöfe von Kujawien in Danzig[10] und die Kulmer Bischöfe in Thorn werden in der *Kirchen-Historia* zu einer prominenten externen Bedrohung stilisiert.

Da „die Ruhe der Kirchen auch anderer zeitlichen Glückseligkeit Fundament und Ursach zu seyn pfleget",[11] scheint für Hartknoch das Eindringen der bischöflichen Obrigkeit in den geschlossenen städtischen Raum besonders konfliktträchtig zu sein. Die Gefahr, die der Bischof versinnbildlicht, betrifft zwei Ebenen des städtischen Lebens, die im Königlichen Preußen besonders stark untereinander verschränkt waren, und zwar die sich latent ausbreitende Reformation und die daraus resultierende konfessionelle Andersartigkeit der Stadtbürger im Vergleich zu ihrem Bischof sowie

9 Vgl. Bernhard von Sanden: Bedencken, wie den Progressibus des Papstthums in Preussen zu steuern sey. In: Fortgesetzte Sammlung von Alten und Neuen Theologischen Sachen [...]. Anderer Beitrag auf das Jahr 1741. Leipzig o. J., Nr. VIII, S. 139–153.

10 Vgl. Stefan Samerski: „Die Stillen im Lande". Mennonitische Glaubensflüchtlinge in Danzig im 16. und 17. Jahrhundert. In: Joachim Bahlcke (Hg.): Glaubensflüchtlinge. Ursachen, Formen und Auswirkungen frühneuzeitlicher Konfessionsmigration in Europa. Berlin 2008 (Religions- und Kulturgeschichte in Ostmittel- und Südosteuropa 4), S. 71–95.

11 Hartknoch: Kirchen-Historia (Anm. 3), S. X2r (Hervorhebung von A. M.).

die politische Eigenständigkeit der Provinz gegenüber dem Bischof als Inbegriff der Unifizierungsbestrebungen von Polen-Litauen. Da mit der Ankunft des Bischofs gleich beide für die städtische Gemeinschaft konstitutiven Bereiche angetastet werden, gelten solche Eingriffe in stadtinterne Angelegenheiten als Höhepunkte des Geschehens in der *Kirchen-Historia*.

Der Konflikt zwischen der Stadt und dem Bischof wird von Hartknoch als ein Zerfall der familiären Beziehung zwischen Kind (dem Gläubigen, dem Bürger) und Vater (der Obrigkeit) dargestellt, was als eine handlungsleitende Denkstruktur der *Kirchen-Historia* aufgefasst werden kann. Exemplarisch können hier die Visitation des gerade zum Kulmer Bischof geweihten Stanislaus Hosius in der Stadt Thorn und die daraus resultierenden Konflikte angeführt werden. Während seines ersten Besuchs in der Stadt bemerkt der Bischof, dass in der Durchführung der Messe in den Thorner Kirchen Änderungen vorgenommen wurden, die er nicht angeordnet hatte. Der von ihm darauf angesprochene Pfarrherr wälzt die Schuld an den neuen Zuständen auf den Rektor der Schule ab, der wiederum behauptet, diese Situation bereits bei seiner Ankunft in Thorn vorgefunden zu haben. Der Gelehrte jedoch äußert die Bereitschaft, mit dem Bischof zu diskutieren und die auch in ihm langsam aufkommenden Zweifel an der Reinheit des römisch-katholischen Glaubens zu klären. Der Bischof erklärt sich bereit, den Rektor zu unterweisen, nachdem er die Bürger ermahnt hat, „damit sie in einem Sinne bleiben / und nicht alle Bischöffe und Pfarrherren zu seyn begehren möchten“.[12]

Zu einer Diskussion oder einer väterlichen Unterweisung des irrenden Sohnes kommt es aber nicht. Der Bischof hat keine Zeit für den Rektor und schickt ihn mehrmals fort. In Wirklichkeit kann er seine Wut nicht unterdrücken, dass die Messen in Thorn ohne sein Wissen so stark verändert wurden; er will sich dies jedoch nicht anmerken lassen, weil er als gutmütiger Vater erscheinen möchte. Die Antwort, die er schließlich dem Gelehrten erteilt, beschränkt sich auf eine Ermahnung, nicht über die Gesetze der Kirche zu grübeln und die inhaltlichen und formalen Änderungen in den Gebeten und Gesängen rückgängig zu machen. Als der Rektor behauptet, nichts ohne das Einschalten des Rates tun zu können, betont Hosius ausdrücklich, er sei derjenige, der in Religionssachen entscheide.

Nach der Abreise des Bischofs kommt es zu einem Zwiespalt unter den Bürgern, weil sich die Ratsherren zwar dafür entscheiden, dem Willen des Bischofs entsprechend zu handeln, zahlreiche Bürger und Geistliche aber – darunter auch Rektor und Kantor – die Kirche, in der nach altem Brauch die Gottesmutter besungen wird, nicht mehr besuchen. Der Eingriff des Bischofs in städtische Angelegenheiten erweist sich als zerstörerisch für ihren Zusammenhalt. Eine ähnliche Funktion wird den Jesuiten und Nonnenklöstern zugeschrieben, die als Vertreter bzw. Vertreterinnen des Bischofs und der polnisch-litauischen Obrigkeit in den Städten agieren, finanzielle Forderungen an die Stadträte stellen und ihre Privilegien auf dem polnisch-litauischen Reichstag und am königlichen Hof bestätigt haben wollen, was

12 Hartknoch: Preussische Kirchen-Historia (Anm. 4), S. 870.

wiederum für die kronpolnischen und katholischen Obrigkeiten einen willkommenen Anlass zum Eingreifen in die Angelegenheiten der Städte bildet.[13]

Untersucht man das vierte Buch der *Kirchen-Historia* genau, so ist hieraus ersichtlich, dass alle Manifestationen der bischöflichen Macht in der Stadt Unruhe stiften. Der Besuch des Bischofs von Kulm, Johannes Opaliński, in Thorn droht in Ausschreitungen seitens der aufgebrachten Bürger zu münden, die glauben, der Würdenträger wolle die Marienkirche an die Katholiken übergeben. Nur der Vermittlung des Stadtrates verdankt der Bischof seine unbeschadete Abreise. Die über sein Vorhaben kursierenden Gerüchte erweisen sich als wahr, als er auf der Rückreise die protestantischen Kirchen in Grębocin und Rogówko einnimmt und als katholische Gotteshäuser weiht. Die Lutheraner aus Thorn reagieren darauf mit der Besetzung der Kirchen und lassen „ordentlich den Gottesdienst verrichten [...]/ doch so/ daß dem neu-eingesetzten Päbstlichen Plebano kein Leyd" widerfährt.[14] Die Katholiken hingegen rotten sich zusammen, überfallen die Kirche in Rogówko und verwunden den lutherischen Pfarrherrn schwer. In Danzig versucht der Rat die Bürger zur Mäßigung zu bewegen, jedoch „[w]iewol man aber die Hoffnung gehabt/ daß man dadurch allem Tumult und Auffruhr vorgekommen wäre/ dennoch währete solches nicht lange/ angesehen bald darauff das Widerspiel erfolget":[15]

> Im Jahr Christi 1544. kamen etliche Bischöffe nach Dantzig/ als nemlich Samuel Maciejowski Plotzkischer/Nicolaus Dzierzgovvski Coischer/ und Tidemannus Gise Culmischer Bischoff. Die vornehmste Ursach ihrer Ankunfft war keine andere/ als daß sie der wiederumb hervorbrechenden Lutherischen Religion steuren und wehren möchten. Deßwegen haben sie alsbald begehret/ Pancratius Klein solte sich für sie stellen/ und seiner Lehr wegen Rede und Antwort geben. Und als sich Pancratius gestellet/ haben ihn die gedachten Bischöffe in Verhafft nehmen lassen/ in Meynung ihn laso gefänglich zur Stadt hinauß zu führen. Die Bürgerschafft/ weil sie ihr leicht die Rehcnung machen kunte/ was die Bischöffe mit ihm vorhätten/ kam häuffig auf dem Marckt für des Bischoffs Herberg zusammen: Gab auch auff die Hunde=Gaß/ die die Außfahrt der Bischöflichen Herberge ging/ fleißig Achtung/ damit Pancratius nicht heimlich weggefügret würde. Wie sich nun dieses von allen Seiten übel anließ/ ward dem Bischoff Dzierzgowvvski bange dabey/ und weil er sahe/ daß mit Gewalt nicht außzurichten wäre/ namh er den Pancratius Klein selbst bey der Hand/ führte ihn hinauß/ und übergab ihn den Bürger [...].[16]

Die Visitationen der Bischöfe in den preußischen Städten bilden für Hartknoch nicht nur einen unberechtigten Eingriff in den städtischen Raum, vielmehr drohen sie, das labile Gleichgewicht zwischen dem Stadtvolk und dem Rat ins Wanken zu bringen. Somit erweist sich die auf friedlichen Ausgleich angelegte Haltung der Ratsherren als ein Handeln im Sinne tradierter städtischer Machtkonstellationen.

Eine von außen kommende Gefahr sind auch die Jesuiten, die sich auf Betreiben der Bischöfe von Kulm in Thorn und der Bischöfe Pommerellens in Danzig

---

13 Ebd., S. 790–795, 834 (Danzig), S. 962–971 (Thorn).
14 Ebd., S. 974.
15 Ebd., S. 658.
16 Ebd., S. 669.

niederlassen. Nicht zufällig unterstreicht Hartknoch, dass sie von allen als Fremdlinge bezeichnet wurden. Die Gesellschaft Jesu wird als ein Inbegriff des bedrohlich Fremden, als ein feindlicher Körper in einer inzwischen relativ gut funktionierenden Gemeinschaft präsentiert. Neben dem Kulmer Bischof gelten sie als Verkörperung der Ausdehnung der Macht der „Päpstler" im Königlichen Preußen. Als Angehörige des gleichen Lagers werden die beiden feindlichen Gruppierungen entlarvt, als die bischöflichen Gesandten das Einstellen der 1595 in Thorn organisierten Synode fordern, zu deren Aufgaben unter anderem die Lösung der Jesuiten-Frage gehört. Auch die Vorbereitungen zur Ankunft der Jesuiten erfolgen heimlich und ohne dass der Rat von Thorn etwas über „diese Handlungen alle nur zwischen dem Bischoff/ dem *Capitulo* und dem Plebano einer/ und den Jesuiten andern Theils/ vorgangen" erfährt.[17]

Es kann nicht verwundern, dass Hartknoch, ein lutherischer Gelehrter in einer längst überwiegend lutherischen Stadt, die Anhänger der römisch-katholischen Kirche, ganz besonders die sehr aktiven Jesuiten sowie den Kulmer Bischof, als Gefahr empfand. Paradoxerweise sieht er sich gezwungen, in der katholischen Bedrohung einen zugleich spaltenden als auch einen den bürgerlichen Zusammenhalt stärkenden Faktor zu erkennen, als er zugibt, dass

> [s]o lange man in Dantzig mit den Päbstlern gestritten/ und die Evangelische Lehre noch nicht recht vest gesetzet/ haben sich die Prediger untereinander wol vertragen/ und mit einem Mund und Hertzen GOtt dem Allmächtigen um die rechte reine Lehre des Evangelii und um den rechten gebrauch der Sacramenten gebeten. Aber so bald sie dieses/ was sie inständigst bey GOTT und der Obrigkeit gesucht/ erreichet/ hat alsbald der Stöhrer des Friedens / der leydige Satan/ unter ihnen selbst Zanck und Streit erreget/ so/ daß sie mit grossem Aergerniß der Christlichen Kirchen sich untereinander auffzureiben getrachtet.[18]

Die konfessionellen Kontroversen, die sich vor allem in Danzig in Zusammenhang mit der Notel bemerkbar machen und auf andere Städte im Königlichen Preußen negativ ausstrahlen, reagieren die externen Feinde des Glaubens mit verstärkter Aktivität:

> [E]s ist aber nicht lange hernach der Calvinismus so außgebrochen/ daß es umb die Lutheraner gantz gethan zu seyn schiene. Und zwar, wie die Feuer so herauß brechen soll/ erstlich unvermerckt glimmet/ biß es lichterlohe anfängt zu brennen/ so ist es auch in Danzig mit diesem Unwesen zugegangen.[19]

Einerseits werden die Calvinisten, Schwenckfelder, Böhmische Brüder, Anabaptisten oder Arianer mit einer Feuerglut verglichen, die erst im Verborgenen brennt, um dann mit voller Kraft Handlungsspielräume für sich zu fordern, andererseits gelten auch die *falschen* Protestanten als eine gefährliche Schar, Ungeziefer, das sich überall einnistet, sobald die Aufmerksamkeit der lutherischen Prediger abgelenkt wird. Die überwachende Funktion der Stadträte wird zwar mehrmals im Text hervorgehoben,

17 Ebd., S. 910.
18 Ebd., S. 681.
19 Ebd., S. 710.

aber auch die Ratsherren sind gegen das Reformiertentum nicht immun. Nachdem die Stadträte reformiert werden, bleibt das lutherische Volk der einzige Träger des reinen Glaubens:

> Nicht genug war es aber/ daß die Kirche in danzig also von den reformirten Noth litte/ sondern es kamen auch nicht die Päpstler dazu/ und machten der Stadt viel Wesens der Pfarr=Kirchen zu S. Marien/ und hernach auch anderer Sachen wegen.[20]

Auffallend ist, dass die Passagen, die Hartknoch den Versuchen der Jesuiten und katholischer Pfarrer widmet, eine Prozession über den Altmarkt zu führen, als genauso irritierend empfunden werden wie die sonderbaren Gebräuche der Reformierten und Böhmischen Brüder. Die Worte der Thorner Ratsherren, sie hätten dem Volk nie eine Prozession verwehrt, wäre es „in seinen Schranken geblieben",[21] ließen sich genauso gut über die „anderen" Protestanten sagen. Das In-seinen-Schranken-Bleiben wird in der frühneuzeitlichen preußischen Stadt zu einem bevorzugten Verhaltensparadigma erhoben.

Die Böhmischen Brüder, in ihren Herkunftsländern wegen ihrer Konfession verfolgt, kommen während der Reformation in Preußen nach Thorn. Sie werden als Glaubensgenossen herzlich empfangen und von den Bürgern gebeten, gemeinsame Gottesdienste zu veranstalten, weil es in der Stadt an protestantischen Geistlichen fehlt. Bald entpuppen sie sich aber als Aufrührer, die sich gegen die in der Stadt akzeptierten Formen der Religionsausübung auflehnen. Sie bilden auch eine Herausforderung, der der neue, 1560 in Danzig des Amtes enthobene und nach Thorn berufene Prediger der Marienkirche Benedictus Morgenstern nicht gewachsen ist:

> Was die Römisch-Katholische betrifft/ hat er mit denselben manchen harten Streit müssen wagen [...]. Die Schwenckfeldianer haben sich auch von dem Morgenstern und andern Predigern lencken lassen/ daß sie ihre Meynungen verworffen/ und sich auff den rechten Weg begeben. Die Böhmischen Brüder haben dem Morgenstern die meisten Händel gemacht. Denn ob sie sich gleich in eben denselben Kirchen mit den Augspurgischen Confessions-Verwandten zum Gehör göttlichen Wortes fleißig eingestellet/ haben sie sich doch zum Gebrauch des Heil. Abendmahls mit den Lutheranern nicht eingefunden.[22]

Die Gläubigen der Böhmischen Konfession enthalten sich der Teilnahme am Abendmahl, sammeln sich lieber „bei Nachtzeiten" in Privathäusern, und sobald sie die Gelegenheit dazu haben, laden sie Prediger böhmischer Konfession aus Polen zu sich ein und bleiben beim lutherischen Gottesdienst gänzlich aus.

Die Kluft zwischen den Bürgern böhmischer und augsburgischer Konfession wird immer größer, als die ersten alle Versuche der Lutheraner, gemeinsame Gottesdienste zu veranstalten, ablehnen. Es besteht dabei kein Zweifel, dass es sich hier um das Abendmahl in der Form, in der es in der augsburgischen Gemeinde praktiziert wird, handeln soll.

---

20 Ebd., S. 763.
21 Ebd., S. 920.
22 Ebd., S. 880.

Zu den Fremden, die sich als solche erst nach ihrer Ankunft in der Stadt entpuppen, können neben den Böhmischen Brüdern auch Reformierte gezählt werden. Ein Misstrauen gegenüber „Crypto-Calvinisten" durchzieht die ganze *Kirchen-Historia*. Was bei der Lektüre des vierten Buches besonders ins Auge fällt, ist die immer wieder zum Vorschein kommende Bereitschaft der Calvinisten, auf den eigenen Glauben zu verzichten und sich zur augsburgischen Konfession zu bekennen. In der *Kirchen-Historia* gibt es zahlreiche Beispiele einer solchen Haltung sowohl bei Böhmischen Brüdern als auch bei Calvinisten:

> [O]b sie gleich in der Böhmischen Brüderschaft erzogen waren/ auch keine andere als Reformierte Universitäten besucht hatten/ und sich vorhin sonst auch zu den Reformierten gehalten: dennoch da sie solten von dem Rath zu Thorn befördert werden/ haben sie sich willig vor das Königsbergische Consistorium gestellet/ die Augsburgische Confession, [...], als eine Richtschnur ihres Glaubens angenommen/ [...].[23]

Die Labilität im Glauben charakterisiert eine große Zahl der in der *Preussischen Kirchen-Historia* genannten Reformierten und Böhmischen Brüder. Der Glaubenswechsel fällt ihnen leicht und wird nach Bedarf mehrmals vollzogen. So nennt Hartknoch den Fall eines Reformierten, der sich bereits nach dem Bekenntnis zur Augsburgischen Konfession um die Stelle eines reformierten Predigers in Danzig beworben haben soll. Auf seine problematische Haltung dem Glauben gegenüber angesprochen soll er zugegeben haben, „es sey ihm nur umb die Brodt-Stelle zu thun gewesen".[24] Wenn man bedenkt, dass die Lutheraner an mehreren Stellen als diejenigen dargestellt werden, die trotz der Verfolgung standhaft bleiben und ihren Glauben behalten, so liegen die Absichten des Verfassers auf der Hand.

Was in der *Kirchen-Historia* sofort ins Auge fällt, ist die Darstellung der Stadt als ein geschlossener Raum, der von innen und außen zersetzt wird. Das Gleichgewicht zwischen den in der Stadt lebenden Gruppen ist zerbrechlich, der „Gemeinde Nutzen"[25] bedeutet nicht für alle das gleiche. Hervorzuheben ist die Angst um das Bestehen der Stadt, die in der *Kirchen-Historia* ständig präsent ist, die zwar den Zusammenhalt der Glaubensgemeinde potentiell stärken kann, aber nur nach der Ausgrenzung von Fremdkörpern möglich ist. Die lutherische konfessionelle Identitätsbildung im Königlichen Preußen Hartknochs ist ein Prozess der Exklusion aller Elemente, die in der Stadt als nicht transparent genug gelten. Schwenckfelder, Böhmische Brüder, Calvinisten werden als gefährlich angeprangert, weil sie im Verborgenen handeln und ihr Glaube nicht nach den geltenden Maßstäben gemessen werden kann. Die konfessionelle Nähe zum Luthertum lässt die Grenzen verschwimmen und der wahre Glaube im Sinne Hartknochs droht von diesem „greuliche[n] Schwarm"[26] verschlungen zu werden. Im Vergleich zu ihnen stellen die Katholiken keine so große Gefahr dar, weil sie von der Bevölkerung als Feinde wahrgenommen

---

23 Ebd., S. 927.
24 Ebd.
25 Berndt Hamm: Bürgertum und Glaube. Konturen der städtischen Reformation. Göttingen 1996, S. 58.
26 Hartknoch: Preussische Kirchen-Historia (Anm. 4), S. 780.

werden und in der städtischen Landschaft sofort als Fremdkörper erkennbar sind. Das friedliche Bestehen der Stadt und die Identität ihrer Bürger sind vor allem durch solche Mächte gefährdet, die innerhalb der städtischen Grenzen agieren.

In seiner *Kirchen-Historia* schreibt Hartknoch eine exklusive Geschichte der Kirche in Preußen, indem er politische und wirtschaftliche Faktoren ausblendet und sich allein auf konfessionelle Fragen konzentriert. Dass die Katholiken Träger der kronpolnischen, gegen den preußischen Partikularismus gerichteten Politik Polen-Litauens waren, dass die von katholischen Bischöfen an der Weichsel angesiedelten Mennoniten für das städtische Handwerk in Danzig als Gefahr galten, dass die katholischen Mönche und Nonnen in den Städten Aufrührer beschützten, wird von Hartknoch überhaupt nicht thematisiert. Die von ihm vorgeschlagene Ausgrenzungspolitik basiert auf der Vorstellung von der Stadt als einer Glaubensgemeinschaft, in der der Kampf um das Seelenheil der Bürger ausgetragen wird. Erst eine von Fremdkörpern gereinigte Gemeinde und eine rein lutherische Kirchenhistoriographie garantieren nach Hartknoch das friedliche Leben in preußischen Städten und geben seinem Preußen eine Zukunft. Schließlich „[pfleget] die Ruhe der Kirchen auch anderer zeitlichen Glückseligkeit Fundament und Ursach zu seyn",[27] wie auch (konfessionelle) Eintracht im städtischen Mikroraum das friedliche Bestehen der ganzen Provinz garantiert.

27 Ebd., S. X2r (Hervorhebung von A. M.).

Lorenz Erren

Orthodoxer Aufklärer oder zynischer Protestant? Feofan Prokopovič im Urteil der deutschen und der russischen Geschichtsschreibung

1. Einleitung

Unbestritten war Feofan Prokopovič (1681–1736) der größte Geist im Zeitalter Peters des Großen, auch als Literaturtheoretiker, Staatsrechtler, Historiker, Publizist und politischer Zeitzeuge.[1] Für seine Zeitgenossen war er vor allem aufgrund seiner Rolle als Theologe und Reformer der russischen Kirche von Bedeutung. Schon zu Lebzeiten wurde er sehr unterschiedlich beurteilt: Während die am Hof Zar Peters I., lebenden protestantischen Ausländer sowie eine kleine Bildungselite seine Leistungen würdigten, war er beim größeren Teil der Geistlichkeit, des Adels und des übrigen Kirchenvolkes aufrichtig verhasst. Man hielt ihn für einen verkappten „Protestanten". Die Polarisierung besteht in der Historiographie bis heute fort: Deutschen, insbesondere protestantischen Kirchenhistorikern erscheint Feofan im Zweifelsfall eher als Vertreter der orthodoxen Aufklärung,[2] in Russland hingegen blieb er vor allem als „Atheist"[3] oder „durchtriebener Pfaffe" in Erinnerung.[4]

In diesem Beitrag soll versucht werden, die Gründe für die gespaltene Rezeption nachzuzeichnen. Zur Einführung wird zunächst die schwierige Situation der russischen Kirche um 1700 vorgestellt, um anschließend genauer darzulegen, warum Feofans Wirken im Kontext der gesamteuropäischen Konfessionalisierung, je nach Position, bis heute unterschiedlich wahrgenommen wird.

Seit dem 16. Jahrhundert war das Großfürstentum Moskau zu einem Reich geworden, in dem viele religiöse Minderheiten lebten – nicht nur Muslime, Buddhisten oder Angehörige von Naturreligionen, sondern auch „Lateiner", das heißt die Katholiken und Protestanten in der sogenannten „Deutschen Vorstadt" von Moskau. Dort konnten die Bewohner ihren Glauben frei ausüben – doch der Sinn dieser Siedlung war der eines Gettos, das auf Druck des Moskauer Patriarchen eingerichtet

1 Eine kompetent kommentierte Bibliographie seiner (zum großen Teil marginal publizierten und seit dem 18. Jahrhundert nicht wieder neu edierten) Schriften findet sich bei Philipp Strahl: Das gelehrte Russland. Leipzig 1828, bes. S. 332–358.

2 Vgl. die Beiträge von Joachim Bahlcke und Michael Schippan. In: Joachim Bahlcke, Bogusław Dybaś, Hartmut Rudolph (Hg.): Brückenschläge. Daniel Ernst Jablonski im Europa der Frühaufklärung. Dößel 2010.

3 Der Metropolit Antonij Chrapovickij (1863–1936) soll ihn so bezeichnet haben. Vgl. Peter Hauptmann: Die Katechismen der russisch-orthodoxen Kirche. Entstehungsgeschichte und Lehrgehalt. Göttingen 1971 (Kirche im Osten. Monographiereihe 9), S. 22.

4 Russisch „lukavyj pop". Evgenij A. Anisimov: Tolpa geroev XVIII veka [Die Helden des 18. Jh.s]. Moskau 2013, S. 229–237.

worden war.[5] Die religiöse Begründung dieser Maßnahme macht die Sonderstellung der russischen Kirche innerhalb der Orthodoxie erkennbar: Sie bezweifelte die Gültigkeit der katholischen und protestantischen Taufe.[6] Bei diesen „Lateinern" wurden die Täuflinge nur besprengt und nicht dreimal untergetaucht. Die Russen bezweifelten, ob wenige Tropfen Weihwasser ausreichen würden, um die Erbsünde abzuwaschen, und befürchteten logischerweise, dass diese nicht richtig getauften Lateiner womöglich unter dem Einfluss finsterer, dämonischer Mächte stehen könnten.[7] Aus diesem Grunde blieben Mischehen verboten. Wer eine Russin heiraten wollte, musste zuvor zum orthodoxen Glauben übertreten – dafür wiederum musste er sich erst noch einmal taufen lassen – durch dreimaliges Untertauchen, um jegliche Zweifel an der Wirksamkeit der Zeremonie auszuräumen. Gegenüber Katholiken wurde diese Forderung immerhin schon 1667 fallengelassen, gegenüber Protestanten erst 1718.[8] Die autokephale russische Kirche verhielt sich in dieser Frage weitaus strenger als andere orthodoxe Kirchen, die unter der Jurisdiktion des Patriarchen von Konstantinopel standen.[9]

---

5 Zur Deutschen Vorstadt Erik Amburger: Geschichte des Protestantismus in Russland. Stuttgart 1961; Hans-Heinrich Nolte: Religiöse Toleranz in Russland 1600–1725. Göttingen 1969; Tat'jana A. Oparina: Inozemcy v Rossii XVI-XVII vv. [Ausländer in Russland im 16. und 17. Jh.]. Moskva 2007, und andere Arbeiten derselben Autorin.

6 Diese intransigente Moskauer Haltung war auch eine politische Reaktion auf die Brester Union (1596) und die Erfahrung mit der polnischen Intervention zur „Zeit der Wirren" (smuta) 1605–1613. Vgl. Boris A. Uspenskij: K voprosu o polufunkcional'nosti obrjada miropomazanija. Svadba Lžedmitrija i koronacija Mariny Mnišek. [Zur Frage polyfunktionaler Salbungsriten. Die Hochzeit des falschen Dimitris und die Krönung Marina Mniszechs]. In: Ders.: Car' i Patriarch [Zar und Patriarch]. Moskva 1998. S. 187–211.

7 Den zugrundeliegenden Auffassungsunterschied hat Gabriele Scheidegger unter Berufung auf Adolf von Harnack so erklärt: „Wir verstehen unter Symbol eine Sache, die das nicht ist, was sie bedeutet, damals verstand man unter Symbol eine Sache, die in irgendwelchem Sinne das wirklich ist, was sie bedeutet." Die Taufe war demnach ursprünglich ein Reinigungsbad gewesen. Doch im Westen entwickelten sich Bild und Bedeutung (seit dem 13. Jahrhundert) auseinander, das Symbol war in Zeichen (Besprengen) und Bezeichnetes (Reinigung) zerfallen. Russland hatte diese Entwicklung aber nicht mitvollzogen und verharrte in der ursprünglichen Auffassung, die Westeuropäern inzwischen als „abergläubisch" oder „ritualistisch" erschien. Vgl. Gabriele Scheidegger: Endzeit. Russland am Ende des 17. Jahrhunderts. Bern 1999 (Slavica Helvetica 63), S. 294–296; und Dies.: Perverses Abendland – barbarisches Rußland. Begegnungen des 16. und 17. Jahrhunderts im Schatten kultureller Mißverständnisse. Zürich 1993.

8 Zum Problem der Mischehe siehe Ludolf Müller: Die Kritik des Protestantismus in der russischen Theologie vom 16. bis zum 18. Jahrhundert. Mainz 1951 (Abhandlungen der Akademie der Wissenschaften und der Literatur in Mainz, Geistes- und sozialwissenschaftliche Klasse 1951, 1), S. 30–33; Amburger: Geschichte des Protestantismus in Russland (Anm. 5); Dmitrij Cvetaev: Iz istorii bračnych del v carskoj sem'e Moskovskogo perioda [Aus der Geschichte der ehelichen Affären in der königlichen Familie der Moskauer Periode]. Moskva 1884; Viktor Zivov: Iz cerkovnoj istorii vremen Petra Velikogo [Aus der Kirchengeschichte seit Peter dem Großen]. Moskva 2004, S. 86–88.

9 Die liberalere Haltung der orthodoxen Bischöfe in der Rzeczpospolita und auf dem Balkan war im 17. Jahrhundert ein Streitpunkt zwischen den Patriarchen von Konstantinopel und Moskau. Siehe Ernst Suttner: Petr Mogilas Eintreten für die Taufe abendländischer Christen. In: Karl C. Felmy, Georg Kretschmar, Fairy von Lilienfeld [u.a.] (Hg.): Tausend Jahre Christentum in Russland. Zum Millennium der Taufe der Kiewer Rus'. Göttingen 1988 (Arbeiten und Texte zur Slavistik 44), S. 903–913.

Die Situation religiöser Diaspora blieb aber auch den Angehörigen der Ostkirchen im 17. Jahrhundert gut vertraut. In der Rzeczpospolita (von 1569 bis 1795 Polen-Litauen) gerieten Ukrainer und Weißrussen, die der Union von Brest nicht beitreten wollten, in immer tiefere religiöse Isolation.[10] Die Moskauer Kirche hingegen war durch die Reformen des Patriarchen Nikon seit den 1650er Jahren in eine schwere Krise geraten. Viele Russen lehnten die vorgenommenen Änderungen in den Riten und Gebeten ab. Wer sich „altgläubigen" Untergrundgemeinden nicht öffentlich anschloss, sympathisierte doch oft mit ihnen. Die Position der Kirchenrebellen, die den Patriarchen Nikon oder auch den Zaren Aleksej Michajlovič mit dem „Antichristen" identifizierten, die Reformen zum teuflischen Betrug erklärten und das nahe Ende der Welt verkündeten, ließ kaum jemanden völlig unbeeindruckt.[11]

Aber selbst die Spitzen der Moskauer Kirchenhierarchie konnten sich in ihrer eigenen Kirche nicht wirklich zu Hause fühlen. Allzu drückend spürten sie die Defizite ihrer Ausbildung und ihre geistige Abhängigkeit von Bildungszentren, die sich außerhalb des Moskauer Reiches befanden.

Die im späten 17. Jahrhundert vollzogene Eingliederung der Kiewer Metropolie in das Moskauer Patriarchat stellte einen politischen Triumph dar, führte zugleich aber auch zu neuen Problemen: Die Geistlichkeit der Ukraine musste sich von nun an dem Moskauer Patriarchen unterordnen, dem sie sich geistig überlegen fühlte. Der Patriarch wiederum konnte trotz Kenntnis der eigenen Defizite nicht darauf verzichten, seine Lehrautorität auch gegenüber Kiew geltend zu machen.[12] Somit waren die orthodoxen Hierarchen einander fremd: In Kiew hielt man die Großrussen für ungebildet und abergläubisch, in Moskau hingegen die Ukrainer für arrogant und anfällig für protestantische oder katholische Häresien.[13]

In gewisser Weise hatten beide Seiten recht: Tatsächlich hatte man in Moskau lange Zeit die Not zur Tugend erklärt und den Verzicht auf höhere theologische Bildung für eine bewusste anti-scholastische Strategie ausgegeben, das Aufkommen von

---

10 Zur prekären Situation der ostslawischen Orthodoxien außerhalb Moskaus siehe Gerhard Podskalsky: Griechische Theologie in der Zeit der Türkenherrschaft (1453–1821). Die Orthodoxie im Spannungsfeld der nachreformatorischen Konfessionen des Westens. München 1988; Eduard Winter: Russland und das Papsttum. Teil 2. Berlin 1961, S. 25–29,43.

11 Über die Angst vor dem Weltuntergang siehe Scheidegger: Endzeit (Anm. 7), S. 16–70; zum Einfluss altgläubiger Vorstellungen am Zarenhof siehe Sedov: Zakat Moskovskogo carstva. Carskij dvor konca XVII veka [Der Niedergang des Moskauer Reiches. Der königliche Hof am Ende des 17. Jh.s]. Sankt-Peterburg 2008, S. 155–174.

12 Wolfram von Scheliha: Russland und die orthodoxe Universalkirche in der Patriarchatsperiode 1589–1721. Wiesbaden 2004 (Forschungen zur Osteuropäischen Geschichte 62), S. 459; Vadim M Lur'e: Russkoe pravoslavie meždu Kievom i Moskvoj [Russische Orthodoxie zwischen Kiew und Moskau]. Moskva 2009, S.173–234.

13 Zur Angst vor der (unmerklichen) Übernahme von Häresien via Kiew siehe von Scheliha: Russland und die orthodoxe Universalkirche (Anm. 12), S. 445, 470; zur gegenseitigen Wahrnehmung siehe Erich Bryner: Der geistliche Stand in Russland. Sozialgeschichtliche Untersuchungen zu Episkopat und Gemeindegeistlichkeit der russischen orthodoxen Kirche im 18. Jahrhundert. Göttingen 1982, S. 24–37.

unnötigen Streitereien und Häresien zu vermeiden[14] – eine Politik, die seit den katastrophal verlaufenen Nikonschen Reformen aber diskreditiert war.

Die Ukrainer hingegen konnten nicht verleugnen, dass sie ihre Bildung zum großen Teil auf jesuitischen Universitäten in Polen oder Italien erlangt hatten, die sie nicht hätten besuchen können, wenn sie sich nicht vorübergehend auch als Katholiken oder Unierte ausgegeben und der katholischen bzw. unierten Glaubensregel unterworfen hätten.[15]

An beiden Orten fühlte man sich von anderen Konfessionen unter Druck gesetzt: in Kiew am spürbarsten durch die katholische bzw. unierte Kirche, in Moskau am meisten sicher durch die Altgläubigen, in den Hauptstädten aber auch durch die Lehren der hier stark vertretenen ausländischen Protestanten.

Aber es gab strukturelle Unterschiede. In Kiew sah man sich weniger im Glaubensstreit als in sozialer Konkurrenz. Seit dem früheren 17. Jahrhundert lag die Strategie darum nicht in dogmatischer Abgrenzung, sondern in der Anverwandlung: Man versuchte der katholischen Kirche so ähnlich wie möglich zu werden, um für die ostslawischen Oberschichten der Rzeczpospolita attraktiv zu bleiben.[16]

In Moskau hingegen bestand man auf strikte Abgrenzung gegenüber beiden westlichen Konfessionen gleichermaßen. Zur Lehre an der neuen Moskauer Slawisch-Griechisch-Lateinischen Akademie berief der Patriarch die aus Konstantinopel stammenden, zuverlässig antirömisch eingestellten Brüder Lichudeis, um den ukrainischen Einfluss auzubalancieren.[17]

Schon am Vorabend der Petrinischen Reformen befand sich die slawische Orthodoxie also in einer schwierigen Situation. Unter den eigenen Gläubigen hatten die Nikonschen Reformen ihre Autorität schwer erschüttert; in der Rzeczpospolita und auf dem Balkan waren die unierten Kirchen längst im Begriff, ihr die Existenzgrundlage abzugraben; und in der Hauptstadt zeigte die junge Generation der Zarenfa-

14 Sowohl Feofan in der von ihm verfassten Kirchenordnung wie auch Ivan Pososkov hielten es für nötig den Nachweis zu führen, dass nicht Gelehrsamkeit, sondern Ignoranz zu Häresien führe. Vgl. Ivan Pososhkov: The book of poverty and wealth. Stanford 1987, S. 162–167. Die populäre Befürchtung, dass etwa Predigten dazu führen könnten, dass „mancher aus passion etwas daher sage, was ihm einfalle, darneben allerhand zänckerey auff die Bahne bringe, den gmeinen Mann irre mache, zu allerhand Neuerungen Anlaß gebe, und dem Zuhörer öffters mehr Verdruß und Schaden, als Belieben und Nutzen bringe“ (Theophil Wahrmund: Universa religio ruthenica sive moscovitica. Freyst 1698, S. 64) erscheint indessen weniger absurd, wenn man sich mit dem Verlauf des Streits um die Epiklese befasst, der um 1690 Moskau in Aufregung versetzte. Gelehrte Geistliche stritten erbittert über eine Frage, die Obrigkeit und Kirchenvolk sonst kaum interessiert hätte. Vgl. Scheidegger: Endzeit (Anm. 7), S. 296–307.

15 Zu Lebenswegen und Ausbildung des russischen Klerus siehe Bryner: Der geistliche Stand in Russland (Anm. 13).

16 Beide Kirchen konkurrierten um dieselbe Bevölkerung. Siehe dazu Podskalsky: Griechische Theologie (Anm. 10), S. 229f.; Eduard Winter: Byzanz und Rom im Kampf um die Ukraine. 955–1939. Leipzig 1942; Aleksy Deruga: Piotr Wielki a Unici i Unja kościelna 1700–1711 [Peter der Große und die unierte Kirche und Union 1700–1711]. Wilna 1936; Ihor Ševčenko: The many worlds of Peter Mohyla. In: Harvard Ukrainian Studies 8 (1984), S. 9–44.

17 Winter: Halle als Ausgangspunkt der deutschen Russlandkunde im 18. Jahrhundert. Berlin 1953, S. 109; Strahl: Das gelehrte Russland (Anm. 1).

milie anstößige Aufgeschlossenheit gegenüber Katholiken und mehr noch Protestanten, von denen bekannt war, dass sie die russische Glaubenspraxis, insbesondere den Wunderglauben und die in Russland so wichtige Heiligenverehrung anhand von Bildern und Reliquien, für rundheraus abergläubisch oder gar götzendienerisch hielten.

Nur am Rande sei erwähnt, dass dies in etwa der Moment war, in dem Peter der Große durch seine bekannten Vorschriften, deutsche Kleider zu tragen und die Bärte zu rasieren – gegen erbitterten Widerstand der Kirchenhierarchie –, dafür sorgte, dass Fremdgläubige und Russen in der Armee und am Hof direkten und zwanglosen Umgang miteinander haben konnten, etwa indem sie gemeinsam vom selben Tisch speisten, was vorher undenkbar gewesen wäre.[18]

Man sollte indessen vermeiden, hier einen einfachen Gegensatz zwischen „dem Alten" und „dem Neuen" zu erkennen. Die russische Kirche befand sich vielmehr in einem schwierigen Mehrfrontenkonflikt. Hier eine Linie zu finden wäre selbst dann schwierig gewesen, wenn sie über ein selbstbewusstes Lehramt, ein funktionierendes Bildungswesen und hinreichend politischen Rückhalt verfügt hätte.

2. Das Wirken Feofan Prokopovičs

Dies waren die Probleme der russischen Kirche während der Jugend Feofan Prokopovičs. Feofan hatte in Kiew und Rom (am jesuitischen Kollegium der Propaganda Fidei) studiert, war aber gerade dort – nicht nur hinsichtlich der Stellung des Papstes, sondern auch der tridentinischen Rechtfertigungslehre – zu einer dezidiert antirömischen und antijesuitischen Position gelangt, die er lebenslang beibehielt.[19]

Feofan war der Autor der 1721 verkündeten neuen Kirchenordnung, die das seit 1700 vakante Patriarchat endgültig aufhob und durch ein Gremium, den „Obersten Sinod", ersetzte, das dem Konsistorium einer deutschen Landeskirche verdächtig ähnelte.[20] Ansonsten verpflichtete die Kirchenordnung den Klerus darauf, sich um die eigene Bildung wie um die der Gläubigen zu kümmern und insbesondere den sogenannten „Aberglauben" zu bekämpfen beziehungsweise traditionelle Frömmigkeitsformen zurückzudrängen: neben den Fastengeboten insbesondere die lokalen Kulte der Verehrung von Heiligen, Reliquien und Wundern, den Hymnengesang, den Unterhalt bzw. Neubau überzähliger Kirchen und Kapellen und so weiter. Man hat diese Politik mit den späteren josefinischen Reformen in Österreich verglichen: In der Theorie blieb der Glaube unverändert, seine Ausübung in der Praxis massiv

---

18 Scheidegger: Perverses Abendland (Anm. 7), S. 73.

19 Robert Stupperich: Feofan Prokopovič in Rom. In: Ders.: Peter der Große und die Russische Kirche. Ausgewählte Aufsätze II. Möhnesee 2004 (Bellerophon 1), S. 159–179.

20 Pavel V. Verchovskoj: Učreždenie duchovnoj kollegii i duchovnoj reglament. K voprosu ob otnošenii cerkvi i gosudarstva v Rossii [Die Einrichtung des geistlichen Kollegiums und spiritueller Vorschriften. Die Frage nach dem Verhältnis von Staat und Kirche in Russland]. Westmead 1972.

zurückgestutzt.[21] Die gegen Feofan immerzu erhobenen Vorwürfe, ein Anhänger des Luthertums zu sein, müssen in diesem Zusammenhang gesehen werden. Für sich genommen waren sie wohl unberechtigt. Feofans Biograph Illarion Čistovič konnte „selbst bei strengster Lektüre in seinen Schriften nichts finden, was der orthodoxen Lehre widersprochen" hätte.[22] Nichtsdestoweniger drückten die Reformen Volk und Klerus schwer aufs Gemüt. Die unmittelbaren Nachfolger Peters I., Katharina I. und Peter II., waren bemüht, dem Land eine Verschnaufpause zu gönnen und allzu unbeliebte Neuerungen aufzuheben oder abzumildern – dazu gehörte auch der Verzicht auf die Fortsetzung dieser Frömmigkeitsreform.[23]

Zwischen 1725 und 1730 geriet Feofan unter den starken Druck zahlreicher Gegner, die ihn nun ganz offen der Häresie bezichtigten. Der frühe Tod Peters II. war für ihn ein Glücksfall. Nach dem Thronwechsel 1730 gelangte er – nicht zuletzt durch die Rückendeckung protestantischer Höflinge wie Heinrich Graf Ostermann, Burkhard von Münnich oder Ernst Johann von Biron – zu einer Machtstellung, wie er sie selbst unter Peter I. nicht gehabt hatte. Er nutzte sie, um sich an seinen Gegnern zu rächen, von denen in der Folge viele ihr Leben in Gefängnis und Verbannung beschließen mussten.[24]

3. Feofans Beurteilung in Deutschland und Russland

Seit damals wird Feofans Wirkung gegensätzlich beurteilt: Deutsche Kirchenhistoriker sehen in ihm bis heute das, was vermutlich schon Peter I. oder Graf Ostermann in ihm sahen – den Architekten einer aufgeklärten Reichskirche, der endlich wildwuchernden Aberglauben durch solide Schriftstudien und moralische Instruktion ersetzte. Hierin stimmten sie mit der offiziellen sowjetischen und der DDR-Historiographie überein, die insbesondere Feofans Parteinahme für das Prinzip der Selbstherrschaft positiv hervorhob.[25] Doch inzwischen beurteilen russische Historiker Feofan wieder so kritisch wie vor der Revolution. Slawophile, Orthodoxe und

---

21 Zur Kirchenreform Peters I. vgl. die jüngere russische Forschung: Aleksandr S. Lavrov: Koldovstvo i religija v Rossii. 1700–1740 [Hexerei und Religion in Russland. 1700–1740]. Moskva 2000, S. 341–448; den Vergleich mit Joseph II. von Österreich hatte vor Lavrov bereits Eduard Winter gezogen: Byzanz und Rom (Anm. 16), S. 109.

22 Ilarion A. Čistovič: Feofan Prokopovič i ego vremja [Feofan Prokopovic und seine Zeit]. Sankt-Petersburg 1868, S. 574. Oft zitiert wird Stupperichs Diktum, Feofan sei „als Protestant undenkbar" gewesen. Robert Stupperich: Feofan Prokopovičs theologische Bestrebungen. In: Ders.: Peter der Große (Anm. 19), S. 179–186, hier S.186.

23 Dazu ausführlich Lavrov: Koldovstvo (Anm. 21).

24 Igor Smolitsch: Geschichte der russischen Kirche 1700–1917. Bd. 1. Leiden 1964, S. 228–236;

25 Mit unterschiedlicher Akzentuierung siehe Stupperich: Peter der Große (Anm. 19); Hauptmann: Die Katechismen der russisch-orthodoxen Kirche (Anm. 3); Hans Koch: Die russische Orthodoxie im petrinischen Zeitalter. Breslau 1929 (Osteuropa-Institut Breslau); Winter: Halle als Ausgangspunkt der deutschen Russlandkunde (Anm. 17); Hans-Joachim Härtel: Feofan Prokopovic und die Anfänge einer systematischen Theologie in Russland. In: Felmy: Tausend Jahre Christentum in Rußland (Anm. 9), S. 367–376, und zuletzt Bahlcke, Dybaś, Rudolph (Hg.): Brückenschläge (Anm. 2).

Liberale hielten und halten ihm auch jetzt wieder vor, die Autonomie der Kirche zerstört zu haben, um blinden Gehorsam gegenüber den weltlichen Obrigkeiten einfordern zu können.[26] Die 1937 vom Emigranten George Florovskij geprägte anklagende Formel von der „Protestantischen Pseudomorphose“ [27] wird bis heute als gültig angesehen. Auffällig ist die Zurückhaltung der Orthodoxen Kirche selbst. Sie kann Feofans Erbe so wenig wie ihre synodale Periode insgesamt rundheraus verleugnen, will sich aber auch nicht zu ihm bekennen und schweigt ihn folglich tot.[28]

Betrachten wir nun nacheinander beide Sichtweisen. Die bei deutschen Historikern wie Robert Stupperich, Hans Koch, Peter Hauptmann und Hans-Joachim Härtel immer wieder durchschimmernde Begeisterung für Feofan wird man besser verstehen, wenn man sie in den Kontext der protestantischen Orthodoxie-Wahrnehmung stellt. Schon Martin Luther hatte erklärt: „Die römische Kirche ist nur eine Teilkirche. [...] Die griechische Kirche ist weder häretisch noch schismatisch. Sie ist „der bessere Teil der allgemeinen Kirchen“.[29] „Besser“ meinte hier „ursprünglicher, unverfälschter“. Luther wollte ja keine Lehren neu erfinden, sondern den wahren Glauben in alter Reinheit wiederherstellen. Die Entdeckung, dass die Griechen nicht nur päpstliche Machtansprüche, sondern auch die Lehren vom Fegefeuer und den Ablässen stets verurteilt hatten, war reformatorischen Theologen hochwillkommen. Ihre wiederholten Versuche, von griechischen Theologen eine explizite Anerkennung der Formel „sola fide“ zu erhalten, also der Lehre von der Rechtfertigung allein durch den Glauben, erreichten indessen den gegenteiligen Effekt: Aus orthodoxer Sicht war „sola fide“ eine platte Aufforderung zur Sünde oder konnte zumindest so missverstanden werden.[30] In der Folge sah man sich veranlasst, den eigenen Standpunkt, demzufolge Glaube und gute Werke sich nicht gegeneinander ausspielen ließen, auch gegenüber dem Protestantismus härter abzugrenzen. Der ukrainische Klerus orientierte sich in dieser und in anderen Fragen immer eindeutiger an den Lehren der katholischen Gegenreformation. Als Lehrer der von ihm gegründeten Akademie und Autor der „Confessio orthodoxa“ versuchte der Kiewer Metropolit Petr Mogila die gesamte Orthodoxie auf eine Lehre der „Rechtfertigung durch den Glauben und durch gute Werke“ festzulegen, die in Konstan-

---

26 Vgl. die negative Beurteilung der Kirchenpolitik Peters I. und Feofans durch Viktor Živov: Iz cerkovnoj istorii (Anm. 8), S. 5–68; Lavrov: Koldovstvo (Anm. 21) und den gegenwärtig besonders einflussreichen Autor Evgenij V. Anisimov, der Feofan als „fiesen Pfaffen“ (lukavyj pop) charakterisiert: Tolpa geroev (Anm. 4), S. 229–238.

27 Georgij Bogoslovskij: Puti russkogo bogoslovija [Wege der russischen Theologie]. Paris 1937.

28 Schon anlässlich der Tausendjahrfeier der russischen Kirche (1988) wies Härtel darauf hin, dass Feofans 250. Todestag (1986) in Russland nicht gefeiert worden sei. Vgl. Härtel: Feofan und die Anfänge (Anm. 25), S. 367.

29 Zit. nach Oskar Wagner: Luther – Osteuropa und die griechisch-orthodoxe Kirche. In: Kyrios 4 (1960), S. 69–90, S. 86f.

30 Dies war die Position, die Stefan Javorskij im Stein des Glaubens vertrat: „Wer da lehret, die Werke seien zu nichts nütze, der öffnet Tür und Tor jeglicher Rechtlosigkeit. Denn wer wird auch nur mit einem Finger ein gutes Werk tun, wenn er weiß, dass dies zur Seligkeit nichts nützt? ...Wer wird denn nicht jegliches Unrecht üben, wenn er weiß, dass er durch Glauben doch gerecht wird?“. Zitiert nach Koch: Russische Orthodoxie (Anm. 25), S. 134.

tinopel und Jerusalem aufgrund zu großer Nähe zu römischen Positionen heftige Abwehr hervorrief.[31]

Deutsche Theologen haben dies alles schon damals aufmerksam mitverfolgt. Stünde uns Gerhard Podskalskys exzellente Monographie von 1988 nicht zur Verfügung, so könnten wir die Geschichte dieser Auseinandersetzungen auch in dem dreibändigen Werk *Abbildung der alten und neuen Griechischen Kirche* nachlesen, welches der Hallenser Theologe Johann Michael Heineccius auf Leibniz' Anregung anlässlich der Hochzeit des Zarewitsch Aleksej mit Charlotte Sophie von Braunschweig-Wolfenbüttel bereits 1711 vorgelegt hat.[32] Die Grundhaltung dieses Werkes ist unverkennbar irenisch, wobei die Untersuchung und Darstellung genau auf den Bedarf eines lutherischen Theologen, der mit orthodoxen Geistlichen ernste Gespräche führen will und darum alle Gemeinsamkeiten und Unterschiede genau kennen, muss abgestimmt scheint. Freundlich im Ton, aber hart in der Sache fällt der Autor präzise Urteile darüber, welche orthodoxen Lehren und Bräuche aus lutherischer Sicht als richtig und welche als falsch gelten müssen. Besondere Aufmerksamkeit widmet er den Entwicklungen seit dem Fall Konstantinopels und kommt dabei zu einem ernüchternden Ergebnis: Die griechische Orthodoxie hatte sich seit 200 Jahren in die falsche Richtung bewegt. Anstatt die Reinheit ihrer Lehre gegen Rom zu verteidigen, war sie ins jesuitische Fahrwasser geraten. Nach Meinung des Autors galt dies insbesondere für die Frage, die ihm – wie vielen protestantischen Theologen – die wichtigste zu sein schien, die nach der Rechtfertigung: Es habe nichts zu besagen, dass die aus antiker Zeit herrührende Verurteilung der Lehre vom Fegefeuer noch in Kraft sei – längst hätten sich andere Vorstellungen von Himmelspforten oder von „Dritten Orten" zwischen Himmel und Hölle ausgebreitet, die zwar ohne Feuer auskämen, aber letztlich dieselbe Funktion erfüllten.[33]

Die große Befürchtung, die Heineccius nicht aussprach, die ein Protestant angesichts der beschriebenen Entwicklungen jedoch wohl hegen durfte, war die einer Ausdehnung der römischen Jurisdiktion nach Moskau. Unvorstellbar war dies um 1700 keineswegs.[34] Die Zeit schien für Rom zu arbeiten: In Weißrussland und der Westukraine waren die ehemals orthodoxen Bischöfe bereits zur unierten Kirche übergelaufen. Die Kiewer Akademie schickte ihre besten Schüler auf jesuitische Universitäten im Ausland. Der Moskauer Zar wiederum besetzte vakante Bischofsstühle mit Absolventen aus Kiew, die sich ganz an der katholischen Dogmatik orien-

31 Dazu ausführlich Podskalsky: Griechische Theologie (Anm. 10), S. 232–236, 284–294.

32 Johann M. Heineccius: Eigentliche und wahrhafftige Abbildung der alten und neuen Griechischen Kirche Nach ihrer Historie. Leipzig 1711 (Glaubens-Lehren und Kirchen-Gebräuchen in III Theilen).

33 Ebd. S. 410–412; ebenso Koch: Russische Orthodoxie (Anm. 25), S. 149.

34 Ohne solche Befürchtungen lässt sich der Eifer, mit dem Gelehrte wie Jablonski die russische Entwicklung verfolgten, kaum nachvollziehen. Siehe Michael Schippan: Glaubenssolidarität und Öffentlichkeit. Daniel Ernst Jablonski und die Auseinandersetzungen um das „veränderte Russland" Zar Peters I. In: Bahlcke, Dybaś, Rudolph (Hg.): Brückenschläge (Anm. 2), S. 220–235.

tierten.[35] Stefan Javorski, den Peter 1702 zum Bischof von Rjazan' und Patriarchatsverweser bestellte, war nur der prominenteste von ihnen.

Vor diesem Hintergrund kann der Umstand, dass nach 1716 mit Feofan Prokopovič ein Theologe höchsten kirchenpolitischen Einfluss erlangte, der sich in der Frage der Rechtfertigung sehr früh, eindeutig und beharrlich für das Prinzip „sola fide" einsetzte, kaum überschätzt werden. Laut Eduard Winter hatte Feofan damit eine „dogmatische Brücke" zwischen Orthodoxie und Protestantismus hergestellt[36] – doch scheint die Bezeichnung eines „antitridentinischen Schutzwalls" treffender. Man wollte keine „Brücken schlagen", sondern einen gemeinsamen Feind in Schranken halten. Feofan wollte keine „protestantische Pseudomorphose" herbeiführen, sondern eine in Kiew längst bemerkbare katholische Pseudomorphose unterbinden. Wenn die Russische Kirche im 18. und 19. Jahrhundert eine akademische Lehrtradition entwickelte, die ihre Positionen direkt auf die Heilige Schrift und die Kirchenväter der Spätantike zu stützen bemühte, anstatt Konzepte der Neuscholastik zu übernehmen, so darf dies als ein Verdienst Feofans anerkannt werden.[37] Die positive Beurteilung, die er von protestantischen Historikern stets erfahren hat, sollte daher nicht überraschen. Feofan war der russisch-orthodoxe Kirchenlehrer, auf dessen Erscheinen die Reformationstheologen anderthalb Jahrhunderte vergeblich gewartet hatten. Er endlich begriff das Anliegen des Protestantismus und hatte Verwendung für seine geistigen Leistungen.[38]

4. Feofan als „Goliath"? Stefan Javorskij und der „Stein des Glaubens"

Warum aber stieß und stößt Feofan in Russland immer auf so viel Ablehnung? Der wichtigste Grund liegt zweifellos darin, dass er Peter I. dabei half, das Patriarchat auf Dauer abzuschaffen und die Kirche zur „Hilfsmagd des Staates" zu degradieren. Aus unterschiedlichen Standpunkten (religiösen, nationalen und liberalen) hat man hierin seit dem späteren 19. Jahrhundert einen Akt des Verrates gesehen. Abstoßend wirkte aber auch die Rachsucht, mit welcher er seine Gegner verfolgte.

---

35 Ausschlaggebend für Peter war die bessere Bildung der Ukrainer. Dass er damit einer dogmatischen Annäherung an Rom Vorschub leistete, mag ihm selber anfangs gar nicht bewusst gewesen sein. Siehe Živov: Iz cerkovnoj istorii (Anm. 8), S. 1–68.

36 Winter: Halle als Ausgangspunkt der deutschen Russlandkunde (Anm. 17), S. 118.

37 Darauf verweist Robert Stupperich: Wege der Verständigung zwischen dem Protestantismus der russischen Orthodoxie. In: Ders.: Peter der Große (Anm. 19), S. 19–28, und Härtel: Feofan (Anm. 25).

38 Hans Koch wollte die „sich an den Namen Prokopovic's knüpfende Renaissance der russisch-ukrainischen Kirche [...] nicht anders nennen, als einen Sieg des protestantischen Gedankens in der slavischen Welt". Koch: Die russische Orthodoxie (Anm. 25), S. 186.

Warum aber weiß man seine theologischen Leistungen bis heute kaum zu schätzen?[39] Warum wurden viele seiner Texte seit den 1720er Jahren nicht wieder gedruckt? Vermutlich hält Illarion Čistovič die richtige Antwort bereit: Es war tatsächlich die bei Feofan ständig spürbare Ablehnung traditioneller Frömmigkeitspraktiken, durch die er sich bei allen – außer beim Zaren und dessen ausländischer Entourage – unbeliebt machte.[40] Und die für sich genommen wohl zutreffende Einschätzung, dass Feofan sich durchaus im Rahmen der orthodoxen Dogmatik bewegte, die gegen ihn vorgebrachten Häresievorwürfe theologisch schlecht begründet waren und er kein prinzipieller Gegner der Reliquien- oder Ikonenverehrung gewesen sei,[41] reicht hier nicht aus. Wenn der russische Klerus in Feofan seinen inneren Feind erkannte, dann nicht nur aufgrund von Missverständnissen aus Ärger über den eigenen Bedeutungsverlust oder seiner sprichwörtlichen Bildungsfaulheit. Aus der Sicht des gewöhnlichen Seelsorgers stellte sich die Situation der russischen Kirche ganz anders dar als für den Fundamentaltheologen, der in Kiew und Rom studiert hatte. Für den Gemeindegeistlichen ging die größte Bedrohung nicht von der katholischen Kirche aus, sondern von den Altgläubigen und den Protestanten der deutschen Vorstadt. Was er schmerzlich vermisste, war eine für die alltägliche seelsorgerische Praxis taugliche Theologie, ein Katechismus, der es ihm erlaubt hätte, sich gegen den Ritualismus der einen und den Antiritualismus der anderen abzugrenzen – und zwar in einer Form, die auch den einfachen Gläubigen verständlich war ohne sie vor den Kopf zu stoßen. Insbesondere der von den Protestanten ausgehende Druck sollte nicht unterschätzt werden. Unter Peter I. fühlten diese sich ausreichend beschützt, um religiöse Gespräche mit Russen nicht länger prinzipiell zu vermeiden. Zweifellos wussten gebildete Russen gut genug, was man in protestantischen Haushalten gar nicht so insgeheim über sie dachte: dass ihre Fastenregeln, ihre Reinheitsgebote und ihre Heiligen-, Bild- und Reliquienverehrung auf puren Aberglauben oder gar „Götzendienst" hinausliefen.[42] Und es muss für sie eine schmerzhafte Erfahrung gewesen sein, dass sie einem solchen Standpunkt argumentativ wenig entgegenzuhalten hatten, da sie es mit einem Gesprächspartner zu tun hatten, der nach zweihundertjährigem Streit mit der römischen Kirche auf derartige Debatten viel besser vorbereitet war. Von Feofan kam in diesem Streit keine Hilfe – im Gegenteil, er machte sich über den Volksglauben unverhohlen lustig. Zwar erkannte er (in Übereinstimmung mit dem Dogma) das Auftreten von Wundern theoretisch an, in seiner bischöflichen Praxis jedoch wollte er kein einziges jemals gelten lassen.[43] Vor diesem Hintergrund wird verständ-

39 In den aktuell maßgeblichen Arbeiten etwa von Lavrov: Koldovstvo (Anm. 21); Živov: Iz cerkovnoj reformy (Anm. 8); Lur'e: Russkoe pravoslavie (Anm. 12) kommt der Streit um die Rechtfertigungslehre kaum je zur Sprache.

40 Čistovič: Feofan Prokopovič, (Anm. 22), S. 571–578.

41 Stupperich: Wege der Verständigung zwischen dem Protestantismus und der russischen Orthodoxie. In: Ders.: Peter der Große (Anm. 25), S. 19–28; Hauptmann: Katechismen (Anm. 25) S. 24–30.

42 Die entsprechende Haltung spricht aus zahllosen Quellen. Vgl. z. B. John Perry: The State of Russia, under the Present Czar. London 1716, S. 214–237; Scheidegger: Perverses Abendland (Anm. 7), S. 239–246.

43 Lavrov: Koldovstvo (Anm. 21), S. 227–243.

lich, warum ein schon 1714 verfasstes, aber erst 1728 erstmals veröffentlichtes Buch mit dem Titel *Stein des Glaubens* in Moskau so enorme Wirkung erzielte. Sein Autor war der bereits erwähnte, 1722 verstorbene Patriarchatsverweser Stefan Javorskij, der mit seinem *Stein* die wahre Kirche nun vor Luther retten wollte, wie einst David sein Volk vor Goliath gerettet hatte.[44] Tatsächlich handelte es sich weniger um ein originales Werk als vielmehr um eine für den orthodoxen Bedarf adaptierte Kompilation aus den kontroverstheologischen Schriften von Robert Bellarmin, Martin Becanus und anderen Gegenreformatoren.[45]

In Russland fand das Buch sofort zahlreiche begeisterte Leser, während es unter deutschen Protestanten lautstarke Empörung hervorrief. Es entstand ein publizistischer Krieg, in dessen Verlauf mehrere deutsche protestantische Theologen und Gelehrte das Wort ergriffen. Sie warfen dem Autor vor, genau wie Bellarmin Luther verleumdet und seine Lehre falsch wiedergegeben zu haben. Welchen Anteil Feofan an der Organisation dieser publizistischen Gegenwehr hatte, ist schon von Zeitgenossen erörtert worden. Fest steht jedenfalls, dass sie in seinem Sinne erfolgreich war: 1732 ließ die neue Zarin Anna I. – auf Betreiben Feofans – das Werk verbieten.[46] In der deutschen Geschichtsschreibung herrscht die Meinung vor, die Veröffentlichung von Javorskijs *Stein des Glaubens* hätte sich gegen Peters Reformen, gegen die Aufklärung oder gegen die Deutschen am Zarenhof gerichtet.[47] Laut Michael Schippan wurde das Buch verboten, „um die protestantischen Ausländer vor Exzessen zu schützen."[48] Diese Einschätzung ist erstaunlich, da von derartigen „Exzessen" zwischen 1728 und 1732 keine Rede sein konnte. Im Gegenteil – dieselbe Regierung, die den Druck des Buches angeordnet hatte, wies der lutherischen Gemeinde in Petersburg zur selben Zeit ein Grundstück zu, auf dem sie ihre Petrikirche bau-

---

44 Gemeint war also *nicht* der „Fels" (Petrus), auf welchen Christus die Kirche bauen wollte. Vgl. auch die korrekte Übersetzung bei Ludolf Müller und anderen (Anm. 8).

45 Schon die zeitgenössischen Kritiker kreideten Stefan Javorskij die (nicht kenntlich gemachte) Übernahme der Werke Bellarmins an. Siehe Koch: Russische Orthodoxie (Anm. 25), S. 174–179.

46 Zum publizistischen Krieg vgl. (neben den älteren Darstellungen von Čistovič, Winter und Stupperich) die Artikel von Michael Schippan: Glaubenssolidarität und Öffentlichkeit. In: Bahlcke, Dybaś, Rudolph (Hg.): Brückenschläge (Anm. 34); Joachim Bahlcke: Antworten auf die religiöse Diskriminierung von Verfolgung in Ostmitteleuropa. In: Ebd., S. 202–219.

47 Nicht nur in DDR-Publikationen sind Formulierungen anzutreffen, in denen protestantische Dogmen unbekümmert mit „Aufklärung" gleichgesetzt werden: „Mit der Veröffentlichung des Stein des Glaubens wurde zum Sturm auf die Aufklärung geblasen". Conrad Grau: Der Wirtschaftsorganisator, Staatsmann und Wissenschaftler Vasilij N. Tatiščev (1686–1760). Berlin 1960 (Quellen und Studien zur Geschichte Osteuropas 13), S. 54, oder „Da die Gegner einer Öffnung der russischen Kirche für die Aufklärung zahlreich waren, stellte man 1729 eine Neuauflage her, die an alle russischen Bischöfe und Äbte versandt wurde." Schippan: Glaubenssolidarität und Öffentlichkeit (Anm. 34), S. 222.

48 Schippan: Glaubenssolidarität und Öffentlichkeit (Anm. 34), S. 232.

en konnte.[49] Und dieselbe Oberschicht, die Stefans Buch mit solcher Begeisterung las, pflegte zugleich weiterhin Umgang mit protestantischen Würdenträgern oder ließ ihre Kinder gar von pietistischen Hauslehrern unterrichten.[50] Ansonsten fehlt es nicht an Beispielen für die Weltoffenheit der russischen Aristokratie, die Begegnungen mit anderen Konfessionen längst nicht mehr fürchtete „wie der Teufel das Weihwasser". Im Gegenteil bezeugte sie einen wahren Hunger nach den westlichen Genres der Predigt- und Erbauungsliteratur, unabhängig von ihrer konfessionellen Herkunft. Jansenistische Schriften stießen ebenso auf Interesse wie pietistische Predigten.[51] Arndts *Vier Bücher des wahren Christentums* wurden (allerdings unter Verschleierung ihres protestantischen Ursprungs) um die Mitte des 18. Jahrhunderts in Russland zum wahren „Bestseller". Man kann davon ausgehen, dass Arndts russische Leser weiterhin vor Ikonen beteten und auf Wallfahrten pilgerten, ohne dies als Widerspruch zu empfinden.[52]

Wer darauf verzichtet, Javorskijs Kritik an protestantischen Lehren einem „Sturmangriff auf die Aufklärung" gleichzusetzen, wird auch die Möglichkeit in Betracht ziehen, dass bei ihm wie bei seinem Publikum ein Bedürfnis nach der Verteidigung traditioneller Frömmigkeitspraktiken ausschlaggebend gewesen sein könnte.[53] Das amtierende Oberhaupt der russischen Kirche wehrte sich im Grunde nur gegen den nicht zu ignorierenden Vorwurf, ein „abergläubischer Götzendiener" zu sein, und bediente sich dabei naheliegenderweise der bewährten katholischen Argumentation. Ob Javorskij dabei Luthers Biographie und Theologie immer fair und ausgewogen dargestellt hat, war für seine russische Leserschaft kaum von Belang.[54] Wenn das

49 Zur Geschichte der evangelischen Gemeinde in St. Petersburg siehe Casimir Lemmerich: Geschichte der evangelisch-lutherischen Gemeinde St. Petri in St. Petersburg. Mit Benutzung der gedruckten Nachrichten und der Acten des Kirchen- und Schularchives. Bd. 1. St. Petersburg, Leipzig 1862. Dass höchste Würdenträger wie Heinrich Ostermann und Burkhard von Münnich zugleich bekennende Protestanten waren, sei hier nur am Rande erwähnt.

50 Winter: Halle als Ausgangspunkt der deutschen Russlandkunde (Anm. 17).

51 Vgl. dazu: B. A. Uspenskij: Vokrug Trediakovskogo. Trudy po istorii russkogo jazyka i russkoj kul'tury [Rund um Trediakovsky. Arbeiten über die russische Sprache und Kultur]. Moskva 2008, insbes. S. 319–456.

52 Als prominentes Beispiel kann der Metropolit Arsenij (Maceevič, 1717–1772) dienen, der den „Stein des Glaubens" gegen seine Kritiker verteidigte, zugleich aber selbst ein begeisterter Leser von Arndts Erbauungsschriften war. Vgl. Stefan Reichelt: Johann Arndt (1555–1621). „Vier Bücher vom wahren Christentum in Russland. Ein frühes Kapitel der west-osteuropäischen geistigen Integration. In: Hans Otte (Hg.): Frömmigkeit und Theologie. Johann Arndt und die „Vier Bücher vom wahren Christentum". Göttingen 2007 (Studien zur Kirchengeschichte Niedersachsens 40), S. 315–336.

53 Zu diesem Schluss ist Ludolf Müller schon 1951 gekommen. Vgl. Müller: Kritik des Protestantismus (Anm. 8), S. 3–4, 68–74. Aleksandr Lavrov hat unlängst nachgewiesen, dass Stefan Javorskij in der Praxis weitaus weniger Bereitschaft etwa zur Hexenverfolgung zeigte als sein (angeblich so viel „aufgeklärterer") Nachfolger Feofan Prokopovič. Vgl. Lavrov: Koldovstvo (Anm. 21), S. 344–364.

54 Ebenso wenig wie sich kaum jemand dafür interessierte, ob und im Sinne welcher „Aufklärung" Feofan Prokopovičs (aus der zeitgenössischen protestantischen Polemik übernommene) Identifikation des römischen Papstes mit dem „Antichristen", Strahl: Das gelehrte Russland (Anm. 1), S. 356 nun ernst gemeint war oder nicht, oder welche Folgen sich aus dieser Behauptung für die in Russland lebenden Katholiken im schlimmsten Falle hätten ergeben können.

lesekundige Russland um 1730 vom „Stein des Glaubens" einhellig begeistert war, dann nicht weil es danach gelechzt hätte, die in Russland lebenden Lutheraner auf dem Scheiterhaufen zu verbrennen –, sondern weil hier endlich mit starken Argumenten begründet wurde, warum die Verehrung von Heiligen, Bildern und Reliquien auf der ältesten Tradition wie auch auf der Schrift gegründet werden konnte.[55] Die „Ketzer", die Javorskij (allerdings schon im Diesseits) bestraft sehen wollte, waren im Zweifelsfall nicht die nach Russland eingewanderten Protestanten, sondern geborene Russen, welche die russische Kirche im Sinne protestantischer Dogmen „reformieren" (aus Stefans Sicht: verderben) wollten.[56] Geborene Protestanten sollten nicht in ihrer Glaubensfreiheit eingeschränkt, sondern nur am Missionieren gehindert werden.

Da die Russen das lateinische Mittelalter mit seinen Erscheinungen wie dem Ablasshandel nicht miterlebt hatten, waren ihnen die tieferen Motive der protestantischen Feindlichkeit gegenüber Ritualen und frommen Werken unverständlich geblieben. Mit Ernst Benz könnte man dies damit erklären, dass das östliche Christentum die Religion im Gegensatz zum abendländischen nie als ein Rechtsverhältnis auffasste.[57] Wenn Russen beispielsweise so kompromisslos strenge Fasten hielten, dann nicht, um sich die Zeit im Fegefeuer zu verkürzen, sondern aus anderen Gründen – weil es ihrem Leben Stabilität verlieh, weil sie sich, im Jargon moderner Anthropologie gesprochen, „ihrer religiösen Identität versicherten", schließlich aber auch, weil sie dadurch tatsächlich so etwas wie größere Nähe zu Gott herzustellen hofften. Die Religiosität, der „Glaube" der orthodoxen Russen war im 17. und 18. Jahrhundert nicht nur eine Angelegenheit des Geistes, sondern auch eine körperliche Praxis. Die protestantische Idee, man könne glauben ohne zu fasten, erschien ihnen darum als vermessen, wenn nicht als frivol.[58] Die insbesondere von reformierten Ausländern so deutlich vorgebrachte Kritik am russischen „Bilderdienst" wiederum setzten sie schlicht mit der in Konstantinopel schon im 8. Jahrhundert als Häresie verdammten „Bilderstürmerei" gleich.[59]

55 Es waren vielmehr die Kritiker Feofans, die bald darauf für den Rest ihres Lebens eingekerkert wurden. Für die Vermutung Schippans, dass repressive Maßnahmen nötig bzw. geeignet waren, um „dieStabilität in der ohnehin kleinen staatstragenden Eliteschicht" zu wahren bzw. um die Prärogative des „absoluten russischen Staates" zu verteidigen, gibt es keine Belege, Vgl. Schippan: Glaubenssolidarität und Öffentlichkeit (Anm. 34), S. 234f.

56 Dem autochthonen, in der Orthodoxie geborenen Kirchenvolk wollte Javorskij keinerlei religiöse Wahlfreiheit zugestehen. Dabei bewegte er sich im Rahmen der auch anderswo in Europa üblichen rechtlichen Vorstellungen.

57 Ernst Benz: Geist und Leben der Ostkirche. Hamburg 1957, S. 44.

58 In diesem Sinne muss auch Stefan Javorskijs Predigt vom 17. März 1712 verstanden werden, durch die er Peter den Großen (einen erklärten Gegner der Fasten) tief verärgerte. Originaltext veröffentlicht in Živov: Iz cerkovnoj reformy (Anm. 26), S. 266–281.

59 Müller: Die Kritik des Protestantismus (Anm. 8), S. 14.

5. Schluss

Die starken Gegensätze in der Beurteilung Feofans haben ihre Ursache womöglich auch in der Geschichte des 20. Jahrhunderts. Wer die Oktoberrevolution 1917 für eine Katastrophe hält, an der die Orthodoxe Kirche zumindest indirekt mitschuldig war (weil sie es nicht vermocht hatte, zwischen Obrigkeit, dem Volk und den Bildungsschichten zu vermitteln), könnte versucht sein, den Ursprung ihres Versagens im Wirken Feofans zu lokalisieren. War nicht er es gewesen, dessen Synodalverfassung der Kirche „das Rückgrat gebrochen", sie zum willen- und würdelosen „Werkzeug des Staates" degradiert hatte, vor dem im ausgehenden 19. Jahrhundert niemand mehr Respekt haben wollte?[60] Entsprechende Annahmen sind für die heutige negative Beurteilung Feofans wohl oft unausgesprochen mit ausschlaggebend. Entgegengehalten werden soll ihnen hier nur der Hinweis, dass die russische Kirche schon vor den petrinischen Reformen äußerst staatshörig war, sich in einer tiefen, zum Teil selbstverschuldeten Identitätskrise befand und dass auch nach Feofans Tod bis zur Oktoberrevolution Feofans Nachfolgern genug Zeit verblieben wäre, die Dinge wieder in Ordnung zu bringen.

Wenn sich an Feofans Leistung – die geistige Emanzipation der Russischen Kirche von Bildungszentren in Rom und Kiew – heute in Russland kaum noch jemand erinnert, so paradoxerweise aufgrund seines Erfolgs: Heute kann sich kaum jemand vorstellen, dass vielen Beobachtern im 18. Jahrhundert die Kirchenunion zwischen Rom und Moskau in greifbare Nähe gerückt zu sein schien. Darum soll hier zum Schluss ganz allgemein dafür plädiert werden, sowohl Feofan selbst wie auch seine Kritiker künftig stärker im Rahmen der konkreten, aktuellen Situation zu betrachten, in der sie handeln mussten. Aus der erneuten Rezeption seiner theologischen Schriften und ihrer Einordnung in den Kontext der russischen Kirchenreform wie auch der gesamteuropäischen Konfessionalisierung könnten sich dazu viele Anregungen ergeben.

60 Zu dieser Frage vgl. den um einen differenzierteren Standpunkt bemühten Gregory Freeze: The Parish Clergy in Nineteenth-Century Russia: Crisis, Reform, Counter-reform. Princeton 1983, und andere Texte des Autors.

Corinna Hauswedell

Von der *Battle of the Boyne* (1690) zu einer ‚nordirischen Identität'? Die lange Tradition politisch-religiöser Konfliktgeschichte in Irland

Next exit: Battle of the Boyne – die Autobahnausfahrt bei Drogheda an der M1 zwischen Dublin und Belfast weist auf ein Ereignis hin, das 325 Jahre zurückliegt. Die Schlacht am Fluss Boyne, mittels welcher 1690 die britische Thronfolge auf irischem Boden ausgetragen und zugunsten des protestantischen Niederländers Wilhelm III. von Oranien entschieden wurde, hat tiefe historische Wunden hinterlassen. Die vernichtende Niederlage, die Wilhelm seinem Schwiegervater, dem 1688 abgesetzten katholischen König Jakob II. aus dem Hause der Stuarts, beibrachte, wird bis heute jedes Jahr im Juli in Belfast von dem radikalen protestantischen Oranier-Orden zum Anlass genommen, um eine inzwischen vergangene, ethnisch-religiöse Überlegenheit der vorwiegend britisch orientierten Protestanten über die irisch verwurzelten Katholiken zu zelebrieren.

Nordirland, das während der sogenannten *Troubles* zwischen 1968 und 1998 in einem Bürgerkrieg mit mehr als dreitausend Toten erschüttert wurde und nach Meinung vieler Beobachter seit dem Belfaster Abkommen (1998) eine Periode des „Kalten Friedens" durchlebt, bietet einen geeigneten Referenzrahmen für das Thema dieser Publikation: Die Konflikthaftigkeit religiöser und politischer Identitätsbildung und eine damit verbundene Erinnerungskultur spannen einen langen Bogen vom 17. Jahrhundert bis in die Gegenwart. Der Blick in die Geschichte kann zeigen, wie sich ein bis heute an der Oberfläche als religiös konnotierter Konflikt aus der frühen europäischen Neuzeit von Beginn an aus dem Spannungsverhältnis von politischer Herrschaftsausübung und ethnisch-religiösen Zugehörigkeiten speiste. Es existier(t)en mehr als zwei Erzählungen aus den unterschiedlichen Perspektiven der am Konflikt um die „Irish Question" Beteiligten. Langlebige Narrative von Macht und Ohnmacht ließen sich immer wieder neu instrumentalisieren. Zugehörigkeitsgefühle und Identitäten waren und sind dabei zwar einem steten Wandel unterworfen, dies geschieht aber nicht gradlinig entlang realer politischer Veränderungen. So sind der Verlust von Hegemonie und eine friedensgerichtete Streitbeilegung noch kein Garant für die Anerkennung einer neuen Pluralität oder gar gedeihlicher Koexistenz. Im Gegenteil, die Sieger von gestern fühlen sich in Nordirland heute zum Teil als Betrogene, während die ehemals Ausgegrenzten mit der Erfahrung politischer Teilhabe an Selbstbewusstsein gewonnen haben.

Der Aufsatz nähert sich dem Thema in folgenden Schritten: Am Beginn steht eine Einordnung der Schlacht am Boyne in die frühneuzeitliche, britische und irische Herrschafts- und Gesellschaftslandschaft zwischen dem 17. und dem 19. Jahrhundert; die Rekonstruktion der (nord)irischen gewalthaltigen Erinnerungskultur und ihrer Narrative im 20. und 21. Jahrhundert bieten sodann einen analytischen Hintergrund dafür an, warum sich die nordirischen Konfliktparteien während der Zeit der *Troubles* erneut radikalisierten; schließlich wird ein vorsichtiger Ausblick auf möglicherweise identitätsrelevante Wandlungsprozesse im Kontext des nordirischen Friedensprozesses und des Belfaster Abkommens gewagt. Die Forschungsperspektive der Autorin ist vorwiegend zeitgeschichtlich und eher durch konflikttheoretische als durch religionswissenschaftliche Parameter geprägt.

1. Eine Schlacht macht Geschichte

Die Schlacht auf beiden Seiten des Flusses Boyne in der Nähe der Stadt Drogheda am 1. Juli 1690 (bzw. am 11. Juli nach dem gregorianischen Kalender) war mit insgesamt etwa 60.000 beteiligten Soldaten (36.000 auf Wilhelms Seite, 25.000 bei Jakob) nicht nur der größte Waffengang auf irischem Boden, Irland geriet auch für einen Moment der Geschichte in den Fokus strategischer Kämpfe in Europa.[1] Wie schon bei Oliver Cromwells Siegeszug gegen die aufständischen Iren 1649/50 wurde Irland im „Krieg der zwei Könige" (auf irisch: *Cogadh an Dá Rí*) erneut zum Austragungsort für die englischen Machtkämpfe um die Krone bzw. zwischen König und Parlament. Der protestantisch-niederländische Wilhelm III. von Oranien, verheiratet mit seiner Cousine Maria II. aus dem Hause Stuart, war im Zuge der *Glorious Revolution* 1688 auf den Thron gekommen, nachdem das englische Parlament seinen amtierenden König Jakob II. (im Englischen: James II.), den Vater von Maria II., wegen seiner Bemühungen um eine Rekatholisierung Englands abgesetzt hatte. Jakob andererseits hatte den Kampf zur Rückeroberung der Krone nur wagen können, weil er sich der Loyalität von Richard Talbot, Lord von Tyrconnell, des ersten katholisch-irischen Statthalters (Viceroy) seit der Reformation, sicher sein konnte, der ein von Protestanten weitgehend gesäubertes irisches Heer befehligte.[2] Zusätzlich unterstützt wurde Jakob von etwa 7000 französischen Söldnern, von deren Entsendung sich Ludwig XIV. abseits des kontinentalen Schlachtfeldes der Großen Allianz einen erfolgreichen Schlag gegen den verhassten Niederländer Wilhelm versprach.[3] Wilhelm dagegen – Ironie der Geschichte – erhielt, neben einem Kontingent fran-

1 Die Darstellung der Schlacht in dem (in Folge des nordirischen Friedensprozesses) 2008 eröffneten Besucherzentrum am Originalschauplatz auf dem Landsitz Oldbridge House nahe der Stadt Drogheda betont, dass es sich auch um die truppenstärkste Militäraktion auf englischen Boden gehandelt habe: „Es ging um den britischen Thron, die französische Vorherrschaft in Europa und die religiöse Macht in Irland..." <http://www.heritageireland.ie/en/de/midlandseastcoast/Besucherzentrum-schlachtAmBoyneOldbridge/> (letzter Zugriff 30.10.2015).

2 Zur Bedeutung des königlichen Statthalters Lord Tyrconnell für die Konfliktkonstellation der Boyne-Schlacht vgl. u.a. Michael McNally: The Battle of the Boyne 1690. The Irish campaign for the English crown. Oxford 2005, S. 9f.

3 Die Mächtedichotomie zwischen Ludwig XIV. und Wilhelm III. und die zugrundeliegenden konkurrierenden Modelle frühneuzeitlicher Herrschaft in Europa untersuchen Christoph Kampmann, Katharina Krause, Eva-Bettina Krems, Anuschka Tischer (Hg.): Bourbon, Habsburg, Oranien. Konkurrierende Modelle im dynastischen Europa um 1700. Köln, Weimar, Wien 2008.

zösischer Hugenotten, unter anderem auch wertvolle materielle und ideelle Verstärkung ausgerechnet aus dem Vatikan:

> Eigentlich galt Innozenz (XI) als glorreicher Drahtzieher der Befreiung Europas im Kampf gegen die muslimischen Türken. Jetzt muss er sich postum gefallen lassen, dass man ihm auf die Finger sieht – und feststellt, dass er nicht nur den materiellen Gewinn seiner Familie in den Vordergrund seines Handelns stellte, sondern auch noch die protestantischen Kriege des Holländers Wilhelm III. von Oranien finanziert hat und damit indirekt zum Sturz des Katholiken Jakob II. von England beitrug.[4]

Die Hoffnungen Jakobs (und Ludwigs) gingen nicht auf; mit einer militärischen Übermacht von fast 3 : 1 besiegte Wilhelm seinen Schwiegervater in nur einem Tag. Während jedoch in der Schlacht selbst militärische Stärke und kluge Taktik auf Seiten des Oraniers zu obwalten schienen, nahm die Geschichte danach ein politisch unkluges Ende. Mit der Unterwerfungsdeklaration von Finglas erreichte Wilhelm keine „Befriedung" der jakobitischen Truppenführer, wie es ein Teile-und-herrsche-Konzept vielleicht ermöglicht hätte, sondern er provozierte eine Fortsetzung der Kämpfe, die erst im sogenannten Frieden von Limerick 1691 ihren Abschluss fanden;[5] dessen Ergebnisse wurden zwar von beiden Konfliktparteien aus unterschiedlichen Gründen kritisiert, de facto aber leitete Limerick die Unterordnung der irischen Katholiken unter anglikanisch-britisches Recht ein.[6]

In England besiegelte die Niederlage Jakobs am Boyne das Ende der katholischen Thronfolge und befestigte den Status der Anglikanischen Kirche als Staatskirche. Mit dem eindeutigen anglikanischen Bekenntnis versicherte sich die britische Krone fortan der Loyalität ihrer Adelsfamilien; Religionsfreiheit wurde als Gefahr für die staatliche Einheit gesehen. Die enge Koppelung von religiösem Bekenntnis und politischer Ordnung war für die Staatenwelt des 17. Jahrhunderts prägend. Das besondere irische Problem habe allerdings darin bestanden, wie T. Noetzel pointiert ausführt, „dass sich gegenüber dem Katholizismus und dem Presbyterianismus Ulsters eine anglikanische Minderheit als Herrschaftsinstanz durchsetzen konnte, während in anderen Staaten, wie Frankreich oder Spanien, die Bevölkerungsmehrheit die religiösen Minderheiten gleichzuschalten oder gar zu vernichten suchte".[7]

Der Westfälische Frieden von 1648, der vor allem im Zentrum Europas Geltung als normatives Vertragswerk zwischen den Nationen – einschließlich einer Anerkennung konfessioneller Gleichberechtigung – beansprucht, bedeutete nicht das Ende der kriegerisch ausgetragenen Machtkämpfe innerhalb und zwischen den europäischen Nationalstaaten. Auf irischem Boden wurden in der zweiten Hälfte des

---

4 Hamburger Abendblatt, 29.11.2003, in einer Buchbesprechung über den historischen Roman „Imprimatur", der einen Skandal auslöste, als die Autoren anhand von seriösen neuen Quellen die dubiose Rolle von Papst Innozenz XI. in den post-westfälischen Kriegen gegen Ludwig XIV. aufdeckten.

5 Vergl. John Childs: The Williamite Wars in Ireland. London 2007.

6 McNally: The Battle of the Boyne (Anm. 2), S. 92; zum ambivalenten Inhalt des Friedens von Limerick vgl. auch T. W. Moody, F. X. Martin, F. J. Byrne (Hg.): Early Modern Ireland 1534–1691. Oxford 1976, S. 478–508.

7 Thomas Noetzel: Geschichte Irlands. Darmstadt 2003, S.25.

17. Jahrhunderts die Voraussetzungen für einen auch künftig höchst gewalthaltigen Konflikt gelegt, in dem koloniale Herrschaft, ethnisch-kulturelle Ausgrenzung und religiöses Dominanzstreben eine explosive Mischung eingingen. Das „Mutterland der modernen Demokratie" zog auf diese Weise in Irland schon früh die Grenzen einer möglichen Pluralisierung. Der Hobbes'sche Leviathan lieferte die Legitimationsfigur, um in Irland im 18. Jahrhundert eine frühbürgerliche Herrschaftsausübung zu etablieren, die vor allem die katholischen Keltiren, die sogenannten Altengländer aber auch Teile der sogenannten *Dissenter*, der schottisch-presbyterianischen Siedler, von politischer und ökonomischer Partizipation ausschloss.

Die zu diesem Zwecke erlassenen bzw. zu Beginn des 18. Jahrhunderts verschärften *Penal Laws* verboten in erster Linie die katholische Religionsausübung und den Kirchenbau, interkonfessionelle Eheschließungen, Waffenbesitz für Katholiken, Zugang zur Universität und zu juristischen Berufen und öffentlichen Ämtern; sie erschwerten Landbesitz, -pacht und -vererbung und dienten insofern auch der Ausgrenzung der Presbyterianer.[8] Auch wenn Reichweite und Wirkungsgrad dieser Zwangsgesetzgebung für Irland als Ganzes schwierig zu ermitteln und zu bewerten waren und die katholische Kirche als Institution in Irland nicht gefährdet wurde, gilt heute als unbestritten, dass mit den *Penal Laws* im Namen der Religion für nahezu ein Jahrhundert die bürgerrechtliche, politische und ökonomischeTeilhabe, die das Londoner Parlament seinen Untertanen selbstverständlich garantierte, für eine große Mehrheit der damals etwa drei Millionen Iren unterbunden wurde.

2. Die nachjakobitische Ordnung

Die Etablierung der englischen Suprematie als Ausdruck der nachjakobitischen Ordnung provozierte unterschiedliche Akteure dazu, ihre Interessen an größerer Autonomie und der Herausbildung einer irischen Identität zu artikulieren; die anglo-irischen Verhältnisse sollten aus sehr verschiedenen, widerstreitenden Perspektiven einer Revision unterzogen werden. Mit dem Aufstieg der *Protestant Ascendancy* schickte sich zunächst eine kleine aus Klerikalen und Landbesitzern bestehende Oberschicht an, die Herrschaftsgeschicke in Dublin unter Ausschluss der katholischen Mehrheitsbevölkerung, aber in Abgrenzung zur Londoner Machtzentrale in die Hände zu nehmen.[9] Zu den Wegbereitern einer solchen partiellen, stark von wirtschaftlichen Interessen geprägten Selbstverwaltungsidee, deren ideologische Grundlegung J.G.

---

8 Eine sparsam kommentierte, aber recht vollständige Übersicht über die Quellen der *Penal Laws* hat zusammengestellt M. Patricia Schaffer: Laws in Ireland for the Suppression of Popery Commonly Known as the Penal Laws, University of Minnesota, Law School, 2000 <http://library.law.umn.edu/irishlaw/index.html> (letzter Zugriff 6.10.2015); vgl. auch Joachim Bürgschwentner: Die Penal Laws in Irland, 1691–1778. Gesetzestexte, Auswirkungen, Debatten. Ungedruckte Magisterarbeit. Innsbruck 2006. Eine partielle Aufhebung der Penal Laws erfolgte in den *Catholic Relief Acts* von 1778 und 1793.

9 Vgl. Jürgen Elvert: Geschichte Irlands. 3. akt. Aufl., München 1999, S. 259–269.

Simms als „kolonialen Nationalismus"[10] bezeichnete, kann der Sekretär der Dublin Philosophical Society und Abgeordnete des Dubliner Unterhauses William Molyneux gerechnet werden. In seiner Übertragung von Kerngedanken der *Two Treatises of Government* von John Locke, mit dem Molyneux befreundet war, auf Irland wurde ein bemerkenswertes legitimatorisches Paradox angelegt: Die irische Nation wurde zunächst als protestantische Nation gedacht; die „Englishmen of Ireland" kreierten mit den Reformbestrebungen des Dubliner Parlaments, die eng mit dem Namen Henry Grattan und seiner Partei der *Patriots* verbunden waren,[11] eine anglikanisch fundierte, nationale Identität auf irischem Boden, die zunächst andere ethnisch-religiöse Gruppen der Mehrheitsbevölkerung ausschloss.

Radikaler und konfrontativer in ihren Unabhängigkeitsbestrebungen traten seit den 1770er Jahren außerparlamentarische Bewegungen unterschiedlicher Herkunft in Gestalt der sogenannten *Volunteers* auf: Mit den zunächst vorwiegend protestantischen Freiwilligenverbänden, die um 1780 geschätzt bereits über 100 000 bewaffnete Mitglieder zählten,[12] etablierte sich ein für die irische Gesellschaft typisches, aus ihren widerstreitenden Identitäten und der Fragilität des staatlichen Gewaltmonopol erklärbares Handlungsmuster, politischen Dissens bevorzugt auch mit (para)militärischen Mitteln auszutragen.[13] Dass mit Theobald Wolfe Tone[14] ein protestantischer Anwalt aus Dublin an die Spitze der 1791 gegründeten *Belfast Society of United Irishmen,* treten konnte, um mit radikalen Katholiken und Ulster-Presbyterianern gemeinsam ein Programm der republikanischen Emanzipation zu fomulieren, zeigt zugleich, wie unter dem Einfluss des amerikanischen Unabhängigkeitskrieges und mehr noch der Französischen Revolution die „Vision eines irischen Nationalismus jenseits religiöser Separierungen"[15] Gestalt gewinnen konnte. Mit dem Scheitern der Rebellion der *United Irishmen* von 1798 – die erhoffte Unterstützung durch Napoleon blieb aus und Wolfe Tone nahm sich im Gefängnis das Leben – entstand ein transkonfessionelles Narrativ vom Helden und Märtyrer Wolfe Tone, das dem Pro-

---

10 Vgl. John Gerald Simms: The Establishment of the Protestant Ascendancy, 1691–1714. In: T.W. Moody, W.E. Vaughan (Hg.): A New History of Ireland. Bd. 4: Eighteenth-Century Ireland 1691–1800. Oxford 1986, S. 5.

11 Elvert: Geschichte Irlands (Anm. 9), S. 282ff; Noetzel: Geschichte Irlands (Anm. 7), S. 29.

12 Elvert: Geschichte Irlands (Anm. 9), S. 285.

13 Diese Tendenz eines allgegenwärtigen Vigilantismus verstärkt sich im 19. Jahrhundert und bereitet den Boden für die Militanz des (nord) irischen Bürgerkrieges im 20. Jahrhundert. Vgl. Corinna Hauswedell: Geheimgesellschaften gegen *law and order* – Radikalisierung und Militarisierung nationaler, sozialer und konfessioneller Gegensätze in Irland im 19. Jahrhundert. In: Christian Jansen (Hg.): Der Bürger als Soldat. Die Militarisierung europäischer Gesellschaften im langen 19. Jahrhundert. Ein internationaler Vergleich. Essen 2004, S. 214–229.

14 Vgl. Thomas Bartlett (Hg.): Life of Theobald Wolfe Tone. Dublin 1998.

15 Noetzel: Geschichte Irlands (Anm. 7), S. 37.

testanten bis heute einen Ehrenplatz im Ranking des (katholisch-)republikanischen Erinnerungskultes garantiert.[16]

Fast zur gleichen Zeit wie die *United Irishmen* und in klarer Entgegensetzung formierte sich 1795 im Norden Irlands der *Orange Order*, präziser die *Loyal Orange Institution.*[17] Gewalttätige Zusammenstöße zwischen katholischen und protestantischen Pächtern um den Zugang zu Land- und Marktflächen, wobei es immer auch um die Handhabung der *Penal Laws* ging, waren in der bevölkerungsreichsten Grafschaft Armagh mit einer fast gleichgroßen Population beider Konfessionen seit Jahren an der Tagesordnung und wurden von den *Volunteers* verschiedener Richtungen militant ausgetragen. Der als geheime Bruderschaft in Logen organisierte *Orange Order* bekannte sich zur sieghaften Tradition von König Wilhelm III., schwor seine Mitglieder auf ein Bekenntnis zu den protestantischen Werten und zur Vorherrschaft in Irland ein und zelebrierte dies auf alljährlichen Triumphzügen, den sogenannten *Parades*, die – bis heute – immer Anfang Juli durch katholische Wohnviertel Belfasts und anderer Orte geführt werden. Politisch verstanden sich die *Orangemen* als konservative unionistische Organisation mit einer entschiedenen Gegnerschaft gegen jede Form irischer nationaler Unabhängigkeit. Ihre Loyalität zur englischen Krone entsprang allerdings weniger einem nationalen Verbundenheitsgefühl, als dem Eigeninteresse, das in der Erwartung lag, London habe die protestantische Vorherrschaft in Irland zu unterstützen.[18]

3. Union verhindert *Nationbuilding* in Irland

Die *Acts of the Union* (1800/01),[19] mit denen England, Schottland und Irland zum „United Kingdom of Great Britain and Ireland“ erklärt, das Dubliner Parlament aufgehoben und die legislative Vertretung der Iren nach Westminster transferiert wurde, stellten eine Antwort auf die Rebellion der *United Irishmen* dar. Vom *Orange Order*, aber auch von anderen gemäßigten Protestanten, wurde diese Maßnahme der englischen Herrschaftssicherung aber nicht willkommen geheißen, da man mit dem Ende der Teilautonomie auch die eigenen Verfassungsvorstellungen für Irland bedroht sah.[20] Die Union besiegelte ein Jahrhundert politischer Hegemonie und wirtschaftlicher Ausbeutung der irischen Insel durch die Engländer und vereinnahmte die irischen Angelegenheiten nunmehr vollständig unter die hoheitliche Administration

16 So ehren die republikanischen Gedenksteine und -zeremonien der Sinn Fein und der IRA, z. B. auf dem Milltown Cemetery in Belfast, Wolfe Tone in vorderster Reihe. Es gibt in Irland mehrere Wolf Tone Statuen, u. a. in Dublin und Bantry, Co. Cork. Eine irische Band „The Wolfe Tones“ im Genre der „Irish Rebel Music“ gründete sich in den 1960er Jahren und tourte bis 2007.

17 Vgl. Eric Kaufmann: The Orange Order. A Contemporary Northern Irish History. Oxford 2007.

18 Vgl. Noetzel: Geschichte Irlands (Anm. 7), S. 37. Dort Hinweise auf diese Bewertung bei R. F. Foster: Modern Ireland 1600 – 1972. London 1989.

19 Die Gesetzestexte im Wortlaut: <http://www.rahbarnes.demon.co.uk/Union/Union1800.htm> (letzter Zugriff 16.10.2015).

20 Vgl. James Bardon: A History of Ulster. New Updated Edition (2 ed.). Belfast 2005.

Londons. Für die radikalen Republikaner in der Nachfolge Wolfe Tones bestätigte und verstärkte diese Entwicklung ihre tiefsitzenden antibritischen Ressentiments und den Wunsch nach vollständiger Unabhängigkeit; lokale Proteste z. B. gegen das Abführen des Zehnt (*Tithe*) an die anglikanische Kirche wurden erneut zum Ausgangspunkt zahlreicher Unruhen, die auch von republikanischen Freiwilligencorps wie den *Whiteboys* oder den *Ribbonmen* angeheizt wurden.[21]

Ein größerer, gemäßigter Teil der katholischen Bevölkerung, der sich in einer wachsenden städtischen Mittelschicht artikulierte, sah in der Union und in dem Rahmen, den der britische Parlamentarismus bereitstellte, zunächst aber auch eine Chance, um ihrem Ziel nach Emanzipation, d.h. einer religiösen, politischen und ökonomischen Gleichstellung als Bürger, endlich näher zu kommen. Dafür trat mit dem ersten in Dublin zugelassenen katholischen Anwalt Daniel O'Connell – bis heute die Ikone des gemäßigten irischen Nationalismus[22] – ein höchst geeigneter Akteur auf den Plan. Mit Unterstützung des Klerus gelang es O'Connell nach der Gründung der *Catholic Association* 1823, eine mächtige Volksbewegung für die Bürgerrechte der Katholiken in Gang zu setzen, die 1829 im *Roman Catholic Relief Act* wichtige Teilerfolge, wie das Recht öffentliche Ämter zu bekleiden und ins Parlament gewählt zu werden, verbuchen konnte; der in Westminster obligatorische Eid gegen die katholische Kirche wurde abgeschafft. Die – nun von katholischer Seite – betriebene Konfessionalisierung des irischen Nationalismus und seine Politisierung gingen Hand in Hand: O'Connell begann das Projekt einer irisch-nationalistischen Parteigründung und arbeitete dabei eng mit den britischen Liberalen (*Whigs*) zusammen; in den Massenversammlungen der *Catholic Association* für die Aufhebung des *Act of the Union (Repeal campaign)*, die 1843 ihren Höhepunkt erreichten, wurden – einmalig im Europa des 19. Jahrhunderts – Hunderttausende mobilisiert.[23]

Man muss Noetzel in seiner Einschätzung nicht vollständig folgen, der „die Engführung von katholischer Emanzipation und Staatsbildung als verhängnisvoll" bezeichnet,[24] aber das Dilemma des gemäßigten irischen Nationalismus wurde offensichtlich: Parallel zur Beteiligung an britischer Reformpolitik wuchs auch das Interesse an weiterreichender Unabhängigkeit von England; die konfrontative Politik der konservativen britischen Regierung in den 1840er Jahren, in deren Folge O'Connell wegen angeblich konspirativer Tätigkeit verhaftet wurde, verstärkte diesen Trend.[25] Die Geister, die O'Connell gerufen hatte, fanden eine neue Heimat bei der überkonfessionellen Vereinigung *Young Ireland* um die katholischen und protestantischen Trinity-College-Absolventen Thomas Davis, Charles Gavan Duffy und

---

21 Vgl. Noetzel: Geschichte Irlands (Anm. 7), S. 47.

22 Nach dem auch als „Liberator" Gefeierten ist seit 1924 die Hauptstraße im Zentrum Dublins benannt, deren Südende auch eine monumentale Statue O'Connells ziert.

23 Vgl. Elvert: Geschichte Irlands (Anm. 9), S. 323–340; T. W. Moody, F. X. Martin (Hg.): The Course of Irish History. Dublin 1994.

24 Noetzel: Geschichte Irlands (Anm. 7), S. 47.

25 Hauswedell: Geheimgesellschaften (Anm. 13), S. 217.

John Blake Dillon, die die Zeitung *The Nation*[26] herausgaben. Sie verbanden ihre Teilnahme an der *Repeal*-Kampagne mit radikaleren Vorstellungen einer irischen (Kultur)Revolution. Der Streit mit O'Connell über den Einsatz militanter Mittel führte 1846 zur Abspaltung der *Young Irelanders* von der Kampagne. O'Connell starb 1847 an Herzversagen. *Young Ireland* plante, inspiriert durch die Pariser Februar-Revolution 1848 einen Aufstand für den Herbst des gleichen Jahres; wie schon fünfzig Jahre zuvor bei den *United Irishmen* blieb aber die erhoffte französische Waffenhilfe aus, britische Regierungsspitzel bekamen Wind von der Sache und die Rebellion ging als gescheiterte, tragik-komische „miniature" in die Literatur ein.[27]

Inzwischen hatte das Desaster der Großen Hungersnot (*Great Famine*, 1845–49),[28] die durch eine mehrjährige Kartoffelfäule ausgelöst wurde und in deren Folge die irische Bevölkerung von inzwischen ca. 8,5 Millionen um ca. 2 Millionen dezimiert wurde – etwa eine Million Menschen kamen ums Leben, eine weitere Million wanderten aus – als nahezu genozidales Trauma in der irischen Gesellschaft Platz gegriffen.[29] Verzweiflung und Hass auf England erreichten angesichts des Versagens der Londoner Regierung, diese tiefe Versorgungskrise zu meistern, eine neue Dimension.

4. *Home Rule* und *Gaelic Revival*

Das Ziel einer Selbstbestimmung über das irische Territorium bzw. „Land" erhielt nun für immer mehr Menschen Priorität und zwar im Sinne einer doppelten, politischen und ökonomischen Konnotation. Paradigmatisch kam dies in den beiden großen Reformbewegungen zum Ausdruck, die sich seit der Mitte des 19. Jahrhunderts etablierten: dem Kampf um politische Unabhängigkeit von Großbritannien, zunächst als Bewegung für eine parlamentarische Teilautonomie (*Home Rule*), sowie der Bewegung für eine Verbesserung der ökonomischen und sozialen Lage der ländlichen Bevölkerung, die schließlich im *Land War* (1879–82), dem „Krieg auf dem Land um das Land"[30] eskalierte. Beide Bewegungen entwickelten im Laufe der 1870er und 1880er Jahre gemeinsame politische Plattformen und Strukturen; gleichzeitig verschwammen zusehends die Grenzen zwischen gemäßigten Politikkonzepten und militanten Formen des Protestes.[31] Während die soziale Spaltung der nach wie vor agrarisch geprägten irischen Gesellschaft weiterhin vorwiegend ent-

26 Das vollständige Archiv der Wochenzeitung *The Nation* ist heute elektronisch verfügbar: <https://www.irishnewsarchive.com/>.

27 Charles Townshend: Political Violence in Ireland. Oxford 1983, S. 24.

28 Vgl. E. R. R. Green: The Great Famine. In: Moody (Hg.): Course of Irish History (Anm. 23), S. 263–274.

29 Vgl. Oonagh Walsh: Ireland's Independence, 1880–1923. London 2002, S. 5ff. Neueste Forschungsergebnisse präsentiert das beeindruckende Werk von John Crowley, William J. Smith and Mike Murphy (Hg.): Atlas of the Great Irish Famine 1845–52. Cork 2012.

30 Elvert: Geschichte Irlands (Anm. 9), S. 366.

31 Ausführlicher vgl. Hauswedell: Geheimgesellschaften (Anm. 13), S. 218ff.

lang konfessioneller Trennlinien verlief – hier protestantische Grundherren, dort katholische Kleinpächter – gab es im politischen Raum (wie bereits im ausgehenden 18. Jahrhundert) einzelne kulturelle Grenzüberschreitungen, die vor allem das Führungspersonal der neuen irischen Parteienlandschaft betrafen: Sowohl Isaac Butt, Begründer der *Home Rule League* (1870), als auch Charles Stewart Parnell, Gründer der *Irish National Land League* (1879) und ein Jahr später auch Vorsitzender der jetzt *Irish Parliamentary Party* genannten *Home-Rule*-Partei, hatten beide einen protestantischen Hintergrund, mit im Falle Butts frühen Sympathien für die kulturrevolutionären Ideen der *Young Irelanders* bzw. mit einer für die *Protestant Ascendancy* nicht untypischen, langen antibritischen Familientradition im Falle Parnells.[32] Als Verbündete für Parnell boten sich die Führer des in der irisch-amerikanischen Diaspora gegründeten *Fenian Movement*[33] an, das durch die Emigrationswelle der *Famine*-Opfer stark angewachsenen war: 1858 wurde gleichzeitig in Dublin und New York die *Irish Republican Brotherhood* (IRB)[34] aus der Taufe gehoben; die Gründer der IRB, die später in der Vorbereitung des Osteraufstandes 1916 eine zentrale Rolle spielen sollte, stammten fast alle aus dem Umfeld des fehlgeschlagenen Aufstandes von 1848. Ihr Hauptcredo, dass England sich die irische Unabhängigkeit nur mit militärischer Gewalt abtrotzen lassen werde, musste jedoch zunächst nach einer weiteren gescheiterten Revolte 1867 einen Dämpfer hinnehmen.[35]

Nichtsdestoweniger wurde die Radikalisierung der Politik, die auch in den zeitweiligen Allianzen der Fenier mit Parnell und der neuen *Home-Rule*-Partei zum Ausdruck kam, von der britischen Regierung mit Sorge um den Fortbestand des Vereinigten Königreichs beobachtet. Um den konfessionellen Kern der irischen Frage zu entschärfen, hatte William Gladstone, 1868 an der Spitze eines liberalen Kabinetts zum Premierminister gewählt, zunächst zwei große Reformvorhaben, die Aufhebung der Staatskirchenfunktion der anglikanischen *Church of Ireland* und die de facto Gleichstellung der Konfessionen (1869) sowie das Landgesetz von 1870, das die Beziehungen zwischen Grundherren und Pächtern neu ordnen sollte, durchgesetzt – nicht ohne Widerstand in den eigenen Reihen der *Whigs*.[36] Das zunehmend

---

32 Eine gute Einführung in Parnell's Haltungen und Wirken findet sich bei Paul Bew: C.S. Parnell. Dublin 1980.

33 Vgl. Theodore W. Moody (Hg.): The Fenian Movement. Cork 1968. Der Name *Fenian* stammt aus der irischen und schottischen Mythologie (*Fian*) und beschreibt Gruppen sehr kleiner, landloser Kämpfer, die in mittelalterlichen Wäldern zuhause sind.

34 Zur Geschichte der Bruderschaft, deren geheimer Schwur lautete, "Irish Republic now virtually established" vgl. Leon O'Broin: Revolutionary Underground. The Story of the Irish Republican Brotherhood. 1858–1924. Dublin 1976.

35 Die Fenier machten vor allem durch ihre militaristische, aggressiv-antibritische Rhetorik von sich reden, von denen zahlreiche Beispiele in den zeitgenössischen Polizeiberichten dokumentiert sind; zitiert u. a. bei Townshend: Political Violence (Anm. 27), S. 28f. Es fällt auch auf, dass, anders als bei den protestantischen Geheimbünden wie dem Orange Order, die republikanische Rhetorik des IRB fast ausschließlich politisch gefasst war und kaum Bezüge zu einer religiösen Semantik enthielt.

36 Vgl. David George Boyce: The Irish Question and British Politics 1868–1996. Basingstoke, London 1996, S. 19f.

explosive Klima der 1880er Jahre provozierte weitere Verschärfungen der Sicherheitsgesetze, veranlasste Gladstone aber auch, endlich eine Gesetzgebung für *Home Rule* in Angriff zu nehmen: Sein erster Entwurf scheiterte jedoch 1886 mit 341 gegen 311 Stimmen im Unterhaus.[37] Die Gegner des Gesetzes, einige in Gladstones eigener Partei, vor allem aber die Tories und die Unionisten, sammelten ihre Kräfte; sieben Jahre später sollte auch der zweite Entwurf, diesmal im *House of Lords* scheitern.[38] Bereits 1891 war Parnell, der Held der *Home-Rule*-Bewegung, gestorben und hatte ein unvollendetes Erbe und eine führungslose Bewegung hinterlassen.

Unter dem Motto eines *Celtic Revival* oder *Gaelic Revival* bemühten sich in den 1890er Jahren zahlreiche Initiativen, Zirkel und Organisationen, die irische Kultur, Sprache, Literatur und Sport, mit neuem Leben zu erfüllen und so das aus Enttäuschung über die erfolglose Politik entstandene Vakuum zu füllen: Eine Mischung aus Mythos und Moderne sollte der irischen Identität neue Stärke verleihen.[39] Die *Gaelic Athletic Association* (GAA) baute in bewusster Entgegensetzung zu den typisch englischen Sportarten Kricket, Hockey und Tennis, ein landesweites Netz von *Gaelic Football* und *Hurling* Teams und entsprechende Meisterschaften auf. Die bedeutsamste dieser Organisationen, die *Gaelic League* mit einem strikt unpolitischen und überkonfessionellen Selbstverständnis, machte sich unter ihrem Präsidenten Douglas Hyde das in mancher Hinsicht unrealistische Projekt einer Renaissance der irischen Sprache und Verdrängung des Englischen zum Programm. Berühmte Autoren wie William Butler Yeats, Lady Augusta Gregory, John Millington Synge und später auch James Joyce veröffentlichten zwar nur wenig in irischer Sprache. Sie bildeten aber in der *Gaelic League* einen intellektuellen Kern für viele Debatten, aus denen eine Art politisch-kulturelle Schule für eine neue Generation des irischen Republikanismus hervorging: Arthur Griffith beispielsweise, der 1905 die Partei *Sinn Féin* (irisch für „Wir selbst“) gründete, oder auch Patrick Pearse, einer der Anführer des Osteraufstandes von 1916, kamen aus dieser Schule.

Auch im langen 19. Jahrhundert hatte das britische Herrschaftssystem durch die Konstruktion der Union kein irisches *Nationbuilding* zugelassen. Als die *Home-Rule*-Bewegung, die ja lediglich eine Teilautonomie anstrebte, nach mehr als vierzig Jahren 1912 kurz vor dem Erfolg durch die Verabschiedung einer dritten Gesetzesvorlage im Londoner Unterhaus stand,[40] gründete sich zur Abwehr der parlamentarischen Entscheidung die *Ulster Volunteer Force* (UVF), geführt von Sir Edward Carson, dem profiliertesten unionistischen Politiker der Zeit.[41] Die Protestanten im

37 Ebd., S. 30ff.

38 Ebd., S. 40f.

39 Walsh: Ireland's Independance (Anm. 29), S. 18ff.

40 Vgl. Moody, Martin (Hg.): The Course of Irish History (Anm. 23), S. 305f.

41 Edward Carson, zugleich angesehener protestantischer Anwalt und Parlamentarier in London, kommentierte den Vorgang der Gründung seiner gegen die Regierungspolitik gerichteten Privatarmee: "I am told it will be illegal. Of course it will. Drilling is illegal...the Volunteers are illegal and the government know they are illegal, and the government dare not interfere with them... Don't be afraid of illegalities." Zit. nach ebd., S.305. Man geht davon aus, dass die UVF 1914 über ca. 100.000 Mann, unter ihnen zahlreiche ehemalige britische Offiziere, verfügte.

Norden Irlands, die in den Jahrzehnten der wachsenden Konfrontation zwischen irischen Nationalisten und Londoner Regierung in deren Windschatten gesegelt waren, trauten sich nun aus der Deckung. Die UVF wurde, unter anderem ausgestattet mit einer erfolgreichen Waffenlieferung aus Deutschland (*Larne gun-running*), zu einer machtvollen loyalistischen Privatarmee ausgebaut. Die Republikaner ihrerseits antworteten mit der Gründung der *Irish Volunteer Force (IVF)*,[42] die einen weniger erfolgreichen Versuch unternahm, sich aus den gleichen Quellen am Vorabend des Ersten Weltkrieges zu bewaffnen (*Howth gun-running*). Der in beiden politisch-religiösen Kulturen verankerte irische Vigilantismus bzw. die Tendenz zur Privatisierung militärischer Gewalt erreichte einen neuen institutionellen Höhepunkt. 1914 existierten in Irland fünf Armeen: die regulären britischen Streitkräfte, auf republikanischer Seite die IVF, die IRB und die von James Connolly gegründete kleinere, sozialistisch orientierte *Citizen Army*, sowie auf unionistischer Seite die UVF. Vertrauliche Pläne der UFV für eine Entwaffnung der irischen Polizei *Royal Irish Constabulary* machten die Runde.[43] Auf Grund des zugänglichen Quellenmaterials gibt es in der britischen und irischen Geschichtsschreibung wenig Zweifel, dass es im Falle der Verabschiedung des *Home-Rule*-Gesetzes spätestens 1914 zum offenen Bürgerkrieg gekommen wäre.[44]

5. *Easter Rising* und Teilung der Insel

Home Rule wurde jedoch erneut vertagt. Der Beginn des Ersten Weltkrieges militarisierte das internationale Klima, nicht ohne Rückwirkungen auch auf Irland. Die Nationalisten spalteten sich an der Frage der Konskription, der Kriegsteilnahme irischer Soldaten auf Seiten der britischen Armee: Einige gemäßigte Katholiken reihten sich wie große Teile der loyalistischen Protestanten in die legendäre *36th (Ulster) Division* ein, die am 1. Juli 1916 in der Schlacht an der Somme die verlustreichste Niederlage der britischen Militärgeschichte erlitt und bei den nordirischen Protestanten ein nachhaltiges Opfer-Narrativ generierte. Die radikalen Republikaner lehnten die Kriegsteilnahme ab und sahen die Stunde für die Gründung der Republik gekommen. Der Osteraufstand 1916 in Dublin unter Führung der IRB, der nach wenigen Tagen heroischer Kampfszenen von der britischen Armee niedergeschlagen wurde, stellte den entscheidenden Wendepunkt für die republikanische Bewegung dar:[45] Eine martialische Hinrichtung der fünfzehn Anführer des *Easter Rising* und die folgenden Repressionen gegen die Rebellen seitens der englischen Regierung beförderten starke Sympathiebekundungen und eine bisher nicht erreichte Unterstützung in der irischen Bevölkerung. *Sinn Féin* löste die alte *Home-Rule*-Partei ab

42 Moody (Hg.): The Course of Irish History (Anm. 23), S. 304ff.

43 Townshend: Political Violence (Anm. 27), S. 251ff.

44 Vgl. Alvin Jackson: British Ireland. What if Home Rule had been enacted in 1912? In: Niall Ferguson (Hg.): Virtual History. New York 1997, S. 218ff.

45 Eine neuere, abgewogene Darstellung und Analyse des Osteraufstandes und seiner Folgen findet sich bei Charles Townshend: Easter 1916. The Irish Rebellion. Chicago 2006.

und wurde bei den Unterhaus-Wahlen 1918 stärkste irische Partei (73 der 106 irischen Sitze). Im Januar 1919 traten die irischen Abgeordneten in Dublin zu einem Nationalparlament (*Dáil Éireann*) zusammen und richteten eine Regierung unter Führung von Eamon de Valera ein, die aber von Großbritannien nicht anerkannt wurde. Zwischen 1919 und 1921 kam es daraufhin zum irischen Unabhängigkeitskrieg (*Anglo-Irish War)*, ausgetragen zwischen der *Irish Republican Army* (IRA), die aus IRB und IVF hervorgegangen war, und der britischen Armee. Am Ende besiegelte der Anglo-Irische Vertrag die politische Teilung der Insel: Im Süden entstand 1922 der „Irische Freistaat" (als Teil des Commonwealth), der erst 1949 als „Republik Irland" vollständige Unabhängigkeit von Großbritannien erhielt. Den sechs mehrheitlich protestantischen Grafschaften im Norden Irlands (Ulster) wurde – Ironie der Geschichte – *Home Rule* zugestanden; Ulster verblieb im Vereinigten Königreich und erhielt 1972, als den Unionisten in Folge der *Troubles,* wie die 1968 beginnenden bürgerkriegsähnlichen Unruhen euphemistisch genannt wurden, die Regierungs- und Polizeigewalt in der Provinz zu entgleiten drohte, wieder *Direct Rule* aus London.

6. Nordirland – „A Protestant State"?

In Nordirland wurde 1921 das Erbe der irischen Konfliktgeschichte angetreten. Mit seinem Credo, einem „Protestant Parliament" bzw. einem „Protestant State" vorzustehen,[46] outete sich der erste Premierminister der nordirischen Provinz Sir James Craig als überzeugter Anti-Katholik. Er war bekennender Anhänger des Oranier-Ordens und hatte gemeinsam mit Edward Carson den illegalen Aufbau der *Ulster Volunteers* gegen Home Rule betrieben. Seine Regierung errichtete in Nordirland in relativ kurzer Zeit ein effektives Regime der politischen und sozialen Diskriminierung der katholischen Minderheit (ca. 32–35% Katholiken in Ulster) in allen relevanten Lebensbereichen: Den *Penal Laws* des 18. Jahrhunderts nicht ganz unähnlich sicherte die protestantisch-unionistische Elite ihrer Klientel mittels gesetzlich garantierter Disparitäten und Wahlrechtsmanipulationen (*Gerrymandering*) und gestützt auf einen fast ausschließlich protestantisch rekrutierten Sicherheits- und Polizeiapparat einen priviligierten Zugang zum Arbeits- und Wohnungsmarkt sowie zu den Bildungseinrichtungen und installierte so den für Nordirland paradigmatischen *Sectarianism,* eine auf Konfrontation und Ausgrenzung basierende institutionelle Spaltung der Gesellschaft, die wesentlich entlang ethnisch-religiöser Grenzen verlief.[47]

Thomas Noetzel ist im Grundsatz zuzustimmen, „dass die Nationenbildung in Ir-

46 Zitiert nach Jonathan Bardon: A History of Ulster. 2. Aufl. Belfast 1992, S. 538.

47 Zur Etablierung des nordirischen Herrschaft vor den *Troubles* *v*gl. u. a. John Darby (Hg.): Northern Ireland. The Background to the Conflict. Belfast 1983; zum System des *Sectarianism,* der für Nordirland typischen, konfessionell begründeten gesellschaftlichen Spaltung einschließlich der damit verbundenen feindseligen politischen Haltungen zwischen den beiden Gemeinschaften, vergl. u.a. Joseph Liechty, Cecilia Clegg (Hg.): Moving Beyond Sectarianism. Religion. Conflict and Reconciliation in Northern Ireland. Dublin 2001.

land bis ins 20. Jahrhundert hinein als Dominanzprojekt angelegt worden ist und – von Strömungen des durch die Französische Revolution inspirierten Republikanismus der United Irishmen abgesehen – nie als Integrationsprojekt der Kulturen."[48] Präzisierungen sind jedoch angebracht hinsichtlich der Frage, wer dieses Dominanzprojekt zu welchem Zeitpunkt und mit welchen Narrativen betrieben hat. Noetzels Schluss, die Definitionsmacht für die (jeweilige) nationale Leitkultur habe sich schließlich im 20. Jahrhundert vollständig auf die „Konstruktion eines ausschließlich gälisch-katholischen Irischseins"[49] verschoben, greift für den politischen Republikanismus zu kurz und lässt auch die Entwicklung in Nordirland außen vor. Ein (konflikt)treibender Akteur blieb bis in die 2. Hälfte des 20. Jahrhunderts der britische Staat. Er definierte Umfang und Qualität irischer (Nicht) Staatlichkeit in doppelten Sinne mit, hinsichtlich der erst späten vollständigen Zulassung einer Republik im Süden (1949), und noch elementarer bei der Rücknahme der unionistischen *Home Rule* im Norden im Januar 1972. Deshalb konnte sich dort, manifest im Gewaltaustrag der *Troubles* zwischen 1968 und 1998 mit seinen mehr als 3000 Toten, ein höchst komplexes Konfliktdreieck[50] zwischen irisch orientierten Republikanern, loyalistischen Unionisten und britischer Administration etablieren, das wesentlich stärker und im Verlauf der *Troubles* zunehmend mehr von (sicherheits)politischen als von religiösen oder gar kulturell-integrativen Konnotationen bzw. Bildern geprägt wurde.[51]

Die britische Dominanz stellte einen relevanten Bezugspunkt für die Narrative der beiden lokalen Konfliktparteien dar, wenn auch in entgegengesetzter, konfliktiver Weise. Während die Unionisten, die politisch Gemäßigteren ebenso wie die radikaleren Loyalisten, einen identitätsstiftenden Marker durchaus in der religiösen Zugehörigkeit zum Protestantismus suchten und dies mit den Erinnerungszeremonien des *Orange Order* für „King Billy"[52] (Wilhelm von Oranien) und seine Schlacht am Boyne auch historisch-politisch verstärken konnten, findet sich weder bei den gemäßigten Nationalisten noch bei den radikaleren Republikanern ein vergleichbar proklamatorisches Verhältnis zum Katholizismus; er fungierte eher als soziales Reservoir etwa im Kampf um Gerechtigkeit – als eine Art weltanschaulicher Grundlegung mit auch aufklärerischen Wurzeln wie bei den United Irishmen oder wie es auch die Befassung mit dem Marxismus war, die vor dem Ausbruch der *Troubles*

---

48 Noetzel: Geschichte Irlands (Anm. 7), S. 30.

49 Ebd.

50 Die Dynamik innerhalb des Konfliktdreiecks wird näher illustriert bei Corinna Hauswedell: Das protestantisch-loyalistische Milieu in Nordirland. Reaktionäre Radikalisierung und ethno-sozialer Identitätsverlust. In: Stefan Malthaner, Peter Waldmann (Hg.): Radikale Milieus. Das soziale Umfeld terroristischer Gruppen. Frankfurt, New York 2012 (Mikropolitik der Gewalt 6), S. 321.

51 Es können hier nicht Genese und Verlauf der Konfliktkonstellation der *Troubles* nachgezeichnet, sondern lediglich einige für den hier interessierenden Kontext relevante Eckpunkte und Ergebnisse reflektiert werden.

52 Jahrzehntelang zierten zahlreiche Wandgemälde (*Murals*) mit „King Billy" auf seiner Schimmelstute die Häuser der protestantischen Shankill Road in Belfast – eine symbolisch überhöhte Ehre, die dem englischen protestantischen König im Heimatland nirgendwo vergleichbar zuteil wurde.

1967–68 in der Bürgerrechtsbewegung[53] *en vogue* war. Während auf unionistischer Seite die Radikalisierung in den *Troubles* einen evangelikalen Fundamentalisten wie den presbyterianischen Reverend Ian Paisley, zugleich Parteiführer der Democratic Unionist Pary (DUP), hervorbringen konnte, der zunächst religiöser Eiferer und größter Scharfmacher im Konflikt und am Ende überraschender Friedensermöglicher wurde,[54] steht auf republikanischer Seite der junge IRA-Aktivist Bobby Sands, Anführer des legendären Hungerstreiks von 1980/81 gegen die britische Internierungspolitik Margret Thatchers, dessen politische Märtyrer-Ikonographie allerdings auch religiös gelesen werden konnte.

Im europäischen Vergleich gilt Nordirland bis heute als weniger nachhaltig säkularisiert und modernisiert. Jüngere Studien zeigen, warum Religion für Teile der nordirischen Gesellschaft nach wie vor mehr ist als ein ethnischer Marker und immer noch politisch-kulturelle Identitäten, Zugehörigkeit und ein abgrenzendes Konfliktpotential definiert.[55] Insgesamt scheint es allerdings, als habe die Dynamik der *Troubles* eher die politischen als die religiösen Dimensionen der Gegensätze an die Oberfläche gebracht. Der Bürgerkrieg trat als Beschleuniger der Geschichte auf und betrieb – teilweise auch hinter dem Rücken der Akteure – die Säkularisierung in Nordirland mit. Am Ende der *Troubles* und während des zähen Friedensprozesses, der 1994 mit einem Waffenstillstand der IRA und dann der loyalistischen Paramilitärs einsetzte, begannen aus den ethno-politischen und religiösen Gräben immer deutlicher die sozialen und klassenmäßigen Dimensionen aufzuscheinen, die den Konflikt eben auch immer schon mit konstituiert haben.[56]

Es gibt ebenfalls gewichtige Unterschiede dabei, wie katholische Republikaner und protestantische Unionisten die Veränderungen wahrnehmen, die sich im Verlauf der *Troubles* und erst Recht im Kontext des Belfaster Friedensabkommens (1998) für ihre Identitätsgeschichten abzeichneten: Während erstere den Friedensprozess – trotz der höchst schwierigen Entwaffnungsfrage für die IRA – wesentlich als Erfolgsstory sehen (und es politischen Führern der Sinn Féin wie Gerry Adams auch

---

53 Die Bewegung wurde organisiert von der Northern Ireland Civil Rights Association (NICRA), der zunächst auch einige Protestanten angehörten; die Ereignisse auf dem Londonderry Marsch der NICRA von 5.10.1968 gelten als Auslöser der Troubles.

54 Vgl. Corinna Hauswedell: Reverend Ian Paisley in Nordirland. Vom Konflikttreiber zum Friedensermöglicher. In: Bernd Oberdorfer, Peter Waldmann (Hg.): Machtfaktor Religion. Formen religiöser Einflussnahme auf Politik und Gesellschaft. Köln, Weimar, Wien 2012, S. 201–220. Die jüngere Forschung über den Evangelikalismus in Nordirland betont, dass zahlreiche andere Strömungen und Organisationen, die neben Paisley's Kirche existierten und sich, z. B. im Rahmen der ökumenischen Bewegung, engagierten, eher eine konstruktive Rolle während der *Troubles* und im Friedensprozess spielten. Vgl. Gladys Ganiel: Evangelicalism and Conflict in Northern Ireland. New York, Basingstoke 2008.

55 Vgl. z. B. Claire Mitchell: Religion, Identity and Politics In Northern Ireland. Boundaries of Belonging and Belief. Farnham, New York 2006. Mitchell verweist auch auf Unterschiede: Für die Katholiken konstituiere Religion eher ein sozial-institutionelles Gefüge und scheint insgesamt weniger gewichtig zu sein, für viele Protestanten dagegen liege die insgesamt größere Bedeutung der Religion eher in ihren theologisch-moralischen Dimensionen.

56 Hauswedell: Paisley (Anm. 54), S. 213.

weitgehend gelang, die IRA-Gefolgsleute auf diesem Weg mitzunehmen), zeichnete sich vor allem bei den loyalistischen Gruppierungen eine Enttäuschung und ein Gefühl des Verlustes an Identität ab, das sich im Zuge der industriellen Krise der Belfaster Werften in den 1970/80er Jahren im Sinne einer sozialen Depravierung schon angekündigt hatte.[57]

7. Paradox des Friedens: Sieger werden Verlierer

Es gehört zu den Paradoxien des international gefeierten Belfaster Friedensabkommens von 1998,[58] dass eine Übereinkunft zur konstitutionellen Kernfrage des Konflikts, ob der Norden künftig zu Irland oder zu Großbritannien gehören sollte, relativ leicht erzielt werden konnte. Man einigte sich auf ein konsensuales Verfahren (*principle of consent*), das festlegte, diese Frage in der Zukunft einem Meinungsbildungsprozess in der nordirischen Bevölkerung selbst (Referendum) zu übertragen. Zunächst aber wurde allen nordirischen Bürgern ein bi-nationales Identitätsangebot, die Möglichkeit einer parallelen, irischen oder britischen bzw. einer doppelten Staatsangehörigkeit gemacht. Dieser politische Kompromiss, der den Republikanern einiges abverlangte (Dublin hatte inzwischen den Alleinvertretungsanspruch aus der Verfassung gestrichen), hätte als Bestätigung der verfassungsmäßigen Position der Unionisten gelesen werden können, geeignet, auch das radikale loyalistische Lager zufrieden zu stellen. Ian Paisley's DUP jedoch lehnte als einzige Partei das Abkommen ab. Der notorische Nein-Sager leitete mit dieser psychologischen Volte, die das radikale Milieu der paramilitärischen loyalistischen Gruppen (UVF und UDA) mental zu Verlierern des Prozesses machte, eine weitere krisenhafte Dekade eines „Kalten Friedens" in Nordirland ein, in der sich die Ratio des Abkommens nur mühsam Bahn brechen konnte; erst im Mai 2007, zwei Jahre nach der offiziell verifizierten Abrüstung der IRA – UVF und UDA haben bis heute kein vollständiges Äquivalent erbracht – konnte der zweite Kerngedanke des Friedensabkommens, das *Power- Sharing*-Modell zwischen den beiden radikalen Konfliktparteien, in Gestalt einer gemeinsamen Regionalregierung, geführt von Martin McGuinness (Sinn Féin) und Ian Paisley (DUP), die *Direct Rule* aus London ablösen.[59]

Diese in aller Ambivalenz bemerkenswerte Konstruktion (nach dem Tod Paisley's 2014 mit neuer Besetzung auf protestantischer Seite) bleibt bis heute fragil. In der Umsetzung des Abkommens sind – neben der zentralen Polizeireform, die nun eine 50/50 Rekrutierung mit katholischen und protestantischen Offizieren implementiert – zahlreiche weitere Vorkehrungen getroffen worden, um die konflikthaltige

57 Hauswedell: Milieu (Anm. 50), S. 334f.

58 Das Abkommen im Wortlaut: <http://peacemaker.un.org/uk-ireland-good-friday98> (letzter Zugriff 17.10.2015).

59 Hauswedell: Paisley (2012) (Anm. 53), S. 213ff. Zu den Problemen der nordirischen Konkordanzdemokratie, die häufig eher die Partikularinteressen der Konfliktparteien als integrative plurale Lösungen befördert vgl. aktuell Bernhard Moltmann: Ein verquerer Frieden. Nordirland fünfzehn Jahre nach dem Belfast-Abkommen von 1998, HSFK Report 5/2013, Frankfurt a. M. 2013.

Erinnerungskultur, insbesondere die jährlichen Märsche der *Orangemen* durch die katholischen Viertel, durch z. B. eine *Parade Commission* zu zähmen.

Eine lebhafte sozialwissenschaftliche Forschung versucht darüberhinaus, durch innovative Analysen der sich verändernden Realität die zahlreichen zivilgesellschaftlichen Initiativen in der katholischen und protestantischen Bevölkerung Nordirlands für eine Versöhnung an der Basis zu unterstützen. So erscheint seit nunmehr drei Jahren ein *Peace Monitoring Report* (PMR),[60] der 2013 pointierte Beobachtungen zum demografischen Wandel vornahm: Nordirland sei jetzt eine Gesellschaft, die „nur noch aus Minderheiten bestehe".[61] Interessanterweise sind die Selbstzuordnungen zwischen religiöser Zugehörigkeit und nationaler Identität, die der Zensus 2011 erstmals erlaubte, bei weitem nicht mehr so eindeutig, wie dies in den Jahrzehnten zwischen 1970 und 2000 der Fall war. Trotz eines Gesamtanteils von 48 % Protestanten bezeichnen sich nur weniger als 40 % heute als britisch; bei einem Katholikenanteil von 45 % beanspruchen sogar nur 25 % eine irische Identität, und weniger als 20 % favorisieren ein vereinigtes Irland. Erstmals taucht eine neue Kategorie auf: 21% der Bevölkerung bezeichnen sich als „Northern Irish"[62] und befürworten eine umfassendere nordirische Selbstverwaltung bzw. Autonomie. Auch wenn diese Zahlen nicht stabil sind, werden hier Trends veränderter Selbstbilder erkennbar, die auch vorsichtige Hoffnungen auf eine künftige Pluralisierung der nordirischen Gesellschaft jenseits des verwurzelten *sectarianism* erlauben. Dass dessen Gräben andererseits immer noch tief sind, davon zeugten nicht nur die Zusammenstöße bei den Oranier-Märschen der letzten Jahre, sondern z. B. auch der sogenannte „Flaggenprotest" im Dezember 2013, bei dem wochenlang loyalistische Gruppierungen gewaltsam gegen die von den Parteien beschlossene Einschränkung der Beflaggung mit dem *Union Jack* auf dem Belfaster Rathaus zu Felde zogen. Die nordirischen Protestanten konfrontieren sich selbst, so Paul Nolan, mit einer Art kulturellem „Zwei-Fronten-Krieg":[63] Einerseits wollen sie die zunehmenden Anteile irischer Kultur im öffentlichen Leben (Sprache, Straßenschilder, Kunst- und Musikszene etc.), die ja im Sinne des Gleichheitsgebots des Friedensabkommens vorgesehen sind, eindämmen. Andererseits grenzen sie sich mindestens ebenso heftig von einem modernen britischen Gesellschaftsentwurf ab, der Anti-Diskriminierung und Minderheitenschutz heute in vielen Lebensbereichen der britischen Insel proklamiert und praktiziert. Daran reibt sich das loyal-konservative Verständnis der Unionisten von „Britishness" so sehr, dass von einem doppelten Identitätsverlust gesprochen werden kann: Man fühlt sich weder im englischen Mainland noch in der eigenen Provinz länger zuhause – eine „self-fulfilling prophecy".

---

60 Paul Nolan: Northern Ireland Peace Monitoring Report, Number One,Two, Three. Community Relations Council, Belfast 2012, 2013, 2014 (http://www.community-relations.org.uk/programmes/peace-monitoring; abgerufen 19.10.2015).

61 Paul Nolan: Northern Ireland Peace Monitoring Report, Number One, Two, Three. Community Relations Council, Belfast 2012, 2013, 2014; hier 2013, S. 5 und 34f. <http://www.community-relations.org.uk/programmes/peace-monitoring> (letzter Zugriff 19.10.2015).

62 Ebd., 2013.

63 Ebd., 2014, S.160.

In eine ähnliche Richtung weisen die Beobachtungen von Dominic Bryan. Er beschreibt das Verschwinden von „Billy the King"-*Murals* zugunsten von Darstellungen der Schlacht an der Somme, z. B. in den protestantischen Wohngebieten der Belfaster Shankill Road, beginnend in den späten 1990er Jahren und erklärt den seit den Friedensgesprächen sichtbaren Wechsel in der Ikonisierung von der Schlacht am Boyne zur Schlacht an der Somme vor allem so: Die neue *Ulster Volunteer Force* (UVF)[64] erhoffe sich mit der Heldenverehrung der Somme-Teilnehmer, einem zentralen positiven Narativ für britische Identität, eine leichtere Akzeptanz ihrer paramilitärischen Existenz, und könne sich so (auch gegenüber der Konkurrenz von der Ulster Defense Association, UDA) besser platzieren als mit dem relativ eng an der *Orange-Order*-Tradition orientierten *Battle-of-the-Boyne*-Narrativ.[65] Mindestens ebenso relevant als Erklärungshintergrund erscheint jedoch, dass die Zeit, in dem dieser Übergang stattfand, wie oben gezeigt, insgesamt durch eine Verabschiedung des protestantisch-unionistischen Siegermythos und der Dominanz des „Protestant State" und das Eintauchen in eine loyalistische Opferhaltung gekennzeichnet war und ist, die sich als Verlierer des Friedensprozesses sieht.

8. *Battle of the Boyne* – ausverkauft?

Es gehört zu den Ironien des Wandels historischer Erzählungen, dass Symbole – manchmal in kurzer Zeit – ihre Bedeutung (und ihre Besitzer) wechseln oder verlieren. So erging es auch dem „Flintlock Carbine" Gewehr aus dem 17. Jahrhundert, das 1690 von einem katholischen Offizier in der besiegten Armee Jakobs II. geführt worden war, später, im Mai 2007 bei einer Versöhnungszeremonie von dem amtierenden Ersten Minister Nordirlands Ian Paisley dem amtierenden Premierminister (*Taoiseach*) Irlands Bertie Ahern übergeben wurde als Ausstellungsstück für das neu eröffnete Museum der Battle of the Boyne. Von wo es wegen seiner großen Seltenheit und seines Wertes in diesem Sommer entfernt und auf einer Auktion in Belfast für 20.000 Britische Pfund verkauft wurde. Im Museum liegt jetzt eine Replik.[66]

Zu hoffen bleibt, dass die Ratio, die 1999 bei der Planung des Battle of the Boyne Museums und dem Rückerwerb des Landes durch die irische Regierung zugrunde lag, nämlich „in Konsultation mit den Cross Border Institutionen, den Vertretern der unionistischen Tradition, einschließlich der Grand Orange Lodge, [...] im Geiste gegenseitigen Respekts und der Versöhnung [...] ein gemeinsames Erbe der Men-

64 Die alte UVF war zu Beginn des Ersten Weltkrieges maßgebliches Rekrutierungspotenzial für die British 36th (Ulster) Division gewesen, die 1916 bei der Schlacht an der Somme nahezu aufgerieben wurde; die jährlichen Erinnerungsfeiern, die seit 2002 übrigens als Versöhnungsgeste von den Republikanern mitgetragen werden, verkörpern bis heute im kollektiven loyalistischen Gedächtnis den Platz, an dem militärische und paramilitärische Traditionen in eins fallen.

65 Dominic Bryan: Forget 1690, Remember the Somme. Ulster Loyalist Battles in the Twenty-first Century. In: Oona Frowley (Hg.): The Famine and the Troubles. Syracuse 2014, S. 293–309.

66 Die ganze Geschichte stand in der Zeitung: Michael Parsons: „On the hunt for Ireland's rare guns". In: The Irish Times, 5.9.2015.

schen auf der Insel sichtbar zu machen",[67] dass diese Frucht des Belfaster Friedensabkommens nachhaltiger sein möge als das Geschenk eines einzelnen Gewehrs mit fraglos hohem, offenbar nicht nur symbolischen Wert.

67 Zit. nach McNally: Battle (Anm. 2), S. 93.

Arno Herzig

Politisierung des kollektiven Gedächtnisses in Chroniken und Martyrologien der Frühen Neuzeit

Mit der Herausbildung der Konfessionskirchen und der Verfolgung der sogenannten Sektenkirchen in der zweiten Hälfte des 16. Jahrhunderts verstärkte sich im Zeitalter des Konfessionalismus die Politisierung der reformatorischen Bewegung. Die Fürsten setzten ihr jus reformandi durch und duldeten im Sinne des Monokonfessionalismus nur ihre eigene Konfession. Sich Widersetzende wurden zur Auswanderung, jedoch eher zur Zwangskonversion, genötigt bzw. durften als Kryptokonvertiten nicht in der Öffentlichkeit bekannt werden. Die Verfolgung durch den Staat im Verbund mit der herrschenden Konfessionskirche schloss auch die Privatsphäre mit ein, wo bei Haussuchungen nach Zeugnissen der gegnerischen Konfession gefahndet und eventuelle Relikte mit Bestrafungs- und Vernichtungsaktionen geahndet wurden.[1] Habsburg startete verspätet mit der Durchsetzung seines jus reformandi im katholischen Sinne. Gedrängt durch die Kurie, aber auch durch Bayern, versuchte zumindest Erzherzog Karl in Innerösterreich seit den 80er Jahren des 16. Jahrhunderts die Rekatholisierung. Die lange Zeit recht unbestimmte Haltung Kaiser Maximilians II., aber auch die immer wieder drohende Türkengefahr hatten es den Ständen in den einzelnen Territorien ermöglicht, die Reformation im lutherischen Sinn durchzuführen. Seit den 90er Jahren versuchte dann Kaiser Rudolph II., das ius reformandi in seinen Kronländern zu behaupten, scheiterte aber letztlich durch den „Bruderzwist in Habsburg", der ihn 1609 zu dem sogenannten Majestätsbrief zwang, der in der Konfessionsfrage den Status quo für seine Länder, d. h. Böhmen und die Nebenländer, garantierte.[2] Erst nach dem Sieg am Weißen Berg bei Prag 1620 gehörte die Monokonfessionalisierung zur habsburgischen Staatsräson und wurde – wenn auch mit Abstrichen – bis in die Zeit Maria Theresias durchgehalten.[3]

Zur Konfessionalisierung gehörte die strenge Abgrenzung gegenüber den konkurrierenden Kirchen und ihrem Alleinvertretungsanspruch. Dies geschah durch eine stärkere Betonung des eigenen vermeintlichen Glaubensmonopols und damit einhergehend der Betonung der eigenen Identität. Medien dafür waren Chroni-

1 Arno Herzig: Der Zwang zum wahren Glauben. Rekatholisierung vom 16. bis zum 18. Jahrhundert. Göttingen 2000 (Sammlung Vandenhoeck), S. 17–29.

2 Jaroslav Panek: Der Majestätsbrief zur Religionsfreiheit von 1609 als historiographisches Problem. In: Jaroslava Hausenblasová, Jirí Micilec, Martina Thomsen (Hg.): Religion und Politik im frühneuzeitlichen Böhmen. Der Majestätsbrief Kaiser Rudolfs II. von 1609. Stuttgart 2014 (Forschungen zur Geschichte und Kultur des östlichen Mitteleuropa 46), S. 239-260.

3 Herzig: Der Zwang (Anm. 1), S. 68–80.

Jahrbuch des BKGE 23 (2015), S. 91–95

ken, Epitaphien, Martyrologien, Presbyterologien. Dies soll am Beispiel der Region Schlesien exemplifiziert werden.

In Schlesien gelang die habsburgische Monokonfessionalisierung erst nach der Schlacht am Weißen Berg 1620, war aber durch mehrere Verträge eingeschränkt, so durch den Dresdner Akkord 1621, den Prager Frieden von 1635 bzw. den Artikel V des Westfälischen Friedens von 1648,[4] der allerdings nur für die Mediatfürstentümer und die Stadt Breslau galt. Doch setzte eine konfessionell bestimmte Chronistik schon im 16. Jahrhundert ein. In Breslau nahmen die lutherischen Autoren jedoch auf den katholischen Oberherrn – seit 1526 die Habsburger – Rücksicht.[5] Sie formulierten eine lutherische Identität, indem sie sich an zeitgenössischen Idealen der Stadtgemeinde, der *Concordia* und der *religio vinculum societatis*, orientierten. Es entsprach der Taktik des lutherischen Rats, die Unterschiede zwischen Alter Kirche und Reformation nicht allzu präzis zu betonen, so bereits bei der bekannten Disputation des Reformators Johannes Hess 1524. Fünf Jahre später, 1529, betonte der Rat dann in einem 5-Punkte-Papier an König Ferdinand I. gemäß dem Concordia-Modell, dass die Reformation in Breslau friedlich verlaufen, keine Täufer und „Rottierer“ aufgetreten seien.[6] Spätere Autoren wie Nikolaus Pol oder Nikolaus Henel von Hennenfeld greifen auf dieses Modell zurück.[7] Anders dagegen in der benachbarten Grafschaft Glatz, die damals zu Böhmen gehörte. Die ständig wechselnden Pfandschaften dieser Grafschaft im 16. Jahrhundert brachten das Territorium an unterschiedliche Herren, die wie die katholischen Herzöge Ernst und Albrecht von Bayern im 16. Jahrhundert Rekatholisierungsversuche dieses weitgehend protestantischen Landes unternahmen. Die lutherische Reformation war hier jedoch weniger durch die Gegenreformation als eben durch jene Täufer und „Rottierer“, das meinte die Schwenckfelder, bedroht, die bis in die 1560er Jahre die reformatorische Bewegung bestimmt hatten. Die zeitgenössischen Chronisten, dabei handelt es sich bei den Autoren vielfach um einfache Leute, um den „gemeinen Mann“ wie den Schneider Pankraz Scholz oder den Bauern Christoph Rupprecht, betonten ihre lutherische Identität in der lutherischen Transsubstanziationslehre gegenüber der Auffassung der Schwenckfelder. Dies wurde durch entsprechende Legenden unterstrichen, so wenn man den Tod zweier Schwenckfelder Geistlicher im Gottesdienst als Strafe Gottes interpretierte. Nicht nur die Schwenckfelder, sondern auch der „calvinische Teufel“, wie Pankraz Scholz schreibt, müssten bekämpft werden. Einige bedeutende Geistliche waren des Kryptocalvinismus verdächtig. Während Breslau nach 1620 seine lutherische Identität wahren konnte – calvinistische Behauptungsversuche unter der

4 Norbert Conrads: Zwischen Barock und Aufklärung (1618–1740). In: Ders. (Hg.): Deutsche Geschichte im Osten Europas. Schlesien. Berlin 1994, S. 258–344.

5 Susanne Rau: Geschichte und Konfession. Städtische Geschichtsschreibung und Erinnerungskultur im Zeitalter von Reformation und Konfessionalisierung in Bremen, Breslau, Hamburg und Köln. Hamburg, München 2002 (Hamburger Veröffentlichungen zur Geschichte Mittel- und Osteuropas. Eine Reihe des Historischen Seminars der Universität Hamburg 9), S. 521f.

6 Arno Herzig: Geschichte Schlesiens vom Mittelalter bis zur Gegenwart. München 2015 (C.H.Beck Wissen), S. 40f.

7 Rau: Geschichte (Anm. 5), S. 357–376.

kurzen Regierung des Winterkönigs Friedrich V. von der Pfalz hatte man erfolgreich abgewehrt –, war die Situation in der Grafschaft Glatz eine andere. Die Grafschaft Glatz hatte nach der Schlacht am Weißen Berg bis 1622 noch Widerstand gegen die kaiserlichen Truppen geleistet und ging deshalb der Zusage des Dresdner Akkords verlustig. Auch wenn die Lutheraner bei dem Reformationsfest 1617 noch ihr Bekenntnis zur Augsburger Reformation öffentlich demonstriert hatten, konnten sich bereits 1597 unter kaiserlichem Schutz die Jesuiten in Glatz niederlassen und diese betrieben dann ab 1623 nach Vertreibung der lutherischen Elite eine rücksichtslose Katholisierungspolitik. Die lutherische Tradition bewahrte der lutheranische Prediger und Späthumanist Georg Aelurius, der, aus Glatz vertrieben, in seiner Vaterstadt Frankenstein eine *Glaciographia* verfasste, die 1625 in Breslau bei David Müller erschien. Obwohl die Jesuiten in der Folgezeit das geistige Leben in der Grafschaft bestimmten, schufen sie im Bereich der Chronistik kein entsprechendes Gegengewicht, sondern schrieben – und mit ihnen auch andere Geistliche – die lutherischen Chroniken um, immerhin mit dem Ergebnis, dass in der Folgezeit die protestantische Periode im kollektiven Gedächtnis der damnatio memoriae anheimfiel oder aber als irregeleitete Periode interpretiert wurde.[8] Die Jesuiten sorgten dafür, dass kein Zeugnis lutherischer Identität im kollektiven Gedächtnis erhalten blieb. Dazu gehörte die systematische Vernichtung lutherischer Epitaphien in ihrem Einflussgebiet. Die Epitaphien betonten in Bild und Schrift durch ihre christologischen Programme die lutherische Tradition. (Allerdings sind die Inschriften der Epitaphien durch die Abschriften des Humanisten Simon Grunaeus weitgehend erhalten.)[9]

Ein weiteres Genre, um die eigene konfessionelle Identität, aber auch die Überlegenheit der jeweiligen Konfession zu betonen, bilden die Martyrologien. Die katholische Hagiographie konnte dabei ungebrochen an die altkirchliche Tradition anknüpfen, was im 17. Jahrhundert vor allem durch die Jesuiten im Hinblick auf die *Acta Sanctorum* geschah, die ab 1643 durch den Antwerpener Jesuiten Jean Bolland herausgegeben wurden. (Bis heute ist dieses Unternehmen durch die sogenannten Bollandisten noch nicht abgeschlossen.) Die Zeit zwischen 1570 und 1650 ist als die eigentliche Hochzeit der hagiographischen Produktion im Katholizismus zu bewerten. Der Jesuitenorden als junger Orden verfügte noch nicht über eigene Heilige, er musste auf die altkirchliche Tradition zurückgreifen.[10] Das Problem des Katholizismus war, dass er im 16./17. Jahrhundert kaum auf zeitgenössische Märtyrer verweisen konnte, von den wenigen Geistlichen, die im Tudor-England bzw. in den spanisch-niederländischen Auseinandersetzungen ums Leben gekommen wa-

---

8 Arno Herzig: Das Erleben des konfessionellen Zeitalters im Spiegel der Grafschaft Glatzer Chroniken des 16. und 17. Jahrhunderts. In: Ders.: Das unruhige Schlesien. Krisendynamik und Konfliktlösung vom 16. bis zum 20. Jahrhundert. Köln, Weimar, Wien 2014 (Neue Forschungen zur schlesischen Geschichte 25), S. 57–75.

9 Universitätsbibliothek Breslau/Biblioteka Uniwersytecka we Wrocławiu, Hs 7: Simonis Grunae: Monumenta et Inscriptiones.

10 Jan Marco Sawilla: Antiquarianismus, Hagiographie und Historie im 17. Jahrhundert. Zum Werk der Bollandisten. Ein wissenschaftshistorischer Versuch. Tübingen 2009 (Frühe Neuzeit. Studien und Dokumente zur deutschen Literatur und Kultur im europäischen Kontext 131), S. 77–79.

ren, einmal abgesehen (wobei auch fragwürdige Märtyrerinnen wie Maria Stuart [1542–1587] gefeiert wurden).[11] Obgleich vor allem die italienischen Humanisten die Heiligen- und Märtyrerverehrung mit Hohn und Spott bedacht hatten, erlebte im 16./17. Jahrhundert gerade im protestantischen Raum, hier vor allem im Calvinismus, die Dokumentation der Märtyrerviten eine große Blüte, wobei man den Terminus „Heilige" allerdings vermied.[12]

Im Gegensatz zu den Editionen der Jesuiten wurden die protestantischen Viten weitgehend in den Volkssprachen abgefasst. Deutlich wird dabei, dass es bei dem Kampf um konfessionelle Vorherrschaft um bestimmte Modelle der Heiligkeit ging, die durch die Viten herausgestellt werden sollten. Die protestantische Martyrologie wurde bis zu Jan Hus (gest. 1415) zurückgeführt, so in der bedeutenden Sammlung ‚Livre de Martyrs' des Genfer Druckers Jean Crispin von 1554, die zwischen 1590 und 1617 in nicht weniger als zehn deutschen Übersetzungen erschien.[13] Beachteten die Schweizer, französischen oder englischen protestantischen Autoren nur zeitgenössische Märtyrer, so dokumentierte der Ulmer lutherische Superintendent Ludwig Rabus (gest. 1592) in seinen acht Bände umfassenden Historien *Von den Heiligen, ausgewählten Gotteszeugen, Bekennern und Märtyrern* sowohl biblische wie frühchristliche und zeitgenössische Märtyrer. Damit zeigte dieser lutherische Autor – im Gegensatz zu den calvinistischen und puritanischen Verfassern –, dass sich das Luthertum doch noch sehr stark in der altkirchlichen Tradition verstand.

Die lutherische Traditionsbildung in puncto Vorbilder aus den eigenen Reihen und damit verbunden der Anspruch auf die Überlegenheit der eigenen Konfession zeigt sich noch am ehesten in den Presbyterologien wie der von Siegismund Justus Ehrhard: *Presbyterologie des Protestantischen Schlesiens*, die allerdings erst 1780 erschien, oder aber Gottfried Arnolds *Kirchen- und Ketzergeschichte* von 1699, die freilich nicht die Überlegenheit einer Konfession, sondern „unparteiisch" – so der eigene Anspruch – von einem spiritualistischen Verständnis der christlichen Heiligen (bzw. Unheiligen) urteilt und im pietistischen Sinn das historische Interesse auf die subjektive Frömmigkeit und die Individualität der betreffenden Persönlichkeit lenkte.[14] Doch vermittelte er damit die Biographien zahlreicher protestantischer Persönlichkeiten, ihre Fluchten und Vertreibungen, nicht selten auch die erlittene Folter und den dadurch verursachten Tod.[15]

Eng verbunden mit den reformatorischen Bewegungen waren die Endzeitvorstellungen. Luther und der für die lutherische Geschichtsschreibung bedeutendere Philipp Melanchthon erwarteten – wie auch andere lutherische Autoren – das Weltende in nicht allzu fern liegender Zeit, wobei sie von der Vier-Reiche-Lehre

11 Ebd., (Anm. 10), S. 83.

12 Ebd., S. 79.

13 Ebd., S. 80–83.

14 Hans Schneider: Arnold, Gottfried. Pseud. Christophorus Irinaeus. In: Walter Killy, Rudolf Vierhaus (Hg.): Deutsche Biographische Enzyklopädie. Bd. 1. Darmstadt 1995, S. 187.

15 Klaus Garber: Das alte Breslau. Kulturgeschichte einer geistigen Metropole. Köln, Weimar, Wien 2014, S. 89–91.

ausgingen und für das letzte Reich – das Römische – das Ende nicht erst auf das Jahr 2000 festlegten, sondern in absehbarer Zeit erwarteten. So auch der lutherische Prediger Caspar Elogius, der Prediger in Nimptsch, Frankenstein und schließlich in Habelschwerdt war, wo er einen heftigen Kampf mit den Schwenckfeldern ausfocht. Zum Tod Kaiser Maximilians II. im Jahre 1576, der in Schlesien vor allem die Lutheraner mit der Beseitigung der Schwenckfelder beauftragt hatte, verfasste Elogius eine Leichenrede, wobei er nach dem Modell der Vier-Reiche-Lehre den Untergang der Welt bereits für das nahe Jahr 1582 berechnete.[16] Auch für Elogius eilt Gott zum Ende und verkürzt die Tage aus Gnade, um die Schmerzen abzukürzen. Gottes Ordnung – so interpretiert Elogius die Geschichte – sei für vier Weltreiche bestimmt, wobei er das Türkische Reich nicht dazu rechnet, „weil es nicht allein unseren Herrn Gott, seine Kirche und sein Wort, sondern auch alle Leges, gute Policey / und alle Zucht zu Boden drückt." Beim Jüngsten Gericht führe Jesus alle Christen in das Kaisertum Gottes, Türken, Juden, Heuchler und Gleißner aber überantworte er dem höllischen Feuer: Die Türken, weil sie nicht glauben wollen, die Juden, weil sie nicht den Messias anerkannten, Heuchler und Gleißner aber, weil sie glaubten, Gott nicht zu brauchen. Es bleibt bei ihm offen, welche christliche Konfession unter die Heuchler fällt. Die Verurteilung der Heuchler spiegelt indirekt seine Auseinandersetzung mit den Schwenckfeldern wider. Dass mit den Gleißnern Vertreter der katholischen Konfession gemeint waren, liegt nahe, wenn man in Betracht zieht, dass Elogius bei einer „Commedie" über das Jüngste Gericht, die er in der Habelschwerdter Kirche aufführen ließ, „die bösen Geister und Päpste, Kardinäle, Bischöfe in ihren Kronen und Juwelen mit einer Kette umschlossen, mit großem Wehklagen in die Hölle" ziehen ließ.[17] So enden eben Gleißner. (Den von ihm prognostizierten Weltuntergang überlebte Elogius um elf Jahre. Er starb 1593.)

Die Politisierung des kollektiven Gedächtnisses in der Auseinandersetzung der Konfessionen wurde erst mit der Aufklärung überwunden. Doch hat bis heute die Forderung von Lessings Ringparabel bei weitem noch nicht alle Geister erreicht.

16 Caspar Elogius: Leichpredigt über Maximiliani des anderen [...]. Prag o.J. [1576]; Arno Herzig: Die Vier-Reiche-Lehre und das baldige Ende der Weltgeschichte. Die Leichenpredigt des Habelschwerdter lutheranischen Pfarrers Caspar Elogius zum Tod Kaiser Maximilians II. In: Herzig: Das unruhige Schlesien (Anm. 8), S. 30–38.

17 Herzig: Die Vier-Reiche-Lehre (Anm. 16), S. 33.

Wojciech Gruk

Zufluchtsorte des Wortes Gottes. Licensed places of worship and their role in maintaining Lutheran identity in early modern Silesia and Royal Hungary.[1]

The art of licensed churches is rich and yet remains a poorly researched source of knowledge of their users' identity: persecuted religious communities understood as social groups, distinguished by common goals, world-view, structure and historico-political consciousness.[2] The main aim of this article is to explain how the ideological content of the architectural and artistic foundations contributed to their identity building processes. The article will demonstrate that the remarkable role of the licensed churches in the survival of Lutheranism in both countries was not only based on their being places of worship and social communication, but also as a result of the ideas expressed in their architecture and art.

1. Places of worship as centres of identity and art development

For contemporary Lutherans, licensed churches were symbols of defeat not only in the matter of religious freedom, but also in a political sense, since Protestantism had become a part of estate identity for the noblemen of both countries. In Hungary, religious freedom was granted to Lutherans and the Reformed Church in 1608, during the coronation diet of Matthias II,[3] while it was granted to the Lutherans in Silesia

1 The article is an outline of the topic of dissertation which the author is conducting under the guidance of Prof. Jan Harasimowicz at the University of Wrocław, Instute of Art History. Further research may result in a verification of results presented in this article. The research for the article was financed by the National Science Centre (NCN), decision number DEC-2012/04/A/HS2/00435.

2 In general, this definition is contained within a broader definition of early modern community employed by Karen E. Spierling, Michael J. Halvorson: "[Community is] a group of people who perceive themselves as having common interests and, thus, a common identity or self-understanding". Diess.: Introduction. Definitions of Community in Early Modern Europe. In: Diess. (Eds.): Defining Community in Early Modern Europe. Aldershot 2008 (St. Andrews studies in Reformation history), p. 1–23, see p. 2.

3 Peter Kónya: Lutherska Konfesionalizácia [Lutherian Confessionalization]. In: Peter Kónya [u.a.]: Konfesionalizácia na Slovensku v 16. – 18. storočí [Confessionalization in Slovakia in the 16th–18th c.]. Prešov 2010, p. 17–77, see p. 35f.; Wojciech Gruk: Silesian Churches of Peace and the Royal Hungarian Articular Churches. Possible Legal and Architectural Relations. In: Jan Harasimowicz (Ed.): Protestantischer Kirchenbau der Frühen Neuzeit in Europa. Grundlagen und neue Forschungskonzepte / Protestant Church Architecture in Early Modern Europe. Fundamentals and New Research Approaches. Regensburg 2015, p. 334.

one year later by the force of Majestic Letter issued by Rudolf II.[4] In a broader context, these guarantees need to be seen as a success for the estates in their struggle with royal authority, which had aspirations of absolutism. Eventually, the monarchy won this struggle, first in Silesia during the Thirty Years War,[5] and then in Hungary, after brutal re-Catholicisation had been revived in the 1670s under the pretext of fighting the Wesselényi anti-royal conspiracy.[6] As a result, religious freedom was revoked in both countries, and Lutheranism was granted a very limited tolerance in Silesia, as well as the Lutheran and Reformed religions in Hungary. In both countries, the right of public worship was limited to certain licensed places. In essence, the legal basis of their regulation was the distinction between freedom of conscience, which was granted to everyone, and freedom of public worship, which was limited to particular places. In the Silesian Habsburg hereditary counties, Protestant worship was only allowed in specially designated places outside the city walls of three royal cities: Głogów (Glogau), Jawor (Jauer) and Świdnica (Schweidnitz). In Habsburg religious policy, the Silesian experience was to become a precedent that was invoked by Leopold I when he was regulating religious relationships in Royal Hungary some thirty years later. The 26th article of the Diet of Sopron (1681) allowed public worship in approximately sixty sites in eleven north-western counties: in two locations per county, outside the walls of free royal cities, mining towns and border strongholds.[7] All the churches previously used by Silesian and Hungarian Lutherans had to be handed over to the Roman Catholics.

The imposition of restrictions on the possession and location of Lutheran places of worship was one, albeit the most symbolic and visible, of many strategies employed by Royal authorities, aimed at the exclusion of Protestants from religious, political and public life in both countries. In a relatively short period of time, Lutherans, who had previously been a leading political force in both countries, became barely tolerated, second-class citizens. According to an early modern conviction that religious divisions undermine social and political unity,[8] Lutherans were deprived of political influence and became subject to ideological, political and economic pressure, aimed

4 Gabriela Wąs: Dzieje Śląska od 1526 do 1806 roku [History of Silesia, from 1526 to 1806]. In: Marek Czapliński (Ed.): Historia Śląska. 2. ampl. ed. Wrocław 2007 (Acta Universitatis Wratislaviensis 3008), p. 172f.; Gruk: Silesian Churches (footnote 3), p. 334.

5 Wąs: Dzieje (footnote 4), p. 181f.

6 Kónya: Lutherska (footnote 3), p. 55-64.

7 A full list of articular sites is in Jenő Sólyom: Az evangélikus templom története Magyarországon [The history of Lutheran churches in Hungary]. In: Lajos Kemény, Károly Gyimesy (Ed.): Evangélikus templomok. Budapest 1944, p. 84-90, see p. 84f.; Miloš Dudáš: Slovak Wooden Lutheran Churches of the Seventeenth and Eighteenth Centuries. Current Myths and Legends. In: Harasimowicz (Ed.): Kirchenbau (footnote 3), p. 323–325.

8 Benjamin J. Kaplan: Divided by Faith. Religious Conflict and the Practice of Toleration in Early Modern Europe. Cambridge, London 2007, p. 101–104, 114; Arno Herzig: Der Zwang zum wahren Glauben. Rekatholisierung vom 16. bis zum 18. Jahrhundert. Göttingen 2000, p. 17–26.

to bring about their conversion to Roman Catholicism.[9] In the reality of oppressive re-Catholicization, the only way for them to survive as a group was to adapt by an appropriate re-creation of their group identities, which meant defining themselves anew as persecuted communities, humiliated in worldly terms, but unique in far more important religious respects. Beliefs and values, underlying their new identity as persecuted communities, were also shaped and spread by means of architecture and art.[10]

In order to fully appreciate the significance of licensed churches as centres for the development of Lutheran group identity, one must first consider the spatial effect of the relevant political turning point on the religious topography of Silesia and Hungary. Based on the assumption that religion influenced all spheres of public life in the pre-Enlightenment period, it would be an unacceptable simplification to state that places of worship were the only places of religious group identity development. Since religious identity was expressed and developed in everyday life, it should not only be churches, but also town halls, guildhalls, schools and many other public places, that must be considered as centres of its development. The sudden exclusion of Lutherans from the official public sphere in the aftermath of their political defeat meant that the denomination with the highest numbers in each country was also excluded from most of these places, which were subsequently handed over to the Roman Catholics, and then used as centres for Roman Catholic social identity development. Consequently, the few licensed places of worship became the most important hubs of communication within Lutheran communities. These places became focal points of religious, political and social life. Andrew Spicer's observation on the significance of temples or churches in the life of Huguenot communities in the period after the issue of Edict of Nantes can equally be applied to the life of Silesian and Royal Hun-

---

9 On re-Catholicization in Silesia see Jörg Deventer: Gegenreformation in Schlesien. Die habsburgische Rekatholisierungspolitik in Glogau und Schweidnitz 1526–1707. Köln, Weimar, Wien 2003 (Neue Forschungen zur Schlesischen Geschichte 8); Wąs: Dzieje (footnote 4), p. 186–188; Arno Herzig: Die Monokonfessionalisierung Schlesiens als politisches Programm der Habsburger vom 16. bis zum 18. Jahrhundert. In: Lucyna Harc, Gabriela Wąs (Eds.): Religia i polityka. Kwestie wyznaniowe i konflikty polityczne w Europie w XVIII wieku [Religion and politics. Confessional issues and political conflicts in 18th century Europe]. Wrocław 2009 (Historia CLXXVIII), p. 87–96; on re-Catholization in Hungary see Anton Špiesz: Rekatolizácia na Slovensku v mestách v rokoch 1681–1781 [Re-Catholization in Slovak Towns within the Years 1681–1781]. In: Historický časopis 39 (1991), p. 588–612; Eva Kowalská: Der habsburgische Staat und die protestantischen Kirchen vom 16. bis zum 18. Jahrhundert. In: Annales Universitatis Apulensis. Alba Iulia 2003 (Series historica 7), p. 25–34; István H. Németh: Európska doktrína alebo uhorská špecialita? Zásahy štátu a rekatolizácia miest v Uhorsku v priebehu 17. storočia [European Doctrine or Hungarian Speciality? State Interventions and the re-Catholicization of Towns in Hungary in the Course of the 17th c.]. In: Historický časopis 57 (2009), p. 641–658.

10 On the experience of persecution as a factor accelerating the identity building process of Hungarian Lutherans see Eva Kowalská: Deklarovanie a upevňovanie konfesijnej identity v období raného novoveku [Declaration and protection of religious identity in early modern period]. In: Gabriela Kiliánová, Eva Kowalská, Eva Krekovičová (Eds.): My a tí druhí v modernej spoločnosti. Konštrukcie a transformácie kolektívnych identít [We and the others in modern society. Construction and transformation of collective identities]. Bratislava 2009, p. 143–162, see p. 145.

garian licensed communities: "for Catholics, the parish church represented just one (albeit often the most important) focal point of their religious life; for the Reformed, the temple stood at the centre of their religious, if not daily, lives".[11] The immense importance of licensed churches as Protestant refuges in the re-Catholicized lands is best conveyed by the name "die Zufluchtsorte des Wortes Gottes" (the safe havens for the word of God), used by Pastor Adam Lovich in the last sermon held in the old Articular Church in Banská Bystrica (Neusohl) in Royal Hungary in 1807.[12] The argumentative power of ideas presented by means of art was especially strong when exposed in these places.

The loss of all the previously used medieval churches also marked the beginning of new chapters in the history of religious architecture and art for both the Silesian and Hungarian Lutherans. As all licensed churches had to be built and furnished from scratch, they did not just become centres of Lutheran identity preservation and development, but also of artistic and architectural creation. However, the licensed churches' architecture in Silesia, as well as in Royal Hungary, was subject to specific restrictions, which need to be taken into consideration as the broadest legal framework affecting the development of art and architecture.

Although the resolutions of the Peace of Westphalia and the Sopron articles only contained the stipulation that licensed municipal places must be situated outside the city walls, the choice of a site for a new church, including any further stipulations concerning its construction, was left to the discretion of the royal administration and its local officers, and formulated independently for each building. Given the reality of oppressive re-Catholicisation, this opened the way for fresh persecutions. The officers and the king himself could increase the number and nature of difficulties by formulating various restrictions or by delaying the issue of construction permits, potentially dragging on for several years.[13] Thus, all three Churches of Peace in Silesia, and some of Articular Churches in Royal Hungary (e.g. in Svätý Kríž, or Banská Bystrica), were only allowed to be built with impermanent materials, usually wood and

11 Andrew Spicer: 'Qui est de Dieu oit la parole de Dieu'. The Huguenots and their temples. In: Raymond A. Mentzer, Andrew Spicer (Ed.): Society and Culture in the Huguenot World, 1559–1685. Cambridge 2007, p. 175–192, see p. 180.

12 Adam Lovich: Letzte Predigt in dem baufälligen alten Bethause der evangelischen Gemeine zu Neusohl gehalten am vierten Sonntage nach Ostern oder Cantate den 26. April 1807. Neusohl 1807, p. 3.

13 Paweł Banaś: Studia nad Śląską architekturą protestancką 2. połowy XVII wieku [Studies on Silesian Protestant architecture of the second half of the 17th c.]. In: Roczniki Sztuki Śląskiej 8 (1971), p. 48; Miloš Dudáš: Drevené artikulárne a tolerančné chrámy na Slovensku [Wooden Articular and Tolerance Churches in Slovakia]. Liptovský Mikuláš 2011, p. 200; Agnieszka Seidel-Grzesińska: Ecclesiae extra muros – Kościoły Łaski na tle ewangelickich kościołów monarchii habsburskiej w XVII i XVIII wieku / Ecclesiae extra muros – Gnadenkirchen im Vergleich mit evangelischen Gotteshäusern der Habsburger-Monarchie im 17. und 18. Jahrhundert. In: Piotr Oszczanowski (Ed.): Cuius regio, eius religio. Trzechsetna rocznica powstania kościołów Łaski na Śląsku. 300. Jahrestag des Bestehens der Gnadenkirchen in Schlesien. Jelenia Góra 2011, p. 37–61, see p. 40; Dudáš: Slovak (footnote 6), p. 325; Gruk: Silesian Churches (footnote 3), p. 335.

clay.[14] Moreover, Churches of Peace were deprived of any form of church tower and bells.[15] In contrast to Silesia, where no licensed churches were designated in rural locations, the majority of the Royal Hungarian Articular Churches were provincial. Most certainly, some of them were allocated in remote and inaccessible locations, as can be evidenced through the complaints from local Protestant gentry trying to relocate them to more convenient places.[16] Sometimes, the sites allocated were inadequate for construction purposes, as was the case in Hronsek where the church was built on marshland.[17] Ultimately, neither country had any official, legally binding code of detailed regulations determining the architecture of licensed churches. Any restrictions concerning the exact placement of the church, its building materials, and so on, were issued *ad hoc* as an administrative decision.[18]

Most of the imposed restrictions focused on the location, outer appearance and – at least in Silesia – "audibility" of Lutheran churches. What is especially relevant and important is that the restrictions very seldom, if ever, touched upon a church's interior, meaning their architects and builders were given free rein to decide on spatial and functional solutions, as well as ideological content to be applied within the churches.[19] Thus, the final appearance of licensed churches was, in principle, the outcome of the interplay between Roman Catholic efforts to effect a negative association on the symbolic presence of Lutheran communities in the local landscape and topography, and Lutheran efforts to create the most appropriate interior for their needs within the framework of restrictions. As a result of the freedom to shape their functional and ideological spaces as desired, local Lutheran communities provided the interiors of their churches with the ideological content of greatest importance to them.

On the Roman Catholic side, the symbolic violence directed towards Lutherans possessed a two-fold significance. It was, in general, one means by which they were able to oppress the Lutherans, but at same time it also contributed to the consolidation of relatively small, but privileged, Roman Catholic communities through the creation of the image of Lutheran communities being bad and unacceptable – an image, with which they could compare themselves favourably.[20] Restrictions on building materials were imposed to emphasize that the Protestant place of worship was a second-class building, unworthy of the monumental architecture reserved for

14 Lovich: Predigt (footnote 12), p. 6; Banaś: Studia (footnote 13), p. 48f.; Katarína Biathová: Drevený panteón [The wooden pantheon]. Bratislava 1980, p. 28; Gruk: Silesian Churches (footnote 3), p. 336.

15 Banaś: Studia (footnote 13), p. 48f.

16 Dudáš: Drevené (footnote 13), p. 201f.

17 Ibid., p. 83f.

18 Gruk: Silesian Churches (footnote 3), p. 336.

19 Ibid. p. 336.

20 On the role of underlining the differences between "us" and "them" in the identity-building process see Spierling, Halvorson: Introduction (footnote 2), p. 11f.; Michael Billig: Banal Nationalism. London, Thousand Oaks, New Delhi 1995, p. 66.

Roman Catholic churches.[21] To eliminate the sight and sound of Lutheran churches from the local landscape and soundscape symbolically eliminated this religious group from the local community.[22] This is best seen in the example of the municipal licensed churches that were removed from the sacred topography of Silesian and Hungarian towns; this was equivalent to their exclusion from urban society, anciently understood in religious terms as *civitas christiana*.[23] It corresponded to a genuine humiliation and devaluation of Lutherans in a town's public and religious life that was manifested by their removal from town councils, guilds or by forcing them to participate in Roman Catholic holidays and rituals bound up with civic piety.[24]

2. Symbolic reclamation of places of worship

Lutherans understood well that their low status was symbolically reflected in the location and outer appearance of their places of worship. Nevertheless, some artistic programs testify that the uniqueness of their churches became part of their identity in a positive sense, as it underlined their distinction as a social group. One means of expressing their opposition to the Roman Catholics' negative symbolism imposed on the Lutheran churches was to positively reinterpret the negative symbolism by bestowing it with a positive overtone; an insult from the enemy was now considered to be an honour in their eyes. The ideological program of wall paintings in the Articular Church built on the outskirts of the free royal town Kežmarok (Kesmark) in Royal Hungary is an example of this process. It is a form of visual sermon that was painted around the altar in 1748, carrying the role of emphasizing the greater importance of the New Covenant in comparison with the Old Covenant. Naturally, the explanation of the eschatological role of Christ remains crucial in this word-and-image discourse, but the emphasis is put on the award that awaits the righteous, whose destiny is to live with God in the New Jerusalem. To understand how wonderful and uplifting this perspective must have been for the Protestants of Kežmarok, one must remember that they were literally thrown out of their own city with their practice of worship. It comes then as no surprise that, even though *de facto* Protestants remained citizens of their towns, the division into "us, thrown outside the city walls" and "them in the city" took hold in their self-consciousness. In this context, the choice of examples from the biblical history of Sodom to demonstrate the Saving

21 Banaś: Studia (footnote 13), p. 48.

22 See Kaplan: Divided (footnote 8), p. 48–50; Mark M. Smith (Ed.): Hearing History. A Reader. Athens 2004, p. 69–206.

23 See Vera Isaiasz, Matthias Pohlig: Soziale Ordnung und ihre Repräsentationen. Perspektiven der Forschungsrichtung Stadt und Religion in der frühen Neuzeit. In: Vera Isaiasz, Ute Lotz-Heumann, Monika Mommerz [u.a.] (Ed.): Soziale Ordnungen und ihre Repräsentationen. Frankfurt, New York 2007 (Eigene und fremde Welten. Repräsentationen sozialer Ordnungen im Vergleich 4), p. 9–32; Kaplan: Divided (footnote 8), p. 60–64.

24 Špiesz: Rekatolizácia (footnote 8), p. 588-612; Herzig: Der Zwang (footnote 8), p. 162–164; Wąs: Dzieje (footnote 4), p. 187.

1 Church of Peace in Świdnica (Schweidnitz). Photo: Agnieszka and Włodek Biliński.

Grace of God in Kežmarok must be considered as strikingly suggestive. It starts with Abraham's question to God in Genesis 18:23 "Will you sweep away the righteous with the wicked?" and ends with God's warning to the righteous led out of Sodom in Genesis 19:17, "Flee for your lives! Don't look back, and don't stop anywhere in the plain! Flee to the mountains or you will be swept away!" The significance of this example is catechetical as well as edifying and identity-building: "we, the faithful to the pure Gospel, were led out of this city that is nothing compared to the New Jerusalem that awaits us".

Sometimes, the Lutheran response to the hostile strategies of their symbolic exclusion triggered a counter-reaction from the Roman Catholics, who took up some crucial threads presented in Lutheran art, reinterpreted them, and then presented these themes by means of their own artistic foundations. These kinds of polemics went beyond church walls into the public sphere and led to a stronger fortification of the opposing camps. A good example of such ideological dialogue was the Roman Catholic response to the artistic program of the Church of Peace, which was built outside the city walls of Świdnica in Silesia. Between 1561 and 1629, the predominantly Lutheran citizens of Świdnica had been using the city's medieval main parish church, the church of St. Stanislav and St. Vaclav, which was subsequently handed over to the Roman Catholics. Banned from worship within the city, they built their church outside the city walls in the 1650s, on the strength of the resolution of the Peace of Westphalia (ill. 1). The ideological program of its inner paintings was developed around the Holy Trinity, after whom the church was named, but a further important theme was the prominence of the new church's symbolic connection to the Temple of Solomon, as the real House of God in His Word. In 1697, the year of its completion, the Roman Catholics responded to this attempt to legitimize the new church as the place where "true" Christian tradition was carried by constructing a column of the Holy Trinity in the Market Square. A further response came from the Jesuits during the baroquisation of the once Lutheran Church of St. Stanislav and St. Vaclav. In its main altar, the most important themes from the Church of Peace were presented with an unmistakable Roman Catholic interpretation. The tabernacle, a symbol of the constant presence of Christ in the Host, was set together with sculptures of God and the Holy Spirit. The figure of Mary Immaculate was placed above the tabernacle. The mensa, the tabernacle, and the figure were surrounded by seven columns supporting a baldachin. Thus, it was Mary who was shown to be the real *sanctum sanctorum*, a place of God's revelation and House of God's Wisdom.[25]

Both these examples testify to the strategy of protection and development of the 'persecuted group identity'. To some extent, this can be likened to the strategy employed by persecuted Huguenot communities in France, who were proud of the difference between their church's appearance and the Roman Catholic churches, which emerged partially as a consequence of restrictions and partially because of their own efforts. Even Roman Catholics' derogatory expressions to describe Huguenot churches did not bother them, as they "turned the challenges and insults into badges of honour", according to Hélène Guicharnaud.[26] For that reason, these examples testify to the process of the symbolic reclamation of Lutheran places of worship, named that way in reference to the cultural process of reclamation (or re-appropriation), which is best conveyed by the definition coined by Melinda Chen: "The term 'reclaiming' refers to an array of theoretical and conventional interpretations of both linguistic and non-linguistic collective acts in which a derogatory sign or signifier is consciously employed by the 'original' target of the derogation, often in a positive or oppositional sense."[27]

Thus, both ideological programmes, whose function can be recognized as edifying, were drawn up in response to certain commonly experienced persecutions. In general, persecutions were a constant part of everyday life of Silesian and Hungarian Lutherans and they naturally became an important point of reference against which

---

25 Agnieszka Seidel-Grzesińska: Sztuka jako płaszczyzna polemiki ideowej w siedemnastowiecznej Świdnicy [Art as a means of ideological polemics in the 17th c. Schweidnitz]. In: Jan Harasimowicz (Ed.): Sztuka i dialog wyznań w XVI i XVII wieku. Warszawa 2000, p. 283–290.

26 Hélène Guicharnaud: An Introduction to the Architecture of Protestant Temples Constructed in France before the Revocation of the Edict of Nantes. In: Paul Corby Finney (Ed.): Seeing beyond the Word – Visual Arts and the Calvinist Tradition. Cambridge 1999, p. 135; David Thomson: Protestant Temples in France c. 1566–1623. A Pilot Study. In: Jean Guillaume (Ed.): L'église dans l'architecture de la renaissance. Picard 1995, p. 245–257, see p. 247.

27 Melinda Yuen-Ching Chen: "I am an Animal!": Lexical Reappropriation, Performativity, and Queer'. In: Suzanne Wertheim, Ashlee Bailey, Monica Corston-Oliver (Ed.): Engendering Communication: Proceedings from the Fifth Berkeley Women and Language Conference. Berkeley 1998, p. 129–140, see p. 130.

they had to define themselves. In this process, art became a medium through which they tried to make their suffering more meaningful; to reappropriate it by endowing it with religious and moral significance.

3. Promotion of Lutheran religious identity as the "identity of identities"

Nevertheless, the edification of persecuted communities itself served to achieve the more important goal of the maintenance of unity in troubled times. In the examples discussed here, group identity was built on the opposition between "us" and "them". But what seems to be even more important is the highlighting of the theological basis of "our uniqueness" as the true church. In both examples, these communities compared themselves to the "chosen people"; this comparison bore the assurance of God's assistance and the promise of survival. Thus, the basic social function of the architecture and art of licensed churches was to propagate Lutheran self-awareness through the church, which was not only the source of their edification, but also the crucial theological foundation for their existence as a distinct social group. This aim was served by the presentation of ecclesiological content, whose role was to invoke and emphasize the sense of group unity as the gathering of all believers. However, religious identity was one of many social identities each community member possessed, because they belonged to a number of various social groups. As Peter Burke stated, "individuals can and usually do belong to a number of different communities".[28] This factor constantly undermined group unity. Firstly, there was no such thing as a community free of conflict.[29] Secondly, Lutherans persecuted for their faith in the public and political sphere, especially those of higher estates, always faced the persuasive temptation to convert for the sake of ambition.[30] To overcome such disintegrative tendencies, the main aim of the propagation of ecclesiological or church-building ideas was to make religious identity the "identity of identities", superior to other identities. And so, there were several ways in which ecclesiological ideas were presented in architecture and art.

The faithful gathered in a church space looked upon a meaningful, idealized image of the church as the community of saints. Naturally, the distinct identities of individual social groups were clearly manifested in church interiors – in this respect it is relevant to mention the word-and-image compositions decorating guild and gentry galleries in the Church of Peace in Jawor.[31] But the appearance of separate spaces

28 Peter Burke: Languages and Communities in Early Modern Europe. Cambridge 2004, p. 6; quoted in: Spierling, Halvorson: Introduction (footnote 2), p. 11.

29 Spierling, Halvorson: Introduction (footnote 2), p. 11.

30 Kónya: Lutherska (footnote 3), p. 43; Wąs: Dzieje (footnote 4), p. 196f.

31 Banaś: Studia (footnote 13), p. 60; Jan Harasimowicz: Die Repräsentation des Adels in der schlesischen Kunst die Spätmittelalters und der Frühen Neuzeit. In: Ders., Matthias Weber. (Ed.): Adel in Schlesien. Bd. 1. Herrschaft – Kultur – Selbstdarstellung. München 2010 (Schriften des Bundesinstituts für Kultur und Geschichte der Deutschen im östlichen Europa 36), p. 35–52, see p. 47f.

usually did not disturb the order, harmony and integrity of church space. The general principle of the location of places for particular groups within the architectural framework of church space aimed at the presentation of the ideal community as being "united in diversity", which is best fulfilled in the Church of Peace in Świdnica. Firstly, one must recognise that collegial administration was a distinctive feature of licensed communities. In principle, the administration belonged to the whole community, but in practice it was the domain of the councils.[32] In Silesia, this had significant consequences: because the administration of municipal churches belonged to local burghers, the gentry had no official influence on their functioning.[33] As a result, the latter tried to mark their presence all the more in the church interiors through numerous artistic and architectural foundations, which coexisted with the burgher ones. This "rivalry" had a marked influence on the space within the church in Świdnica. It was built on an elongated cruciform ground plan with a transverse nave of equal height. Its interior was surrounded by a two-tiered gallery. In the course of the next few decades, the space between these was successively filled with "mid-galleries", founded by guilds, and the gentry's lodges.[34] However, their placement, architecture, and ideological programs had to have been discussed with, and accepted by, the church administration, which paid considerable heed to not allowing these new pieces to dim the symmetry and clarity of the church interior.[35] As a result, their appearance was to a large extent unified, and the identity of their owners expressed itself for the most part in individual word-and-image compositions, coats of arms and guild signs. The only lodge distinguished in the church interior is that of the Counts von Hochberg from Książ (Fürstenstein), that were well-respected community benefactors (ill. 2). Aside from its appearance, the most significant characteristic is its placement in the centre of the southern arm, on the same level as the pulpit. It is the most prestigious place, reserved in Protestant churches for their patrons, although the Hochbergs did not own the right of patronage over the church. This example confirms that even though the church administration belonged to the burghers, the nobility were habitually granted more prestigious representation than that of the burghers, in recognition of their services to the community.[36] Thus, the rule of "unofficial patronage", exercised by the nobility not *de iure*, because the private right of patronage went out of effect, but *de facto*, and received from the community for legal, political and financial care, found its full expression in the church space.

The division into civic and the rural licensed communities was quite strict in Royal Hungary. The first division usually consisted of local burghers, while the second

32 Agnieszka Seidel-Grzesińska: Kościół Pokoju w Świdnicy. Architektura i wyposażenie w latach 1652–1750 [The Church of Peace in Świdnica. Architecture and furnishings, 1652–1750], unpublished doctoral dissertation, University of Wrocław. Wrocław 2000, p. 43–46; Harasimowicz: Repräsentation (footnote 31), p. 47f.

33 Seidel-Grzesińska: Kościół (footnote 32), p. 43, 46; Deventer: Gegenreformation (footnote 9), p. 314–316.

34 Seidel-Grzesińska: Kościół (footnote 32), p. 53–86.

35 Ibid., p. 57f., 65.

36 Ibid., p. 80f.

2 Church of Peace in Świdnica, Lodge of Hochberg family. Photo by karl-georg, source: <https://geolocation.ws/v/P/45936826/polskadolnolskiewidnica-schweidnitzkoci/en#> (last access 2015, Oct. 20). License: CC BY-ND 3.0.

consisted of gentry and peasants. For that reason, articular communities were more socially homogeneous than their Silesian counterparts, and this fact found its reflection in the greater homogeneity of their church interiors. Deprived of the "rivalry" factor, both burghers and gentry were far less ostentatious in marking their presence in church interiors.

The origin of the nobility's crucial role as patrons and administrators of rural articular communities in Royal Hungary was similar to that known from Silesia in that it also did not result from applicable law. It was the nobility that first took communities under their care, and subsequently, along with duties, came their privileges.[37] All the activities undertaken by the nobility in favour of articular communities can be described as collective patronage,[38] which was mostly marked in church spaces by underlining the equal status of noble families. In some churches, such as in Leštiny or Istebné, the gentry shared modest patron benches, or stalls, distinguished by coats of arms and privileged placement towards the pulpit. Their artistic patronage expressed itself best in frequent collective foundations. An interesting example of this was the foundation of the altar and twelve Christological paintings in the church in Hronsek in 1771. Each painting was sponsored by a different family, which can

37 Ján Slávik: Dejiny zvolenského evanjelického a.v. bratstva a seniorátu [History of Lutheran confraternity and seniorat in Zvolen]. Banská Štiavnica 1921, p. 109f.

38 Biathová: Drevený (footnote 14), p. 28.

3 Articular Church in Hronsek. Photo: Wojciech Gruk.

be identified from the inscriptions. They were hung on balustrades of galleries surrounding the central church space, so as to portray the whole foundation as a collective profession of the local gentry's faith, additionally strengthened by the fact that these paintings were interchangeably placed in the altar, according to the time of the liturgical year (ill. 3).[39]

These examples demonstrate that, in a situation when the private right of patronage was not in effect, a collegial church council's acknowledgement of the social status of any person, or a group, was granted in recognition of their services to the community, rather than simply for status itself. Individuals proved they were able to fulfil the social roles expected of them with their deeds and, as a consequence, they contributed to the strengthening of social harmony within communities. Thus, the visual marking of the communities' social diversity within church interiors served the purpose of promoting the desired attitudes for individuals from every social group towards the community as a whole, and contributed to the strengthening of their inner cohesion.

39 Slávik: Dejiny (footnote 37), p. 430f.

4. Symbols of church unity

Ecclesiological and church-building ideas were also promoted by means of certain sets of symbols and allegories presented in church interiors, among which two main subjects can be distinguished: 1) the subject of common confession, and 2) the subject of the church as the community of shared fate.

1) The majority of examples from the first group are word-and-image compositions referring to the Augsburg Confession (1530) as the basis of Lutheran religious identity. According to its 7th article, "the church is the gathering of all believers, in which gospel is purely preached and the holy sacraments are properly administered". In the first half of the 17th century, the article was evocatively visualized by Wenzel Hollar, as a church built on a rock accompanied by two biblical quotes explaining the choice of symbols: "on this rock I will build my church, and the gates of Hades will not overcome it." (Matthew 16:18) and "and to present her to himself as a radiant church, without stain or wrinkle or any other blemish, but holy and blameless." (Ephesians 5:27). This visualization of the church as a community established on the only reliable foundation stone, the pure Gospel, was frequently chosen by members of licensed communities for a symbolic, visual description of themselves. In the Articular Church in Kežmarok, it was inscribed by a verse from Psalm 87:1: "He has founded his city on the holy mountain" (ill. 4). An expanded version of this iconographic motif was placed on a gallery in the Church of Peace in Świdnica, where it was inscribed, alongside Matthew 16:18, by another verse explaining the 7th article, from the first letter to Timothy 3:15: "which is the church of the living God, the pillar and foundation of the truth." In the Świdnica version, the second ruined church is visible at the foot of the mountain.[40] By the addition of this motif, emphasis was placed on the significance of the Lutheran community, the only true church, victorious in the eschatological perspective, as opposed to false churches, whose fol-

4 Articular Church in Kežmarok, detail. Photo: Wojciech Gruk.

40 Seidel-Grzesińska: Sztuka (footnote 25), p. 283.

lowers are condemned. It is a good example of the strategy of identity-building by underlining the difference between "us" and "them".

In general, attachment to the Augsburg Confession was very often exposed primarily to strengthen faith, but also to deflect accusations of pietism, a course that was pursued by Roman Catholic authorities as a seditious ideology. Augustana, in its 16th article, contains an imperative of obedience to secular authority, and is, therefore, devoid of any revolutionary element that is characteristic for Calvinism. In fact, Lutherans very rarely acted illegally in their efforts to improve their situation because they considered their persecution a part of God's plan, whereby their lands had been subjugated to the Habsburgs.[41] Thus, the most honourable place on the ceilings of licensed churches was reserved for the painted Habsburg imperial coat of arms (e.g. in Kežmarok), but also in other places (e.g. on the Hochbergs lodge in Świdnica). This reflected their respect for authority, but above all, the Lutheran's view of the state and their place within it.

2) In the same way, the concept of the church as a community of shared fate was illustrated through allegorical examples, whose didactical value can only be understood when considered in the broad context of the contemporary historico-political situation. Some iconographic motifs alluding to the survival of Lutheranism in troubled times were particularly common in the art of licensed communities. Two groups of such compositions, one built around the motif of a palm, and the second built around the motif of a ship, deserve particular attention.

As early as 1635, the Palatine of Royal Hungary, Nikolaus Esterhazy, a Roman Catholic, referred to the persecuted Lutheran community of Bratislava (Pressburg), by expressing that in their pertinacious stubbornness in the efforts to build their own church, they were like "a palm, which the more it is pressured, the more persistently it carries its burden".[42] Thereby, he alluded to the ancient, symbolic meaning of a palm tree, which was said to stand firm against pressure, and as such, symbolized resilience and strength.[43] Later, in both Royal Hungary and in Silesia, Lutherans often chose this symbol to visualize their attitude towards the adversities they had to face as non-Catholics. A good example of this is the allegory of the situation of Lutherans in Royal Hungary, published in Matthias de Tyrlingh Weber's book *Onerata crescit*.[44] In

---

41 Jan Harasimowicz: Treści i funkcje ideowe sztuki śląskiej Reformacji, 1526–1650 [Contents and ideological functions of art of Silesian Reformation, 1526–1650]. Wrocław 1986, p. 154.

42 Johann Pogner: Verzeichniß. Wie wir im Namen Gottes zu dem Gebäu unserer evangelischen Kirche allhier zu Presburg einen Anfang gemacht, und was sich dabei für Widerwärtigkeiten begeben und zugetragen haben; durch mich, Johann Pogner, unseren Nachkommen zu einer Nachrichtung, so viel mir bewußt ist, verzeichnet und hinterlassen. In: Johann Pogners Verzeichniß über den Bau der evangelischen Kirche in Presburg von 1636 bis 1638 und Johann Liebergotts Tagebuch von der Wegnahme der evangelischen Kirchen und Schulen im Jahr 1672. Presburg 1861, p. 14.

43 See Virginia Woods Callahan: Andrea Alciato's Palm Tree Emblem. A Humanist Document. In: Emblematica. An interdisciplinary Journal for Emblem Studies 6 (1992), p. 219–236.

44 Mathias de Tyrlingh Weber: Onerata crescit, das ist. Der unter aller Last der Verfolgung siegprangender evangelischer Palm-Baum oder Valet-Rede Mathias de Tyrlingh Weber [...] als er [...] in das Exilium vorwiesen wurde. Nürnberg 1736.

this work, the depiction of a palm, through which the star is shown, is supplemented by two inscriptions, one referring to the strength of the tree: "ONERATA CRESCIT (It firms under the burden), and the second SIC ITUR AD ASTRA (This is the way to reach the stars)" (ill. 5). In this allegorical way, the Lutheran perseverance in enduring persecution was explained as the effect and the evidence of faith, which alone provided the certainty of salvation. The palm was depicted in this sense, for example, in the gallery in the Articular Church in Leštiny, where it was to be understood as a symbol of the earthly efforts to preserve faith, as it is combined with the emblem of the heavenly glory of the faithful. Thus the palm, as a symbol of faith that endures in spite of all adversities, symbolizes victory at the same time.

5 *Onerata crescit.* After Mathias de Tyrlingh Weber: Onerata crescit, das ist: Der unter aller Last der Verfolgung siegprangender evangelischer Palm-Baum oder Valet-Rede Mathias de Tyrlingh Weber [...] als er [...] in das Exilium vorwiesen wurde. Nürnberg 1736, unnumbered page.

In iconography, the motif of a ship on a stormy sea usually has a double meaning: the first is a secular sense, in which it symbolizes a group of people united by a common cause, and the second, religious meaning sees the storm symbolizing the dangers that one must endure during a lifetime in order to keep one's faith and be saved.[45] An interesting combination of these two meanings emerged in the art of Silesian and Hungarian Lutherans around the beginning of the 18th century. They started to metaphorically identify their fate under the Habsburg rule with an endangered ship, which only God could help. One of the most interesting examples of this form of allegorical work is the emblem from

45 Anna Bentkowska: Navigatio vitae. Elementy symboliki emblematycznej holenderskich krajobrazów marynistycznych XVII w. [The use of emblematic symbolic in 17th c. Netherlandish seascape painting]. In: Ars emblematica. Ukryte znaczenia w malarstwie holenderskim XVII w. Katalog wystawy. Warszawa 1981, p. 27–35.

6 Church of Peace in Świdnica, detail. After Jan Harasimowicz, Piotr Oszczanowski, Marcin Wisłocki (Ed.): Po obu stronach Bałtyku. Wzajemne relacje między skandynawią a Europą Środkową. Bd. 1. Wrocław 2006, p. 91.

the frontispiece of *Schlesier Kinder-Andacht (Silesian Children's Devotions)* from 1708 which shows the ship in a storm, full of people praying with the words: "Herr, Hilf uns, wir verderben!" (Lord, save us! We're going to drown!). Christ, appearing from heaven, answers them: "Fürchtet Euch nicht, ich hab Euch erloset" (Don't be afraid, I have redeemed you). Aside from the rather obvious eschatological meaning of the work, there is also another sense which can only be understood in the context of the entire frontispiece. It refers to the improvement of the Silesian Lutherans' situation resulting from the Altranstädt Convention of 1707, which is shown in the frontispiece as the effect of Divine Intervention. In this case, the emblem also refers to a current political situation. Its moral is that God does not leave His church without help. The church of the faithful, living in accordance to the Gospel of Christ, is like a ship guided by God Himself, as it is portrayed in another emblem, located in the gallery of the Church of Peace in Świdnica. Its inscription says "QUAM BENE NAVIGANT QUOS DEUS DIRIGIT" (How well are sailing those, who are navigated by God) (ill. 6).[46] Therefore, no earthly turmoil should shake the faith of believers, who trust in

7 Articular Church in Leštiny, detail. Photo: Wojciech Gruk.

46 Agnieszka Seidel-Grzesińska: Śląskie druki ulotne początku XVIII wieku o konwencji altransztadzkiej i królu szwedzkim, Karolu XVII [Silesian Early 18th Century Occasional Publications on the Convention of Altranstädt and King Carl XII of Sweden]. In: Jan Harasimowicz, Piotr Oszczanowski, Marcin Wisłocki (Ed.): Po obu stronach Bałtyku. Wzajemne relacje między skandynawią a Europą Środkową. Bd. 1. Wrocław 2006, p. 87–95, see p. 91.

God's plans, in God's Providence and remain calm in the face of adversities, just like it was written in Isaiah 30:15: "In quietness and in confidence shall be your strength", which was also the inspiration for the inscription of the "naval" emblem on the gallery in Articular Church in Leštiny – "IN SILENTIO ET SPE FORTITUDO MEA" (ill. 7).

5. Conclusions

A characteristic feature of all the analysed examples is that the references to a historico-political situation of communities were never exposed *expressis verbis*. The function of the ideological content of the art discussed here was, above all, religious and catechetical. It is obvious that articles of faith were the most unifying factor for the faithful, and remained the same in individual countries with and without religious freedom. But those same articles of faith could be explained using different arguments, selected according to a target audience. The use of appropriate arguments: biblical stories and quotes, as well as iconography, allowed the people living within the framework of a specific historico-political situation to discover allusions to their reality easily, and to unravel the additional, current meaning of a piece of art.

The social function of the art in the licensed churches was predominantly integrative and edifying. The strengthening of the inner cohesion of licensed communities was achieved by highlighting the differences between them and the rest of society. In order to achieve this aim, in the first instance, the importance of their own confession, as the only true belief, was emphasised. Secondly, the common experience of persecution was evoked. A significant feature of dealing with the issue of their persecution, as shown in the art, was the effort to endow negative experience with a positive overtone, by stressing the moral and religious meaning of suffering. This peculiar *adaptation* to a tragic fate was probably the most uplifting value added by means of art into the process of the creation of their new identity. The desired models of behaviour, based on perseverance in faith and trust in Divine Providence, were taught through the art.

Art as a medium contributed to the creation, spread and consolidation of a new self-narrative of persecuted Lutherans. Collective experiences lay at the source of the ideological contents discussed here, and these were, firstly, subjectively interpreted, secondly, marked with appropriate meaning, thirdly, translated into the language of art, and finally, depicted in church interiors in order to further propagate this interpretation among community members.

Silvia Serena Tschopp

Protestantisches Märtyrertum und lutherische Konfessionsbildung: Georg Mylius und der Augsburger Kalenderstreit

Dass konfessionelle Identität nicht allein auf einem gemeinsamen religiösen Bekenntnis beruht, sondern sich aus einem vielgestaltigen und eng miteinander verflochtenen Ensemble institutioneller Gegebenheiten, mentaler und psychischer Dispositionen mitsamt den daraus resultierenden Wahrnehmungen und Deutungen lebensweltlicher Erfahrung sowie mehr oder weniger ritualisierter Praktiken konstituiert, hat in der jüngeren Forschung zur Konfessionsbildung im deutschsprachigen Raum vor allem der Kirchenhistoriker Thomas Kaufmann hervorgehoben.[1] Der in diesem Kontext geprägte Begriff der ‚Konfessionskultur', scheint mir besonders geeignet, einen Gegenstandsbereich historischer Forschung zu beschreiben, der seit kurzem erneut in den Fokus wissenschaftlicher Analyse gerückt ist, nämlich die Formierung und Tradierung einer konfessionsspezifischen „Deutungsmatrix",[2] die insofern identitätsstiftend wirkte, als sie Konzepte und Diskursformen bereitstellte; deren Aneignung es ermöglichte, die Zugehörigkeit zu einer religiösen Gruppe nicht nur nach außen zu demonstrieren, sondern zugleich nach innen zu bekräftigen. Es dürfte kein Zufall sein, dass die bislang vorliegenden Studien zu Formen und Funktionen religiös fundierter Wahrnehmungs- und Deutungsmuster meist konflikthafte Momente der Konfessionsbildung beleuchten, bieten diese doch besonders anschauliche Beispiele für die Instrumentalisierung theologischer Interpretamente innerhalb konkreter historischer Konstellationen.[3] Es lag daher nahe, meinen Ausführungen einen Ereigniskomplex zugrunde zu legen, dessen spezifische Dynamik der gewaltsamen Konfrontation zwischen Angehörigen unterschiedlicher Glaubensgemeinschaften geschuldet ist und der auf exemplarische Weise die Ausprägungen und Wirkungsweisen – in diesem Falle lutherischer – Konfessionskultur sowie die diesen inhärenten konfessionspolitischen Implikationen empirisch fassbar macht. Den Ausgangspunkt der folgenden Überlegungen bilden die in Zusammenhang mit der Einführung des Gregorianischen Kalenders im Heiligen Römischen Reich deutscher Nation zu beobachtenden konfessionellen Verwerfungen, die, wie

1 Vgl. Thomas Kaufmann: Konfession und Kultur. Lutherischer Protestantismus in der zweiten Hälfte des Reformationsjahrhunderts. Tübingen 2006 (Spätmittelalter und Reformation 29), S. 3–26.

2 Ebd., S. 10.

3 Vgl. etwa die ältere einschlägige Studie von Silvia Serena Tschopp: Heilsgeschichtliche Deutungsmuster in der Publizistik des Dreißigjährigen Krieges. Pro- und antischwedische Propaganda in Deutschland 1628 bis 1635. Frankfurt a. M. [u. a.] 1991 (Mikrokosmos 29) sowie jene von Thomas Kaufmann: Dreißigjähriger Krieg und Westfälischer Friede. Kirchengeschichtliche Studien zur lutherischen Konfessionskultur. Tübingen 1998 (Beiträge zur historischen Theologie 104).

zahlreiche seit 1583 veröffentlichte Flugschriften vorrangig protestantischer Provenienz belegen, die Gemüter der Zeitgenossen nachhaltig erhitzten. Der Streit um die Kalenderreform ist nicht zuletzt deshalb so erhellend, weil er einige der für das frühe Luthertum charakteristischen Strategien religiöser Selbstbehauptung in einer als krisenhaft empfundenen Gegenwart verdeutlicht und die Bedeutung eschatologischer Konzepte für die Herausbildung der lutherischen Kirche als konfessionelles Kollektiv bestätigt. Zugleich boten die Auseinandersetzungen um den Gregorianischen Kalender einzelnen lutherischen Geistlichen die Möglichkeit, nicht nur als Seelsorger in Erscheinung zu treten, sondern ihre Rolle als in der Nachfolge der Apostel stehende Repräsentanten der *ecclesia Christi* als einer Gemeinschaft des Leidens in einer Zeit, die dem Gläubigen größte Opfer abfordert, öffentlichkeitswirksam zu inszenieren. Insbesondere das Martyrium als extremste Form des Erduldens von Schmerz und Tod um des Glaubens willen konnte dabei gleichermaßen als *signum* eines heilsgeschichtlich präzise zu beschreibenden Moments, nämlich der durch die Anfechtungen des Antichrists gekennzeichneten Apokalypse, thematisiert und als Movens lutherischer Konfessionsbildung funktionalisiert werden. Diese für das Luthertum im 16. und 17. Jahrhundert konstitutive, auf den ersten Blick paradox anmutende Simultaneität von apokalyptischer Mentalität einerseits und das Überleben der eigenen konfessionellen Gruppe gewährleistender Konsolidierung andererseits nun lässt sich besonders anschaulich am Beispiel Augsburgs vor Augen führen, wo der Magistrat bereits zu Beginn des Jahres 1583 ohne Rücksicht auf die Bedenken der evangelischen Bevölkerungsmehrheit den Wechsel vom Julianischen zum Gregorianischen Kalender dekretiert hatte und damit einen Zwist auslöste, der das Verhältnis zwischen Protestanten und Katholiken auf Jahre hinaus belasten sollte. Die konflikthaften Ereignisse rund um den Augsburger Kalenderstreit, die in der Ausweisung des Superintendenten von St. Anna, Georg Mylius, kulminierten, bieten reiches Anschauungsmaterial, um die für die lutherische Konfessionskultur charakteristische „Persistenz der Institutionen, Deutungen und Praktiken im Horizont sich wandelnder historischer Bedingungen“[4] zu dokumentieren und in ihren Funktionsmechanismen sowie ihrer Signifikanz zu diskutieren. Sie stehen denn auch im Zentrum meines Beitrags, in dem ich zunächst den Augsburger Kalenderstreit in sehr knapper Form rekapitulieren und einige konfessionelle und politische Rahmenbedingungen, die maßgeblich zur Eskalation des Konflikts beitrugen, skizzieren werde, bevor ich in einem zweiten Schritt Mylius' Ausweisung im Spiegel publizistischer Quellen rekonstruiere. Im dritten und letzten Teil meiner Erörterungen schließlich gilt es nach der Intention und Leistung jener vorgängig angedeuteten Interpretationsmuster zu fragen, die die Auseinandersetzungen evangelischer Augsburger – allen voran jene ihres religiösen Hauptes Georg Mylius – mit einer als ‚papistisch‘ diffamierten Obrigkeit generierten bzw. in Erinnerung riefen.

4 Kaufmann: Konfession und Kultur (Anm. 1), S. 9.

I.

Am 24. Februar 1582 hatte Papst Gregor XIII. in der Bulle „Inter gravissimas" die Einführung eines reformierten Kalenders angeordnet, um astronomischen Kalender und Kirchenkalender wieder in Einklang zu bringen.[5] Während sich die Reform des Kalenders auf Reichsebene wesentlich aufgrund der Vorbehalte protestantischer Stände zunächst verzögerte, schritt der Rat der Stadt Augsburg mit Rücksicht auf die enge wirtschaftliche Verflechtung der Handelsmetropole mit dem katholischen Umland umgehend zur Tat und beschloss bereits in der Ratssitzung vom 29. Januar 1583, den neuen Kalender einzuführen. Das Vorgehen des Magistrats stieß bei der evangelischen Bevölkerung Augsburgs auf entschiedene Ablehnung und löste einen Konflikt aus, der an Heftigkeit die in anderen Reichsgebieten durch die gregorianische Kalenderreform ausgelösten Kontroversen weit übertraf.[6] Ihren Höhepunkt erreichten die Auseinandersetzungen anlässlich der Ausweisung Georg Mylius', der als Pastor von St. Anna und Senior der lutherischen Geistlichkeit zu den schärfsten und einflussreichsten Kritikern der Kalenderreform gehörte. Der durch die Ausweisung ausgelöste bewaffnete Tumult wurde zwar durch das Eingreifen der lutherischen Prädikanten zunächst eingedämmt; das Verhältnis zwischen evangelischer Bürgerschaft und städtischer Obrigkeit blieb jedoch weiterhin äußerst angespannt, zumal der Augsburger Rat 1586 im Zuge des sogenannten Vokationsstreits auch Mylius' Amtsbrüder aus der Stadt verbannte und eigene Prediger einstellte, die von großen Teilen der lutherischen Bevölkerung abgelehnt wurden.[7] Der Zwist fand erst mit der Neuregelung des Berufungsverfahrens für evangelische Geistliche 1591 ein Ende.

---

5 Eine ausführliche Darstellung der der gregorianischen Kalenderreform zugrunde liegenden (nicht nur) astronomischen Problematik findet sich in Felix Stieve: Der Kalenderstreit des sechzehnten Jahrhunderts in Deutschland. In: Abhandlungen der historischen Classe der königlichen Bayerischen Akademie der Wissenschaften 15/III. München 1880, S. 1–98, hier S. 4–15. Vgl. auch die konzise Darstellung in Benedikt Mauer: Kalenderstreit und Krisenstimmung. Wahrnehmungen von Protestanten in Augsburg am Vorabend des Dreißigjährigen Kriegs. In: Benigna von Krusenstjern, Hans Medick in Zusammenarbeit mit Patrice Veit (Hg.): Zwischen Alltag und Katastrophe. Der Dreißigjährige Krieg aus der Nähe. Göttingen 1999 (Veröffentlichungen des Max-Planck-Instituts für Geschichte 148), S. 345–356, hier S. 346f.

6 Die folgenden Darlegungen stützen sich im Wesentlichen auf Silvia Serena Tschopp: Konfessionelle Konflikte im Spiegel publizistischer Medien. Der Augsburger Kalenderstreit. In: Carl A. Hoffmann, Markus Johanns, Annette Kranz u. a. (Hg.): Als Frieden möglich war. 450 Jahre Augsburger Religionsfrieden. Begleitband zur Ausstellung im Maximilianmuseum Augsburg. Regensburg 2005, S. 243–252; dort weitere Literatur. Mit dem Kalender- und dem damit zusammenhängenden Vokationsstreit befasste sich zuletzt Regina Dauser: Informationskultur und Beziehungswissen. Das Korrespondenznetzwerk Hans Fuggers (1531–1598). Tübingen 2008 (Studia Augustana 16), S. 251–283. Ihre Rekonstruktion der Perspektive eines katholischen Positionen verpflichteten Angehörigen der Augsburger Elite ergänzt die älteren, sich meist auf Quellen protestantischer Provenienz stützenden Darstellungen.

7 Zum Vokationsstreit vgl. Eberhard Naujoks: Vorstufen der Parität in der Verfassungsgeschichte der schwäbischen Reichsstädte (1555–1648). Das Beispiel Augsburgs. In: Jürgen Sydow (Hg.): Bürgerschaft und Kirche. 17. Arbeitstagung in Kempten 3.–5. November 1978. Sigmaringen 1980 (Stadt in der Geschichte 7), S. 38–66, hier S. 52–60.

Die Radikalität, mit der der neue Kalender in Augsburg bekämpft wurde, muss vor dem Hintergrund der spezifischen politisch-konfessionellen Verhältnisse in der schwäbischen Reichsstadt betrachtet werden: Der Widerstand der evangelischen Augsburger Bevölkerung hängt, wie in der Forschung mehrfach betont wurde, nicht allein mit der Tatsache zusammen, dass die an sich sinnvolle und auch vielen Protestanten einleuchtende Reform des julianischen Kalenders vom Papst dekretiert worden war, er war auch und vor allem die Folge einer in verfassungsrechtlicher Hinsicht problematischen Verteilung der politischen Macht.[8] Zwar hatte der Augsburger Religionsfriede von 1555 die Koexistenz von lutherischem und katholischem Glauben reichsrechtlich geregelt und den Reichsstädten die Möglichkeit konfessioneller Parität eröffnet;[9] der Interessenausgleich zwischen den religiösen Gruppen erwies sich allerdings auch nach 1555 als nur schwer zu lösendes Problem. Dies galt in besonderem Maße für Augsburg, wo einer mehrheitlich evangelischen Bürgerschaft ein von katholischen Geschlechtern dominierter Rat gegenüberstand. Angesichts einer im Sinne der katholischen Minorität agierenden Stadtregierung stellte sich für die Protestanten die Frage, inwieweit sie verpflichtet waren, obrigkeitlichen Beschlüssen Folge zu leisten. Der aktive Widerstand insbesondere der lutherischen Geistlichen, aber auch einiger majorisierter evangelischer Ratsmitglieder und schließlich einer breiteren Bevölkerung macht deutlich, dass die Legitimität des Rats längst fragwürdig geworden war.

Den Augsburger Kalenderstreit ausschließlich mit der vorgängig angedeuteten machtpolitischen Schieflage erklären zu wollen, greift allerdings zu kurz. Ich habe an anderer Stelle ausgeführt, dass der durch die Kalenderreform ausgelöste Konflikt als Ergebnis einer komplexen Konstellation politischer, sozioökonomischer und religiöser Rahmenbedingungen zu sehen ist, die in ihrer Gesamtheit ein Krisenbewusstsein generierten, aus dem die Haltung der Augsburger Protestanten ihre Begründung gewinnt.[10] Neben der problematischen Verteilung der politischen Macht, aus der eine Reihe von Maßnahmen resultierte, die dazu angetan waren, in der evangelischen Bevölkerung den Eindruck zu erwecken, der Magistrat privilegiere einseitig die Anhänger der römisch-katholischen Kirche,[11] dürften auch die sich aufgrund wachsen-

8 Vgl. z.B. Dietrich Blaufuß: Das Verhältnis der Konfessionen in Augsburg 1555 bis 1648. Versuch eines Überblicks. In: Jahrbuch des Vereins für Augsburger Bistumsgeschichte e.V. 10 (1976), S. 27–56, hier S. 28–31, oder Bernd Roeck: Eine Stadt in Krieg und Frieden. Studien zur Geschichte der Reichsstadt Augsburg zwischen Kalenderstreit und Parität. Göttingen 1989 (Schriftenreihe der historischen Kommission bei der Bayerischen Akademie der Wissenschaften 37), Teil 1, S. 127.

9 Eine aktuelle Darstellung des Augsburger Religionsfriedens hat jüngst Axel Gotthard in seiner auch mentalitätsgeschichtliche Aspekte beleuchtenden Studie vorgelegt: Der Augsburger Religionsfrieden. Münster 2004 (Reformationsgeschichtliche Studien und Texte 148).

10 Vgl. Tschopp: Augsburger Kalenderstreit (Anm. 6), S. 246.

11 Vgl. hierzu v.a. Blaufuß: Verhältnis der Konfessionen (Anm. 8), S. 30, und Paul Warmbrunn: Zwei Konfessionen in einer Stadt. Das Zusammenleben von Katholiken und Protestanten in den paritätischen Reichsstädten Augsburg, Biberach, Ravensburg und Dinkelsbühl von 1548 bis 1648. Wiesbaden 1983 (Veröffentlichungen des Instituts für Europäische Geschichte Mainz. Abt. für Abendländische Religionsgeschichte 111), S. 359–375, hier S. 369. Zum Vorgehen des Augsburger Rats im Vorfeld des Kalenderstreits vgl. auch Georg Mylius‘ diesbezügliche Ausführungen in: Augspur-

der ökonomischer und sozialer Strukturprobleme sowie des Niedergangs der älteren Handelsgesellschaften seit der Mitte des 16. Jahrhunderts zunehmend schwierig gestaltenden wirtschaftlichen Bedingungen als Belastung empfunden worden sein.[12] Ungeachtet der politischen und wirtschaftlichen Implikationen des Augsburger Kalenderstreits sind es jedoch primär religiöse Motive, die die Wahrnehmungen und Handlungsweisen der oppositionellen evangelischen Prediger und der Bürgerschaft bestimmten.[13] Autobiographische, chronikalische und publizistische Quellen belegen, in welchem Maße sich die Augsburger Protestanten ungeachtet der durch den Religionsfrieden herbeigeführten partiellen Stabilisierung der religiösen Verhältnisse in einer als existentiell empfundenen Bedrohungslage sahen. Genährt wurde das Bewusstsein vieler Lutheraner, besonderen Anfechtungen ausgesetzt zu sein, nicht nur durch Erfahrungen im politisch-konfessionellen Nahbereich, sondern außerdem durch all jene zahlreich veröffentlichten Flugschriften, die zum einen die seit der frühen Reformation vielfältig vermittelte heilsgeschichtliche Interpretation der konfessionellen Auseinandersetzungen als eines apokalyptischen Kampfes zwischen dem römischen Antichrist und der bedrängten *ecclesia Christi* perpetuierten und zum anderen profangeschichtliche Ereignisse wie die Religionskriege in Frankreich oder den Aufstand der nördlichen Niederlande gegen die spanische Herrschaft, die die Virulenz des religiösen Konflikts zwischen Katholiken und Protestanten vor Augen führten, immer wieder in Erinnerung riefen und die Befürchtung verstärkten, die Unterwerfung oder gar Auslöschung des evangelischen Glaubens und seiner Befürworter sei weiterhin ein primäres Ziel katholischer Politik.

Nur vor diesem Hintergrund wird verständlich, weshalb die vom Augsburger Rat dekretierte Kalenderreform vonseiten weiter Teile der lutherischen Bürgerschaft derart vehement bekämpft wurde und unmittelbar nachdem die zunächst gescheiterte Ausweisung Georg Mylius' publik wurde, zahlreiche Handwerker bewaffnet vor das Rathaus zogen. Tatsächlich bilden die sich mit der Festnahme, Befreiung und anschließenden Flucht Georg Mylius' verbindenden Ereignisse einen Kristallisationspunkt der komplexen konfessionspolitischen Gemengelage, der der Augsburger Kalenderstreit seine Konturen verdankt, und sie veranschaulichen beispielhaft zentrale Spannungsfelder religiöser Interaktion und die damit eng verflochtenen Perzeptionen und Interpretationen der beteiligten Akteure. Im Folgenden stehen deshalb die zahlreichen in schriftlichen Artefakten überlieferten Geschehnisse im Zentrum, wo-

gische Handel So sich daselbsten wegen der Religion/ vnd sonderlich juengst vor zwey Jaren im werenden Calender streit mit Georgen Mueller D. Pfarrer vnd Superintendenten daselbst zugetragen. Sampt Notwendiger rettung der Vnschuld vnd ehren/ wider allerhand beschwerliche Anklag vnd vngegruendte Bezuechtigung/ damit die Papisten eine zeitlang/ jhn D. Muellern fuernemlich beleget haben. Beschrieben Durch Doct. Georgen Mueller/ Professoren vnd Cancellarium bey der loeblichen Vniuersitet/ auch præpositum in der Stifftkirchen zu Wittemberg. Gedruckt bey Matthes Welack/ Anno M. D. LXXXVI. [8° v.a. Br – Ev].

12 Vgl. Naujoks: Vorstufen der Parität (Anm. 7), S. 45ff., und vor allem Roeck: Eine Stadt in Krieg und Frieden (Anm. 8), S. 140 – 169.

13 Vgl. dazu Tschopp: Augsburger Kalenderstreit (Anm. 6), S. 246f.

bei der Fokus auf die sich in den von mir berücksichtigten Quellen manifestierenden Darstellungs- und Deutungsmuster gerichtet ist.

II.

Die zentrale Rolle, die Georg Mylius innerhalb der Auseinandersetzungen, die die Einführung des Gregorianischen Kalenders in Augsburg begleiteten, spielte, liegt nicht allein im Umstand begründet, dass er zu den dezidiertesten Gegnern der Reform zählte, sondern erklärt sich auch und wesentlich aus seiner Person und dem Amt, das er innehatte: 1548 als Sohn eines Handwerkers in Augsburg geboren, studierte Georg Müller, wie er mit bürgerlichem Namen hieß, in Straßburg, Tübingen und Marburg Theologie, bevor er 1572 in Augsburg seine erste Predigerstelle antrat. Nach der 1576 an der Universität Tübingen erfolgten Promotion wurde ihm die Pfarrstelle an der Kirche St. Anna angetragen; kurz danach tritt er als Superintendent und Rektor des Kollegiums St. Anna in Erscheinung.[14] Die Herkunft aus dem Handwerkermilieu, das die wichtigste Basis der lutherischen Partei in Augsburg bildete, und die Verbundenheit mit seiner Vaterstadt dürften maßgeblich zu Mylius‘ in zahlreichen zeitgenössischen Quellen bezeugter Popularität beigetragen haben. Seine außergewöhnlichen intellektuellen Fähigkeiten und seine rhetorische Brillanz, die ihm den Weg in hohe geistliche Ämter ebneten, wiederum ermöglichten es ihm, seine Autorität und seinen Einfluss als Seelsorger und führender Theologe zur Geltung zu bringen. Dass Mylius' Kritik am Vorgehen des Magistrats unter diesen Umständen als Gefährdung der politischen Stabilität wahrgenommen wurde und der Augsburger Rat am 4. Juni 1584 ein Dekret genehmigte, das die sofortige Ausweisung des widerspenstigen Superintendenten vorsah, überrascht so gesehen nicht. Noch am selben Tag begab sich der Stadtvogt, begleitet von Soldaten, zu Mylius' Haus und forderte diesen auf, sich umgehend aus der Stadt zu entfernen. Die in aller Heimlichkeit vorgenommene Ausweisung wurde allerdings ruchbar und Mylius, noch bevor er die Stadt in einem geschlossenen Wagen verlassen hatte, von Augsburger Bürgern befreit und in Sicherheit gebracht. Innerhalb kürzester Zeit rotteten sich daraufhin in verschiedenen Vorstädten evangelische Handwerker zusammen und zogen bewaffnet vor das Rathaus, wo es den dorthin beorderten evangelischen Predigern schließlich gelang, die Menge zu beruhigen und Blutvergießen zu verhindern. Die in der Folge unternommenen Vermittlungsversuche zwischen der aufgebrachten protestantischen Bevölkerung und der städtischen Obrigkeit durch Gesandte der Reichsstadt Ulm und des Herzogs Ludwig von Württemberg sowie des bayerischen Herzogs vermochten die Lage jedoch nicht nachhaltig zu konsolidieren, und es sollte Jahre dau-

14 Zu Mylius' Biographie vgl. Kenneth Appold: Der Fall Georg Mylius. Biographie als Mittel konfessioneller Identitätsbildung. In: Irene Dingel, Günther Wartenberg (Hg.): Die Theologische Fakultät Wittenberg 1502 bis 1602. Beiträge zur 500. Wiederkehr des Gründungsjahres der Leucorea. Leipzig 2002 (Leucorea-Studien zur Geschichte der Reformation und der Lutherischen Orthodoxie 5), S. 155–172, hier S. 157ff.

ern, bis es zwischen dem Magistrat und der lutherischen Bürgerschaft zu einer Einigung kam.

Der hier skizzierte Konflikt, der, so die sich in den Quellen vielfältig manifestierende Überzeugung, Grundfragen des Verhältnisses zwischen den Konfessionen berührte, stieß bei den Zeitgenossen auf überwältigende Resonanz. Die Ereignisse des Frühjahrs 1584, allen voran die Ausweisung des Seniors von St. Anna, wurden in Briefen von Augsburger Bürgern thematisiert, fanden Eingang in die städtische Historiographie und erzeugten ein reges publizistisches Echo, das sich in einer Fülle von Flugschriften und einer Reihe von Einblattdrucken niederschlug. So äußert sich etwa der mit der katholischen Partei sympathisierende Hans Fugger in seiner Korrespondenz wiederholt zu Georg Mylius, dem er vorwirft, sich in seinen Predigten gegen die Obrigkeit gestellt und damit den Streit um die Einführung des gregorianischen Kalenders in Augsburg ausgelöst zu haben.[15] Aus lutherischer Perspektive wiederum berichten Chronisten wie Georg Kölderer oder der Bierbrauer Jörg Siedeler über Mylius' Ausweisung, die ihnen als Beleg für die antiprotestantische Politik des Augsburger Magistrats gilt. Vor allem jedoch sind es die zahlreich gedruckten publizistischen Reaktionen, die Einblicke in die Maßnahmen des Rats und die Reaktionen der evangelischen Bevölkerung ermöglichen. Auf sie gilt es im Folgenden das Augenmerk zu richten, bilden sie doch die hauptsächliche Quelle für eine Analyse der Modi medialer (Selbst)Inszenierung, mittels deren versucht wurde, die Ereignisse vom 4. Juni bzw. 25. Mai (alten Kalenders) 1584 historisch und theologisch zu verorten und deren zentralen Protagonisten Georg Mylius in den Rang eines protestantischen Märtyrers zu erheben.[16]

Flugschriften und Flugblätter bilden nicht nur eine wichtige Quelle für all jene Forscher, die sich mit dem Augsburger Kalenderstreit beschäftigten und weiterhin beschäftigen, sie dienten bereits den Zeitgenossen als Informationsmedium, wie die Chronik des Augsburger Handelsdieners Georg Kölderer eindrücklich vor Augen führt.[17] Kölderer, dessen persönliches Verhältnis zu Mylius sich nicht zuletzt darin manifestiert, dass er 1588 anlässlich einer Reise nach Ulm mit diesem zusammen-

---

15 Vgl. Dauser: Informationskultur und Beziehungswissen (Anm. 6), S. 276–281.

16 Zur Ausweisung Müllers vgl. Ferdinand Kaltenbrunner: Der Augsburger Kalenderstreit. In: Mittheilungen des Instituts für Oesterreichische Geschichtsforschung 1 (1880), S. 497–540, hier S. 520ff.; Max Radlkofer: Die volkstümliche und besonders dichterische Litteratur zum Augsburger Kalenderstreit. In: Beiträge zur bayerischen Kirchengeschichte 7 (1901), S. 1–32 und S. 49–71, hier S. 7f.; Warmbrunn: Zwei Konfessionen in einer Stadt (Anm. 11), S. 366f., und Appold: Der Fall Georg Mylius (Anm. 14), S. 162.

17 Eine Edition der Chronik liegt seit kurzem im Druck vor: Georg Kölderer: „Beschreibunng vnnd Kurtze Vertzaichnus Fürnemer Lob vnnd gedenckhwürdiger Historien“. Eine Chronik der Stadt Augsburg der Jahre 1576 bis 1607. 4 Bde. Augsburg 2013. Zu Kölderers Chronik vgl. Benedikt Mauer: ‚Gemain Geschrey' und ‚teglich Reden'. Georg Kölderer – ein Augsburger Chronist des konfessionellen Zeitalters. Augsburg 2001 (Studien zur Geschichte des bayerischen Schwaben 29), sowie Silvia Serena Tschopp: Wie aus Nachrichten Geschichte wird. Die Bedeutung publizistischer Quellen für die Augsburger Chronik des Georg Kölderer. In: Gerhild Scholz Williams, William Layher (Hg.): Consuming News. Newspapers and Print Culture in early Modern Europe (1500–1800). Amsterdam, New York 2009 (Daphnis 37, 1–2), S. 33–78.

traf,[18] beschreibt in seiner über weite Strecken aus Abschriften publizistischer Verlautbarungen bestehenden Darstellung das um Mylius' Person zentrierte Geschehen ausführlich. Er erwähnt gegen Mylius gerichtete Schmähschriften,[19] macht deutlich, dass die Verbundenheit zwischen der Augsburger evangelischen Bevölkerung und Mylius auch nach dessen Ausweisung anhielt,[20] und würdigt ihn schließlich noch einmal anlässlich seines Todes: Über das Hinscheiden „dess getrewen Zeugen vnnd Werckhzeug Gottes, dess Lehrers Georg Millers von Augspurg Bürttig"[21] weiß Kölderer zu berichten, es seien

> wie man glaubwürdig sagt vnnd Schreybt, [...] kurtzer tagen vor seinem Tödtlichen abganng, ain Heller, Clarer, weyser Halo, oder Crayss am Hümell gesehen worden, zue Dreßen des Curfürsten Hoflager, welcher ganntz frey am Hümell gestanden sein soll. [...] Darüber meniglich sich verwunderrt. Alls es auch der Curfürst selber gewar worden, Hatt er alls baldt seine gelertte Leüth, Theologij, vnnd Asstrologij, zuesamen berueffen vnnd von Innen Hierüber ein bedenckhen vnnd ausslegung begerdt, welche Im nach erlanngtem bedacht übergeben worden. Welche endtlich souill zuuerstehn geben haben, Es werde ein Fürnemmes hoches haupt mit Todt abgeen, daran vil gelegen seye. Inn 8. tagen hernacher seye, wie gemeldt, Doctor Miller gestorben, vnd mag wol auch diss gesicht ettwas weytters deütten vnnd sehen.[22]

Von einem Prodigium weiß Kölderer auch in Zusammenhang mit Mylius' Ausweisung aus Augsburg zu berichten, deren Schilderung noch ganz unter dem Eindruck der aufwühlenden Ereignisse des 4. Juni 1584 erfolgt:

18 Vgl. Kölderer: „Beschreibunng vnnd Kurtze Vertzaichnus Fürnemer Lob vnnd gedenckhwürdiger Historien" (Anm. 17), [Bd. 2], S. 1089, wo der Chronist berichtet, „das Ich mir ein Nöttige vnnd bewegliche vrsächliche Raiß fürgenommen, darmit Ich dann Lang Auff gelegenhaitt gewarttet, biß mich Entlich Fraw Daniel Weyssen mit bewilligung meins herren mit Ir zu Nemmen versprochen. Vnnd bin Also mit Inn dem Nammen Gottes des herren, denn 24.ten tag Septemberis Morgens frue mit Ir nach Vllm gefahren, vnd sein Also des andern Tags, Am Mittwoch auff den Mittag Alda (Gott Lob) glückhlich vnd wol Ankhommen. Mein Iunckher Daniell Weyssen etc. frisch vnd gesundt. Auch bey Ime herrn D[octor] G[eorg] Miller gefunden, habe meinen Beichtuatter, vnd die anderen Predicanten fasst Alle haimbgesuecht, vnd gegrüesst". Zur engen personalen Bindung Georg Kölderers an den Superintendenten von St. Anna vgl. Mauer: ‚Gemain Geschrey' und ‚teglich Reden' (Anm. 17), S. 175f.

19 So berichtet Kölderer, gegen Mylius gerichtete Schmäh- und Drohbriefe seien bereits im Sommer 1583 in der schwäbischen Reichsstadt zirkuliert; vgl. Kölderer: „Beschreibunng vnnd Kurtze Vertzaichnus Fürnemer Lob vnnd gedenckhwürdiger Historien" (Anm. 17), [Bd. 1], S. 385: „Herr Doctor Miller zu Augspurg, würdt grosse Schmach bewisen", sowie ebd., S. 431f.

20 Vgl. beispielsweise die Abschrift eines Trostbriefs, den Mylius einem schwer erkrankten Augsburger 1587 aus Wittenberg zukommen lässt; Kölderer: „Beschreibunng vnnd Kurtze Vertzaichnus Fürnemer Lob vnnd gedenckhwürdiger Historien" (Anm. 17), [Bd. 2], S. 877ff.

21 Vgl. Kölderer: „Beschreibunng vnnd Kurtze Vertzaichnus Fürnemer Lob vnnd gedenckhwürdiger Historien" (Anm. 17), [Bd. 4], S. 1999.

22 Ebd., S. 2000. Vgl. auch den Hinweis auf ein Zeichen, das Augenzeugen während der Leichenpredigt anlässlich von Mylius' Bestattung in der Kirche beobachtet haben wollen.

Es ist auch vmb die stundt, da herr Doctor Miller, hatt sollen so Meüchlicher weiß, weckh gefüert, vnd hernach Inn etlichen stunden, vmb die Sonnen ein grosser Ring, mit farben wie ein Regenbogen gesehen worden, welches auch ein Wunderzaichen ist.[23]

Der erratische Charakter von Kölderers Bericht über den durch den Kalenderstreit in Augsburg ausgelösten Aufruhr ist ein Indiz dafür, dass der Chronist sich zunächst vor allem auf mündlich vermittelte Informationen stützte und die publizistischen Quellen zu den ihn interessierenden Vorgängen erst später zur Kenntnis nahm. Dennoch gibt es offenkundige Berührungspunkte zwischen Kölderers Beschreibung des Geschehens und der Darstellung in den Flugschriften und Flugblättern, die kurz nach Mylius' erzwungener Flucht aus Augsburg in den Druck gelangten. Besonders aufschlussreich sind in diesem Kontext jene publizistischen Äußerungen, die eine besondere Nähe zum Superintendenten von St. Anna verraten. Es handelt sich um meist gereimte Flugschriften, deren anonyme Urheber, wie die bisweilen unbeholfenen Knittelverse und die rhetorisch schlichte Diktion vermuten lassen, in der „gemainen Burgerschafft" zu suchen sind, denen Kölderer die zentrale Rolle bei den Tumulten im Gefolge von Mylius' Wegführung zuweist.[24] Neben Drucken, die eine zwar aus protestantischer Sicht formulierte, jedoch tendenziell sachliche und zuverlässige Darstellung des Augsburger Kalenderstreits und der missglückten Ausweisung des Seniors von St. Anna bieten,[25] sind gleich mehrere

23 Kölderer: „Beschreibunng vnnd Kurtze Vertzaichnus Fürnemer Lob vnnd gedenckhwürdiger Historien" (Anm. 17), [Bd. 2], S. 510. Das von Kölderer erwähnte Prodigium findet in gedruckten Quellen wiederholt Erwähnung. So bringt etwa die Flugschrift *Enturlaubung/ Hinfürung vnd errettung des Ehrwürdigen vnd Hochgelehrten Herrn/ Georgij Müller* den Moment der Ausweisung des Superintendenten von St. Anna mit dem von Kölderer genannten Halo in Verbindung: „Ein Losung gab Gott an dem Himmel Welches vil sahen im getimmel/ Ein Regenbogen vmb die Sonn/ Sah mann mit schoenen farben stohn Dardurch der Herr gab zuuerstehn/ Daß er nicht wolt lassen zu gehn Daß mann den seinen zu fuegt schaden." In: Enturlaubung/ Hinfürung vnd errettung des Ehrwürdigen vnd Hochgelehrten Herrn/ Georgij Müller/ der Heyligen schrifft Doctorn/ neben angehencktem trost/ an alle guthertzigen Christen/ welche vmb die erkanten vnd bekanten warheit/ des Goettlichen worts/ vnd heiligen Euangelij willen/ verfolgung muessen leyden vnnd außstehn. Nemlich/ wie Gott zu allen zeitten/ mit seinem gnedigen schutz vnnd schirm/ seiner Christlichen gemein vnnd Kirchen/ bey gewohnet. Hergegen aber die Tyrannen jaemmerlich gestraffet/ vnd was die bestendige bekenner/ fuer einen lohn: Nemlich die Kron des Himmlischen vnd ewigen Lebens/ durch Christum vnsern Herrn zu gewarten haben. Selig seit jr/ wann euch die Menschen vmm meines Namens willen/ schmaehen vnd verfolgen/ vnd reden allerley vbels wider euch/ so sie daran liegen: Seit froelich vnn getrost/ es wirt euch im Himmel wol belohnet werden. Dann also haben sie verfolget/ die Propheten. So vor euch gewesen seind. Matth. 5. Cap. 0.0 Anno M. D. LXXXV, Aiij^{v}.

24 Vgl. Kölderer: „Beschreibunng vnnd Kurtze Vertzaichnus Fürnemer Lob vnnd gedenckhwürdiger Historien" (Anm. 17), [Bd. 2], S. 510f. passim.

25 Beispielhaft kann hier die Flugschrift *KalenderStreitt. So sich in der Keiserlichen Reichstatt Augspurg/ zwischen einem Rath/ Burgerschafft vnd Gmein/wie auch den Euangelischen Kirchendienern/ zugetragen vnnd was sich in wehrender handlung den Newen Kalender belangendt/ von anfang biß zu außtrag der sachen verlauffen habe. 1585. Kuertzlich vnd einfaeltig beschriben: vnd in rechtmaessige Teutsche Reimen gestellet. Anno M. D. LXXXV.* genannt werden. Vgl. dazu Tschopp: Augsburger Kalenderstreit (Anm. 6), S. 247f.

Flugschriften überliefert, die das Schicksal Georg Mylius' vor dem Horizont heilsgeschichtlicher Verwerfungen deuten.[26]

Bemerkenswert ist hier beispielsweise die sich als Augenzeugenbericht eines Goldschmiedegesellen ausgebende Flugschrift *Warhafftiger/ gruendlicher vnd erbermlicher Bericht/ Von der grossen Vneinigkeit/ Empoerung vnd endlichen Auffrhur der Buergerschafft in Augsspurg.*[27] Deren Signifikanz besteht weniger in der vom Verfasser behaupteten Authentizität der Darstellung – der Text enthält eine Reihe unzutreffender Aussagen –,[28] als vielmehr in der Art und Weise, wie das Berichtete mit Bedeutung aufgeladen wird. Exemplarisch zeigt dies jene Passage, in der der Verfasser beschreibt, wie der Superintendent von St. Anna von evangelischen Augsburgern, die zufällig am St.-Anna-Kolleg vorbeigegangen und dadurch Zeugen des Geschehens geworden waren, Abschied nimmt:

> Da hat er vns allen die Hand geboten vnd gesegenet/ Vnd da wir jhn billich solten getroestet haben/ hat er vns mit solchen herrlichen schoenen Trostsprueechen zugesprochen/ auch also/ das wir fast alle weinende von jhm gangen/ sintemahl wir jhn so meuchelisch/ schelmisch vnd verrheterisch fuer vnser aller Augen/ solten sehen daruon fuehren. Jn dem er vns nun gesegnet/ vnd man jhn hinfuehrete/ fieng er an zu singen/ Jn dich habe ich gehoffet HErr/ hilff das ich nicht zu schanden werde/ noch ewiglich zu spotte/ etc. Da hetten vns vnsrere Hertzen moechten zerbrechen/ das er in vnser aller gegenwart solte huelfflos gelassen werden.[29]

Wie Mylius in seinen *Augspurgischen Handeln* berichtet, hatte er sich mit Hinweis auf die Unrechtmäßigkeit des Beschlusses des Augsburger Rats zunächst geweigert, der Aufforderung des Stadtvogts Folge zu leisten.[30] Wenn er in *Warhafftiger/ gruendlicher vnd erbermlicher Bericht/ Von der grossen Vneinigkeit/ Empoerung vnd endlichen Auffrhur der Buergerschafft in Augsspurg* als Verkörperung demütiger Ergebenheit auftritt, als frommer Christ, der bereit ist, um der Wahrheit willen notfalls auch den Tod zu erleiden, wird evident, welche Bedeutung der Vorstellung einer apokalyptischen Gegenwart, die den Rechtgläubigen besondere Prüfungen und Verfolgungen auferlegt, für die protestantische Wahrnehmung der konfessionellen Auseinandersetzungen zukommt. Zugleich erscheint das geistliche Oberhaupt der Augsburger

---

26 Vgl. Tschopp: Augsburger Kalenderstreit (Anm. 6), S. 248f.

27 Warhafftiger/ gruendlicher vnd erbermlicher Bericht/ Von der grossen Vneinigkeit/ Empoerung vnd endlichen Auffrhur der Buergerschafft in Augsspurg wider einen Erbarn Rath daselbst/ des Newen Bapsts Calender wegen/ wie derselb entstanden/ Vnd wie sie jhren Superintendens heimlich haben woellen wegfuehren/ Aber durch sonderlicher schickung Gottes offenbaret/ aus der Feinde Handt errettet worden. Alles gruendlich vnd ordentlich von einem der selbst mit vnd darbey gewesen/ an einen guten Freund geschrieben. M. P. V. N. ANNO 1584.

28 So deckt sich beispielsweise die Behauptung, zwei Gesellen seien von Stadtsoldaten erschossen worden, nicht mit der Darstellung in anderen Quellen, in denen nur von einem Toten die Rede ist; vgl. Aiijv, wo es heißt: „Die Landsknechte aber waren wider auff vns behend mit jhren Roehren vnd schossen von den vnsern zween todt".

29 Warhafftiger/ gruendlicher vnd erbermlicher Bericht/ Von der grossen Vneinigkeit / Empoerung vnd endlichen Auffrhur der Buergerschafft in Augsspurg (Anm. 27), Aiij^{r}.

30 Vgl. Georg Mylius: Augspurgische Handel (Anm. 11), Gviij^{v}f.

Lutheraner als *exemplum* einer vollendeten *imitatio Christi* und einer sich in die Nachfolge christlicher Märtyrer stellenden Geisteshaltung.[31]

Auch in *Ein Klaeglichs Lied/ von dem betruebten zůstandt/ des Ehrwirdigen/ hochgelehrten Herren/ Georgij Müller* wird Mylius als leuchtendes Beispiel des sich für seine religiöse Überzeugung opfernden Christen vor Augen geführt.[32] Der anonyme Autor betont, dass der Superintendent von St. Anna „wolt […] sein leben lassen mehr/ dann der welt gunst zů tragen", dass, als man ihm „als eim ketzer" nachstellte und nach seinem Blut trachtete, er sich „willig" ergeben, Gott „in seinen noethen" gelobt und im Angesicht seiner Feinde zum Höchsten gebetet habe.[33] Mylius' wundersame Errettung verhindert das Schlimmste, und so ist es der am gleichen Tag erfolgte Tod seiner Ehefrau, der dem Verfasser dazu dient, die Anfechtungen ins Gedächtnis zu rufen, denen fromme Lutheraner sich um des Glaubens willen ausgesetzt sehen: Über Mylius' Gemahlin heißt es in *Ein Klaeglichs Lied/ von dem betruebten zůstandt/ des Ehrwirdigen/ hochgelehrten Herren/ Georgij Müller*, sie habe „Jr Leib vnd Seel in Gottes hend/ gedultig" befohlen und „bestendiglich […] bekennet", Jesus Christus sei ihr Trost und habe sie durch sein Blut erlöst. Auf ihr vorbildliches Sterben folgt der ihr zukommende Lohn: „Also in Himmlischem Saal/ war sie sanfft auffgenommen/ gezelt in der Martererzal/ der Marterkron bek[o]mmen".[34] Der Leidensweg Georg Mylius' und seiner Gattin erscheint in *Ein Klaeglichs Lied/ von dem betruebten zůstandt/ des Ehrwirdigen/ hochgelehrten Herren/ Georgij Müller* nicht als singuläres Schicksal, sondern als Ergebnis einer heilsgeschichtlichen Konstellation, die durch die apokalyptische Auseinandersetzung zwischen den mit dem Antichrist in eins gesetzten Papisten und „Jesuwieder[n]"[35] und den protestantischen Theologen, den „Gottselige[n] Lehrer[n]"[36] als den Repräsentanten der wahren *ecclesia Christi*, gekennzeichnet ist. Nicht zufällig wird auf dem Frontispiz als Adressatin der Flugschrift denn auch die „Christliche Gemain" aufgerufen, der das Werk „in disen gefaehrlichen zeiten der verfolgung/ zů sonderm Trost gestellet" sei, und in den Liedstrophen immer neu daran erinnert, dass die „feinde toben", dass sie „wueten

31 Der Begriff des ‚protestantischen Märtyrers' findet sich bereits bei Mauer: ‚Gemain Geschrey' und ‚teglich Reden' (Anm. 17), S. 167; die Vorstellung eines protestantischen Märtyrertums wird allerdings bei Mauer nicht vertieft. Vgl. auch die Hinweise bei Appold: Der Fall Georg Mylius (Anm. 14), S. 162f.

32 Ein Klaeglichs Lied/ von dem betruebten zůstandt/ des Ehrwirdigen/ hochgelehrten Herren/ Georgij Müller/ Doctor vnd Pfarrherr der Euangelischen kirchen bey S. Anna zů Augspurg: nemmlich wie listiglich er vmb der bekandten warheit/ vnn seiner Schaefflein hail willen gefangen/ vnd doch durch die gewaltige hilff Gottes widerumb wunderbarlicher weiß/ auß seiner feind handt genummen/ vnd erloest worden. Einer Christlichen Gemain/ in disen gefaehrlichen zeiten der verfolgung/ zů sonderm Trost gestellet. Jn der Melodia/ Wo Gott der Herr nit bey vns helt/ etc. 1584. Eine Teilabschrift der Flugschrift findet sich auch in Georg Kölderers Chronik, vgl. Kölderer: „Beschreibunng vnnd Kurtze Vertzaichnus Furnemer Lob vnnd gedenckhwürdiger Historien" (Anm. 17), [Bd. 2], S. 506–509.

33 Ebd., Aiij^{r}.

34 Ebd., Aiiij^{r}.

35 Ebd., Aij^{r}.

36 Ebd., Aij^{v}.

fast vnd faren her/ vnd woellen gar verschlingen/ Die Christlich gmein vnd Christi lehr".[37]

Auf die heilsgeschichtlichen Implikationen der Ausweisung des Superintendenten von St. Anna zielt auch *Enturlaubung/ Hinfürung vnd errettung des Ehrwürdigen vnd Hochgelehrten Herrn/ Georgij Müller*, eine Flugschrift, in der das Ereignis nicht nur in seiner apokalyptischen Dimension erhellt, sondern überdies parallelisiert wird mit den im Alten Testament beschriebenen Angriffen gegen das auserwählte Volk Gottes sowie den durch römische Kaiser angeordneten Christenverfolgungen.[38] Wie die Israeliten als altes Volk des Bundes, so die Botschaft, seien auch die Evangelischen als neues Volk des Bundes Anfechtungen ausgesetzt, aus denen Gott sie schließlich erretten werde;[39] das schreckliche Ende jener Kaiser wiederum, die sich als Verfolger der urchristlichen Gemeinden hervorgetan hätten, mache deutlich, welche Strafe diejenigen zu gewärtigen hätten, die gegen die Rechtgläubigen Gewalt ausübten.

Die für die protestantische Publizistik zum Augsburger Kalenderstreit charakteristischen Darstellungs- und Deutungsmuster religiöser Verfolgung begegnen auch in einigen Publikationen, in denen der ehemalige Superintendent von St. Anna seine Position und sein Verhalten verteidigt. Im Nachgang zu den in Mylius' Ausweisung kulminierenden Ereignissen hatte dieser eine Reihe von Flugschriften verfasst, in denen er den Vorwurf zurückweist, er habe die evangelische Bevölkerung Augsburgs zum Widerstand gegen die Obrigkeit aufgestachelt, und den Umgang des Magistrats mit seiner Person scharf verurteilt. In unserem Zusammenhang von besonderem Interesse sind jene Drucke, in denen Mylius sich zu seiner Ausweisung äußert, allen voran die 1586 erschienene Flugschrift *Augspurgische Handel*: Mit Blick auf seine Wegführung durch den Stadtvogt hebt Mylius in seiner Apologie hervor, dass er nach anfänglicher Weigerung der Aufforderung des Stadtvogts „gedůltiglich" nachgekommen sei, seinen Predigtrock abgelegt, seine Familie und das Hausgesinde gesegnet und sich „dem schutz Gottes vnnd geleit der lieben Engel befohlen" habe.[40] Als seine Häscher ihn in den Wagen, der ihn aus der Stadt bringen sollte, hätten zwingen wollen, habe er erfolglos darum gebeten, „diesen gang meines HERRN Christi Exempel nach zu fuss verrichten" zu dürfen, sei daraufhin vor seiner Haustür niedergekniet, um Gott im Gebet „mein Seel/ Weib vnd Kinder/ Kirchen vnd Vaterland" anzubefehlen, habe seine „Pfarrkinder" gesegnet und sich – „mir vnd andern zu trost" den 31. Psalm anstimmend – zum Wagen begeben.[41]

Mylius' Bemühen, die in den frühen publizistischen Reaktionen auf seine Ausweisung sich abzeichnende Märtyrererzählung fortzuschreiben, sich durch die Art und Weise, wie er den Abschied von seinen Angehörigen und der Gemeinde inszeniert, in

37 Ebd., Aj^{v}.

38 Enturlaubung/ Hinfürung vnd errettung des Ehrwürdigen vnd Hochgelehrten Herrn/ Georgij Müller (Anm. 23).

39 Zur protestantischen Vorstellung, in typologischer Entsprechung zum jüdischen Volk ‚Volk des Bundes' zu sein, vgl. Tschopp: Heilsgeschichtliche Deutungsmuster in der Publizistik des Dreißigjährigen Krieges (Anm. 3), S. 142–163.

40 Georg Mylius: Augspurgische Handel (Anm. 11), Jiiij^{v}.

41 Ebd., K^{r}f.

eine Reihe mit antiken und zeitgenössischen Blutzeugen Christi zu stellen, ist offenkundig. Der Bezug insbesondere zu den französischen Hugenotten, die nicht selten psalmodierend ihrer Hinrichtung entgegengingen, dürfte Mylius durchaus bewusst gewesen sein, wie die Erwähnung der Bartholomäusnacht im selben Kontext vermuten lässt.[42] Die tödliche Gefahr, in der er sich, als er sich seinen Häschern auslieferte, befand und der er allein „durch allergnaedigste schickung des Allmechtigen" entronnen sei,[43] hebt Mylius gleich mehrfach durch den Verweis auf ihm zugetragene Aussagen informierter Personen hervor: So habe ein Gastwirt kundgetan, „das etliche Welsche Boten glaubwirdig berichten/ fuer mich auff der strassen nach Jtalia etlicher orten die Herberg solle bestellet gewesen sein" und zwei Jesuiten hätten in Rastatt zwei Augsburgern, die sie für Katholiken hielten, dargelegt, „was Process der heilige Vater zu Rom gegen mir fuerzunemen gesinnet gewesen". Ein „Frantzoesischer Baepstischer Herr" wiederum habe beteuert, man habe in Rom Wetten auf Mylius' Ankunft abgeschlossen, und eine „Baepstische vielwissende Fraw" habe die Behauptung aufgestellt, „Der Kessel mit Oele sey zu Rom schon vbers fewer gethan/ darinnen ich sollte gesotten werden".[44] Der ins Martyrium mündende Gang nach Rom ruft nicht nur die antiken Christenverfolgungen, namentlich das Martyrium des Heiligen Vitus, ins Gedächtnis, sondern erinnert auch an Martin Luthers Weigerung, seine Thesen zum Ablass in Rom zu verteidigen und dessen Flucht aus Augsburg, nachdem die dortigen Gespräche mit dem päpstlichen Gesandten Thomas Cajetan zu keiner Einigung geführt hatten. Wie vor ihm Luther gelingt es Mylius, sich vor seinen Verfolgern in Sicherheit zu bringen und so sind es auch bei Mylius dessen verstorbene Frau sowie ein junger Handwerkergeselle, der sich der Festnahme des Seniors von St. Anna widersetzt hatte und dabei zu Tode gekommen war, denen die „selige Marterkron"[45] zugesprochen wird. Das Opfer des Handwerksgesellen, dessen Tod in den 1584 veröffentlichten Flugschriften allenfalls eine kurze Erwähnung findet, schildert Mylius ausführlich und bringt es in Zusammenhang mit jenem Halo, das Augenzeugen unmittelbar nach der Ausweisung des Superintendenten von St. Anna gesehen haben wollen.[46]

---

42 Vgl. ebd., Kij^{r}, wo von der „Parisische[n] Hochzeit" die Rede ist.

43 S. Urbans Predigt/ Doctor Georgen Muellers von Augspurg/ von seinem zustand vnd vrlaubung daselbst/ geschehen auff S. Urbans tag/ den XXV. Maij 1584. Gehalten Zu Ehren vnd Danck der heyligen Dreyfaltigkeit/ in der Schloss vnd Stifftkirchen zu Wittemberg/ den XXV. Maij/ Anno 1586. Wittemberg/ Gedruckt bey Matthes Welack., C^{r}.

44 Ebd., Kij^{v}f. Dass katholische Gegner dem Senior von St. Anna tatsächlich den Tod wünschten, lässt ein Brief Hans Fuggers an seinen Neffen Jörg von Montfort vermuten, in dem Fugger der Hoffnung Ausdruck verleiht, der Kaiser werde die Reichsstadt Ulm auffordern, Mylius nach Wien auszuliefern, damit er dort hingerichtet werden könne; vgl. Dauser: Informationskultur und Beziehungswissen (Anm. 6), S. 279.

45 Ebd., Kiij^{r}. Vgl. auch Kiij^{v}, wo Mylius beklagt, dass sein Kind („mein Fleisch vnd Blut") und seine Ehefrau („mein eigen Herz") „zur marter herhalten" und zu „Blutzeugen" hätten werden müssen.

46 Die entsprechende Textpassage lautet: „Diesem mus ich zu danckbarem gedechtnis allhie so viel vermelden/ das da jm entlich auff sein vielfeltig fragen kurtz vor seinem abschied die Botschafft angezeiget worden/ das ich noch bey leben vnd in guter verwarung sey/ er seine hende gen Himmel auffgehaben [!]/ vnd Gott gedancket hat/ das er mit seinem Leben mir mein Leben zufristen von

Systematisiert und einer theologischen Interpretation zugrunde gelegt wird das Thema des Leidens und Sterbens um Christi willen in Mylius' Flugschrift *S. Urbans Predigt*, die eine Kanzelrede wiedergibt, welche der ehemalige Superintendent von St. Anna in Erinnerung an den 4. Juni 1584 in der Schlosskirche in Wittenberg hielt. Neben Papst Urban I., der der Legende zufolge im Jahr 230 an dem ihm im Heiligenkalender zugewiesenen Gedenktag den Märtyrertod erlitten haben soll,[47] ist es vor allem der Apostel Paulus, der als Zeuge dafür aufgerufen wird, dass die, „die da Gottselig wollen leben in Christo Jhesu/ muessen verfolgung leiden",[48] dass sie jedoch zugleich auf die Gnade Gottes hoffen könnten, der in der Lage sei, Gefahr auf wundersame Weise abzuwenden. Die Exegese von 2 Kor 11, 30-33, wo Paulus berichtet, wie er sich seinen Verfolgern in Damaskus durch die Flucht in einem aus einem Fenster in der Stadtmauer heruntergelassenen Korb zu entziehen vermochte, bildet die Folie für eine Homilie, in der die Analogiebildung zwischen dem frühchristlichen Apostel und Mylius dazu dient, Letzteren als unerschrockenen Verteidiger der lutherischen Konfession zu schildern, dem Gott große Prüfungen auferlegt, um ihn schließlich über seine religiösen Gegner triumphieren zu lassen. Zwar räumt Mylius in einer rhetorischen Demutsgeste ein, er sei als „vnwirdiger Diener Christi/ mit Paulo im geringsten sonst nicht zuuergleichen", nicht wert diesem „die Schuchriemen auff[zu]loesen",[49] die Parallelen zwischen Paulus, dem seine Feinde in völlig ungerechtfertigter Weise, wie Mylius betont, nachstellen und dem es dank der Hilfe mutiger Glaubensgenossen gelingt, lebend aus Damaskus zu entkommen, und dem Senior von St. Anna, dessen Wegführung durch den Stadtvogt in *S. Urbans Predigt* als existentielle Bedrohung, aus der ihn göttliches Eingreifen errettet habe, beschrieben wird, sind dennoch evident und offenbaren die weit über Mylius' individuelle Erfahrung hinausreichende Signifikanz der mit seiner Ausweisung aus Augsburg verknüpften Ereignisse.[50]

Mit der Darstellung der Gefahr, in der er schwebte, und der von göttlichen Zeichen begleiteten Befreiung aus dieser Gefahr popularisiert Mylius ein Darstellungs- und Deutungsmuster seiner Ausweisung aus Augsburg, das Jahrzehnte später in den ihm gewidmeten Funeralschriften noch einmal aufgegriffen wurde und schließlich in die Biographik Eingang fand. So trägt ein lateinisches Würdigungsgedicht, das

---

Gott wirdig geachtet worden. Bald darauff seine Seel Christo in seine hende befohlen/ vnnd den Weibern so jhme auff der Erden ligend labsal gebracht hatten/ bekandt/ Er sich so gewis wisse ein Himmelkind/ vnd in Christo aller Suenden ledig sein/ als gewis er den schoenen ring oder circkel am Himmel (dahin er mit auffgehabener hand gedeutet) vmb die Sonne sehe. Darauff die vmbstehende Personen jre augen gen Himel gehaben/ vnd einen vngewoenlichen grossen vnd schoenen Ring mit grosser verwunderung vmb die Sonne gesehen/ vnd ob diesem vnuersehenen Zeichen in diesem trawrigen zustand viel tausent Personen einen sonderlichen trost vnd hoffnung empfangen haben." Ebd., Kiij^{v}.

47 Vgl. S. Urbans Predigt (Anm. 43), Aij^{r}f.

48 Ebd. B^{v}.

49 Ebd., Bij^{v}.

50 Zu Mylius' Ausweisung vgl. ebd., Biiij^{r}–Ciij^{r}. Im genannten Kontext erwähnt Mylius auch jene Gerüchte, die belegen sollen, dass seine katholischen Gegner ihn nach Rom auszuliefern planten, wo ihn der Märtyrertod erwartete.

anlässlich von Mylius' Tod im Jahr 1607 veröffentlicht wurde, den Titel *Martyrium Mylianum*,[51] und in der Leichenpredigt, die der Wittenberger Professor Friedrich Balduin nach Mylius' Ableben vor einer großen und illustren Trauergemeinde hielt, erinnert der Redner an die „vnerhoerten vnn vnbefugten Processen/ vnd heimischen Mordpracticken", mittels derer der Verstorbene aus seiner Vaterstadt vertrieben worden sei, und erwähnt im selben Zusammenhang auch den „Kessel mit oel/ in welchem er [in Rom] solte gesotten werden".[52] Mehr als hundert Jahre später begegnet dieses Gerücht erneut in Heinrich Zedlers *Grossem vollständigem UNIVERSAL LEXICON Aller Wissenschafften und Künste.*[53] In seinem dem Augsburger Theologen gewidmeten Artikel berichtet der Verfasser überdies von dessen Aufenthalt in Ulm, das dieser nachträglich als sein Patmos bezeichnet habe,[54] und verweist damit auf eine Parallelisierung zwischen Mylius' Exil und der Insel, auf der Johannes an seiner Offenbarung gearbeitet haben soll, die bereits in Balduins Leichenpredigt bezeugt ist[55] und schließlich in Wilhelm Bestes mehrbändigem Kompendium der „bedeutendsten Kanzelredner der älteren lutherischen Kirche" erneut begegnet.[56] In seinem

---

51 Der vollständige Titel lautet: Martyrium Mylianum, Parentationis loco; Reverendo & Clarißimo Viro Dn. Georgio Mylio, SS. Th. Doctori celeberrimo, Professori Witebergensis Academiæ Primario, & eiusdem loci Superattendenti vigilantissimo, suoque olim Præceptori colendo, &c. qui post plurimum infortunium, & labors professionis suæ varios tandem superatos, in vera eaque cœlesti patria III. Cal. Junij, Anno 1607. Incepit quiescere [...] qui [...] in vera eaque coelesti patria III. Cal. Iunii, Anno 1607. incepit quiescere; 3. Cal. Iul. eiusdem anni in celebri Auditorum sessione Celebratum Ienæ à M. Samuele Haunschildo, Schmöllensi. Epigramma in Mortem & Papam; Mors & Papa suis petiêre laboribus unum: alter amat currus, alter a sandapilam. Hæc modo si veluti currus valuisset, apud nos MYLIVS officium posset habere suum. Hic tamen amborum, Mortis Pap. [?] triumph [?]: Alter nil potuit, altera nil potis est. Witeb: Typis Cratonianis: Sumptibus Zach Schureri. Bibl. 1607. http://nbn–resolving.de/urn:nbn:de:urmel–caa1c191–4f6e–47ad–9fea–b86c48f506e82–00000509–020 (letzter Zugriff 26.05.2015).

52 Eine Christliche Leichpredigt BEy dem Volckreichen Leichbegangnuß/ des weilandt Ehrwurdigen/ Achtbarn vnd hochgelarten Herrn GEORGII MYLII, Der heiligen Schrifft Doctoris vnd Professoris, auch Superintendenten zu Wittemberg. Welcher am 28. Maij frue bald vmb 9. vhr/ dieses jetzt lauffenden 1607 Jares/ in Gott seliglich vorschieden ist. Gehalten am Sontage der H. Dreyfaltigkeit/ in der Pfarrkirchen zu Wittemberg. Durch FRIDERICVM BALDUINVM, der H. Schrifft Doctorem vnd Professorem/ auch Collegij Theologici zur zeit Decanum. Neben angeheffter Intimation Magnifici Domini Rectoris. 1607. Mit Churf. Sachs. Freyheit. Gedruckt zu Wittemberg/ bey Joh. Gorman/ Jn vorlegung Paul Helwigs Buchf., S. 34.

53 Vgl. Grosses vollständiges UNIVERSAL LEXICON Aller Wissenschafften und Künste, Welche bishero durch menschlichen Verstand und Witz erfunden und verbessert worden [...]. 22. Bd.: Mu–Mz. Leipzig, Halle o. J. [1739], Sp. 1698–1700, hier Sp. 1699, wo es heißt: „[...] wobey sich einige Catholicken sollen verlauten lassen, daß der Kessel mit Oehle, darinnen man ihn sieden würde, zu Rom schon übers Feuer gesetzt wäre". Im selben Kontext erwähnt der Autor auch den Psalm, den Mylius auf seinem Weg zu Wagen, der für ihn bereit stand, gesungen haben soll.

54 Ebd. Die Stelle lautet: „[...] da er sich denn ein gantz Jahr in Ulm, welches er deßwegen seinen Pathmum nannte, aufgehalten".

55 Vgl. Eine Christliche Leichpredigt BEy dem Volckreichen Leichbegangnuß/ des weilandt Ehrwurdigen/ Achtbarn vnd hochgelarten Herrn GEORGII MYLII (Anm. 52), S. 36.

56 Vgl. Wilhelm Beste: Die bedeutendsten Kanzelredner der älteren lutherischen Kirche von Luther bis zu Spener in Biographien und einer Auswahl ihrer Predigten. Bd. 2. Leipzig 1858, S. 315–318, hier S. 317.

biographischen Abriss aus dem Jahre 1858 hebt Beste wiederholt die Anfeindungen hervor, denen Mylius sich ausgesetzt sah, behauptet, „[s]ein Bildnis soll damals in Rom aufgehängt und beschimpft worden sein",[57] und geht ausführlich auf Mylius' Ausweisung aus Augsburg ein, wobei er es nicht versäumt, sowohl auf den Psalm, den Mylius bei dieser Gelegenheit gesungen haben will, als auch auf das von Katholiken verbreitete Diktum, „der Kessel mit Öl, in dem er sieden solle, [sei] in Rom schon über's Feuer gesetzt", hinzuweisen[58] und die die Befreiung des Superintendenten von St. Anna begleitenden Wunderzeichen in Erinnerung zu rufen.[59]

In der Zusammenschau lassen die im Kontext des Augsburger Kalenderstreits veröffentlichten publizistischen Stellungnahmen protestantischer Provenienz bemerkenswert konstante Darstellungs- und Deutungsmodi erkennen, deren Konturen sich bereits in den ersten Verlautbarungen zu den im Tumult vom 4. Juni 1584 kulminierenden Ereignissen abzeichnen. Insbesondere die Beschreibung der Ausweisung des Superintendenten von St. Anna folgt einem sich früh ausbildenden Muster, das Mylius sowohl in seiner *S. Urbans Predigt* als auch in der Flugschrift *Augspurgische Handel* aufgreift, systematisiert und in einen Interpretationsrahmen stellt, den es abschließend zu analysieren und in seinen Funktionsmöglichkeiten zu erhellen gilt. Konkret soll danach gefragt werden, welche Signifikanz dem Motiv des um seines Glaubens willen verfolgten Zeugen Christi vor dem Hintergrund der seit den Anfängen der lutherischen Reformation in protestantischen Milieus vielfältig zutage tretenden Überzeugung, als in der Tradition der urchristlichen Gemeinden stehende wahre *ecclesia* in einem apokalyptischen Konflikt begriffen zu sein, zukommt und welche Optionen konfessionspolitischer Instrumentalisierung dieses Motiv bietet.

III.

Für die Legitimation nicht nur des frühen Luthertums konstitutiv ist die Vorstellung einer Kontinuitätslinie zwischen der sich formierenden Gemeinschaft der evangelischen Gläubigen und den urchristlichen Gemeinden. Es kam den Reformatoren gerade nicht darauf an, als Gründer einer völlig neuen Kirche in Erscheinung zu treten; vielmehr konzeptualisierten sie die eigene Konfessionsgruppe als in der Nachfolge der ersten Christen stehende wahre *ecclesia Christi*, in der jene in der Heiligen Schrift gegründete Theologie ihre Verkörperung erfahren habe, die auf katholischer Seite im Lauf der Kirchengeschichte preisgegeben worden sei. Die Verfügungsgewalt über die autorisierende Tradition einer sich historisch offenbarenden Kirche lag demnach nicht bei der zum Werkzeug antichristlicher Bestrebungen mutierten Römische Kirche, sondern bei den Protestanten, die für sich in Anspruch nehmen durften, die

57 Ebd., S. 315.
58 Ebd., S. 316.
59 Vgl. ebd., S. 316f., wo Beste auf den in der Publizistik zum Augsburger Kalenderstreit immer wieder erwähnten Knaben, der ein riesiges Stadttor aus eigener Kraft geschlossen habe, und das Halo, das von Augenzeugen gesichtet worden sei, eingeht.

Schar der Rechtgläubigen zu repräsentieren. Die für das lutherische Selbstverständnis grundlegende Auffassung, die wiederhergestellte *ecclesia Christi* zu sein, bildet den Ausgangspunkt für eine Reihe von religiösen Postulaten, deren Spuren sich in zahlreichen Flugschriften des 16. und 17. Jahrhunderts finden – nicht zuletzt in den von mir untersuchten Quellen. In diesem Kontext relevant ist erstens das Konzept der Jüngerschaft Christi, die im frühen Christentum verbreitete Vorstellung also, der Fromme habe in der Nachfolge des Gottessohns zu stehen. Das Gebot der Christusjüngerschaft galt nach lutherischer Auffassung zwar für alle Gläubigen, diente jedoch insbesondere als Rollenmodell für Geistliche, und so ist es kein Zufall, wenn Mylius sich in seiner *S. Urbans Predigt* mit Paulus in eins setzt und in diesem Zusammenhang daran erinnert, welche Autorität den Aposteln als den Verkündern des Evangeliums zukommt. Noch bedeutsamer ist zweitens die Erwartung der Parusie, die in den urchristlichen Gemeinden verbreitete Hoffnung also, die Wiederkunft des Gottessohns stünde unmittelbar bevor, eine Hoffnung, die ihren Widerhall in der eschatologischen Fundierung der Geschichtstheologie Martin Luthers findet. Die Persistenz einer sich in der frühen Reformation ausbildenden Diskursformation, die den Konflikt zwischen katholischer und lutherischer Kirche als apokalyptische Auseinandersetzung begreift, als Kampf zwischen dem römischen Pontifex als Inkarnation des zunächst triumphierenden Antichrists und dem bedrängten, jedoch letztlich obsiegenden Häuflein der Gerechten, bezeugen neben zahlreichen aus dem 16. Jahrhundert überlieferten publizistischen Quellen noch all jene Flugschriften aus der Zeit des Dreißigjährigen Krieges, in denen die politischen und konfessionellen Antagonismen vor dem Horizont apokalyptischer Umwälzungen verhandelt werden.[60] Auch in den Stellungnahmen zum Augsburger Kalenderstreit rekurrieren die Autoren wiederholt auf eschatologische Deutungsmuster: So werden in *Ein Klaeglichs Lied/ von dem betruebten zůstandt/ des Ehrwirdigen/ hochgelehrten Herren/ Georgij Müller* die Gegner der Augsburger Lutheraner mit den Gottesfeinden der Apokalypse in eins gesetzt,[61] und in *Enturlaubung/ Hinfürung vnd errettung des Ehrwürdigen vnd Hochgelehrten Herrn/ Georgij Müller* erscheint Mylius als mutiger Widersacher des römischen Antichrists.[62] In *Baurenklag/ Vber des Bapst Gregorij xiij. Newen Calender*, einer gegen die gregorianische Kalenderreform argumentierenden Flugschrift, der ein Lied beigefügt ist, das das Schicksal des Superintendenten von St. Anna beklagt, schließlich wird dem Papst vorgeworfen, er habe durch seinen neuen Kalender zum Ausdruck bringen wollen, dass die Welt und mit ihr die Herr-

---

60 Vgl. dazu Volker Leppin: Antichrist und Jüngster Tag. Das Profil apokalyptischer Flugschriftenpublizistik im deutschen Luthertum 1548–1618. Gütersloh 1999 (Quellen und Forschungen zur Reformationsgeschichte 69), sowie Tschopp: Heilsgeschichtliche Deutungsmuster in der Publizistik des Dreißigjährigen Krieges (Anm. 3), S. 192–228.

61 Vgl. Ein Klaeglichs Lied/ von dem betruebten zůstandt/ des Ehrwirdigen/ hochgelehrten Herren/ Georgij Müller (Anm. 32), Aiiij[r]f., wo Gott aufgerufen wird, den für seine Sache einstehenden Frommen „gnad/ hilff/ sterck vnd segen" zu verleihen, damit sie sich „zů aller zeit/ kecklich erweren moegen/ wider des Antechristes gewalt".

62 Vgl. Enturlaubung/ Hinfürung vnd errettung des Ehrwürdigen vnd Hochgelehrten Herrn/ Georgij Müller (Anm. 23), Aij[r].

schaft der Römischen Kirche noch „vil hundert Jahr" währen würden, obwohl es doch offenkundig sei, dass das Jüngste Gericht nicht mehr lange auf sich warten lasse.[63] Als „Zeichen vor der Welt End" wird in *Baurenklag/ Vber des Bapst Gregorij xiij. Newen Calender* übrigens auch und gerade die das Opfer der antiken Blutzeugen Christi in Erinnerung rufende Verfolgung der Rechtgläubigen hervorgehoben.[64]

Mit dem Topos des Leidens und Sterbens um des Glaubens willen ist ein drittes aus der Korrespondenz zwischen urchristlicher *ecclesia* und lutherischem Bekenntnis ableitbares Moment des protestantischen Selbstverständnisses benannt, das es abschließend in den Blick zu nehmen gilt: Seit den Anfängen der Reformation gehört religiöse Verfolgung zu den konstitutiven Erfahrungen der Anhänger der protestantischen Glaubenslehren. Wie die Märtyrerflugschriften der ersten Reformationsjahrzehnte und die seit der Mitte des 16. Jahrhunderts im deutschsprachigen Raum in teils hohen Auflagen gedruckten evangelischen Martyrologien belegen, entsprach es auch in lutherischen Milieus einem Bedürfnis, diese Erfahrungen durch die Stiftung einer spezifisch protestantischen „Heiligen-*memoria*"[65] im kollektiven Gedächtnis zu verankern.[66] Kennzeichnend für die protestantische „Heiligen-*memoria*" ist, dass sie

---

63 Die entsprechende Stelle lautet: „Dann nach Christi deß Herren sag/ Schleicht schon herein der jüngste tag. Alle Zeichen vor der Welt End/ Schon gehoert vnd verlauffen send". Baurenklag/ Vber des Bapst Gregorij xiij. Newen Calender/ Namlich/ was für grosse Vnordnung (beides im Geistlichen/ wie auch im Weltlichen Regiment/ inn Kirchenyebungen/ vnd inn anndern Politischen Sachen/ Haendeln vnnd Gewerb) darauß entsprungen/ gewachßen vnd herkommen sey. Kuertzlich vnd einfaltig in gebundene reden gestellet vnd verfasset. Ein New Lied/ vom newen Calender/ auch was sich zu Augspurg/ den 4. Tag Brachmonats/ inn disem 84. Jar hat zugetragen. Jm Ton/ Es wonet Lieb bey Liebe/ etc. 1584. Unvollständig paginiert.

64 Dass die Vorstellung, das Jüngste Gericht stünde unmittelbar bevor, keine Einzelmeinung darstellt, sondern in lutherischen Milieus noch in der zweiten Hälfte des 16. Jahrhunderts verbreitet war, bestätigt Georg Kölderer in seiner Chronik. Das offenkundige Interesse an Prodigien, die er als Beleg für das nahende Ende perzipiert, und die seine Aufzeichnungen grundierenden eschatologischen Deutungsmuster lassen keinen Zweifel an Kölderers Überzeugung, Augenzeuge apokalyptischen Geschehens zu sein. Prägnant äußert er sich dazu in der Einleitung zum letzten Teil seiner Chronik: „Der Allmechtig Gott vnd Vatter, Gebe vnns ein Fryden, Freüdenreiches, vnd glückhseeliges Newes Iar. Ia baldt das ewig vnd Immerwehrende Iar. Darinnen wir, aus allem Iammer vnd ellendt, baldt möchten erlesst werden. Es hebt doch alberaytt schon an, An allen ortten zue krachen, als zum gewisen anzaigen, das der Iüngste tag seer nahe, vnd nach vor der Thür ist. Nun mehr kain Frist, oder Lenngerer Verzug zuuermuetten ist. Ia noch einmal, Ia alle augenblickh, nicht mehr sicher sein." Kölderer: „Beschreibunng vnnd Kurtze Vertzaichnus Fürnemer Lob vnnd gedenckhwürdiger Historien" (Anm. 17), [Bd. 4], S. 1800f. Zur Verbreitung eschatologischer Deutungsmuster in zeitgenössischen Augsburger Quellen vgl. Roeck: Eine Stadt in Krieg und Frieden (Anm. 8), S. 71–78.

65 Den Begriff der „Heiligen-*memoria*" ist dem Aufsatz von Thomas Fuchs: Protestantische Heiligen-*memoria* im 16. Jahrhundert. In: Historische Zeitschrift 267 (1998), S. 587–614, entnommen.

66 Zu den protestantischen Martyrologien vgl. grundlegend Annemarie und Wolfgang Brückner: Zeugen des Glaubens und ihre Literatur. Altväterbeispiele, Kalenderheilige, protestantische Märtyrer und evangelische Lebenszeugnisse. In: Wolfgang Brückner (Hg.): Volkserzählung und Reformation. Ein Handbuch zur Tradierung und Funktion von Erzählstoffen und Erzählliteratur im Protestantismus. Berlin 1974, S. 520–578. Eine umfassende Studie zur Signifikanz des Martyriums in der frühen Neuzeit hat vor einigen Jahren Peter Burschel vorgelegt: Sterben und Unsterblichkeit. Zur Kultur des Martyriums in der frühen Neuzeit. München 2004 (Ancien Régime. Aufklärung

die neuzeitlichen Glaubenszeugen in eine Reihe stellt mit den biblischen und altkirchlichen Bekennern des Christentums, deren Vorbild den Deutungshorizont für die Einordnung aktueller Bedrohungen bildet. Wenn sich demnach einige im Kontext des Augsburger Kalenderstreits veröffentlichte Flugschriften um eine Analogiebildung zwischen den frühen Christenverfolgungen und dem Vorgehen staatlicher und kirchlicher Organe gegen Lutheraner bemühen, steht dies durchaus in Einklang mit der im protestantischen Schrifttum des 16. Jahrhunderts vielfältig vermittelten Überzeugung, evangelische Gläubige seien einer besonderen religiös motivierten Gefährdung ausgesetzt. Die (Selbst-)Inszenierung des Superintendenten von St. Anna als um seines Glaubens willen Verfolgter fügt sich in dieses Denkmodell und präsentiert außerdem ein Verhaltensideal, dem frühchristliche Blutzeugen und zeitgenössische Märtyrer gleichermaßen als Referenzrahmen dienen. Indem Mylius in seinem Bericht über die Ausweisung aus Augsburg mit bemerkenswerter Präzision dem Beschreibungsmuster protestantischer Märtyrerhagiographien folgt – er spendet den Anwesenden Trost, betet und singt einen Psalm –,[67] erhebt er Anspruch auf den Status eines sich für seinen Glauben Opfernden; durch die *imitatio Christi* und die Befolgung jener ritualisierten Handlungen, die ihn als Märtyrer erkennbar machen, demonstriert er im Moment größter Prüfung seine Anwartschaft auf die *corona fidei*.

Angesichts der Tatsache, dass Mylius seinen Widerstand gegen den Augsburger Magistrat nicht mit dem Leben bezahlte, dass er – was ihm in gegnerischen Flugschriften vorgeworfen wurde –[68] bereits kurz nach dem Ableben seiner ersten Gattin eine Ehe mit der aus dem Augsburger Patriziat stammenden Veronica Weiß einging,[69] dass schließlich seine Berufung nach Wittenberg nicht nur eine wirtschaftliche Basis, sondern außerdem neue Karriereoptionen bot, stellt sich die Frage, weshalb sowohl die unmittelbar nach seiner Ausweisung erschienenen Flugschriften

---

und Revolution 35). Burschel geht in diesem Zusammenhang ausführlich auf protestantische Märtyrerflugschriften und Martyrologien ein: vgl. S. 13–81.

67 Zum idealtypischen Verhaltensmuster protestantischer Märtyrer vgl. Burschel: Sterben und Unsterblichkeit (Anm. 66), S. 39–50.

68 So wird in der Gegenschrift zu Mylius' *Augspurgische Handel*, die der Jurist Georg Tradel im Auftrag des Augsburger Magistrat verfasste und unter dem Titel *Der Herren Pfleger vnd Geheimen Raeth des heyligen Reichsstatt Augspurg. Warhaffter gegenbericht/ der Augspurgischen Haendel vnd gegründte widertreybung D. Georg Müllers nechstuerschinen 1586. Jars in Truckh außgestrewten Famos gedichts. Getruckt zů Augspurg/ durch Valentin Schoenigk/ auff vnser Frawen Thor. 1587* veröffentlichte, Mylius' Heirat mit Veronica Weiß mit den Worten kommentiert: „ists anderst ein jammer zunennen/ wann einer ein Weyb geringerer gestallt verleurt/ noch mitten inn seim laid (wie ers taufft) ein vil schoenere/ auch an gestalt vnd geburt stoltzere Junckfrawen/ die der Burgerstůben genoß ist/ zum weyb nimbt/ vnd von seinen glaubensgenossen statliche munera empfacht". Ebd., Oiiij^{v}f.

69 Vgl. die von Samuel Neuheuser, Münsterprediger und Superintendent zu Ulm, gehaltene Hochzeitspredigt *Ein Christliche Predig/ auß dem iij. Capitel Tobi[ae]. Den 16. Tag Martij/ Anno 1585. zu Vlm im Muenster gehalten. Bey dem Hochzeitlichen Ehrentag deß Ehrwuerdigen/ Hochgelehrten Herrn / Georgij Müllers/ der H. Schrifft Doctorn/ vnnd gewesnen Pfarrherrs zu S. Anna inn Augspurg. Vnd der Ehrentreichen Jungkfrawen Veronica Weißin/ deß Ehrnuesten vnnd Fürnemen Herrn Antonij Weissen Seligen/ hinderlaßnen Ehelichen Tochter. Durch M. Samuel Neuheusern/ Predigern zu Vlm im Münster. Gedruckt zu Ulm/ durch Johann Antonj Ulhart.*

als auch und vor allem seine eigenen publizistischen Stellungnahmen auf jenen *topoi* beharren, die ihn als protestantischen Märtyrer qualifizieren. Davon auszugehen, dass es Mylius, dessen Schriften zur Bildung der sich um seine Ausweisung aus Augsburg rankenden Legenden maßgeblich beigetragen haben, ausschließlich darum gegangen sei, sich als Protagonist eines dramatischen Geschehens in Szene zu setzen, um dadurch seinen Status als Opfer in exkulpierender Absicht herauszustellen, greift zu kurz. Dass es Mylius in seiner *S. Urbans Predigt* und in *Augspurgische Handel* auch und wesentlich darum ging, seine Position zu rechtfertigen und seine Person gegen öffentlich erhobene Vorwürfe zu verteidigen, steht außer Zweifel; zugleich jedoch fühlte er sich in seiner Funktion als lutherischer Geistlicher jener Gemeinschaft verpflichtet, die er repräsentierte und in der er als Seelsorger und Lehrer agierte. Als Adressaten von Mylius' Flugschriften haben denn auch nicht nur die Angehörigen der politischen Elite Augsburgs zu gelten; seine Argumentation richtet sich auch und sogar primär an seine Glaubensgenossen, denen er Orientierung und Trost vermitteln will. Dem Märtyrermotiv kommt dabei zentrale Signifikanz zu, wie bereits der anonyme Verfasser von *Enturlaubung/ Hinfürung vnd errettung des Ehrwürdigen vnd Hochgelehrten Herrn/ Georgij Müller* betont: Nachdem er in drastischen Worten die qualvollen Tode der „Vil Tausendt Marterer",[70] von denen die Kirchengeschichte zu berichten weiß, vor Augen geführt hat, preist er die segensreichen Wirkungen religiöser Verfolgung. Indem sie das Leiden des Gottessohns in Erinnerung rufe, stärke sie die Verbundenheit des Gläubigen mit Gott,[71] trage dazu bei, religiöse Überzeugung und christliche Verhaltensethik in ihm zu verankern,[72] und bilde so einen sicheren Weg zur ewigen „Seligkeit".[73] Die Anfechtungen der Frommen erscheinen in dieser Perspektive nicht als sinnlose „truebsal", sie fungieren vielmehr als individuelle und kollektive Glaubensprobe, Medium religiöser Vervollkommnung und ebenso wirkungsmächtiges wie tröstliches Zeichen göttlicher Gnade.[74]

Schon Ludwig Rabus hatte in seinen in über zwanzig Ausgaben und Teilausgaben überlieferten *Historien der Heyligen Auserwölten Gottes Zeugen* die Hinrichtung christlicher Märtyrer als eine lebendige und in hohem Maße tröstliche Predigt verstanden wissen wollen, die den Leser ermutige, sich in die Nachfolge Christi zu stel-

70 Enturlaubung/ Hinfürung vnd errettung des Ehrwürdigen vnd Hochgelehrten Herrn/ Georgij Müller (Anm. 23), Biij^r.

71 Vgl. ebd., Biij^v, wo es heißt: „Am meisten sollen wir vns fuerstellen/ Jn truebsal zu einem mit gesellen. Jesum Christum/ der vmb vnschuld/ Allen schmertzen lit in geduldt".

72 So z. B. ebd., Biiijr: „Jn verfolgung der Glaub sich mehrt" oder „Die verfolgung macht sanfft muetig/ Zu erzeigen dem Naechsten guetig/ Die veruolgung macht bescheyden/ Das man tregt ein hertzlichs mit leyden/ Die verfolgung erweckt allzeit/ Die maesig vnnd dapfferkeit. Letstlich die Verfolgung thut machen/ Daß man nicht sucht weltliche sachen".

73 Vgl. ebd., Biiij^r.

74 Vgl. ebd., Biij^v. Die entsprechende Stelle lautet: „Christ das Haupt seiner gemein/ Beschuetzet vnd beschirmt sie fein. Ob er jhr biß weil kreutz zu schicket/ Vnnd sie als in zoren anblicket/ So thůt er jhn solchs auffladen/ Auß guete vnd nicht auß gnaden. Sie also dardurch zu probieren/ Vnd durch die Marter zu jhn fieren. Dann durch Verfolgung spirt man frey/ Welcher ein verstendiger Christ sey".

len und ein öffentliches Bekenntnis zur evangelischen Wahrheit abzulegen.[75] Auf den Trost, der aus dem *exemplum* christlichen Martyriums erwächst, zielt auch die Inszenierung Georg Mylius' als eines vorbildlichen Zeugen des wahren Gottesglaubens. Deren konsolatorische Wirkung ergibt sich zum einen aus dem theologischen Fundamentalkonsens, dass Verfolgung und Leiden als unabdingbare und sichtbare Zeichen der Nachfolge Christi zu einer Läuterung des Individuums beitragen, die den Weg zum Heil, auf das es vor allem ankommt, ebnet. Tröstlich ist zum anderen die Erfahrung, dass Gott seine Hand über den Gerechten hält und sie, wenn es seinem Willen entspricht, auch aus größter Gefahr erretten kann, wie das Beispiel des Seniors von St. Anna beweist. Tröstlich ist schließlich und drittens die Gewissheit, dass das Leiden der Märtyrer der Ehre und dem Lob Gottes dient,[76] das öffentliche Bekenntnis zur evangelischen Lehre demzufolge nicht nur dem einzelnen Gläubigen nützt, sondern der Festigung und dem Wachstum der Kirche zugute kommt. So wie das Blut der antiken Märtyrer den Nährboden für den Siegeszug des Christentums bildete, soll auch das Leiden der Protestanten die lutherische Konfession als wahre *ecclesia Christi* erweisen und ihr die ihr aufgrund ihrer Rolle innerhalb der göttlichen Heilsgeschichte zukommende Resonanz verschaffen.

Die Konzeptualisierung evangelischer Kirchenhistorie als Verfolgungsgeschichte entwirft so gesehen nicht nur einen Rahmen für breitenwirksame Formen des Glaubensbekenntnisses; indem sie einen gemeinsamen Erfahrungshorizont und einen gemeinsamen Anspruch postuliert, integriert sie darüber hinaus die Gläubigen, festigt den inneren Zusammenhalt des Luthertums und stiftet konfessionelle Identität. Die grundlegende Bedeutung der Heiligen-*memoria* als einer zentralen Form protestantischer ‚Erinnerungspolitik' für die Herausbildung einer lutherischen Identität hat schon Thomas Fuchs betont,[77] und in der Tat hat das Märtyrermotiv auch in den die Ausweisung des Superintendenten von St. Anna aus protestantischer Sicht thematisierenden publizistischen Quellen wesentlich die Funktion, die eigene, in diesem Fall lutherische, Konfessionsgruppe um eine Identifikationsfigur zu zentrieren und damit zu konsolidieren, was gerade in Augsburg angesichts der Koexistenz unterschiedlicher Konfessionen und der steten Gefahr von Glaubenswechseln in besonderem Maße erforderlich erschien. Der Beitrag der protestantischen Publizistik zur Konfessionsbildung seit dem 16. Jahrhundert besteht denn auch unter anderem darin, durch die Evokation eines klaren Feindbilds – die die *wahre ecclesia* Christi verfolgende römische Papstkirche – die Dichotomisierung der religiösen Verhältnisse vorangetrieben, das Luthertum im Modus der Abgrenzung nach außen *und* der Integration nach innen als Kirche profiliert und positioniert zu haben. Es gehört zu den Paradoxien lutherischer Bekenntnisbildung, dass der Prozess der Formierung

75 Vgl. Burschel: Sterben und Unsterblichkeit (Anm. 66), S. 63f. Zum publizistischen Erfolg der *Historien der Heyligen Auserwölten Gottes Zeugen* vgl. Fuchs: Protestantische Heiligen–*memoria* im 16. Jahrhundert (Anm. 65), S. 595.

76 Vgl. auch die diesbezüglichen Äußerungen in Rabus' Märtyrerhistorie. Burschel: Sterben und Unsterblichkeit (Anm. 66), S. 64.

77 Vgl. Fuchs: Protestantische Heiligen-*memoria* im 16. Jahrhundert (Anm. 65), S. 589.

als Konfessionskirche sich nicht zuletzt dem Rekurs auf ein eschatologisches Geschichtsmodell verdankt, innerhalb dessen der Vorstellung religiös bedingter Verfolgung zentrale Bedeutung zukommt. Ein wesentlich durch Predigt und Publizistik popularisiertes apokalyptisches und martyriologisches Denken liefert die Argumente für die theologische Legitimation des Luthertums als konfessionelle Entität; die Deutung der eigenen Gegenwart als Verweissystem auf das bevorstehende Ende der Geschichte steht am Beginn der Institutionalisierung einer zukunftsfähigen und geschichtsmächtigen lutherischen Kirche.

Robert Born

Der Erbfeind im Freundschaftspark. Überlegungen zu den unterschiedlichen Funktionalisierungen des Türkenbildes in Ostmittel- und Südosteuropa im 20. Jahrhundert

Im Spätsommer 1566 kam es im Verlauf des osmanischen Vorstoßes nach Wien zur Belagerung der Festung Szigetvár in Südungarn. Den osmanischen Truppen gelang es erst nach einem Monat erbitterter Kämpfe, diesen strategisch wichtigen Posten einzunehmen. Die Ereignisse rund um die Belagerung – der Tod des bereits von Krankheit gezeichneten Sultans Süleyman I., der Prächtige (reg. 1520–1566) im Lager und der erbitterte Widerstand der Festungsbesatzung mit dem Opfertod ihres Kommandanten Nikolaus Zrínyi (ung. Zrínyi Miklós; kroat. Nikola Zrinski, um 1508–1566) – hinterließen einen bleibenden Eindruck im Osmanischen Reich, wie auch im westlichen Europa. Mit Blick auf die Osmanen, die seit 1541 den zentralen Bereich des vormaligen ungarischen Königreichs besetzt und das östlich gelegene Siebenbürgen zu einem Tributärstaat umfunktioniert hatten, wird der besondere Stellenwert der Einnahme von Szigetvár von den Berichten der Hofhistoriker verdeutlicht, die jeweils mit prächtigen Miniaturen versehenen waren.[1] Neben diesen opulenten, jedoch primär auf den Kreis der Würdenträger an der Hohen Pforte abgestimmten Werken entstand vor Ort sukzessive ein Komplex von Bauten, durch den an die Einnahme der Festung und den Tod des bereits zu seinen Lebzeiten als Gesetzgeber (türk. Ḳānūnī) verehrten Sultans gedacht wurde. Den Nukleus dieses Ensembles bildete eine Türbe (Mausoleum), die im ersten Jahrzehnt nach dem Tod Süleymans an dessen Sterbeort bzw. eventuell auch über der Stelle, an der man 1566 das Herz und die inneren Organe des Herrschers bestattet hatte, errichtet worden waren.[2] Der heute nicht mehr erhaltene Bau diente auch als symbolische Markie-

1 Géza Fehér: Török miniatúrák a magyarországi hódoltság korából [Türkische Miniaturen aus der Zeit der osmanischen Besetzung Ungarns]. Budapest 1975; Emine Fetvacı: Picturing History at the Ottoman Court. Bloomington/Ind. [u.a.] 2013, S. 122–125 und S. 134–136.

2 Géza Dávid: Török közigazgatás a városban [Türkische Verwaltung in der Stadt]. In: Sándor Bősze, László Ravazdi, László Szita (Hg.): Szigetvár története. Tanulmányok a város múltjából [Die Geschichte von Szigetvár. Studien zur Vergangenheit der Stadt]. Szigetvár 2006, S. 109–127, hier S. 114; Zsuzsa Barbarics-Hermanik: Türkengedächtnis in Ungarn. Die Rolle der Gedächtnisorte Mohács und Szigetvár im Prozess der nationalen Identitätsbildung. In: Norbert Spannenberger, Szabolcs Varga (Hg.): Ein Raum im Wandel. Die osmanisch-habsburgische Grenzregion vom 16. bis zum 18. Jahrhundert. Stuttgart 2014 (Forschungen zur Geschichte und Kultur des östlichen Mitteleuropa 44), S. 275–297, hier S. 275f. Gegen eine Gleichsetzung mit dem Ort der Herz-Bestattung argumentiert Nicolas Vatin: Une page de roman historique: le récit par Evliya Çelebi de la campagne de Szigetvár. In: Vera Costantini, Markus Koller (Hg.): Living in the Ottoman Ecumenical Community. Essays in Honour of Suraiya Faroqhi. Leiden, Boston 2008 (The Ottoman Empire and its Heritage 39), S. 277–291, hier S. 280.

rung des neu eroberten Territoriums[3] und entwickelte sich nicht zuletzt durch die 1576 errichtete *zaviye* der Halveti-Derwische und eine später dort erbaute Moschee zu einem bedeutenden religiösen Zentrum des osmanischen Ungarn.[4]

In der zweiten Hälfte des 17. Jahrhunderts wurde diese Kulttradition durch die militärischen Erfolge der Habsburger und deren Verbündete beendet. 1664 zerstörten Soldaten unter dem Kommando des Feldherrn und bekannten Dichters Miklós Zrínyi (1620–1664), der gleichnamige Urenkel des heroischen Verteidigers der Festung Szigetvár, sowohl die hölzernen Befestigungen (*palanka*) um die Türbe, und profanierten das Innere des Mausoleums.[5] Nach der Einnahme der Stadt durch die kaiserlichen Truppen 1699 wurden die muslimischen Stätten in Szigetvár konfessionell neu codiert. Hierbei weihte man die Süleyman-Türbe an *Maria Auxiliatrix*.[6] Das neue, mit einer Kopie des als wundertätig verehrten Passauer Muttergottesbildes assoziierte Patrozinium entsprach der von den Habsburgern vor allem in der Nachfolge der Entscheidungsschlacht am Kahlenberg 1683 besonders intensiv propagierten Vorstellung von der Gottesmutter als Schlachtenhelferin im Kampf gegen die Osmanen. Die Kopien des Passauer Gnadenbildes leisteten dabei einen wichtigen Beitrag zur Aktualisierung des Gedenkens an die militärischen Konflikte mit den Osmanen.[7] Nachdem die letzten Reste des Süleyman-Mausoleums abgetragen worden waren, um Platz für die Errichtung einer Kirche zu schaffen, überdauerte die Erinnerung an den osmanischen Memorialkomplex in dem Toponym *Turbék*. Die Mariahilf-Kirche etablierte sich ab dem 18. Jahrhundert als Ziel der Wallfahrten der ungarischen, kroatischen und deutschen Bevölkerung der Region.[8] Eine vergleichbare

---

3 Gilles Veinstein: Le rôle des tombes sacrées dans la conquête ottomane. In: Revue de l'histoire des religions 4 (2005), S. 509–528, hier S. 526; Nicolas Vatin: Un türbe sans maître. Note sur la fondation et la destination du türbe de Soliman le Magnifique à Szigetvár. In: Turcica 37 (2005), S. 9–42.

4 Gábor Ágoston, Balázs Sudár: Gül baba és a magyarországi bektasi dervisek [Gül Baba und die Bektaschi-Derwische in Ungarn]. Budapest 2002, S. 55; Barbarics-Hermanik: Türkengedächtnis (Anm. 2), S. 275f.

5 József Molnár: Szülejmán szultán síremléke Turbékon [Sultan Süleymans Grab in Türbek]. In: Művészettörténeti értesítő 14 (1965), 1, S. 64–66; Vatin: Türbe (Anm. 3), S. 10.

6 Máté Gárdonyi: A passaui „törökverő" Mariahilf-kép Szulejmán szultán szigetvári sírja felett. A turbéki kegyhely keletkezésének háttere. [Das Passauer „Türkenbekämpfer" Mariahilf-Bild über dem Szigetvárer Grab Sultan Süleymans. Die Hintergründe und Intentionen der Entstehung des Wallfahrtsortes in Tubék]. In: Margit Beke (Hg.): Miscellanea Ecclesiae Strigoniensis II. Budapest 2004, S. 41–50.

7 Klaus Schreiner: Kriege im Namen Gottes, Jesu und Mariä. Heilige Abwehrkämpfe gegen die Türken im späten Mittelalter und in der Frühen Neuzeit. In: Ders. (Hg.): Heilige Kriege. Religiöse Begründungen militärischer Gewaltanwendung: Judentum, Christentum und Islam im Vergleich, München 2008, S. 151–192, hier S. 173–186; Johannes Feichtinger: Maria Hilf! Türkengedächtnis und Marienkult in Wien (16.-21. Jahrhundert). In: Ders., Johann Heiss (Hg.): Geschichtspolitik und „Türkenbelagerung". Wien 2013 (Kritische Studien zur „Türkenbelagerung" 1), S. 24–57, hier S. 49f.

8 Zoltán Gőzsy: Egy Somogy megyei mezőváros lehetőségei és korlátai a 18. században. Szigetvár mezőváros története 1689 és 1798 között [Möglichkeiten und Grenzen einer Marktgemeinde im Komitat Somogy im 18. Jh. Die Geschichte der Marktgemeinde Szigetvár zwischen 1689 und 1798]. Phil. Diss. Pécs 2008, S. 334–338. <http://www.idi.btk.pte.hu/dokumentumok/disszertaciok/gozsyzoltantezis.pdf> (letzter Zugriff 20.9.2015).

Verflechtung unterschiedlicher nationaler Narrative erfolgte auch mit Blick auf die beiden wichtigen Protagonisten der Ereignisse von 1566. Werke der Literatur und bildenden Kunst, allen voran der Historienmalerei rund um die Verteidiger und vor allem deren Kommandanten Nikolaus Zrínyi drängten die osmanisch/türkische Erinnerungsschicht zunächst in den Hintergrund.[9]

Im Vorfeld der Feierlichkeiten anlässlich des 500. Jahrestags der Geburt Süleymans des Prächtigen 1994 trat die türkische Regierung an die Stadtverwaltung von Szigetvár mit der Bitte um die Überlassung eines Grundstücks zur Errichtung eines Parks der ungarisch-türkischen Freundschaft heran. Die Gemeindeverwaltung beschied das Ansinnen positiv und überließ dem türkischen Staat ein Grundstück in unmittelbarer Umgebung der Stadt für den symbolischen Pachtbetrag von einem Forint für 99 Jahre. Der „Park der Türkisch-Ungarischen Freundschaft" (ung. *Magyar-Török Barátság Park*, türk: *Macar-Türk Dostluk Parkı*) wurde schließlich 1994 am 6. September – dem Todestag des Sultans – im Beisein des damaligen ungarischen Bildungsministers Gábor Fodor (*1962) und des türkischen Staatspräsidenten Süleyman Demirel (1924–2015) eingeweiht. Auf dem umfriedeten Areal wurden die Besucher entlang einer zentralen Achse vom triumphbogenartigen Eingang zur kolossale Bronzebüste Sultans Süleymans geleitet und erreichten dann eine von einem Halbmond bekrönte Türbe. Deren offen gestalteten Seiten geben den Blick auf einen Steinblock frei, der an einen Sarkophag erinnern soll. Durch diese einzelnen Elemente, die sowohl an das Zelt aus dem der greise Sultan die Belagerung befehligte, wie auch an das ihm geweihte erste Monument alludieren, wird die Türbe als End- und gleichzeitiger Höhepunkt des Erinnerungsparks ausgezeichnet.[10]

Gegen die Einrichtung dieses Parks und vor allem die Errichtung einer Statue für Süleyman, unter dessen Führung durch mehrere militärische Kampagnen etwa ein Drittel des vormaligen ungarischen Königreiches unter osmanische Herrschaft geraten waren, regte sich auch Widerstand. Dieser gipfelte in Protestaktionen vor der türkischen Botschaft in Budapest sowie einem Sturm des Parks der Freundschaft, in dessen Verlauf die Statue Süleymans sogar mit Ölfarbe übergossen wurde. Die Proteste der Gegner, die zwischenzeitlich sogar eine *Nikolaus Zrínyi Vereinigung zur Pflege historischer Erinnerungsstätten* ins Leben gerufen hatten, bewirkten einen Strategiewechsel seitens der türkischen Regierung. Diese beauftragte den türkischen Bildhauer Metin Yurdanur (* 1951), der bereits den monumentalen Kopf Sultan Süleymans realisiert hatte, eine Büste Nikolaus Zrínyis anzufertigen. 1997 wurde diese dann an der Seite des Bildnisses des Sultans aufgestellt (Abb. 1).[11] Das auf diesem

9 Márta Fata: Szigetvár 1566. In: Joachim Bahlcke, Stefan Rohdewald, Thomas Wünsch (Hg.): Religiöse Erinnerungsorte in Ostmitteleuropa. Konstitution und Konkurrenz im nationen- und epochenübergreifenden Zugriff. Berlin 2013, S. 865–873; Barbarics-Hermanik: Türkengedächtnis (Anm. 2).

10 Sándor Karikó, Tibor Szabó: A Turkish and Hungarian Cultural Heritage: Scandal and Reconciliation. In: Angelo Ferrari (Hg.): Proceedings, 4th International Conference on Science and Technology for the Safeguard of Cultural Heritage in the Mediterranean Basin, Cairo, Egypt, 6th–8th December 2009. Rom 2009, Bd. 1, S. 18–20, hier S. 18f.

11 Ebd., S. 19.

1 Szigetvár, „Park der Türkisch-Ungarischen Freundschaft".

Wege nivellierte historische Verhältnis zwischen den beiden Gegnern bot den Anlass zu kontroversen Diskussionen. Unter den Wortmeldungen erscheint ein Interview von 2001 mit der Turkologin und Historikerin Klára Hegyi (* 1940), einer der profundesten Kennerinnen der Situation im osmanisch besetzten Ungarn von besonderem Interesse. Diese äußerte sich zunächst skeptisch mit Blick auf den gefundenen Kompromiss, da dadurch die historisch überlieferte Gegnerschaft zwischen Nikolaus Zrínyi und Sultan Süleyman in den Hintergrund gedrängt würde. Gleichzeitig wies Hegyi darauf hin, dass Ungarn vermutlich der einzige Bereich des vormaligen Osmanischen Reiches ist, in dem die Aufstellung eines Denkmals für einen Sultan möglich sei. Vergleichbare Inszenierungen wären etwa in Griechenland oder Bulgarien undenkbar, da dort die Wunden der Vergangenheit noch nicht verheilt seien.[12]

Die Debatte um Szigetvár als Erinnerungsort erlebte in den letzten Jahren eine neue Wendung, nachdem das dem türkischen Ministerpräsidenten untergeordnete „Türkische Präsidium für Internationale Kooperation und Koordination" (*Türk İşbirliği ve Koordinasyon Ajansı Başkanlığı*, TİKA) Gespräche mit der Stadtverwaltung von Szigetvár aufgenommen und ihr Maßnahmen zur Pflege der Zeugnisse aus

12 Csak nálunk állhat szultánszobor. 2001. augusztus 27 [Nur bei uns kann ein Sultansdenkmal stehen. 27.8.2001]. In: <http://www.mult-kor.hu/cikk.php?id=29> (letzter Zugriff 10.8.2015).

osmanischer Zeit vorgeschlagen hatte. Während des Ungarn-Besuchs des damaligen türkischen Ministerpräsidenten Tayyip Erdoğan (* 1954) kam es dann im Februar 2013 zur Unterzeichnung einer Absichtserklärung zur Erhaltung des kulturellen Erbes der beiden Länder. Zu den wichtigsten vereinbarten Projekten zählten die Wiederherstellung der nur als Ruine erhaltenen vormaligen Moschee im Inneren der Festung Szigetvár und die Suche nach der Stelle, an der 1566 das Herz und die inneren Organe Sultan Süleymans bestattet worden waren. An jenem Ort soll anschließend eine Türbe errichtet werden.[13] Die in den letzten beiden Jahren von der türkischen Regierung finanziell geförderte Suche nach dem Bestattungsort erfreute sich einer beachtlichen Aufmerksamkeit in der Öffentlichkeit.[14] Weitaus kritischer war das mediale Echo auf die Pläne der TIKA, zu deren Aufgaben auch die „Erhaltung des kulturellen Erbes der türkischen islamischen Zivilisation" zählt, die Moschee im Inneren der Festung Szigetvár nach ihrer Wiederherstellung nicht nur als Denkmal, sondern auch als Gebetsort für moslemische Besucher zu nutzen.[15] Einzelne Kommentatoren sahen die Initiativen zur Förderung der Erinnerungsstätten an Sultan Süleyman auch als Teile der ungarischen Strategie der Öffnung nach Osten (ung. *keleti nyitás*).[16] Diese von der Viktor Orbán-Regierung verfolgte Politik wurde bisweilen als eine „Anbiederung" an die autokratischen Regimes im Vorderen Orient und gleichzeitiges Mittel zur Schaffung einer gewissen Distanz zu den zentralisierenden Tendenzen innerhalb der EU kritisiert.[17] Handelt es sich hierbei um einen weiteren Sonderfall, der aus der besonderen Geschichte Ungarns erklärbar ist, oder gibt es vergleichbare Positionen mit Blick auf die Türkei in den Ländern, die vormalig Teil des osmanischen Machtbereichs bzw. dessen direkte Nachbarn waren? Die Frage nach der Existenz einer besonderen ostmitteleuropäischen Wahrnehmung des Islam erfuhr eine besondere Zuspitzung vor dem Hintergrund der Diskussion um

---

13 <http://www.tika.gov.tr/en/news/tika_builds_new_connections_between_turkey_and_hungary-8549> (letzter Zugriff 10.8.2015).

14 Emre Kızılkaya: Historians redouble efforts in industrious search of Suleiman the Magnificent's shrine. In: Hürriyet, 21. September 2013 <http://www.hurriyetdailynews.com/historians-double-efforts-in-industrious-search-of-soliman-the-magnificents-shrine.aspx?pageID=238&nID=54889&NewsCatID=375> (letzter Zugriff 10.8.2015); Norbert Pap (Hg.): Szülejmán Szultán emlékezete Szigetváron. Kanuni Sultan Süleyman'ın Sigetvar'daki hatırası [Die Erinnerung an Sultan Süleyman in Szigetvár]. Pécs 2014 (Mediterrán és Balkán Fórum/Akdeniz Bölgesi ve Balkanlar Forumu 8). Der Tagungsband präsentiert erste Ergebnisse der Suche nach dem Bestattungsort Sultan Süleymans.

15 Muszlim zarándokhely lesz Szigetvár? A török kormány nemzetközi Szulejmán-kultuszhelyet építene [Wird Szigetvár zum muslimischen Wallfahrtsort. Die türkische Regierung plant die Errichtung eines internationalen Ortes der Süleyman Verehrung]. In: Hetek, 22.5.2015 <http://www.hetek.hu/fokusz/201505/muszlim_zarandokhely_lesz_szigetvar> (letzter Zugriff 10.8.2015).

16 Boris Kálnoky: Hungary's "Opening to the East" and Turkey. In: Hungarian Review 2013, Nr. 1, S. 29–32, hier S. 31f.

17 Des Sultans Innereien. Das Grab Süleyman des Prächtigen in Ungarn soll eine Pilgerstätte für Türken werden. Pester Lloyd, 23.8.2013 <http://www.pesterlloyd.net/html/1334sultanszigetvar.html> (letzter Zugriff 10.8.2015).

die Aufnahme der Bürgerkriegsflüchtlinge aus Syrien im Spätsommer 2015.[18] Die in diesem Rahmen wiederholt geäußerten Ängste vor einer Bedrohung der christlichen Werteordnung Europas erinnern an die im Vorfeld der Osterweiterung der Europäischen Union vom Mai 2004 aufgeworfene Frage nach einer Integration der Türkei, die bis in die Gegenwart auf der Ebene der politischen Publizistik eingehend und sehr kontrovers diskutiert wird.[19] Die Opposition zum Beitritt ist zwar grundsätzlich stark durch die Vorstellung eines säkularen Staates geprägt, dennoch wurde die vermeintlich christliche Prägung Europas als Argument ins Feld geführt. Gleichzeitig beflügelte die Auseinandersetzung um die Aufnahme der Türkei eine Debatte im Hinblick auf die Grundpfeiler der europäischen Identität und den Stellenwert der Religion innerhalb der EU. Hierbei wurde wiederholt auf die unterschiedlichen kulturellen Traditionen und vor allem den hohen Stellenwert des Islam als unüberbrückbare Hindernisse für einen EU-Beitritt hingewiesen.[20] Widerspiegelt die Ablehnung eines EU-Beitritts der Türkei eine Haltung, die vor allen in Staaten mit größeren türkischstämmigen Gemeinden vorherrscht[21] oder ist diese ein Symptom eines neuen hegemonialen Diskurses nach dem Ende des Kalten Krieges, bei dem der islamische Orient den Kommunismus als Gegenentwurf zum freiheitlichen Okzident ersetzt?[22]

Im Rahmen der Debatten der letzten Jahre, in denen es um die Definition der europäischen Werte oder des Verhältnisses zwischen Christentum und Islam ging, wurde immer wieder auf Ideen rekurriert, die im Kontext der Auseinandersetzung mit dem expandierenden Osmanischen Reich formuliert worden waren. Neben Enea Silvio Piccolominis (1405–1464) Ansprache vor dem Frankfurter Reichstag von 1454, „Constantinopolitana clades“, die wiederholt als ein wichtiger Impuls für die Entwicklung des neuzeitlichen Europagedankens bewertet wurde,[23] waren dies die „Dialoge mit einem Perser“ des byzantinischen Kaisers Manuel II. Palaiologos

---

18 Michał Kokot: Flüchtlinge? Nicht bei uns! Zeit Online, 12.5.2015 <http://www.zeit.de/politik/ausland/2015–05/fluechtlinge-tschechien-polen-ungarn> (letzter Zugriff 10.8.2015).

19 Vgl. hierzu: Helmut König, Manfred Sicking (Hg.): Gehört die Türkei zu Europa? Wegweisungen für ein Europa am Scheideweg. Bielefeld 2005; Jochen Walter: Die Türkei – ‚Das Ding auf der Schwelle'. (De-)Konstruktionen der Grenzen Europas. Wiesbaden 2008; Becker Manuel: Geschichtspolitik in der „Berliner Republik“: Konzeptionen und Kontroversen. Wiesbaden 2013, S. 203–305.

20 Elizabeth Shakman Hurd: Negotiating Europe. The Politics of Religion and the Prospects for Turkish Accession to the EU. In: Review of International Studies 32/3 (2006), S. 401–418.

21 Gökhan Saz: Turkophobia and Rising Islamophia in Europe: A Quantification for the Negative Spillovers on the EU Membership Quest of Turkey. In: European Journal of Social Sciences 19/4 (2011), S. 479–491.

22 Iman Attia: Die „westliche Kultur“ und ihr Anderes. Zur Dekonstruktion von Orientalismus und antimuslimischem Rassismus. Bielefeld 2009, S. 73–75.

23 Vgl. dazu Johannes Helmrath: Enea Silvio Piccolomini (Pius II.) – Ein Humanist als Vater des Europagedankens? In: Themenportal Europäische Geschichte (2007), <http://www.europa.clio-online.de/2007/Article=118> (letzter Zugriff 10.8.2015).

(1350–1425), die 2006 von Papst Benedikt XVI. in seiner Regensburger Rede zitiert wurden.[24]

Im Gegensatz zum westlichen Teil des Kontinents spielte Ostmitteleuropa bei der Thematisierung des historischen Verhältnisses zwischen Europa und dem Osmanischen Orient lange eine nachgeordnete Rolle. Dies zu Unrecht, da es sich hierbei um eine Großregion handelt, für die die Auseinandersetzung mit der osmanischen Expansion seit dem 15. Jahrhundert ein geradezu konstitutives Strukturmerkmal darstellt. Die militärischen Konflikte, wie auch die vormalige Integration von Teilen der Region in den osmanischen Machtbereich haben die Konstruktion der jeweiligen Nationalidentitäten und -mythen in einer Reihe ostmitteleuropäischen Staaten bzw. Regionen nachhaltig geprägt. Diese erinnerungspolitischen Komplexe und deren politische Instrumentalisierung rückten erst in jüngster Zeit in den Fokus interdisziplinärer Forschungsprojekte bzw. von Einzelstudien.[25] Im Folgenden sollen die nationalen Prägungen der Erinnerung an die Auseinandersetzungen mit dem Osmanischen Reich in den Ländern Ostmittel- und Südosteuropas in einer vergleichenden Perspektive in den Blick genommen werden.

Das Ende des Ersten Weltkriegs und die Bestimmungen der Pariser Vorortverträge brachten einschneidende Veränderungen in Ostmittel- und Südosteuropa durch die Auflösung der multiethnischen Großreiche, wie dem Osmanischen Reich oder die Österreichisch-Ungarische Monarchie. In den auf diesem Wege entstandenen Nationalstaaten etablierten sich neue, in Teilen sogar miteinander konkurrierende nationale Narrative. Eine weitere wichtige Entwicklung mit Blick auf die Aktualisierung des Gedenkens an die Auseinandersetzungen mit dem Osmanischen Reich

---

24 Zweder von Martels: Old and New Demarcation Lines between Christian Europe and the Islamic Ottoman Empire: from Pope Pius II to Pope Benedict XVI. In: Anna Contadini, Claire Norton (Hg.): The Renaissance and the Ottoman World. Farnham, Burlington 2013, S. 169–180.

25 Sabine Jagodzinski: Die Türkenkriege im Spiegel der polnisch-litauischen Adelskultur; Kommemoration und Repräsentation bei den Żółkiewski, Sobieski und Radziwiłł. Ostfildern 2013 (Studia Jagellonica Lipsiensia 13); Robert Born, Sabine Jagodzinski (Hg.): Türkenkriege und Adelskultur in Ostmitteleuropa vom 16. bis zum 18. Jahrhundert. Ostfildern 2014 (Studia Jagellonica Lipsiensia 14); Paul Srodecki: Antemurale Christianitatis. Zur Genese der Bollwerksrhetorik im östlichen Mitteleuropa an der Schwelle vom Mittelalter zur Frühen Neuzeit. Husum 2015 (Historische Studien 508); ferner die Artikel zu den erinnerungspolitischen Dimensionen des Gedenkens an unterschiedliche Schlachten gegen die Osmanen in Bahlcke, Rohdewald, Wünsch (Hg.): Religiöse Erinnerungsorte (Anm. 9). Exemplarisch darin: Zsolt K. Lengyel: Die Schlacht bei Mohács 1526. In: Ebd., S. 851–864; Radmila Radić: Der serbische Kosovomythos. In: Ebd., S. 823–832; Dániel Bagi: Die Schlacht bei Warna 1444. In: Ebd., S. 833–837; János Barta: Hungaria eliberata. In: Ebd., S. 931–938. – Zu Mohács als Erinnerungsort siehe auch Pál S. Varga: Der Strukturwandel im kollektiven Gedächtnis am Beispiel von Mohács. In: Johannes Feichtinger, Johann Heiss (Hg.): Der erinnerte Feind. Wien 2013 (Kritische Studien zur „Türkenbelagerung" 2), S. 108–120, und László Levente Balogh: Ungarische Erinnerungsmuster und ihre Wendepunkte Mohács als Erinnerungskategorie und Erinnerungsort. In: Ebd., S. 121–140; Barbarics-Hermanik: Türkengedächtnis (Anm. 2); Hans-Christian Maner: Das Symbol der „Türkenabwehr": Ein zentrales nationales Geschichtsbild in Südosteuropa in vergleichender Perspektive. In: Edda Binder-Iijima, Vasile Dumbrava (Hg.): Stefan der Große – Fürst der Moldau. Symbolfunktion und Bedeutungswandel eines mittelalterlichen Herrschers. Leipzig 2005, S. 147–156.

2 Budapest, Johannes Capistrano Denkmal (1922). Werk des József Damkó (1872–1955).

und die Instrumentalisierung des Türken-Feindbildes in Mittel- und Ostmitteleuropa war die Etablierung eines kommunistischen Regimes in Russland nach 1917 sowie der kurzlebigen Räterepublik in Ungarn zwischen März und August 1919.

Mit Blick auf Ungarn lässt sich für die Zwischenkriegszeit ein Nebeneinander unterschiedlicher Formen der Instrumentalisierung der Erinnerung an die Auseinandersetzungen mit dem Osmanischen Reich und der durch diese historischen Ereignisse geprägten Feindbilder ausmachen. Eines der frühesten Beispiele für diese Strategie stammt aus den ersten Jahren der Herrschaft des Reichsverwesers Miklós Horthy (1868–1957). Durch einen Rekurs auf die erfolgreiche Abwehr der Belagerung Belgrads (ung. Nándorfehérvár) durch Mehmed II. im Jahre 1456 sollte eine Brücke zur Niederschlagung der Räterepublik geschlagen werden. Im Fokus der Inszenierungen standen Johannes Capistrano sowie Johannes Hunyadi, der als erster ungarischen Reisverweser eine wichtige historische Referenz für das von Horthy angestrebte Modell einer Wahlmonarchie darstellte.[26] Als treibende Kraft hinter die-

26 Péter Rostás: Der Kult um Matthias Hunyadi und der Budaer Königspalast in der Zwischenkriegszeit. In: Werner Telesko, Richard Kurdiovsky, Andreas Nierhaus (Hg.): Die Wiener Hofburg und der Residenzbau in Mitteleuropa im 19. Jahrhundert. Monarchische Repräsentation zwischen Ideal und Wirklichkeit. Wien, Köln, Weimar 2010, S. 251–274, hier S. 258f.

3 Wien, Stephansdom, die von Johann Joseph Resler (1702–1772) geschaffene Capistran-Kanzel (1738).

sen Projekten agierte mit István Zadravecz (1884–1965) ein Franziskanerpater, der durch die Vermittlung seines alten Kampfgefährten Horthy zum Militärbischof ernannt worden war. In diesem Amt betrieb er die Erhebung des Johannes Capistrano zum Patron der ungarischen Streitkräfte. Der Capistrano-Kult sollte helfen, die „Integrität Ungarns mit der Verteidigung des Christentums miteinander zu verbinden."[27] Aus Anlass des 465. Jahrestags des Todes des Heiligen sowie des 700-jährigen Jubiläums der Anwesenheit der Franziskaner in Ungarn wurde am 19. November 1922 im Inneren der Festung Buda eine monumentale Figurengruppe enthüllt (Abb. 2). Das von József Damkó (1872–1955) geschaffene Werk zeigt ähnlich wie an der Wiener Capistran-Kanzel den Moment des Ausbruchs aus der Festung Belgrad (Abb. 3). Der Franziskanerheilige tritt auch diesmal auf einen gefallenen Osmanen, der neben einer Standarte mit einem Halbmondaufsatz liegt. Anders als auf dem Denkmal von St. Stephan trägt Capistrano in Buda eine Standarte, an deren oberem Ende das apostolische Kreuz, ein Bestandteil des ungarischen Staatswappens, angebracht ist. Dieses ikonographische Element und der Soldat mit einem „ungarischen" Federhut, der an der Seite des Heiligen zum Angriff bläst, verleihen der Szene eine starke nationale Note. Diese Lesart wird durch die Inschrift auf dem Sockel bekräftigt: „In Belgrad hast Du die letzte Gefahr beseitigt/ heiliger Anführer besiege unsere gegenwärtigen Feinde".[28] Diese Kreuzzugsrhetorik und damit verbundene Aktualisierung des Türken-Feindbildes war gegen die Anhänger der Räterepublik gerichtet.[29] Diese Lesart wird durch die Tatsache unterstützt, dass man 1924 für die Feierlichkeiten zu Ehren Capistranos bewusst den Ort ausgewählt hatte, an dem unter der Räterepublik den Märtyrern der Revolution gedacht worden war.[30] In diese Linie der Aktualisierung des Türken-Feindbildes bzw. des Gedenkens an den Kampf gegen die Osmanen reiht sich auch ein weiteres, heute allerdings nicht mehr erhaltenes Projekt, das ebenfalls von Zadravecz initiiert worden war. In der Garnisonskirche in unmittelbarer Nachbarschaft zur Statue des Ordensheiligen schuf der Maler Sándor Ungváry (1883–1951) einen Freskenzyklus dessen zentrale Partie Zadravec zeigte, der Johannes Capistrano die päpstliche Bulle mit der Ernennung zum Patron der Streitkräfte überreichte. An den Seitenwänden des bereits 1924 übermalten Dekorationsprogramms waren die Reiterbildnisse von Hunyadi und Horthy angebracht. Die begleitenden lateinischen Inschriften setzten den Sieg über die Truppen

27 Árpád von Klimó: Nation, Konfession, Geschichte. Zur nationalen Geschichtskultur Ungarns im europäischen Kontext (1860–1948). München 2003 (Südosteuropäische Arbeiten 117), S. 231f.; Györgyi Cs. Kottra: A Kapisztrán-kultusz és a m. kir. Hadsereg 1920–1945 [Der Capistrano-Kult und das königlich-ungarische Heer 1920–1945]. In: História 29 (2007) Nr. 1, S. 26–28.

28 „Nándor kőfalain megtörted a végveszedelmet / Szent vezetőnk győzd meg mostani elleneink".

29 Vgl. Adrienn Lukács: Keresztes hadjáratot hirdető szobor a Hadtörténeti Intézet és Múzeum előtt [Die zum Kreuzzug aufrufende Statue vor dem Militärgeschichtlichen Institut und Museum]. In: Peregrin Kálmán, László Veszprémy (Hg.): Európa védelmében. Kapisztrán Szent János és a nándorfehérvári diadal emlékezete. Budapest 2013, S. 169–176.

30 Klimó: Nation (Anm. 27), S. 233.

4 Debrecen, Statue des „ungarischen Schmerzes“ (1933).

der Räterepublik bei Szeged 1919 mit dem Sieg über die Osmanen bei Belgrad 1456 in Beziehung.[31]

Die Rückverweise auf Erfolge in den Kriegen gegen die Osmanen stellen mit Blick auf Ungarn eine überschaubare Gruppe von Inszenierungen dar. Angesichts der Kriegsniederlage und vor allem der 1920 im Friedensvertrag von Trianon festgelegten Gebietsabtretungen an die alten wie auch neuen Nachbarstaaten: Rumänien, Jugoslawien, der Tschechoslowakei und Österreich, die allesamt zu einer dramatischen Verkleinerung des Staatsterritoriums führten, wurden vermehrt Parallelen zur Situation nach der Niederlage 1526 konstruiert. Trianon wurde somit zu einem „zweiten Mohács“ stilisiert.[32] Die Analogien wurden auf unterschiedlichen Ebenen formuliert und inszeniert. Dabei rekurrierte man auf rhetorische Topoi und visuelle

31 Andrea Szebeni, András Végh: A budavári volt helyőrségi templom [Die ehemalige Garnisonskirche der Budaer Burg]. In: Budapest Régiségei 35 (2002), Nr. 2, S. 427–457, hier S. 439 und Anm. 108 mit der Umschrift der Inschrift; Klimó: Nation (Anm. 27), S. 233.

32 Norbert Spannenberger, Sándor Őze: „Wir brauchen Mohács!“ Historiographie und politische Instrumentalisierung der Erinnerung an eine nationale Niederlage in Ungarn. In: Konrad Clewing, Oliver Jens Schmitt (Hg.): Südosteuropa. Von vormoderner Vielfalt und nationalstaatlicher Vereinheitlichung. Festschrift für Edgar Hösch. München 2005, S. 327–347, hier S. 340–343; Lengyel: Schlacht bei Mohács (Anm. 25), S. 855f.; Balogh: Erinnerungsmuster (Anm. 25) S. 132f.

Motive, die bereits in der unmittelbaren Nachfolge der Schlacht im 16. Jahrhundert formuliert worden waren. Hierzu zählte der Verweis auf das selbstlose Opfer Ungarns, das jedoch vom restlichen Europa nicht gewürdigt würde. Das Land wurde vielmehr erneut allein gelassen.[33] Zur Veranschaulichung der territorialen Verluste benutzte man bisweilen Bildtypen, die deutlich in der Tradition der propagandistischen Schriften des 16. Jahrhunderts standen. So zeigt die in Debrecen 1933 enthüllte Statue des „ungarischen Schmerzes" eine nackte Frau, der ein Arm und ein Bein abgeschlagen wurden (Abb. 4). Die Nacktheit und die fehlenden Körperteile dieser allegorischen Gestalt erinnern an die von Türken gepeinigte und ebenfalls hilflos und dem Schicksal ausgelieferte Hungaria auf dem Holzschnitt von Johann Nell in Martin Schrots „Wappenbuch des Heiligen Römischen Reichs und allgemainer Christenheit in Europa" von 1581 (Abb. 5).[34]

Überschattet durch das Trianon-Trauma fand am 29. August 1926 am Ort der Schlacht von Mohács eine offizielle Feier statt, die den Höhepunkt des landesweiten Gedenkens anlässlich des vierhundertsten Jahrestags der ungarischen Niederlage gegen die osmanischen Truppen markierte. An der Veranstaltung nahmen die Spitzen von Kirche (Graf Gyula Zichy, Erzbischof von Kalocsa; Ferenc Virág, Bischof von Pécs/Fünfkirchen und der Apostolische Nuntius Cesare Orsenigo) und Staat (Reichsverweser Miklós Horthy und der Minister für Religion und Bildung Kuno Klebelsberg) teil. Ferner wohnten mit den Prinzen Albert und Johann zwei Repräsentanten des vormals über Ungarn herrschenden Hauses Habsburg der Zeremonie bei. Erstmalig war mit dem Botschafter der Republik Türkei auch ein Vertreter der vormals siegreichen Macht zu den Feiern in Mohács eingeladen worden.[35] In den Reden wurde die vernichtende Niederlage von 1526 mit dem Friedensvertrag von Trianon gleichgesetzt. Als Gründe für diese beiden traumatischen Ereignisse machten

---

33 Lengyel: Schlacht bei Mohács (Anm. 25), S. 855.

34 Katalin Sinkó: A megsértett Hungária [Die verletzte Hungaria]. In: Tamás Hofer (Hg.): Magyarok Kelet és Nyugat közt. A nemzettudat változó jelképei. Tanulmányok. Budapest 1996, S. 267–282, hier 269f.; Balogh: Erinnerungsmuster (Anm. 25) S. 127–129. Zu dem Holzschnitt siehe Martin Schrot: Wappenbuch des Heiligen Römischen Reichs und allgemainer Christenheit in Europa: insonderheit d. Teutschen Keyserthumbs, an u. zugehörige Chur u. Fürstenthumb, auch Ertz u. gemaine Bischoffe. [...]. München 1581. Sowie Géza Galavics: „Kössünk kardot az pogány ellen". Török háborúk és képzőművészet [„Lasst uns das Schwert umgürten gegen die Heiden." Türkenkriege und bildende Kunst]. Budapest 1986, 18–22; Àgnes Wojtilláné Salgó: VI-3. Martin Schrot: Wappenbuch des Heiligen Römischen Reiches und allgemainer Christenheit in Europa. In: Árpád Míko, Katalin Sinkó (Hg.): Történelem–kép. Szemelvények múlt és művészet kapcsolatából Magyarországon [Bildgeschichte. Auszüge aus den kunsthistorischen Beziehungen Ungarns]. Ausst. Kat. Magyar Nemzeti Galéria Budapest 2000. Budapest 2000 (A Magyar Nemzeti Galéria kiadványai 2000,3), S. 362f.

35 Hírlapi tudósítás a csata négyszázadik évfordulóján rendezett mohácsi ünnepségekről – 1926 [Zeitungsbericht über die Feierlichkeiten, die in Mohács 1926 zum 400-jährigen Jubiläum der Schlacht abgehalten wurden]. In: Budapesti Hírlap, 31.8.1926, 4f. wiederabgedruckt in: János B. Szabó (Hg.): Mohács. Budapest 2006 (Nemzet és emlékezet), S. 527–536; A mohácsi emlékünnep [Die Gedenkfeier in Mohács]. In: Napkelet 2 (1926), Nr. 8, S. 780f. <http://epa.oszk.hu/02000/02076/00039/pdf/Napkelet_1926_08_780–781.pdf> (letzter Zugriff 10.8.2015).

5 Johann Nel: Querela Hungariae. Holzschnitt im Folioformat in Martin Schrots „Wappenbuch des Heiligen Römischen Reichs und allgemainer Christenheit in Europa", München 1581.

die Redner das Fehlen eines inneren Zusammenhaltes aus.[36] In seiner Rede thematisierte Miklós Horthy auch das Verhältnis zwischen Ungarn und der Türkei: „Aus einem einstigen Feind wurde ein guter Freund. Die Gegensätze zwischen den beiden uralten feindlichen Rassen haben sich eingeebnet. An deren Stelle sind nun verständnisvolle Freundschaft und gegenseitige warme Sympathie getreten."[37] Damit spielte der Reichsverweser auf die von der „Ungarischen Turanischen Gesellschaft" (*Magyar Turani Társaság*), die federführend in die Organisation der Feierlichkeiten mitwirkte, propagierte Idee einer Blutsverwandtschaft zwischen Ungarn und Türken an. In der Zwischenkriegszeit hatte die turanische Idee, die mit der Vorstellung einer 600 Millionen Menschen umfassenden Turan-Gemeinschaft operierte, eine beachtliche Anzahl von Anhängern in Ungarn, darunter auch viele führende Politiker wie Graf Pál Teleki (1879 – 1941). Die Anhänger der turanischen Bewegung betonten die Verwandtschaft zur Türkei, argumentierten aber gleichzeitig zunehmend gegen

36 Balogh: Erinnerungsmuster (Anm. 25), S. 132–134.
37 Deutsche Übersetzung nach Lengyel: Schlacht bei Mohács (Anm. 25), S. 856.

den Westen.[38] Somit blieb der Turanismus außerhalb der offiziellen Linie, die gerade unter dem Reichsverweser Miklós Horthy das von dem heiligen König Stephan geschaffene Königreich Ungarn zum historischen Leitbild proklamierte.

In diese abendländische Perspektive ordnete sich auch die Aktualisierung einer weiteren Niederlage im Kampf gegen die Osmanen ein. 1924 enthüllte man in Varna ein bescheidenes Mahnmal in Form einer Pyramide. Die darauf angebrachte Inschrift würdigte den Tod des jungen Königs von Polen und Ungarn, der gemeinsam mit seinem Ritterheer dort für die Freiheit und den Glauben der Bulgaren gefallen war. Die Aktivitäten anlässlich der 490-Jahrfeier der Schlacht hatten eine ganz neue Qualität. Am Ort der tragischen Niederlage ersetzte man die bescheidene Pyramide durch ein Mausoleum. Zu diesem Zweck wurde in einem thrakischen Grabhügel des 4. Jahrhunderts v. Chr. eine Kapelle eingerichtet. In deren Zentrum steht eine steinerne Kopie der 1906 von Antoni Madeyski geschaffenen bronzenen Gisantfigur vom Kenotaph des Königs Ladislaus (ung.: I. Ulászló; pol.: Władysław III Warneńczyk), König von Ungarn (reg. 1440–1444) und Polen (reg. 1434–1444) in der Krakauer Kathedrale. Die Eingangsfront evoziert die Form eines Triumphbogens und wurde mit dem Schriftzug „Vladislao Varnensi" und den Wappen von Polen, Böhmen und Ungarn verziert. Der Vorbau wird beidseitig von einer Treppe eingefasst, die auf das auf der Spitze des vormaligen Grabhügels angelegte Plateau führen. Dort steht ein von einem Kreuz bekrönter Pfeiler (Abb. 6).[39] Bereits vor der Einweihung dieses Memorialkomplexes besuchten Mitglieder des Hauses Habsburg-Lothringen den historischen Ort und nahmen 1933 an einer ungarischen Gedenkfeier teil. Der Einweihungszeremonie wohnten 1935 neben dem bulgarischen Zaren Boris III. (1894–1943) auch Miklós Horthy und der polnische Präsident Ignacy Mościcki (1867–1946) bei.[40]

Die Inszenierung des „Sacrum Imperium Hungaricum" und dessen Nachfolger, des „Imperium Austriacum", als Garanten einer Jahrhunderte währenden stabilen Ordnung im Karpatenraum wurde in der Zwischenkriegszeit in Ungarn durch eine Reihe von Historikern wie Bálint Hóman (1885–1951), Jószef Deér (1905–1972) und insbesondere Gyula Szekfű (1883 – 1955) propagiert. Der letztgenannte avancierte zum einflussreichsten Historiker in Ungarn und prägte den revisionistischen

---

38 Maciej Górny: War on Paper? Physical Anthropology in the Service of States and Nations. In: Jochen Böhler, Wlodzimierz Borodziej, Joachim von Puttkamer (Hg.): Legacies of Violence: Eastern Europe's First World War. München 2014 (Europas Osten im 20. Jahrhundert. Schriften des Imre Kertész Kollegs Jena 3), S. 131–168, hier S. 158f.

39 Urszula Kaczmarek: Warneńskie pole – dzieje pomnika [Varnenser Schlachfeld – geschichtliches Denkmal]. In: Ilona Czamańska, Witold Szulc (Hg.): Warna 1444. Rzeczywistośći tradycja. Poznań 1997 (Balcanica Posnaniensia. Acta et Studia VIII), S. 209–227.

40 Vgl. zu den Zeremonien von 1933 und 1935 die Presseberichte bei: Csilla Kletter: 1444. november 10–én történt a várnai csata [Am 10. November 1444 fand die Schlacht bei Varna statt]. In: Achivum 2014.11.12 <http://mnl.gov.hu/a_het_dokumentuma/1444_november_10en_tortent_a_varnai_csata.html> (letzter Zugriff 20.9.2015).

6 Varna, die 1935 in einem antiken Grabhügel eingerichtete Gedenkstätte für den 1444 gefallenen König Ladislaus (ung.: I. Ulászló; pol.: Władysław III Warneńczyk).

Diskurs der Zwischenkriegszeit maßgeblich.[41] In den von Szekfű verfassten Teilen der in den 1930er Jahren gemeinsam mit Bálint Hóman herausgegebenen mehrbändigen Geschichte Ungarns, die noch in den 1990er Jahren neue Auflagen erlebte, wurde ein düsteres Bild der osmanischen Herrschaft in Ungarn gezeichnet.[42] Szekfű vertrat die Meinung, dass die Niederlage von Mohács eine Reihe von Prozessen in Gang gesetzt hatte, die letztlich in der Trianon Katastrophe kulminierten.[43] Bereits 1923 hatte der Geograph und mehrmalige Ministerpräsident (1920–1921; 1939–1941) Graf Pál Teleki, der darüber hinaus zu den führenden Figuren der turanischen Bewegung zählte, die 150–jährige osmanische Herrschaft in Ungarn für den gravierenden Wandel der ethnischen Struktur Ungarns verantwortlich gemacht.[44] Szekfűs Vorwürfe waren noch schwerwiegender. Er machte die Osmanen auch für die tief greifenden Eingriffe in das Ökosystem verantwortlich, die schließlich sogar zur Ausbildung der kargen Landschaft der ungarischen Tiefebene geführt hätten.[45] Als einen Gegenpol zu den ohne eine langfristige Strategie agierenden osmanischen Besatzern inszenierte Szekfű die katholischen Habsburger als Garanten für das Überleben der Ungarn als christlich-abendländisch geprägte Nation. Eine Schlüsselrolle übernahm hierbei die von den Habsburgern unterstützte Gegenreformation und die ab dem Ende des 17. Jahrhunderts erfolgte militärische Zurückdrängung des osmanischen Herrschaftsbereichs. Im Gegensatz zu anderen Bereichen Europas, wo die Gegenreformation als Teil eines interkonfessionellen Konfliktes angesehen wurde, interpretierte man diese in Ungarn als eine Wiederstellung christlicher Zivilisation an den Grenzen des Christentums.[46]

Mit Blick auf die Gegenreformation wies Szekfű der Durchsetzung des politisch-theologischen Konzepts des *Regnum Marianum* eine Schlüsselfunktion bei der Festigung der nationalen Identität und Bereitschaft die christlich-abendländischen Werte zu verteidigen.[47] Die Vorstellung von Ungarn als ein der Gottesmutter geweihtes Königreich ist seit dem Mittelalter belegt und erlebte seine intensivste Ver-

41 Vgl. dazu Iván Bertényi jun.: Szekfű Gyula 1883–1955. In: Ignác Romsics (Hg.): Trianon és a magyar politikai gondolkodás 1920–1953. Tanulmányok [Trianon und das ungarische politische Denken, 1920–1953. Studien]. Budapest 1998, S. 51–69.

42 Bálint Hóman, Gyula Szekfű: Magyar történet [Ungarische Geschichte.]. Bd. IV: Gyula Szekfű: A XVI. század. [Das 16. Jh.]. 2. Aufl. Budapest 1935 (1. Aufl. 1928).

43 Sándor Őze: Nemzettudat és historiográfia [Nationalbewusstsein und Historiographie]. Budapest 2009, S. 71–73.

44 Pál Teleki: The Evolution of Hungary and its Place in European History. New York 1923, S. 64.

45 Bálint Hóman, Gyula Szekfű: Magyar történet [Ungarische Geschichte]. Bd. V. Gyula Szekfű: A XVII. század [Das 17. Jh.]. 2. Aufl. Budapest 1935 (1. Aufl. 1928), S. 5–80. Vgl. hierzu auch: Steven Béla Vardy: The Changing Image of the Turks in Twentieth Century Hungarian Historiography. In: Ders.:

46 Paul Hanebrink: Islam, Anti-Communism, and Christian Civilization. The Ottoman Menace in Interwar Hungary. In: Austrian History Yearbook 40 (2009), S. 114–124, hier S. 121f.

47 Szekfű: A XVII. Század (Anm. 45), S. 291–294. Ferner auch Lászlo Németh: A Regnum Marianum állameszme [Der Staatsgedanke des Regnum Marianum]. In: Regnum 4 (1941–42), S. 223–292.

breitung im 17. und 18. Jahrhundert.[48] Die bildlichen Umsetzungen dieses Themas hatten nicht selten einen polemischen Charakter und waren primär gegen die Osmanen oder Protestanten gerichtet.[49] Die Verbreitung dieser national eingefärbten marianischen Verehrung hatte nach Meinung einer Reihe von Autoren zur Festigung der inneren Haltung der ungarischen Bevölkerung beigetragen und auf diesem Wege das Überleben unter den Osmanen ermöglicht. Eine Rückkehr Ungarns zum festen Glauben erschien somit als eine wichtige Voraussetzung für die Bewältigung der dramatischen Situation nach Trianon.

Horthy unterstützte, obwohl er selbst Protestant war, diese im Kern erzkatholische Position, da diese ideologische Option eine Annäherung des damals außenpolitisch isolierten Ungarn an die autokratischen Regimes in Österreich und Italien erleichterte. Diesem Ziel diente sicherlich auch die Aktualisierung des Gedenkens an die Befreiung Ungarns durch die Truppen der Heiligen Liga am Ende des 17. Jahrhunderts. Als Beispiele dieser Initiative seien hier die 1930 gesetzte Gedenktafel an der Esztergomer (Graner) Bastei für Karl V. von Lothringen (1611–1689) oder diejenige für die spanischen Kämpfer in der Festung Ofen (Buda) genannt. Im Burgbezirk wurde ferner eine Statue für Papst Innozenz XI. (1611–1689), dem Initiator des Bündnisses aufgestellt. Des Weiteren wurde auch eine kleine Gedenkstätte für Arnavut Abdurrahman Abdi Paşa (1616–1686) geschaffen. Die am Sterbeort des letzten osmanischen Statthalters von Buda angebrachte Inschrift nennt diesen einen „heldenhaften Gegner".[50] Diese positive Charakterisierung ist sicherlich vor dem Hintergrund der politischen Annäherung zwischen Ungarn und der noch jungen türkischen Republik zu bewerten. Die besonderen Beziehungen zwischen den beiden Staaten beförderten auch eine zunehmende Differenzierung zwischen den Türken als Ethnie und dem Islam als Religion in der öffentlichen Diskussion, darunter auch bei einer Vielzahl von Vertretern des katholischen Klerus. Diese charakterisierten den Islam immer häufiger als eine Ideologie und setzten diesen mit den als besondere Bedrohung wahrgenommenen Ideen des Sozialismus bzw. Kommunismus gleich. Zur Unterstützung dieser These rekurrierte der Fünfkirchner Bischof und überzeugte Antisemit Ottokár Prohászka (1858–1927) sogar auf Theorien, die im Umfeld der Jungtürken entwickelt wurden. Diese hatten die Annahme des Islam als ein Zeichen der Schwäche verurteilt, in deren Nachfolge die ethnische Identität der Türken nachhaltig verändert wurde.[51]

Die Konstruktion von Parallelen zwischen dem Islam und dem Kommunismus bzw. zwischen der Bedrohung durch den Kommunismus und der historischen Tür-

---

48 Gábor Tüskés, Éva Knapp: Magyarország – Mária országa. Egy történelmi toposz a 16–18. századi egyházi irodalomban [Ungarn – Marias Land. Ein historiographischer Topos in der kirchlichen Literatur des 16.-18. Jh.s]. In: Irodalomtörténeti Közlemények 104 (2000), S. 573–602, hier S. 585–602.

49 Németh: Regnum Marianum (Anm. 47), S. 269f.; Gábor Tüskés, Éva Knapp: Marianische Landespatrone in Europa unter besonderer Berücksichtigung Ungarns. In: Jahrbuch für Volkskunde 25 (2002), S. 77–102, hier S. 89–100.

50 Barta: Hungaria eliberata (Anm. 25), S. 936.

51 Hanebrink: Islam (Anm. 46), S. 118–120.

kenfurcht war kein Spezifikum der Propaganda in Ungarn. Vergleichbare Konstrukte sind aus den 1930er Jahren aus Spanien, wie auch aus dem Umfeld des Vatikans belegt.[52] Die Austauschbarkeit der politischen Gegner, die jeweils mittels einer Aktualisierung der Erinnerung an die osmanische Bedrohung oder durch eine Gleichsetzung mit dem Islam in ein negatives Licht gesetzt werden sollten, verdeutlicht ein Blick in die damaligen Nachbarstaaten Ungarns. So diffamierten Kroaten die Serben als „barbarische, asiatische Türken".[53] Im österreichischen Ständestaat nutzte man 1933 die 250–Jahrfeier der Abwehr der osmanischen Belagerung als Plattform für propagandistische Angriffe gegen die sozialdemokratische und nationalsozialistische Opposition.[54] Zeitgleich gedachte man auch in Polen an den Sieg von 1683. Die propagandistische Zielrichtung der Feierlichkeiten wurde durch das 1926 durch einen Militärputsch instaurierte autoritäre Regime unter der Führung Józef Piłsudskis (1867–1935) bestimmt. Dem Marschall war es im August 1920 gelungen in einer nahezu ausweglosen Situation die Truppen der Roten Armee bei Warschau vernichtend zu schlagen. Das „Wunder an der Weichsel" begründete Piłsudskis Nimbus als Retter Polens und darüber hinaus auch Europas vor der bolschewistischen Gefahr.[55] Der militärische Erfolg vor Warschau wurde bereits 1920 von einer Reihe von Autoren als ein Ereignis von vergleichbarer Tragweite wie Sobieskis Sieg über die heidnischen Osmanen gedeutet. Piłsudski bemühte diese Parallele selbst, zuletzt 1933 bei der Huldigungsfeier für den polnischen König aus Anlass des 250. Jubiläums der Schlacht bei Wien.[56] Ein weiteres Element der Kommemoration der Ereignisse von 1683, an dessen Planung der Marschall ebenfalls mitgewirkt hatte, war die Militärparade am 20. November 1933 dem polnischen Unabhängigkeitstag in Krakau. Die Veranstaltung sollte die Entschlossenheit Polens zur Verteidigung der nationalen Interessen verdeutlichen. Dieses Signal der Stärke richtete sich hauptsächlich gegen die Sowjetunion und gegen Hitlerdeutschland. Dabei umschrieb die polnische Presse

---

52 Ebd., S. 123.

53 Simon Hadler: Zugehörigkeit durch Abgrenzung – Der Türke als der Andere Europas. In: Gregor Feindt, Felix Krawatzek, Daniela Mehler (Hg.): Europäische Erinnerung als verflochtene Erinnerung. vielstimmige und vielschichtige Vergangenheitsdeutungen jenseits der Nation. Göttingen 2014 (Formen der Erinnerung 55), S. 93–118, hier S. 103.

54 Michael Mitterauer: Politischer Katholizismus, Österreichbewusstsein und Türkenfeindbild. Zur Aktualisierung von Geschichte bei Jubiläen. In: Beiträge zur historischen Sozialkunde 12 (1982), Nr. 4 (Türkenjubiläum 1983 – Heroenkult oder Strukturanalyse?), S. 111–120; Werner Suppanz: An der „Kulturfront des Abendlandes". Diskurse und Inszenierungen der ‚Türkenabwehr' im Austrofaschismus. In: Feichtinger, Heiss (Hg.): Der erinnerte Feind (Anm. 25), S. 162–184; Silvia Dallinger: Katholikentag & Staatliche Türkenbefreiungsfeier 1933 <http://www.tuerkengedaechtnis.oeaw.ac.at/feierlichkeit/allgemeiner-deutscher-katholikentag-7–12–september-1933> (letzter Zugriff 10.8.2015).

55 Rudolf Jaworski: Polnische Helden – europäische Taten: Sobieski – Kosciuszko – Piłsudski. In: Jacques Le Rider, Moritz Csáky, Monika Sommer (Hg.): Transnationale Gedächtnisorte in Zentraleuropa. Innsbruck 2002 (Gedächtnis – Erinnerung – Identität 1), S. 13–30, hier S. 22.

56 Heidi Hein: Der Piłsudski-Kult und seine Bedeutung für den polnischen Staat; 1926 – 1939. Marburg 2002 (Materialien und Studien zur Ostmitteleuropa-Forschung 9), S. 129 und 307.

die Gefahr, die mit dem Deutschen Reich assoziiert wurde, mit dem Bild eines „germanischen Islam".[57]

Die Gleichsetzung der kommunistischen Weltanschauung mit dem Islam, die auf eine Diffamierung der inneren wie auch äußeren politischen Gegner abzielte, wurde ab den 1930er Jahren zunehmend durch den Topos des „asiatischen Barbaren" abgelöst. Entsprechende Tendenzen lassen sich für eine Reihe von Staaten Mittel- und Ostmitteleuropas aufzeigen. Dabei zeichnete sich häufig eine Durchdringung des während des Ersten Weltkriegs von nahezu allen beteiligten Parteien instrumentalisierten Gegensatzpaares „barbarisch-zivilisiert" mit Konzepten aus den neuen Disziplinen wie der Rassenanthropologie, der Psychoanalyse oder der Anthropogeographie ab.[58] Die Erneuerung des „asiatischen Barbaren" Feindbildes war ein integraler Bestandteil der Selbststilisierung als Verteidiger abendländischer Werte. In den propagandistischen Antemurale-Konstrukten geriet der *christianitas*-Aspekt und damit auch der Islam als Widerpart in den Hintergrund. So inszenierte sich das NS-Regime im Reich selbst wie auch dessen Anhänger, etwa in Rumänien als Verteidiger gegen Aggressoren aus Asien. Die Türken waren dabei nur ein Feind in einer langen Reihe, die von den Hunnen bis zum „bolschewistischen Imperialismus" reichte.[59] Auch der von den faschistischen Ustaša mit Unterstützung der Achsenmächte 1942 neugegründete Unabhängige Staat Kroatien inszenierte sich als Bollwerk Europas.[60] Das Ustaša-Regime, dessen Anhänger in weiten Teilen eine erzkatholische Haltung hatten, verzichtete ebenfalls auf eine religiöse Charakterisierung des Feindes. Sowohl das Christentum wie auch der Islam wurden in diesem propagandistischen Entwurf ausgeklammert, da man sich die Zustimmung der bosnischen Muslime sichern wollte. Als historischer Referenzpunkt diente fortan die Schlacht gegen die Mongolen auf dem Grobniki-Feld (Grobničko polje) 1242.[61]

Die Vorstellung von einem christlichen Abendland als Bollwerk gegen eine aus Asien kommende kommunistische Bedrohung bildete einen wichtigen ideologi-

---

57 Hadler: Zugehörigkeit (Anm. 53), S. 103.

58 Maciej Górny: „Asiatisches Barbarentum" in der Ethnopsychologie und Rassenanthropologie im Ersten Weltkrieg. In: Feichtinger, Heiss (Hg.): Der erinnerte Feind (Anm. 25), S. 285–299, hier 286–289.

59 Friedrich Kopp: Deutschland, Europas Bollwerk im Osten. Germanische Leistungen für Europas Sicherheit. München 1939. Zu Rumänien siehe Konrad Bechstein: Deutsch-Siebenbürgen im abendländisch-mitteleuropäischen Staatsgefüge. In: Vergangenheit und Gegenwart. Monatsschrift für Geschichtsunterricht und politische Erziehung 33 (1942) Nr. 4, S. 124–132. Zum Missbrauch des baulichen Erbes in Siebenbürgen im Dienste der Bollwerk-Propaganda des Nationalsozialismus siehe Robert Born: Siebenbürgische Kirchenburgen. In: Bahlcke, Rohdewald, Wünsch (Hg.): Religiöse Erinnerungsorte (Anm. 9), S. 333–349, hier S. 343.

60 Matija Kovačić: Der unabhängige Staat Kroatien. Ein Bollwerk des neuen Europa. Zagreb 1942.

61 Ivo Žanić: The Symbolic Identity of Croatia in the Triangle Crossroads Bulwark Bridge. In: Pål Kolstø (Hg.): Myths and Boundaries in South-Eastern Europe. London 2005, S. 35–76, hier S. 61.

schen Referenzpunkt der Bundesrepublik der Adenauerzeit[62] und avancierte darüber hinaus auch in anderen Teilen Europas zu einem Vehikel der antikommunistischen Propaganda. Dabei erfolgte gerade an der Nahtstelle zwischen den sich formierenden politischen und ideologischen Blöcken eine erneute Aktualisierung des Gedenkens an die militärischen Konfrontationen mit dem Osmanischen Reich. Im August 1947 rief der ungarische Primas József Kardinal *Mindszenty (*1892–1975), ein überzeugter Kämpfer für den Erhalt der monarchischen Traditionen, in Gran das Marianische Festjahr aus. Das Jubiläum war als ein Zeichen des Protestes gegen die schrittweise Machtübernahme durch die Kommunisten gedacht. Im Rahmen der Feierlichkeiten inszenierte Mindszenty bei mehreren Gelegenheiten durch die Gleichsetzung des Kommunismus mit den islamischen Türken das Bild einer Bedrohung der Zivilisation. Die Verweise auf die Siege christlicher Armeen bei Temeswar 1716 und vor allem demjenigen bei Lepanto 1571, der aufs engste mit der Verehrung des Rosenkranzes verbunden war, sollten die Standhaftigkeit der katholischen Gläubigen festigen.[63] Kurze Zeit nach dem Ende des Marianischen Jahres kam es zur Verhaftung und 1949 zu Verurteilung des Primas in einem Schauprozess.

Die Konstruktion von Parallelen zwischen der frühneuzeitlichen osmanischen Bedrohung und den kommunistischen Regimes in Ostmitteleuropa wurde zunächst durch konservative katholische Kreise und radikale Exilgruppierungen betrieben. So zeigte eine von Exilkroaten geprägte Briefmarke das Konterfei des Zagreber Erzbischofs Alojzije Stepinac (1898–1960), der von den kommunistischen Machthabern in einem Schauprozess 1946 verurteilt worden war. Das Inschriftenband zitierte das 1519 von Papst Leo X. mit Blick auf die Kroaten gebrauchte Attribut des „antemurale christianitatis".[64] Ein Ereignis besonderer Signalwirkung bildete ferner das im Juni 1956 im österreichischen Wallfahrtsort Mariazell begangene fünfhundertjährige Jubiläum des ungarischen Sieges über die Osmanen bei Belgrad. Anlässlich der Feierlichkeiten prägte man den „Mariazeller Freiheitstaler" in deutschen und ungarischen Versionen. Dabei erfolgte ein programmatischer Rekurs auf den „Mariazeller Türkenpfennig" von 1683. Die Prägungen erhielten auf diesem Wege den Charakter einer Befreiungsmünze und wurden gezielt an prominente konservative katholische Persönlichkeiten verliehen, darunter die Diktatoren in Spanien und Portugal Franco und Salazar, an Papst Pius XII. sowie an die im Exil lebende letzte Kaiserin Zita von Habsburg und deren Sohn Otto.[65]

---

62 Heinz Hürten: Der Topos vom christlichen Abendland in Literatur und Publizistik nach den beiden Weltkriegen. In: Albrecht Langner (Hg.): Katholizismus, nationaler Gedanke und Europa seit 1800. Paderborn [u. a.] 1985 (Beiträge zur Katholizismusforschung: Reihe B, Abhandlungen), S. 131–154.

63 Hanebrink: Islam (Anm. 46), S. 114f.

64 Žanić: Symbolic Identity (Anm. 61), S. 62f.

65 Stefan Müller: Kaiser und Caudillo. Der spanische Diktator Franco ermöglichte Otto Habsburg den Start in die Politik, und der bedankte sich mit einer Medaille. In: Die Zeit v. 25.11.2010 <http://www.zeit.de/2010/48/A-Habsburg> (letzter Zugriff 18.8.2015); Robert Born: Mariazell. In: Bahlcke, Rohdewald, Wünsch (Hg.): Religiöse Erinnerungsorte (Anm. 9), S. 52–65, hier S. 63.

1983 nutzte die katholische Kirche das Gedenken an die siegreiche Abwehr der zweiten osmanischen Belagerung von Wien ein weiteres Mal dazu, die Situation jenseits des Eisernen Vorhangs zu kritisieren. Im Rahmen der 300–Jahr-Feierlichkeiten erinnerte Papst Johannes Paul II. (1920–2005) bei seinem Besuch in der österreichischen Hauptstadt an „die gemeinsamen christlichen Wurzeln Europas" und die „gemeinsame christlich geprägte europäische Identität".[66]

Auf der östlichen Seite des Eisernen Vorhangs bewirkte der Systemwechsel auch eine Reihe von Veränderungen mit Blick auf die Wahrnehmung der Osmanen. Neben dem in nahezu allen Ländern des Ostblocks staatlicherseits verordnetem Internationalismus beeinflusste das von den neuen Machthabern implementierte atheistische Weltbild die Darstellung des vormaligen osmanischen Feindes. Somit spielten in den bis 1989 entworfenen imagologischen Konstrukten sowohl das Christentum wie auch der Islam eine weniger prominente Rolle.

Ein vergleichender Blick auf die Situation nach 1945 zeigt, dass trotz dieser übergeordneten Faktoren in den einzelnen Ländern des kommunistischen Machtbereichs durchaus markante Unterschiede mit Blick auf die Funktionalisierung der Erinnerung an das Osmanische Reich existierten. Dies gilt bereits für die erste Phase, in der die neu instaurierten Regimes zunächst bestrebt waren ihre Herrschaftsbasis historisch durch Verweise auf Bauernaufstände sowie die revolutionären Erhebungen des 19. Jahrhunderts zu legitimieren. Dabei erwies sich die zeitliche Koinzidenz zwischen den kommunistischen Machtübernahmen in einer Reihe von Ländern mit dem 100. Jahrestag der Erhebungen von 1848/49 als besonders glücklich.[67] In der Lesart der rumänischen Historiographie bildete die Niederschlagung der Revolution in der Walachei 1848 durch osmanische Truppen, eine Episode in einer längeren Kette von aggressiven Eingriffen in die nationalen Angelegenheiten. Mit Blick auf die Konflikte im ausgehenden Mittelalter wurden bisweilen sogar sehr drastische „Türken"-Bilder bemüht. In einer Publikation aus Anlass des 450. Todestags des moldauischen Fürsten Stefan des Großen erscheint das Osmanische Reich als eine „rückständige, raubgierige und destruktive Macht, die die Zivilisation sowie den Fortschritt der rumänischen Länder bedrohte".[68] Die Präsentation der Türken als wilde Schlächter der Bevölkerung des Landes und grausame Unterdrücker erinnert an die Topoi der *Turcica* der Frühen Neuzeit und markiert dadurch eine gewisse Abkehr vom historiographischen Diskurs der Zwischenkriegszeit. Unmittelbar vor der kommunistischen Machtergreifung hatte Petre P. Panaitescu (1900–1967) sei-

---

66 Simon Hadler: Politik und Erinnerung. Polnisch-österreichische Verflechtungsgeschichten 1883 und 1983. In: Feichtinger, Heiss (Hg.): Der erinnerte Feind (Anm. 25), S. 244–264, hier S. 258f.

67 Vgl. Árpád von Klimó: Stalinismus und Nationalismus. Der Kossuth-Kult in der Rákosi-Ära, 1949–1953. In: Holger Fischer (Hg.): Lajos Kossuth (1802–1894). Wirken, Rezeption, Kult. Hamburg 2007 (Beiträge zur deutschen und europäischen Geschichte 36), S. 155–165, hier S. 162–164.

68 Petre Constantinescu–Iaşi: 450 de ani de la moartea lui *Ştefan* cel Mare [450 Jahre seit dem Tod Stefan des Großen]. In: Studii cu privire la *Ştefan* cel Mare [Studien zu Stefan den Großen]. Bucureşti 1956, S. 3–11, hier S. 4f. Übersetzung zit. nach Maner: Symbol der Türkenabwehr (Anm. 25), S. 149.

nen Beitrag mit dem provokativen Titel „Warum haben die Türken die rumänischen Länder nie erobert?" veröffentlicht.[69] Darin schilderte er zunächst die heroischen Kämpfe und militärischen Siege der rumänischen Fürstentümer zwischen dem 14. und 16. Jahrhundert, benennt aber auch die Friedensschlüsse und Verpflichtungen zu Tributzahlungen. Im Anschluss an die Vorstellung der strategisch bedeutenden Festungen entlang den Grenzen der rumänischen Fürstentümer, die von Osmanen eingenommen wurden, stellte der Autor die provokative Frage: „Wie kommt es, dass wir Rumänen mit Stolz behaupten können, dass wir im Verlaufe der Jahrhunderte nie unsere politische Autonomie verloren haben, unter unseren Herrschern und unter rumänischer Herrschaft gelebt haben, während unsere Nachbarn die Ungarn, Serben und Bulgaren Untertanen des Padischahs waren und deren Land den Türken gehörte?"[70] Die Antwort relativiert das patriotische Pathos der Frage durch einige nüchterne geostrategische Überlegungen. Demnach hätten die Osmanen nie ein wirkliches Interesse an einer Einnahme der rumänischen Fürstentümer gehabt, da diese jenseits der Donau lagen und somit abseits der Achse Adrianopel (türk. Edirne)–Belgrad–Buda–Wien, entlang derer die osmanischen Truppen immer wieder nach Mittel- und Westeuropa vorgestoßen waren. Des Weiteren sei es für die Osmanen profitabler gewesen Tribute aus den rumänischen Fürstentümern einzutreiben, anstatt diese direkt zu verwalten. Letzteres hätten sie ohnehin nur ungern getan, da sie primär nur an einem Abschöpfen von Ressourcen interessiert waren und daher prinzipiell keine Investitionen in die Infrastruktur der eroberten Territorien tätigten.[71]

In dieser Einschätzung lebt eine Reihe von westlichen Klischees über das osmanische Herrschaftssystem fort, die seit der Frühen Neuzeit belegt sind.[72] Panaitescus Einschätzung hinsichtlich der langfristigen Strategien des Osmanischen Reiches erscheinen überzeugend, dennoch wurde dieses Erklärungsmodell kaum weiterverfolgt. Bisweilen wurde es sogar tabuisiert, da es das Potential besaß, um gleich zwei bedeutende nationale Narrative zu unterminieren. Neben der Vorstellung einer geschlossenen Front der rumänischen Fürstentümer gegen das Osmanische Reich und der damit verbundenen Idee eines Bollwerks in den Karpaten, das die Feinde aus dem Osten in jahrhundertelangen Abwehrkämpfen aufgehalten hat, war dies vor allem der Mythos des bedrohten Vaterlandes.[73] Diese Narrative erhielten zunehmend

---

69 Petre P. Panaitescu: De ce nu au cucerit Turcii Țările Române? [Warum haben die Türken die rumänischen Länder nie erobert?]. In: Interpretări românești; studii de istorie economică și socială. 2. Aufl. București. 1994 (1. Aufl. 1947) (Biblioteca enciclopedică de istorie a României), S. 111–118.

70 Ebd., S. 113 (Übers. v. R. B.).

71 Ebd., S. 113f.

72 Vgl. hierzu das Titelblatt von Paul Ricauts: Die Neu-Eröffnete Ottomanische Pforte [...]. Augsburg 1694. Dort neigt sich eine mit einem Halbmond bekrönte weibliche Figur über eine Truhe mit der Aufschrift „Ars ditiscendi" und presst einen Schwamm aus wodurch die uneingeschränkte Ausnutzung anderer Herrscher veranschaulicht werden soll.

73 Eugen Negrici: Mitul patriei primejduite [Der Mythos des bedrohten Vaterlandes]. In: Lucian Boia (Hg.): Miturile comunismului românesc. București 1995, S. 50–56; Ovidiu Cristea: Frontul românesc antiotoman in secolele XIV— XV: realitate istorică sau mit istoriografic? [Die rumä-

mehr Gewicht im Zuge der Renaissance des nationalen Moments im sozialistischen Rumänien.

Die Wende in Richtung einer Re-Nationalisierung der Geschichtsschreibung wurde parallel zu den Bemühungen in Richtung einer politischen und wirtschaftlichen Emanzipation von der UdSSR in den späten 1950er Jahren eingeleitet und erlebte eine Intensivierung nach der „Unabhängigkeitserklärung" vom April 1964. Die von dem Chef der Rumänischen Kommunistischen Partei (RKP) Gheorghe Gheorghiu Dej (1905–1965) initiierte Politik zielte sicherlich auch auf eine Förderung der staatlichen Integration, da die Legitimation der Partei nicht ausreichte.[74] Diese Linie wurde von Nicolae Ceauşescu (1918–1989), der nach der Übernahme der Parteiführung 1965 und des Amtes des Vorsitzenden des Staatsrates 1967 zum alleinigen Herrscher aufgestiegen war, intensiviert. Nach der „Balkonrede" vom 21. August 1968, in der Ceauşescu die Intervention der Truppen des Warschauer Paktes in der Tschechoslowakei kritisierte und gleichzeitig die Bürger des Landes eine militärische Verteidigung des Landes im Fall eines möglichen Einmarsches in Rumänien einschwor, bildete die Betonung der nationalen Unabhängigkeit einen Fixpunkt der staatlichen Propaganda.[75] Im Kontext dieses Renouveaus des Nationalen nahmen die Verweise auf die Abwehrkämpfe gegen die Osmanen eine Schlüsselrolle ein. In einer ebenfalls im August 1968 in Cluj gehaltenen Rede stilisierte Ceauşescu die RKP als Nachfolgerin des heroischen Wirkens der bedeutenden Fürsten Mircea der Alte, Stefan der Große und Michael der Tapfere.[76]

Die Entwicklung in Rumänien zeigt deutliche Parallelen zur zeitgleichen Situation in Albanien. Nach dem Bruch mit der Sowjetunion 1961 wurde dort unter der Diktatur Enver Hoxhas (1908–1985) ein mit marxistischen Elementen durchsetzter Nationalismus implementiert. Zu dessen Grundpfeilern zählte neben der Betonung der Abstammung von den antiken Illyrern der Kult um Skanderbeg. Dessen Verehrung als Nationalheld erreichte 1968 mit den aus Anlass seines 500. Todestags vom Hoxha-Regime geförderten Veranstaltungen einen ersten Höhepunkt. In diesem Rahmen wie auch später stilisierte man Skanderbegs Kampf gegen die Osmanen zu einer Präfiguration des Kampfes der Partei gegen die äußeren Feinde. In der unter der Führung Skanderbegs 1444 geschmiedete Liga von Lezha, einem Verteidi-

nische antiosmanische Front im 14. u. 15. Jh. Historische Realität oder historiographischer Mythos?]. In: Ebd., S. 166–171.

74 Wolfgang Höpken: Zwischen „Klasse" und „Nation". Historiographie und ihre „Meistererzählungen" in Südosteuropa in der Zeit des Sozialismus (1944–1990). In: Jahrbücher für Geschichte und Kultur Südosteuropas 2 (2000), S. 15–60, hier S. 35; Katherine Verdery: National ideology under socialism. Identity and cultural politics in Ceauşescu's Romania. Berkeley 1991 (Societies and culture in East-Central Europe 7), S. 105.

75 Dragoş Petrescu: Communist Legacies in the 'New Europe.' History, Ethnicity, and the Creation of a 'Socialist' Nation in Romania, 1945–1989. In: Konrad H. Jarausch, Thomas Lindenberger (Hg.): Conflicted Memories: Europeanizing Contemporary Histories. New York 2007, S. 37–54, hier S. 46.

76 Dragoş Petrescu: Continuity, Legitimacy and Identity. Understanding the Romanian August of 1968. In: Cuadernos de Historia Contemporánea – Revista del Departamento de Historia Contemporánea 31 (2009), S. 69–88, hier S. 85f.

gungsbündnis albanischer und montenegrinischer Fürsten, sah die offizielle Parteilinie eine wichtige Vorstufe des albanischen Staates. Des weiteren wurde betont, dass das albanische Volk, als kleinstes Volk auf dem Balkan durch seinen aufopferungsvollen Kampf die historische Verantwortung übernommen habe, den osmanischen Vormarsch an den Pforten Europas aufzuhalten.[77] Im Gegensatz zu Albanien, wo im Zuge der Etablierung eines eigenen Wissenschaftssystems und damit einhergehend eines nationalistischen historiographischen Diskurses unter der Federführung der kommunistischen Partei die vormaligen Eliten eliminiert wurden,[78] bewirkte die neue Ausrichtung der rumänischen Politik eine Wiederbelebung einiger historiographischer Topoi aus der Zwischenkriegszeit und damit einhergehend auch eine Rehabilitierung der mit diesen Positionen verbundenen bürgerlichen Geschichtsschreibung.[79] Dies waren zunächst der Verweis auf die antiken Wurzeln des rumänischen Volkes und die Wiederbelebung der Verehrung des Fürsten Michael der Tapfere. Die Betonung der lateinischen Abstammung des rumänischen Volkes eröffnete die Möglichkeit einer Inszenierung als Teil des lateinischen (westlichen) Europa. Somit konnten die Kämpfe gegen die Osmanen auch als rumänischer Beitrag zur Sicherung des Abendlandes präsentiert werden. Diese neuen Schwerpunkte der rumänischen Geschichtspolitik wurden durch eine Vielzahl von Medien verbreitet. Neben den Schulbüchern leisteten die vermehrt produzierten Historienfilme einen kaum zu unterschätzenden Beitrag bei der patriotischen Mobilisierung der Bevölkerung. Die bis zum Ende des Regimes produzierten Werke dieses Genres wertete man als Teile einer „Nationalen Film-Epopöe“ [rum. Epopea cinematografică natională].[80] Am Anfang dieser Reihe standen mit den Produktionen *Die Daker* [rum. *Dacii*, 1963] und *Die Säule* [rum. *Columna*, 1969], in denen die antiken Ursprünge der rumänischen Nation thematisiert wurden. In den Filmen *Tudor* (1962) und vor allem in *Michael der Tapfere* [rum. *Mihai Viteazul*, 1970] spielte der Kampf gegen die Osmanen bereits eine bedeutende Rolle. Die filmische Verarbeitung der historischen Kontakte mit dem Osmanischen Reich stellt keine rumänische Besonderheit dar. Mit Ausnahme der DDR und der Tschechoslowakei haben nahezu alle Länder innerhalb des sowjetischen Machtbereichs zumindest einen Film mit einem entsprechenden inhaltlichen Schwerpunkt produziert. Als frühestes Beispiel dieser Gattung gilt der

77 Oliver Jens Schmitt: Genosse Aleks und seine Partei oder: Zu Politik und Geschichtswissenschaft im kommunistischen Albanien (1945– 1991). In: Markus Krzoska, Hans-Christian Maner (Hg.): Beruf und Berufung. Geschichtswissenschaft und Nationsbildung in Ostmittel- und Südosteuropa im 19. und 20. Jahrhundert. Münster 2005 (Studien zur Geschichte, Kultur und Gesellschaft Südosteuropas 4), S. 143–166, hier S. 146 und S. 150–158.

78 Ebd., S. 146f.

79 Höpken: Historiographie (Anm. 74), S. 50f.

80 Vgl. Mihaela Grancea: Filmul istoric românesc în proiectul construcţiei naţiunii socialiste (1965–1989) [Der rumänische Historienfilm im Rahmen des Projektes der Konstruktion des sozialistischen Nation (1965–1989)]. In: Romanian Political Science Review. Studia Politica 6 (2006), 3, S. 683–710, hier S. 685–687; Aurélia Vasile: Le cinéma roumain dans la période communiste. Représentations de l’histoire nationale. Thèse de doctorat en cotutelle entre l’Université de Bourgogne et l’Université de Bucarest. Eijon 2011, Bd. 1, S. 135–137.

1953 als albanisch-sowjetische Coproduktion realisierte Film *Skanderbeg – Ritter der Berge*.[81] Bis auf zwei Verfilmungen berühmter Historienromane aus dem ausgehenden 19. Jahrhundert[82] handelt es sich um Filme, deren Handlung historische Ereignisse mit nationalen Mythen verzahnt.

Die im Rahmen der rumänischen „Nationalen Film-Epopöe" betonten konzeptuellen Elemente, wie die kontinuierliche Anwesenheit einer rumänischen Bevölkerung zu beiden Seiten der Karpaten seit der Antike und deren steter Kampf zur Verteidigung der Unabhängigkeit bildeten den Kanon sämtlicher bis 1989 verfassten geschichtlichen Darstellungen. Die Form und Intensität der Präsentation wandelte sich in der Nachfolge der „Julithesen" von 1971. Die von Ceauşescu in Anschluss an eine Reise nach Nordkorea, China und Nordvietnam verkündeten 17 Punkte bildeten durch die postulierte Abgrenzung gegenüber äußeren kosmopolitischen Einflüssen und der Forderung nach der Formung eines „Neuen Menschen" eine Kulturrevolution im Kleinen.[83] Durch diese Vorgaben wurde der Weg in einen kulturellen Autochthonismus vorgezeichnet. Hiervon waren selbstverständlich auch die Historiographie und die Geschichtsvermittlung betroffen. Beiden Bereichen wurde ab diesem Zeitpunkt ideologisch eine Schlüsselfunktion zugewiesen, was anhand der über 30 Seiten starken historischen Einleitung des 1974 verabschiedeten Parteiprogramms „zum Aufbau der vielseitig entwickelten sozialistischen Gesellschaft und dem Voranschreiten Rumäniens zum Kommunismus" sichtbar wird.[84] Zur Vermittlung dieser neuen großen Erzählung setzte man neben den „klassischen" Medien wie die Schulbücher und Filme zunehmend auch neue Formate wie Comicstrips ein (Abb. 7). Die ansonsten aufgrund ihrer entwicklungsgeschichtlichen Verbindung zur Alltagskultur des kapitalistischen Auslands verpönten Bilderfolgen wurden von den kommunistischen Machthabern dosiert in den Zeitungen der Jugendverbände eingesetzt. Gleichzeitig bildeten die historischen Comicstrips eines der wenigen Formate, mit dessen Hilfe in dem hermetisch nach außen abgeriegelten Land frem-

81 Alb. *Skenderbeu*/russ. *Velikiy voin Albanii Skanderbeg*, Regie Sergei Iosifovich Yutkevich. Vgl. dazu: Nikolina Dobreva: Eastern European Historical Epics. Genre Cinema and the Visualization of a Heroic National Past. In: Anikó Imre (Hg.): A Companion to Eastern European Cinema. Malden/MA 2012, S. 344–365, hier S. 349f.

82 Dies waren die ungarische Produktion *Die Sterne von Erlau* (ung. *Egri csillagok*; Regie: Zoltán Várkonyi, 1968) eine Verfilmung des berühmten gleichnamigen Romans von Géza Gárdonyi sowie *Herr Wolodyjowski* (pol. *Pan Wołodyjowski*; Regie: Jerzy Hoffman, 1969) nach dem gleichnamigen Roman von Henryk Sienkiewicz. Vgl. hierzu: Dobreva: Historical Epics (wie Anm. 81), S. 344.

83 Verdery: National Ideology (Anm. 74), S. 101 u. S. 107f. Zum „Neuen Menschen" siehe Antoaneta Tănăsescu: Un Făt-Frumos de laborator, un Făt-Frumos de Tip nou: omul nou [Ein Märchenprinz aus dem Labor, ein Märchenprinz neuen Typs: der Neue Mensch]. In: Boia: Miturile (Anm. 73), S. 16–21.

84 Dragoş Petrescu: Historical Myths, Legitimating Discourses, and Identity Politics in Ceauşescu's Romania (Part 2) In: RFE/RL East European Perspectives 6 (2004) Nr. 8. <http://www.rferl.org/reports/eepreport/2004/04/8–140404.asp> (letzter Zugriff 10.8.2015).

7 Kampf zwischen dem walachischen Heer und den Osmanen. Detail aus dem Comicstrip De din vale de Rovine aus der Pionierzeitung Cutezătorii (1986). Drehbuch: Petru Demetru Popescu; Illustrationen: Sorin Anghel.

de Länder und Menschen präsentiert wurden.[85] In vergleichbarer Weise wie in den Historienfilmen anderer sozialistischer Staaten bildete der Fremde, und hier insbesondere der „Türke", auch in Rumänien die negative Folie, vor deren Hintergrund die jeweilige nationale Identität konturiert wurde. Eine weitere Gemeinsamkeit zu den Produktionen anderer Ostblockländer stellt die Präsentation der Osmanen als überlegene Supermacht dar, die konstant auf die Eroberung neuer Territorien hinarbeitet.[86] Durch diese Inszenierungen erschien es möglich, die eigenen nationalen Leistungen in einem strahlenden Licht erscheinen zu lassen. Die Filme förderten somit den Nationalstolz und erlaubten es den Zuschauern gleichzeitig, sich auch als Teil einer europäischen Gemeinschaft zu fühlen. Durch die Überschneidung mit der kommunistischen Ideologie wurde diese Zugehörigkeit auf den Ostblock eingeschränkt.[87] Zwar bemühte man sich in den Filmen, Comicstrips wie auch in Schul-

---

85 Mihaela Precup: The Image of the Foreigner in Historical Romanian Comics under Ceaușescu's Dictatorship. In: Ian Hague, Carolene Ayaka (Hg.): Representing Multiculturalism in Comics and Graphic Novels. New York/NY [u. a.] 2015, S. 96–111, hier S. 100.

86 Grancea: Filmul istoric (Anm. 80), S. 698; Aurélia Vasile: L'étranger – un ennemi nécessaire. Représentation de l'Autre dans le cinéma roumain pendant le régime national-communiste de Nicolae Ceaușescu. Sciences Humaines Combinées [en ligne], Numéro 2 – Identités, images et représentations de l'autre, 19 novembre 2007. <http://revuesshs.u-bourgogne.fr/lisit491/document.php?id=131> (letzter Zugriff 20.09.2015).

87 Dobreva: Historical Epics (Anm. 81), S. 360.

büchern um eine Differenzierung zwischen den Türken als Menschen und dem Osmanischen Reich als Staat, dessen hochmütige und machtbesessene Führungsschicht als Hauptverantwortliche für die imperialistische Politik präsentiert wurden.[88] In diesen Schilderungen wurden bisweilen auch orientalisierende Klischees wie opulente Gastmähler mit Tänzerinnen eingeflochten. Diese traditionell auch durch die Kirche tradierten Bilder von Laster und Hochmut ermöglichten eine kontrastierende Inszenierung der eigenen Herrscher als bescheidene und der nationalen Sache zugewandte Führungspersönlichkeiten.[89] Trotz der allgegenwärtigen Zensur, die auch darauf bedacht war, allzu negative Überzeichnungen zu vermeiden, entfachten die Charakterisierungen der Osmanen in den Filmen auch außenpolitische Diskussionen. So verursachte der Streifen *Für das Vaterland* (rum. *Pentru Partie*) diplomatische Verstimmungen, die dazu führten, dass der rumänische Botschafter in Ankara ins türkische Außenministerium einbestellt wurde. Die türkischen Stellen protestierten bei dieser Gelegenheit gegen die Darstellung der türkischen Befehlshaber als Barbaren und Feiglinge. Ferner habe der Film den Oberbefehlshabenden nicht als Repräsentanten des Osmanischen Reiches, sondern als „Türken" präsentiert, und würde somit ein negatives Bild von der Türkei und der türkischen Bevölkerung bei der jungen Generation in Rumänien verfestigen.[90] Diese Episode blieb eine Ausnahme, da man häufiger in den Drehbüchern osmanische Charaktere einfügte, die wie im Falle des Filmes *Michael der Tapfere* zunächst als enge Vertraute der Hauptfigur fungieren. Im Verlauf der Handlung gibt der rumänische Fürst diese Loyalität auf, um sich der nationalen Sache zu widmen. Eine weitere wichtige Funktion innerhalb der Erzählung, die von osmanischen Charakteren übernommen wurden, stellen die finalen Dialoge dar. Im Falle der letzten rumänischen Produktion der Ceauşescu-Periode *Mircea* (1989) trifft der walachische Herrscher den Sultan Mehmed I. auf eine Insel. Der zwischen den beiden ausgehandelte Kompromiss der Tributzahlung durch das Donaufürstentum wird als eine mit Blick auf die Zukunft vernünftige Entscheidung präsentiert. Durch diese auf gleicher Augenhöhe getroffene Übereinkunft erscheint Fürst Mircea der Alte als friedliebend, weise und vor allem dem mächtigsten Herrscher der damaligen Zeit ebenbürtig. Diese Charaktereigenschaften wurden als Allusion auf die Person des Staatschefs Ceauşescu konzipiert. Zwischen den Zeilen wurde den Zuschauern vermittelt, dass die durch Verschwörung vorangebrachten Machtansprüche der ungarischen Krone, die durch die römisch-katholische Kirche unterstützt wurden, weitaus gefährlicher als die osmani-

88 Mirela-Luminiţa Murgescu: The Turk in Romanian History Text Books (19th–20th Centuries), In: Nedret Kuran Buçoğlu (Hg.): The Image of the Turk in Europe from the Declaration of the Republic in 1923 to the 1990's. Istanbul 1999, S. 273–285, hier S. 280.

89 Grancea: Filmul istoric (Anm. 80), S. 702.

90 Vasile: Le cinéma roumain (Anm. 80), S. 385.

sche Bedrohung waren.[91] Der Film reagiert somit auf den zwischen 1982 und 1989 virulenten diplomatischen Konflikt zwischen Ungarn und Rumänien.[92]

Eine deutliche Abstimmung der Botschaft auf einem aktuellen politischen Konflikt erfolgte auch in dem jugoslawischen Film *Die Kosovo-Schlacht* (südslaw. *Boj na Kosovu*), der ebenfalls 1989 in die Kinos kam.[93] Die Handlung des Streifens basierte auf einem nicht aufgeführten Theaterstück von Ljubomir Simović (* 1935) und präsentiert den serbischen Kosovo-Mythos mit all seinen historischen Ungereimtheiten. Bei dem Film handelt es sich um ein Auftragswerk aus Anlass der 600 Jahrfeier der Schlacht auf dem Amselfeld (südslaw. *Kosovo Polje*). Die von der Staatsführung um Slobodan Milošević (1946–2006) und der griechisch-orthodoxen Kirche ab 1988 gelenkten Demonstrationen trugen erzeugten eine national aufgeheizte Grundstimmung. Denn Höhepunkt der Mobilisierung markierte dann die Veranstaltung auf dem großen Feld, auf dem entsprechend der erzählerischen Überlieferung n das Attentat von Miloš Obilić an Sultan Murad I. verübt wurde.[94] Dieses Ereignis wurde auch am Ende des Films umgesetzt. Hierbei kommt es zu einem Dialog zwischen dem tödlich verwundeten Herrscher und dem unbeugsamen serbischen Kämpfer. Der Sultan, dessen äußere Erscheinung klischeehaft überzeichnet ist, argumentiert sehr pragmatisch und verweist auf die durch den militärischen Sieg geschaffenen Realitäten. Die Argumentation von Obilić hingegen ist gänzlich auf die Zukunft ausgerichtet und betont die Bereitschaft für die Nation und den orthodoxen Glauben zu sterben, zwei Kernpunkte der nationalistischen Propaganda der späten 1980er Jahre.[95]

Bei den bisher vorgestellten Aktualisierungen der Erinnerung an die Auseinandersetzungen mit dem Osmanischen Reich war stets eine nationale Perspektive vorherrschend. Innerhalb des Ostblocks existierten aber auch Initiativen die darauf abzielten, ein transnationales Gedenken zu inszenieren. Ein erster Schritt in diese Richtung wurde 1964 anlässlich des 520. Jahrestags der Schlacht bei Varna unternommen. Entsprechend den neuen herrschenden ideologischen Vorgaben standen nun nicht nur die prominenten Heerführer im Fokus der Inszenierung, sondern auch deren kämpfende Untertanen. Auf Betreiben bulgarischer staatlicher Stellen entstand auf dem Gelände des vormaligen Schlachtfeldes der Park der militärischen Freundschaft (heute Vladislav Varnenchik-Erinnerungspark). Die Aufstellung von Beton-Kenotaphen, die mit dem von Ährenkränzen und sozialistischen Sternen ein-

---

91 Regie: Sergiu Nicolaescu; Drehbuch: Titus Popovici, 1989. Vgl. hierzu auch: Grancea: Filmul istoric (Anm. 80), S. 706; Vasile: Le cinéma roumain (Anm. 80), S. 565–562.

92 Vgl. zu den Auseinandersetzungen Constantin Iordachi: The Anatomy of a Historical Conflict. The Romanian-Hungarian Diplomatic Conflict in the 1980's. MA Thesis Central European University Budapest, Department of History, 1995/96.

93 Regie: Zdravko Šotra; Drehbuch: Ljubomir Simović.

94 Vgl. Holm Sundhaussen: Kriegserinnerung als Gesamtkunstwerk. Tatmotiv: Sechshundertzehn Jahre Kosovo-Krieg (1389–1999). In: Dietrich Beyrau (Hg.): Der Krieg in religiösen und nationalen Deutungen der Neuzeit. Tübingen 2001, S. 11–40, hier S. 33–35.

95 Milja Radovic: Transnational Cinema and Ideology : Representing Religion, Identity and Cultural Myths. Hoboken 2014 (Routledge studies in religion and film 4).

gefassten Wappen von Polen, Rumänien, Ungarn, Jugoslawien, der Tschechoslowakei sowie Bulgarien verziert waren, bewirkte eine Umdeutung in einen sozialistischen Erinnerungsort. Diese Lesart begegnet auch auf dem Fresko im Foyer des neu errichteten Museums. Die in strenger Frontalität gezeigten Kämpfer aus den unterschiedlichen nationalen Kontingenten evozieren den Eindruck von Entschlossenheit und Kampfbereitschaft.[96] Durch diese Elemente wurde der eigentlich als Kreuzzug gegen die ungläubigen Osmanen angelegte Waffengang von 1444 zu einer Chiffre der Zusammenarbeit sozialistischer Länder in Ostmittel- und Südosteuropa umgedeutet.[97] Der Gegner und eigentliche Sieger in der Schlacht wurde ebenfalls in die Inszenierung miteinbezogen. In Erinnerung an die gefallenen osmanischen Kämpfer errichtete man auf einer Anhöhe ein mit orientalisch anmutenden Ornamenten versehenes Denkmal.

Das in Varna umgesetzte integrative Konzept, bei dem allen an dem Konflikt beteiligten Parteien gedacht wurde, beeinflusste auch die Inszenierung am Schlachtort in Mohács. Dieses Projekt erforderte gerade im Anbetracht des nach dem Scheitern des Aufstandes von 1956 erneut in der Bevölkerung vorherrschenden Bildes von Ungarn als verlassene Nation ein besonderes Maß an Vorsicht.

Das Vorhaben eines Erinnerungsparks wurde durch die Aufdeckung von zwei Massengräbern bei archäologischen Grabungen auf dem Schlachtfeld im September 1960 angestoßen. Bei den Bestatteten handelte es sich um Kämpfer, die auf der ungarischen Seite gefallen waren. Vermutlich stammten jedoch nicht alle Gefallenen aus dem Königreich Ungarn selbst.[98] Die Diskussion dieser Funde in den unterschiedlichsten Medien erzeugte eine landesweite Aufmerksamkeit. Dennoch lehnte das Zentralkomitee der ungarischen Arbeiterpartei die Errichtung einer Gedenkstätte ab. Die Debatte rund um das Vorhaben der Erinnerungsstätte war aufs Engste mit der in der ungarischen Geschichtswissenschaft ab 1966 geführten Debatte über die Ursachen und die Folgen der Schlacht von 1526 verzahnt. Dieser Disput war ein Teilbereich der Versuche, innerhalb der historischen Wissenschaften in der Nachfolge der Niederschlagung des Volksaufstandes von 1956 die nationale Identität historisch neu zu begründen.[99] Durch diese Entwicklungen wurde die Ausarbeitung eines Konzepts für das Gedenken in Mohács verzögert. Das Projekt wurde zunächst auf lokalpolitischer Ebene weiter betrieben. Ende der 1960er Jahre kam es dann zu einer zunächst zögerlichen Beteiligung staatlicher Stellen. So wurde der Bereich der Massengräber zunächst als Naturschutzgebiet deklariert. Darüber hinaus wurde ein Expertengremium mit der Ausarbeitung eines Konzepts beauftragt. Hierbei sollten auch die Strategien der Geschichtspolitik mit Blick auf die osmanische Periode in den anderen sozialistischen Staaten studiert werden. Zu diesem Zweck reisten Ex-

96 <http://varnenchikmuseum.com/Eng/Postoianna_ekspozitzq/Postoqnna_ekspoziciq.html>(letzter Zugriff 20.9.2015).
97 Bagi: Schlacht bei Varna (Anm. 25), S. 836.
98 Vgl. László Papp: A mohácsi csatahely kutatása [Die Erforschung des Schlachtfeldes von Mohács. 1960]. In: Janos Pannonius Múzeum Évkönyve 5 (1960), 233–251.
99 Őze: Nemzettudat (Anm. 43), S. 108–130.

8 Mohács, Erinnerungspark.

perten auch nach Varna.[100] Das Anfang der 1970er Jahre ausgearbeitete Konzept sah die Errichtung einer Gedenkstätte in Mohács vor, die nach dem Willen der Partei vor allem die Erinnerung an die einfachen Menschen, die in der Schlacht gekämpft hatten, aufrechterhalten sollte. In Abstimmung auf dieses Ziel wurde eine in ihrem Gestus bescheidene Inszenierung gewählt. Das ehemalige Schlachtfeld wurde mit insgesamt 120 Holzstelen markiert. Diese vor allem in den ungarischsprachigen Gebieten in Siebenbürgen verbreiteten Grabhölzer (*kopjafa*) wurden als Chiffren für die Gräber einfacher Menschen gewählt (Abb. 8).[101] Zu Beginn des 20. Jahrhunderts inszenierten Künstler wie Károly Kós (1883–1977) die reich verzierten Stelen als Signum einer tief greifenden historischen Kontinuität. Dabei wurden die Magyaren der Frühzeit häufig zu Vorläufern der Calvinisten stilisiert.[102] Ein in der Diskussion der Symbolik der Inszenierung in Mohács bisher nicht thematisiertes Detail ist die Vignette der von Kós am Ende des Ersten Weltkriegs veröffentlichten Monogra-

100 Gábor Kovács: A mohácsi történelmi emlékhely. Szimbolikus harc a történelmi emlékezetért [Die historische Gedenkstätte in Mohács. Symbolischer Kampf um das historische Gedächtnis]. In: Hofer (wie Anm. 34), S. 283–303 hier S. 289.

101 Ebd., S. 290–293.

102 Tamás Hofer: Historisierung des Ästhetischen. Die Projektion nationaler Geschichte in die Volkskunst. In: Reinhard Johler, Herbert Nikitsch, Bernhard Tschofen (Hg.): Ethnische Symbole und ästhetische Praxis in Europa. Wien 1999 (Veröffentlichungen des Instituts für Volkskunde der Universität Wien 17), S. 108–134, hier S. 121–123.

9 Vignette von Károly Kós aus: Sztambul – Várostörténet és architektura. Budapest 1918.

phie zur Architektur in Istanbul (Abb. 9).[103] Die Illustration zeigt ein Grabholz und einen osmanischen Grabstein, die durch einen Rosenstock miteinander verwoben werden. Die Rose ist sicherlich als ein Verweis auf die Figur Gül Babas (gest. 1541) (türk. ‚Vater der Rosen') oder Gül Dede (türk. ‚Rosen-Derwisch') zu lesen. Der von Sultan Süleyman dem Prächtigen besonders verehrte Dichter und Mystiker aus dem Bektaşi-Derwisch-Orden verstarb zum Zeitpunkt der kampflosen Einnahme Budas durch die Osmanen. Über seinem Grab errichtete der dritte Pascha von Buda (türk. Budin), Jahjapasazáde Mehmed, bereits 1548 eine Türbe. Das Mausoleum gilt als nördlichster Wallfahrtsort des Islam. Das hohe Ansehen, das diesem Bauwerk in der öffentlichen Erinnerung Budapests zuteil wurde, wird durch wiederholte, aufwendige Restaurierungskampagnen seit Ende des 19. Jahrhunderts verdeutlicht, vor allem diejenige des Jahres 1915 im Vorfeld der offiziellen Anerkennung des Islam als Religion in Ungarn (1916).[104]

Die Eröffnung des Erinnerungsparks erfolgte am 29. August 1976. In seiner Ansprache wies Gyula Ortutay (1910–1978), der Vorsitzende der Patriotischen Volksfront (*Hazafias Népfront*) und international hoch angesehenen Volkskundler, darauf hin, dass die Niederlage von 1526 ein Resultat einer inneren Fehlentwicklung gewesen sei. Dieser Prozess wurde durch die Niederträchtigkeit der herrschenden Klasse und „gleichermaßen durch die Entfaltung der türkischen Großmacht und die inter-

---

103 Károly Kós: Sztambul - Várostörténet és architektura [Istanbul statt Geschichte und Architektur]. Budapest 1918 (A Konstantinápolyi Magyar Tudományos Intézet Közleményei 4/6). Vgl. hierzu auch: Yavuz Sezer: Hungarian Orientalism, Turanism and Károly Kós's Sztambul (1918). In: Centropa 7/2 (2007), S. 136–152.

104 Vgl. Ágoston, Sudár: Gül Baba (Anm. 4), S. 71–83.

nationale Teilnahmslosigkeit" ermöglicht.[105] Wie in den anderen sozialistischen Ländern charakterisierte Ortutay das Osmanische Reich als militärische Großmacht. Allerdings benutzte der Redner diesen Vergleich nicht zur Stärkung der ungarischen Position, sondern verwies darauf, dass auch „ein stärkeres, einheitlicheres Ungarn" keine Chance gehabt hätte, sich gegen diesen Gegner zu behaupten. Daher sollte das Andenken an Mohács verdeutlichen, dass das gegenwärtige Ungarn nicht ein auf sich allein gestelltes Volk war. „Es ist schöpferischer Teilnehmer am Bündnis des sozialistischen Nation, nicht mit den Ängsten des kleinen Volkes, sondern mit der Sicherheit des gleichrangigen sozialistischen Bündnispartners".[106] Ortutay beschwört somit eine neue Epoche, die durch Eintracht und verantwortungsvolle Führung gekennzeichnet ist. Dieses ideale Bild bricht mit dem sowohl in der Zwischenkriegszeit, aber auch nach der Revolution von 1956 verbreitete Bild von Ungarn als verlassene Nation. Die guten Beziehungen zu den sozialistischen Brüderstaaten und insbesondere der Sowjetunion, erscheinen als Garanten für die Sicherheit des Landes.[107] Der Zusammenbruch der von Ortutay beschworenen außenpolitischen Konstellation in den Jahren 1989/1990 führte zu einer erneuten Revision in der Bewertung der Schlacht von 1526. Auf einer Gedenkveranstaltung im Jahre 1991 wies József Antall (1932–1993), der erste Ministerpräsident des postkommunistischen Ungarn, darauf hin, dass Ungarn bereits „genügend Mohács durchlebt" habe und sich somit primär auf die neu errichtete Demokratie besinnen sollte. Als wichtige Voraussetzung hierfür sah er die Pflege der friedlichen Kontakte zu den benachbarten Ländern. Der letzte Punkt spielte auf die aktuellen politischen Ereignisse dem Putsch in Moskau sowie die Konflikte im Zuge des Auseinanderbrechens Jugoslawiens an.[108] Nach dieser Phase der Versachlichung der Diskussion um die Bewertung der Ereignisse von 1526 und die damit verbundene Form der Kommemoration zeichnete sich zu Beginn des neuen Jahrtausends eine Verschärfung der Argumentation ab. Hierbei benutzte man wie im Falle der Gedenkfeier im Jahre 2011 den Verweis auf den osmanischen Feind von 1526 als Chiffre für die aktuellen innen- wie außenpolitischen Gegner. In ihren Reden anlässlich der Einweihung, der neu gestalteten Gedenkstätte hoben sowohl Präsident des ungarischen Parlaments Lászlo Kövér (* 1959) wie auch der ehemalige ungarische Ministerpräsident Péter Boros (* 1928) den Kampf der vergangenen Generation für das Vaterland hervor. Dabei entwarf Kövér eine Parallele zwischen der osmanischen und sowjetischen Besatzung in Ungarn, die beide das Land und seine Bewohner mit den Füßen getreten hätten.[109] Parallel zu diesem Renouveau nationaler Momente zeichnete sich auch eine schrittweise Rückkehr konfessioneller Momente nationaler Narrative mit Blick auf die Gestaltung der Erinnerung an die Schlacht von Mohács ab. Nachdem bereits nach der Wende 1989 ein monumentales Feldkreuz auf dem Gelände des Erinnerungsparks aufgestellt worden

105 Zitiert nach Lengyel: Schlacht bei Mohács (Anm. 25), S. 859.
106 Ebd.
107 Balogh: Ungarische Erinnerungsorte (Anm. 25), S. 134.
108 Lengyel: Schlacht bei Mohács (Anm. 25), S. 861.
109 Balogh (wie Anm. 25), S. 135.

war, kam es auch zu einer Wiederaufnahme der Tradition der Feldmessen, die nun regelmäßig von hohen Würdenträgern, wie den Erzbischöfen von Gran oder Kalocsa jedes Jahr am 29. August zelebriert werden.[110] Hierbei wurde jedoch auf eine kontrastierende Gegenüberstellung von Christentum und Islam verzichtet.

Eine Rückkehr dieses antagonistischen Modells zeichnete sich nach den Anschlägen vom 11. September 2001 nur in wenigen Fällen ab. Das prominenteste Beispiel einer Aktualisierung der Erinnerung an die Kriege mit den Osmanen ist die italienisch-polnische Filmproduktion *Der Tag der Belagerung – September Eleven 1683* von 2012.[111] Der vernichtend besprochene Streifen erscheint vor dem Hintergrund der oben skizzierten Entwicklung und argumentativen Intentionen der Historienfilme mit Osmanen-Thematik in den sozialistischen Staaten, als ein gewisser Anachronismus. Gleichzeitig zeichnet sich gerade auf den unterschiedlichsten Plattformen im Internet eine neue Lesart der in Rumänien und Jugoslawien produzierten Historienfilme ab, die zunehmend in der Perspektive vergangener Siege über den Islam gelesen werden.[112]

Abbildungsnachweise:

Abb.1 „Park of Hungarian Turkish Friendship Szigetvár 2“ by User:Csanády – Own work. Licensed under Public Domain via Commons – https://commons.wikimedia.org/wiki/File:Park_of_Hungarian_Turkish_Friendship_Szigetv%C3%A1r_2.jpg#/media/File:Park_of_Hungarian_Turkish_Friendship_Szigetv%C3%A1r_2.jpg
Abb. 2 und 3 (Aufnahmen Robert Born)
Abb. 4 Aufnahme László Levente Balogh aus: Ders.: Ungarische Erinnerungsmuster und ihre Wendepunkte Mohács als Erinnerungskategorie und Erinnerungsort. In: Johannes Feichtinger, Johann Heiss (Hg.): Der erinnerte Feind. Wien 2013 (Kritische Studien zur »Türkenbelagerung« 2), S. 121–140.
Abb. 5 Germanisches Nationalmuseum Nürnberg (Foto: Georg Janßen)
Abb. 6 https://commons.wikimedia.org/wiki/File:VarnaMemorial.jpg
Abb. 8 „Mohács Monument at the Battlefield 2004“ von Neoneo13 (Diskussion • Beiträge) – Selbst fotografiert. Lizenziert unter Gemeinfrei über Wikimedia Commons – https://commons.wikimedia.org/wiki/File:Mohacs_Monument_at_the_Battlefield_2004.JPG#/media/File:Mohacs_Monument_at_the_Battlefield_2004.JPG
Abb. 7 und 9 (Archiv des Verfassers)

110 Vgl. Barbarics-Hermanik (wie Anm. 2), S. 296.

111 Originaltitel: *The Day of the Siege – September Eleven 1683*, ital.: *11 settembre 1683*; poln. *Bitwa pod Wiedniem*, Regie Renzo Martinelli). Vgl hierzu auch Hadler: Zugehörigkeit durch Abgrenzung (Anm. 53), S. 93.

112 World greatest ever victory against islam - Battle of Vaslui <https://www.youtube.com/watch?v=Lp2oDGElJ2U> (letzter Zugriff 10.08.2015); Islam vs Christianity - 23 August 1595 Battle of Călugăreni (Part 2) <https://www.youtube.com/watch?v=N4wG5HoOJqA> (letzter Zugriff 20.9.2015).

Tobias Weger

Die *Weissagungen des blinden Jünglings aus Böhmen.* Von der religiösen Endzeitstimmung zur nationalen Stereotypisierung

1. Einleitung

Unter „Weissagungen“, „Prophezeiungen“ oder „Vorhersagen“ werden Prognostizierungen kommender Ereignisse durch dafür besonders begabte Persönlichkeiten, häufig auch „Seher“ oder „Propheten“ genannt, verstanden. Weissagungen als spezifische Gattung der Erzählkultur sind aus zahlreichen religiösen Kontexten vertraut, so etwa in der jüdischen und in der christlichen Überlieferung. Am bekanntesten sind das Wirken der Propheten Jeremias, Ezechiel, Jesaias und Jonas im Alten Testament sowie die endzeitlichen Vorhersagen der Apokalypse des Johannes aus dem Neuen Testament. Aus der griechisch-römischen Antike sind ihrerseits mehrere Priesterfiguren mit prophetischen Fähigkeiten tradiert, etwa im seit dem 8. vorchristlichen Jahrhundert bezeugten Orakel im Apolloheiligtum von Delphi[1] oder in Gestalt der Sibylle von Cumae aus der süditalienischen Campagna, deren Weissagungen auch in Buchform kodiert worden sind.[2] Der Kulturhistoriker und Volkskundler Jürgen Beyer verweist zu Recht darauf, dass es sich bei Prophezeiungen und Weissagungen auch um eine literarische Gattung handelt.[3]

Apokalyptische Prophezeiungen – religiös konnotierte Vorhersagen einer kommenden Endzeit – sind auch aus zahlreichen mitteleuropäischen Kontexten seit der Frühen Neuzeit bekannt. Das östliche Bayern und Böhmen, zwei Regionen, die seit dem Aufkommen des Hussitismus im 15. Jahrhundert und des Protestantismus im 16. Jahrhundert von starken konfessionellen Spannungen geprägt worden sind, machen hier keine Ausnahme. Erwähnt sei lediglich der bis heute bekannteste Seher aus Ostbayern, der „Mühlhiasl“. Hinter dem Namen dieses „Waldpropheten“ verbirgt sich vermutlich der niederbayerische Müllersohn Matthäus Lang (1735–1805), der in der Zurückgezogenheit des Bayerischen Waldes in mündlicher Form kommende Schicksalsschläge vorausgesehen haben soll.[4]

---

1 Vgl. Hermann Bengtson: Griechische Geschichte. Von den Anfängen bis in die Römische Kaiserzeit. 7. Aufl. München 1986, S. 63.

2 Vgl. die Edition von Alfons Kurfess, Jörg-Dieter Gauger (Hg.): Sibyllinische Weissagungen. Griechisch-deutsch. Düsseldorf 1996.

3 Vgl. Jürgen Beyer: Prophezeiungen. In: Rolf Wilhelm Brednich (Hg.): Enzyklopädie des Märchens. Handwörterbuch zur historischen und vergleichenden Erzählforschung. Bd. 10. Berlin, New York 2002, Sp. 1419–1432, hier Sp. 1420.

4 Vgl. Reinhard Haller: Matthäus Lang, 1753–1805, genannt „Mühlhiasl“. Vom Leben und Sterben des „Waldpropheten“. Grafenau 1993.

Jahrbuch des BKGE 23 (2015), S. 171–190

Der vorliegende Beitrag untersucht, ausgehend von der Leitfrage der religiösen Konflikthaftigkeit, eine konkrete prophetische Erzählung aus Böhmen. Dabei wird Strängen der mündlichen und schriftlichen Überlieferung nachgespürt und nach der Rezeption und Funktion dieses Textes gefragt. Als besondere Form der Rezeption werden auch literarische Verarbeitung und der Eingang in den Kanon der nationalen Sagenliteratur vorgestellt. Wie reagierten Vertreter des Rationalismus auf eine weit verbreitete Prophezeiung? Und welche Funktion erfüllte sie innerhalb der sudetendeutschen Vertriebenenrhetorik nach 1945? Mit diesen beiden Fragen wird sich die Untersuchung abschließend befassen.

Die *Weissagungen des blinden Jünglings* (tschechisch: *Proroctví slepého mládence*) bilden eine der bekanntesten Weissagungen aus den Böhmischen Ländern und reihen sich in eine Vielzahl von tschechischen Sagen mit übernatürlichem Gehalt ein; dazu gehört etwa die seit dem 15. Jahrhundert überlieferte Sibylle von Prag, etwas später der aus Vysoké nad Jízerou stammende Havlas Pavlata.[5] Mit Prophezeiungen werden in den Böhmischen Ländern auch zwei Berge assoziiert, von denen – ähnlich der deutschen Kyffhäusersage – behauptet wird, dass in ihnen Ritter schliefen, bis sie dereinst herauskämen, um das Land zu befreien. Diese Legenden werden vom 638 Meter hohen Blaník in Mittelböhmen[6] sowie vom 995 Meter hohen Berg Velká Čantoryje in den Schlesischen Beskiden, unweit der Stadt Jablunkau/Jablunkov, berichtet.[7] Den Berg Blaník nennt übrigens die von dem Breslauer Volkskundler Will-Erich Peuckert (1895–1969) im Rahmen seiner Habilitationsschrift bearbeitete Weissagung der Sibylle Weiss als Ort einer prophetischen „Endschlacht".[8] Hier scheint sich die allgemein belegte Nähe der Prophezeiungen zu den apokalyptischen Sibyllen-Motiven zu bestätigen.[9]

Der Text des „blinden Jünglings", dessen genauer Ursprung wie bei vielen Sagen- und Erzählstoffen nicht eruiert werden kann, existiert in mehreren Varianten, deren

---

5 Vgl. Der prophetische Krieg. In: Die neue Zeit. Organ des Vereins der Deutschen in Mähren, 23. Jg., Nr. 189, 21.8.1870, S. 1f.; [Lubor Niederle:] Volkskunde Böhmens. In: Die österreichisch-ungarische Monarchie in Wort und Bild. Auf Anregung und unter Mitwirkung weiland Seiner kaiserl. und königl. Hoheit des durchlauchtigsten Kronprinzen Erzherzog Rudolf begonnen, fortgesetzt unter dem Protectorate Ihrer kaiserl. und königl. Hoheit der durchlauchtigsten Frau Kronprinzessin-Witwe Erzherzogin Stephanie. Böhmen (1. Abtheilung). Wien 1894, S. 363–618, hier S. 404f.; Folklór [Folklore]. In: Československá vlastivěda. Díl III: Lidová kultura. Hg. von der Socialistická akademie und der Československá akademie věd. Praha 1968, S. 257–391, hier S. 276.

6 Vgl. W[enzel] Dreßler, Joh[ann] Kiemann jun.: Die ältesten Baudenkmäler in Böhmen. Ein Beitrag zur Kenntniß derselben. In: Mittheilungen des Vereines für Geschichte der Deutschen in Böhmen 5 (1867), S. 116–125, hier S. 122; Eduard Maur: Paměť hor. Šumava – Říp – Blaník – Hostýn – Radhošť [Das Gedächtnis der Berge. Böhmerwald – Říp – Blaník – Hostýn – Radhošť]. Praha 2006, S. 259–264.

7 Vgl. den Artikel „proroctví" [Weissagungen]. In: Stanislav Brouček, Richard Jeřábek: Lidová kultura. Národopisná encyklopedie Čech, Moravy a Slezska. 3. svazek. Praha 2007, S. 811f.

8 Vgl. Heike Bilgenroth, Maren Röber: Will-Erich Peuckert und seine Habilitationsschrift „Sibylle Weiss". In: Brigitte Bönisch-Brednich, Rolf Wilhelm Brednich (Hg.): „Volkskunde ist Nachricht von jedem Teil des Volkes". Will-Erich Peuckert zum 100. Geburtstag. Göttingen 1996 (Beiträge zur Volkskunde in Niedersachsen 12), S. 45–70, hier S. 48.

9 Vgl. Beyer: Prophezeiungen (Anm. 3), Sp. 1423.

älteste Schriftfassungen aus dem 16. Jahrhundert stammen. Eine handschriftliche, in tschechischer Sprache gehaltene Version aus dem Jahre 1585 ist im Staatlichen Bezirksarchiv/Státní okresní archiv Mělník überliefert.[10] Sie stammte aus den Beständen des ehemaligen Kapuzinerklosters in Mělník. Frühe deutsche und tschechische Drucke liegen aus den Jahren 1645 (deutsch),[11] 1700, 1735 (tschechisch),[12] 1763 und 1768 vor.

Diese und zahlreiche spätere Versionen ähneln sich hinsichtlich ihrer Rahmenerzählung: Demnach sei Karl/Karel IV. von Luxemburg (1316–1378), ab 1347 König von Böhmen und ab 1355 Kaiser des Heiligen Römischen Reiches, einmal von einer Reise ins westliche Ausland nach Böhmen zurückgekehrt. Bald nach dem Überqueren der Landesgrenze habe er in Westböhmen einen in ärmlichen Verhältnissen lebenden, blinden Jüngling aufgesucht, der mit seherischen Fähigkeiten versehen gewesen sei. Jener habe den hochrangigen Besucher erkannt, ohne dass ihm dessen Identität mitgeteilt worden sei, und habe ihm mehrere Vorhersagen zur Zukunft Böhmens gemacht. Beat Frey hat diesen Text in eine Reihe sagenhafter Überlieferungen eingeordnet, die sich um die Person Karls IV. ranken.[13] In einigen wenigen Texten, von denen später noch die Rede sein wird, war nicht Karl IV., sondern dessen ältester Sohn Wenzel/Václav IV. (1361–1419) der Adressat der Prophezeiungen.

Als Gegenstand der Prophezeiung dienen Versatzstücke aus dem Alten Testament sowie aus Sagen. Genau genommen handelt es sich bei den Weissagungen nicht um eine Prophezeiung im klassischen Sinne, denn zumindest die genannten Druckversionen rekurrierten auf geschichtliche Ereignisse, die bereits in der Vergangenheit lagen: Dies betraf etwa die Reformation in Böhmen, den Dreißigjährigen Krieg und

10 SOkA Mělník Fond Kapucínský klášter Mělník Inv. 23: Prophetia vetus de Bohemias Regib. translata ex latino a Joh. Civileo. s.l. 1585.

11 Eine wahrhafftige Prophezeihung von dem Böhmer-Lande / dem Christseligen Kayser Karolo dem Vierdten / Weyland Könige in Böhmen / etc. Welche ein Blindgeborner Mensch Anno 1350 dem Kayser eröffnet / als Er zu ihme kommen / Ihn besuchet und gefraget / wie es ins künftige dem Königreiche Böhmen ergehen werde? Was dieser Blindgeborne Mensch Ihrer Kayserlichen Mayt. Geantwortet: Auch unterschiedliche grosse Buchstaben mit Kreyde auffm Tisch geschrieben / und solche letztlich außgeleget und erkläret hat / wird durch der großgünstige Leser in diesem Tractätlein / mit mehrerm hierinnen lesende befinden. Aus einem Uhr-alten Concept ins reine geschrieben / und zum offenen Drucke verfertigen lassen / Im Jahr Christi M.DC.XLIIIII. Tobiae am 12. Cap. Vers 7. Der Könige / Fürsten / etc. Heimligkeiten.

12 Proroctwj gednoho slepehe mládence, který od narozenj slepy gsa, a duchem prorockým od Boha naplněn byl, když ale Karel 4ty král český a cýsař řjmský ze spaniš Niderlandu do Čech se nawracowal, byl k tomu ctnému mládency přiweden a tam gemu mnohé wěcy o nassý mjli wlasti bylo předpowěděno léta Páně 1362 [Die Weissagungen eines blinden Jünglings, der von Geburt an blind, aber von Gott mit einem prophetischen Geist ausgestattet war. Als Karl IV., König von Böhmen und römischer Kaiser, auf dem Rückweg aus den Spanischen Niederlanden nach Böhmen war, wurde er zu jenem begabten Jüngling geführt, und dort wurden ihm viele Dinge über unser liebes Vaterland im Jahre des Herrn 1362 vorhergesagt]. s.l. 1735. Vgl. auch Staročeská proroctví. Literární zlomky. In: Národní listy, Nr. 8, 27.5.1865, S. 181–184, hier S. 183.

13 Vgl. Beat Frey: Pater Bohemiae – vitricius imperii. Böhmens Vater, Stiefvater des Reichs. Kaiser Karl IV. in der Geschichtsschreibung. Bern, Frankfurt am Main, Las Vegas 1978 (Geist und Werk der Zeiten 53), S. 10f.

die Ausweisung der Protestanten im Zuge der Rekatholisierungspolitik der Habsburger Landesherrschaft. In mehreren Texten ist davon die Rede, der blinde Jüngling habe dem Kaiser die Anfangsbuchstaben der Namen seiner Nachfolger vorhergesagt. Diese Reihe endet aber zumeist bereits vor dem Erscheinungs- oder Verfassungsjahr der jeweiligen Variante. Man kann hier also von einem „Vaticinium ex eventu", von einer Weissagung vom Ereignis her, sprechen. Ein Vaticinium ex eventu lässt, so Wolfgang Speyer, „etwas, das bereits geschehen ist, in einer Vorausschau verkündet sein".[14]

Bereits zu Beginn des 19. Jahrhunderts haben sich tschechische Philologen über der Frage nach der historischen Authentizität des „blinden Jünglings" vergeblich den Kopf zerbrochen. War er eine reale Gestalt oder lediglich eine literarische Fiktion? Um dies in Erfahrung zu bringen, stellten sie quellenkritische Studien an. Der Philologe Josef Dobrovský (1753–1829) datierte den Stoff bereits im Jahre 1818 ins 16. Jahrhundert.[15] Andere Forschungen ergaben, dass im Jahre 1589 der im südwestlich von Kolín nad Labem gelegenen Dorf Horní Kruty tätige lutherische Geistliche Jan Štelcar Želetavský z Želetavy (1545–nach 1596) in seinem Werk *Knijžka o prawé a ffalessné Cýrkwi* (Buch über die rechte und die falsche Kirche) von einem Bauern geschrieben habe, der die Zukunft Böhmens geweissagt habe. Štelcar hatte geschrieben:

> Und nun erfüllt sich, was jener Bauer hier in Böhmen vorhergesagt hat, dass vor dem Tag des Gerichts Winter auf Winter folgen werde, die Menschen sich in Pelze einhüllen und ein Viertel des böhmischen Landes mitsamt den Kirchen von den Fischteichen überschwemmt sein werde.[16]

Es würde den Rahmen dieser Ausführungen sprengen, hier auf alle Überlieferungsvarianten gesondert einzugehen und eine Art philologische Genealogie und inhaltliche Synopse zu erstellen, wenngleich eine solche Untersuchungsmethode noch ausstünde. Die einzelnen Texte unterscheiden sich in Umfang, Ausmaß und zeitlicher Reichweite der Prophezeiungen. Bereits der Archäologe und Ethnologe Lubor Niederle (1865–1944), der im ausgehenden 19. Jahrhundert den Beitrag zur *Volkskunde Böhmens* zum ersten Teilband zu Böhmen für das monumentale Werk *Die österreichisch-ungarische Monarchie in Wort und Bild* beisteuerte, gelangte zu der wichtigen Erkenntnis, dass die Weissagungen des blinden Jünglings im Laufe der Geschichte „den Zeitverhältnissen angepaßt" worden seien.[17]

Fragen wir nach den Medien und Praktiken, die zur Verbreitung des Stoffes beigetragen haben, so sind neben mündlichen Überlieferungen, die sich nur aus Sekundärquellen ermitteln lassen, seit dem 18. Jahrhundert vor allem Druckausgaben zu

---

14 Wolfgang Speyer: Die literarische Fälschung im Altertum. München 1971, S. 85.

15 Vgl. Josef Dobrowsky: Geschichte der Böhmischen Sprache und ältern Literatur. Ganz umgearbeitete Ausgabe. Prag 1818, S. 247.

16 Knijžka o prawé a ffalessné Cýrkwi od Jana Sstelcara Želetawského z Želetawy. Praha 1589, zit. in: Staročeská proroctví. Literární zlomky. In: Národní listy, Nr. 10, 11.6.1865, S. 230–233, hier S. 230.

17 Vgl. Niederle: Volkskunde Böhmens (Anm. 5), S. 405.

nennen. Mehrere wohlfeile Ausgaben in tschechischer und in deutscher Sprache trugen insbesondere im 19./20. Jahrhundert zur Verbreitung und Popularisierung des Sagenstoffes bei. Sie erschienen
um 1830/40 im Verlag Jan Bohumil Meisner in Prag/Praha,[18]
1835 im Verlag Ján Tureček in Leitomischl/Litomyšl,[19]
1844 und 1850 im Verlag J. Spurný in Praha/Prag,[20]
1863 im Verlag Emil Petřík in Prag/Praha,[21]
1863 im Verlag Národní knihkupectví in Prag/Praha,[22]
1863 im Verlag Eduard Grégr in Praha/Prag,[23]
1863/64 im Verlag V. Pospíšil in Pardubitz/Pardubice,[24]
1867 im Verlag Alois Mareš in Raudnitz an der Elbe/Roudnice nad Labem,[25]
1897/98 im Verlag Rudolf Storch in Prag-Karolinenthal/Praha-Karlín,[26]

---

18 Předpowjdánj slepého mládence, který roku 1362, w 36 roku stářj swého, Karlowi králi českému a cjsaři řjmskému, skrze ducha swatého oznamowal. Praha s. l.

19 Přediwné předpowjdánj slepého Mládence, genž 36 let starý byl, a w 1462 Karlowi Králi Českému a Cýsaři Řjmskému skrze Ducha swatého oznamowal [Wunderbare Weissagungen eines 36–jährigen blinden Jünglings, die 1462 dem böhmischen König und Kaiser des Hl. Römischen Reiches Karl durch den Heiligen Geist gemacht wurden]. Litomyšl 1835 (22 Seiten).

20 Proroctví slepého mládence, kterýžto Karlovi IV. králi Českému a císaři Římskému předpověděl o naší české zemi roku 1362, Praha 1844 (24 Seiten); Die Prophezeiung des blinden Jünglings, welche derselbe dem Römischen Kaiser und König von Böhmen Karl IV. im Jahre 1362 über Böhmen vorhergesagt. Prag 1850 (24 Seiten).

21 Proroctví slepého mládence, učiněné o naší milé vlasti Karlu IV., králu českému a císaři Římskému léta Páně 1362 [Die Weissagungen des blinden Jünglings, dem böhmischen König und römischen Kaiser Karl IV. über unser geliebtes Vaterland im Jahre des Herrn 1362 erteilt]. Praha 1863 (26 Seiten). Vgl. František Doucha: Knihopis [Bücherverzeichnis]. In: Časopis Musea království Českého 37 (1863), S. I-LXIV, hier S. XXIII; Oesterreichischer Catalog. Zweiter Theil. Verzeichnis aller im Jahre 1863 in Oesterreich erschienenen Bücher und Zeitschriften in böhmischer, polnischer, slovenischer, ruthenischer und serbischer Sprache. Wien 1864, S. 18.

22 Proroctví slepého mládence, učiněné o zemi české Karlu IV [Weissagungen des blinden Jünglings in Bezug auf Böhmen, in Bezug auf Böhmen Karl IV. gemacht]. Praha 1863. Vgl. Literatura a umění [Literatur und Kunst]. In: Opavský Besedník, Nr. 10, 10.4.1863, S. 79.

23 Proroctví slepého mládence učiněné o naší milé vlasti Karlu IV., králu českému a císaři Římskému léta Páně 1362 [Die Weissagungen des blinden Jünglings, dem böhmischen König und römischen Kaiser Karl IV. über unser geliebtes Vaterland im Jahre des Herrn 1363 erteilt]. Praha 1863 (26 Seiten).

24 Proroctví slepého mládence, učiněné o české vlasti císaři Karlu IV. r. 1362. Pardubice 1864 (24 Seiten). Vgl. Slavische Novitäten Nr. 5. In: Zeitschrift für slavische Literatur, Kunst und Wissenschaft 1 (1865), S. 65–80, hier S. 77.

25 Die Prophezeihung des blinden Jünglings, welche derselbe dem römischen Kaiser und König von Böhmen Karl IV. im Jahre 1362 über Böhmen vorhergesagt. Raudnitz an der Elbe 1867 (23 Seiten); Proroctví slepého mládence, učiněné milé vlasti Karla IV., králi Českému a císaři Římskému, léta Páně 1362. Roudnice nad Labem 1867 (25 Seiten). Vgl. Oesterreichische Buchhändler-Correspondenz, 8. Jg., Nr. 18, 20.6.1867, S. 150.

26 Proroctví slepého mládence [Die Weissagungen des blinden Jünglings]. Praha 1897, 1898. Vgl. Anzeige in Národní politika, odpolední vydání, 5.1.1897, S. 4; Anzeigen in: Národní listy, Nr. 8, 8.1.1897, o. S.; Národní politika, Nr. 292, 23.10.1898, S. 10.

1914 im Verlag Emil Šolc & Šimáček in Prag-Karolinenthal/Praha-Karlín,[27]
1918 im Verlag Vaněk a Votava in Prag-Smíchov,[28]
1933 im Verlag Bedřich Kočí in Prag/Praha – als Faksimile der Ausgabe von 1735.[29]

2. Zur Rezeption und Funktion der „Weissagungen"

Die zweifelsohne unvollständige chronologische Auflistung lässt bereits bestimmte Druckkonjunkturen in den letzten 200 Jahren erkennen. In der Frühzeit fällt die tschechische nationale Wiedergeburt ins Auge, daneben die Bedeutung der bürgerlichen Revolution von 1848/49. Diese historische Zäsur wurde in der weiteren historischen Entwicklung der Böhmischen Länder zu einem Scheidepunkt tschechischer und deutscher nationaler Interessen.[30] Auf tschechischer Seite weckte das Aufbegehren gegen die Wiener Zentralmacht Hoffnungen auf eine nationale Emanzipation und eine würdevolle Existenz, die die Habsburger bislang verwehrt hatten. Im deutschen Sprachraum hingegen stieß dieses Streben nur auf wenig Verständnis; in aller Regel versuchten Publizisten, es durch schmähende Stereotypisierungen zu delegitimieren. In den *Grenzboten*, einem Organ preußisch-nationalliberaler Tendenz, argwöhnte 1848 ein anonymer Autor, die *Weissagungen des blinden Jünglings* seien als Artikulation eines tschechischen Nationalismus aufzufassen. Interessant ist dabei, dass die historische Kontextualisierung in der Zeit Kaiser Karls IV. zugunsten einer zeitlichen Einordnung in die „Hussitenzeit" verschoben wurde und damit eine kollektive konfessionelle Stereotypisierung der mit den Hussiten gleichgesetzten – de facto aber zu jener Zeit noch mehrheitlich katholischen! – Tschechen vorgenommen wurde:

> Die alten halbverschollenen Prophezeihungen eines ‚blinden Jünglings', der in der Hussitenzeit gelebt hatte, wurden wieder aufgelegt, mit mannigfachen Aenderungen und Ver-

---

27 František Hurt: Proroctví slepého mládence (Štorchova knihovna povídek z blízkých a dalekých krajů 78). II., značně rozmnožené vydaní [Die Weissagungen des blinden Jünglings (Storch-Bibliothek von Erzählungen aus nahen und fernen Ländern, 78). 2. erhebl. erw. Aufl.]. Praha-Karlín 1914 (48 Seiten). Auf dem Einband ist der Tod in einer Ritterrüstung abgebildet – ein Zeitbezug zum Ersten Weltkrieg.

28 Proroctví slepého mládence kteryžto Karlovi IV. králi českému a císaři římskému předpověděl o naši české zemi roku 1362 [Die Weissagungen des blinden Jünglings für den böhmischen König und römischen Kaiser Karl IV. in Bezug auf unser Land aus dem jahr 1362]. Praha-Smíchov 1918 (mit einer sezessionistischen Einbandgestaltung von Mikuláš Aleš).

29 Proroctví slepého mládence, který od narození slepý, naplněn byl od Boha duchem prorockým. Když se Karel IV., král český a císař římský vracel ze španělského Nizozemí do Čech, zaveden byl k tomuto ctnému mládenci, který mu předpovědel mnohé o naší milé vlasti, léta Páně 1362 [Die Weissagungen eines blinden Jünglings, der von Geburt an blind und von Gott mit seherischen Gaben versehen war. Als Karl IV., König von Böhmen und römischer Kaiser, aus den Spanischen Niederlanden nach Böhmen zurückkehrte, wurde er zu diesem tugendhaften Jüngling geführt, der ihm viel über uns liebes Land vorhersagte, im Jahre des Herrn 1362]. Praha 1933 (15 Seiten).

30 Vgl. dazu auch Eva Hahnová: Od Palackého k Benešovi. Německé texty o Češích, Němcích a českých zemích [Von Palacký bis Beneš. Deutsche Texte über Tschechen, Deutsche und die Böhmischen Länder]. Praha 2014, S. 31–38.

besserungen, die das Büchlein im Auge der Kundigen gewissermaßen zu einem Programm der Czechenpartei machten.[31]

Entspannter und humorvoller nahm ein Autor in der Prager Zeitung *Bohemia* Bezug auf die Weissagungen, mit deren Hilfe er die vorübergehende „Kopflosigkeit" mancher der Prager Brückenheiligen zu deuten suchte. Dieser Umstand war eine Folge der gewaltsamen Niederschlagung des Prager Pfingstaufstandes durch österreichische Truppen:

> Dies soll die Prophezeiung des blinden Jünglings erfüllen, wenn die Heiligen der Brücke kopflos dastehen, für Prag blutige Tage beginnen. Wir haben die Vorhersagungen dieses dreizehnten kleinen Propheten genau geprüft, haben allerlei darin gefunden, die Blaniker Ritter. Die Robotunruhen vom Jahre 1777, die bis unter die Achsel gehenden Hosen von anno 1801 und viel Unsinn, aber kein Wort von kopflosen Heiligen. Endlich noch ein Wunder: der Jesuitengeneral S. Francesco Borgia hat die weiße Fahne ausgesteckt. Dieses ist ein Wunder, erstens weil es ein Jesuitengeneral, und zweitens weil es ein Borgia ist. Und alles dieses hat sich zugetragen zu Prag im neunzehnten Jahrhundert p. Chr. natum.[32]

Im liberalen Geist jenes Jahres wurden hier die Borgias und die Jesuiten mit den Habsburgern implizit parallelisiert.

Die 1860er Jahre sind nach einer Phase des Neoabsolutismus gekennzeichnet von einem Höhepunkt des emotional geführten „Sprachenstreits" in den Böhmischen Ländern, als Teile der tschechischen Nationalbewegung in Analogie zur parallel stattfindenden Dualisierung Österreich-Ungarns erfolglos für die tschechische Nation Gleichberechtigung einforderten. Die allgemeine Unsicherheit angesichts des preußisch-österreichischen Gegensatzes von 1866 beflügelte erneut populäre Adaptionen des „blinden Jünglings". Der Prager Volksmund suchte den Grund für die drohende Kriegsgefahr im Frühjahr 1866 indes nicht in der schleswig-holsteinischen oder der italienischen Frage bzw. in der Politik Bismarcks. Die Schuld schrieb er der Wiederherstellung der Astronomischen Uhr am Altstädter Rathaus zu. Nach einer Variante der *Weissagungen* sollte nämlich in dem Augenblick, in dem die Uhr wieder schlagen werde, ein grausamer Krieg über Böhmen hereinbrechen.[33] Zu Jahresbeginn 1866 erschien nach der „Großen Reparatur" nicht nur die Uhr in neuer Pracht, sondern erstmals nach vielen Jahrzehnten funktionierte das Uhrwerk wieder.[34]

---

31 Prag und der neue Panslavismus II. In: Die Grenzboten. Zeitschrift für Politik und Literatur 7 (1848), S. 436–442, hier S. 437. Gleichlautend in Moritz Smets: Das Jahr 1848. Geschichte der Wiener Revolution. 2. Bd. Wien 1872, S. 338.

32 Lokalzeitung. In: Bohemia, 21. Jg., Nr. 106, 2.7.1848, unpag. S. 4. Die Brückenfigur des dritten Jesuitengenerals Francisco de Borja/Borgia (1510–1572), der 1671 heiliggesprochen wurde, schuf 1710 der böhmische Barockbildhauer Ferdinand Maximilian Brokoff (1688–1731).

33 Z Prahy. Staroměstský orloj a proroctví „slepého mládence" – Kieslův process [Aus Prag. Die Uhr am Altstädtischen Rathaus und die Weissagungen des "blinden Jünglings" – Der Kiesl-Prozess]. In: Plzeňské noviny, 2. Jg., Nr. 65, 16.5.1866, S. 1. Zur Einbeziehung der Uhr in die *Weissagungen* auch Niederle: Volkskunde Böhmens (Anm. 5), S. 405.

34 J[oachim] Rosenauer, F[erdinand] Kop: Hvězdářské hodiny čili Orloj na staroměstské radnici v Praze [Die Sternenuhr oder die Uhr am Altstädter Rathaus in Prag]. Praha 1866, S. 32.

Doch ließen sich die *Weissagungen* auch in ideologischen Polarisierungen und Auseinandersetzungen zwischen miteinander verfeindeten politischen Lagern als geistige Waffe einsetzen. In der mährischen Hauptstadt Brünn/Brno musste am 17. November 1889 eine Versammlung der Katolicko-politická jednota/Katholisch-Politischen Vereinigung im Besední dům/Tschechischen Vereinshaus polizeilich aufgelöst werden. Zunächst hatte schon ein Vortrag des Domkaplans P. Kaspar über die Französische Revolution von 1789 unter den anwesenden sozialdemokratischen Arbeitern für Unmut gesorgt. Zu einem regelrechten Eklat kam es bei seinem Nachredner, dem jungen Geistlichen P. Metoděj Hošek (1860–1943), wie das *Deutsche Volksblatt* berichtete:

> Als er das Gleichnis von den Weissagungen des blinden Jünglings gebrauchte, brachen die Socialdemokraten in Lachen aus, was den geistlichen Redner derart in Zorn versetzte, daß er den Lachenden zurief: ‚Das ist eine Frechheit!' Nun ging ein derartiges Spectakel und wüstes Geschrei an, daß der anwesende Polizeicommissär sich genöthigt sah, die Versammlung aufzulösen.[35]

Es ist durchaus nicht untypisch, dass es vor und während des Ersten Weltkriegs zu einer erneuten Steigerung von dem „blinden Jüngling" zugeschriebenen Prophezeiungen kam.[36] Die oben erwähnte Prager Ausgabe von 1914 zeigt auf der Titelseite – in der Tradition der Totentänze – den als menschliches Gerippe dargestellten Tod. Zeitgemäß ist er in eine Ritterrüstung gekleidet und scheint sich auf ein großes, blankes Schwert zu stützen, stets bereit, zum Schlag auszuholen.

Auch eine weitere elementare Krisenzeit – die Bedrohung der Tschechoslowakei durch das nationalsozialistische Deutschland und seine Handlanger in der Sudetendeutschen Partei (SdP) in den Jahren 1937/38 – schlug sich in künstlerischen Artefakten nieder, deren gemeinsamer Bezugspunkt der „blinde Jüngling" war. 1937 erschien im Prager Verlag Vladimír Šnejdárek eine Kunstdruckedition in kleiner Auflage.[37] Das Werk kritisiert mit kurzen, humorvollen Sätzen und expressiven Grafiken von Otakar Mrkvička (1898–1957) die soziale Lage im eigenen Land, vor allem aber die faschistischen Diktaturen in Italien und Deutschland, indem es diese Umstände in Gestalt von Prophezeiungen vorstellt. Mrkvička, der als Illustrator, Karikaturist und Maler tätig war, gehörte der avantgardistischen Künstlergruppe „Devětsil" an und vertrat in politischer Hinsicht eine dezidiert antifaschistische Haltung. Auch die Komik ermöglichte Aussagen, bei denen sich der Interpret hinter der Fassade des Humors verbergen konnte. Der Schauspieler und Komiker Vlasta Buri-

35 Stürmische Versammlung. In: Deutsches Volksblatt, Nr. 317, 20.11.1889, S. 3. Die Katolicko-politická jednota in Brünn wurde bereits 1871 gegründet. Das Besední dům wurde in den Jahren 1870–1873 als Versammlungshaus der tschechischen Einwohner der mährischen Hauptstadt nach Plänen des Wiener Ringstraßenarchitekten Theophil Hansen (1813–1891) errichtet.

36 Vgl. Beyer: Prophezeiungen (Anm. 3), Sp. 1423.

37 Všeliká a roztodivná předpovádání jakož i proroctví jednoho „slepého mládence", která se jistotně splní léta Páně 1938. K Novému roku 1938. Kresby Otokara Mrkvičky [Alle möglichen und wunderlichen Vorhersagen und Weissagungen eines „blinden Jünglings", die sicherlich im Jahre des Herrn 1938 in Erfüllung gehen. Zu Neujahr 1938. Mit Zeichnungen von O. M.]. Praha 1937.

an (1891–1962) produzierte einen Kurzfilm, der im Februar 1938 seine Premiere hatte. Darin behandelte Burian in Liedform unter dem Titel *Proroctví slepého mládence* das zwanzigjährige Bestehen der Tschechoslowakischen Republik.[38] Der selbst als Fußballer aktive Interpret „prophezeite" sportliche Erfolge der tschechoslowakischen Eishockeymannschaft und endete mit den Versen:

Proto lidé dobré vůle	Daher, Menschen guten Willens,
proroctví mé v mysli měj	denkt an meine Prophezeiung
a v tomto roce jubilejním	und wünscht in diesem Jubeljahr
sobě a svým bližným přej:	Euch und Euren Nächsten:
republice klid buď dán,	Dass der Republik sei Ruhe gegeben,
mír a pokoj zachován,	Friede und Eintracht erhalten,
to vám tady z plna srdce	das wünscht Euch von ganzem
přeje Vlasta Burian.	Herzen Vlasta Burian.

3. Deutsche und tschechische literarische Adaptionen

Der „blinde Jüngling" fand im 19. Jahrhundert Eingang in die deutsche und die tschechische Hochliteratur. In einer in Leipzig 1847 im Verlag Georg Wigand gedruckten Gedichtsammlung des Schriftstellers und Politikers Moritz Hartmann (1821–1872) ist auch die Ballade *Der blinde Jüngling* abgedruckt.[39] Bei Hartmann sucht nicht Karl IV. den Seher auf, sondern dessen in der historischen Überlieferung lange Zeit als vergleichsweise schwach beschriebener Sohn Wenzel/Václav IV. (1361–1419). Als Bettler verkleidet eilt Wenzel nachts zur Hütte des – zwischenzeitlich greisen – Blinden, um sich von diesem das Kommende vorhersagen zu lassen. Der Seher deutet ihm den Märtyrertod des Jan Hus, die nachfolgenden Hussitenkriege und eine schließlich folgende fremde Herrschaft über Böhmen an. Das Interesse des ungeduldigen und beunruhigten Königs gilt aber vor allem Auskünften in Bezug auf seine persönliche Zukunft. Dabei erfährt er, dass ihn gerade sein eigener Bruder Sigismund (1368–1437) entmachtet habe. Bei der Rückkehr nach Prag wehen in der Tat bereits dessen Fahnen von den Türmen der Stadt.

Wie Hartmann fühlte sich auch der Schriftsteller Alfred Meißner (1822–1885) in der Zeit des Vormärz liberalem Gedankengut verpflichtet und schloss sich der Gruppe „Junges Böhmen" an. Meißner ging in seinem Roman *Die Kinder Roms* auf die ebenfalls blinde Seherin Sibylle ein, deren Wahrnehmung er mit der des „blinden Jünglings" verglich:

38 Československý filmový týdeník; Karel Časlavský: Filmový Vlasta Burian [Vlasta Burian als Filmemacher]. Praha 1997, S. 159.

39 Der blinde Jüngling. In: Moritz Hartmann: Neuere Gedichte. Leipzig 1847, S. 28–36. Auch abgedruckt bei Arnold Schloenbach (Hg.): Handbuch der Deutschen Literatur der Neuzeit. Dritter Band: Lieder- und Ependichter III. 2. Aufl. Hildburghausen 1870, S. 313–317.

> Aber gerade durch ihre Blindheit war die Jungfrau in der Phantasie des Volkes idealisiert; sie bildete gleichsam ein Seitenstück zu dem berühmten blinden Jüngling, dessen Weissagungen noch heute in den unteren Classen der Bevölkerung Böhmens in Ansehen stehen und theilweise noch citirt werden.[40]

Die Seherin Sibylle wurde auch im 1854 vollendeten Roman *Babička* (Die Großmutter) der tschechischen Schriftstellerin Božena Němcová (1820–1862) thematisiert. Die Großmutter wird von den Kindern nach der Sibylle befragt; schließlich kommt hier die Sprache auch auf den „blinden Jüngling“:

> [...] ‚Du hast das gut in Erinnerung behalten. Gebe Gott, dass es so nicht kommen möge,‘ seufzte die Großmutter. Barunka, die zu Füßen der Großmutter kniete und ihre Hände auf deren Knie stützte, wobei sie mit ihren treuen, hellen Augen einen ernsten Gesichtsausdruck hatte, fragte weiter: ‚Welche Weissagung ist das, die Ihr uns einmal erzählt habt, wisst Ihr, von den Rittern im Blaník, vom heiligen Wenzel und vom heiligen Prokop?‘
> ‚Das ist die Weissagung des blinden Jünglings,‘ antwortete die Großmutter.
> ‚Ach, Großmutter, ich habe manchmal solche Angst, dass ich euch das gar nicht sagen kann: ihr würdet doch auch nicht wünschen, dass das Land Böhmen mit Pferdehufen zertrampelt werde?‘
> ‚Wie könnte ich ein solches Unglück wollen, wo wir doch jeden Tag für das Heil des Landes Böhmen beten, das doch unsere Mutter ist. [...]‘[41]

Bei Němcová werden die *Weissagungen des blinden Jünglings* zu einem Element der natonalen Mobilisierung, indem die Menschen in der Gegenwart durch ihr Handeln und Denken dazu beitragen sollen, das Eintreten der apokalyptischen Visionen zu verhindern. Die Autorin schildert in ihrem literarischen Text eine mündliche Erzählsituation, wobei die Protagonistin der Großmutter zu einer Art Gedächtnis der nationalen Überlieferung stilisiert wird.

Nicht mit den *Weissagungen* steht hingegen ein Werk des bekannten tschechischen Dramatikers Josef Kajetán Tyl (1808–1856) in Verbindung, obwohl dessen Titel dies zunächst nahelegen könnte. Tyl brachte 1836 auf dem Prager Städtetheater/Stavovské divadlo ein Drama mit dem Titel *Slepý mládenec. Romantická činohra we 3 odděleních* (Der blinde Jüngling. Romantisches Bühnenstück in drei Aufzügen) zur Aufführung, das eine klassische Beziehungsgeschichte zum Gegenstand hat.[42]

Der „blinde Jüngling“ lebte in der Literatur als Bezugspunkt für unterschiedlichste Intentionen fort bis in die jüngste Zeit. Beispielhaft sei nur das Gedicht *Omluva I* (Entschuldigung I) der mährischen Autorin Zdena Zábranská (* 1940) angeführt, das im Jahre 1967 in der Brünner Kulturzeitschrift *Host do domu* erschien:

---

40 Alfred Meißner: Die Kinder Rom's. Roman. Berlin 1870. 3. Bd., S. 116; zuvor auch Ders.: Die Kinder Roms. Roman in vier Büchern (70. Fortsetzung). In: Die Presse, Abendblatt, 22. Jg., Nr. 320, 20.11.1869, S. 17f., hier S. 18.

41 Božena Němcová: Babička. Obrazy z venkovského života [Die Großmutter. Bilder aus dem Landleben]. Praha 1855, S. 199. Übersetzung aus dem Tschechischen: T. W.

42 Jos[ef] K[ajetán] Tyl: Slepý mládenec. Romantická činohra we 3 odděleních. Praha 1847; M. J.: Böhmisches Theater. Tyl's „Blinder Jüngling“. In: Prag. Beiblätter zu „Ost und West“, Nr. 19, 2.2.1843, S. 75; Pražské divadelní novínky [Prager Theaternotizen]. In: Ženský svět, 20.2.1918, S. 25f.

V parném odpoledni
ve vestě z kočičích kůžek
čte si moje drahá babička
Sybilino proroctví

Snad netesknί
ta chytrá královna
s vosím hnízdem pod paží?

A nevidí
Slepého mládence
s meruňkou v srdci.[43]

An einem schwülen Nachmittag,
in ihrer Weste aus Katzenfell,
liest meine liebe Großmutter
die Weissagungen der Sybille.

Hat sie etwa keine Sehnsucht,
jene schlaue Königin
mit dem Wespennest unter der Achsel?

Und sie sieht nicht
den blinden Jüngling
mit der Marille im Herzen.

In diesen Kontext gehören auch mehrere Bücher des niederbayerischen Schriftstellers Manfred Böckl (* 1948), der die Weissagungen auf seine Weise fortgeschrieben hat. Böckl steht der katholischen Kirche kritisch gegenüber und interessiert sich stark für Weissagungen und andere parapsychologische Phänomene.[44] Sowohl als Sachbuch[45] als auch in Romanform[46] hat er das Motiv des blinden Jünglings aus Böhmen kreativ umgesetzt; in Böckls Imagination prophezeite der Jüngling nicht nur den Zweiten Weltkrieg, sondern auch die nationalsozialistischen Konzentrations- und Vernichtungslager, die Vertreibung der Deutschen und die Ereignisse des Jahres 1968. Verweise auf die *Prophezeiungen des blinden Jünglings* finden sich andererseits aber auch in Büchern und auf Internetseiten esoterischen Zuschnitts, häufig in Verbindung mit geschichtsrevisionistischen, rechtsextremen Gedankengängen.[47]

---

43 Zdena Zábranská: Omluva I [Entschuldigung]. In: Host do domu. Měsíčník pro literaturu, umění a kriktiku 14 (1967), Nr. 12, S. 36. Übertragung ins Deutsche: T. W.

44 Vgl. Georg W. Schlatter Binswanger: Böckl, Manfred Ludwig. In: Wilhelm Kosch (Hg.) [u. a.]: Deutsches Literatur-Lexikon. Das 20. Jahrhundert. Bd. 3: Blaas–Braunfels. Zürich, München 2001, S. 223–225; Hana Prchalová: Tschechische Themen in Werken von Manfred Böckl. Bakalářská práce, Univerzita Pardubice/Fakulta filozofická 2010, S. 13 <https://dspace.upce.cz/bitstream/10195/37322/1/Prchalova-BP.pdf> (letzter Zugriff 28.5.2015).

45 Manfred Böckl: Propheten, Seher und Auguren. Visionäre und ihre Prophezeiungen aus Bayern, Böhmen und Österreich. München 1998; tschechische Ausgabe: Tajemná proroctví. Vize jasnovidců z magického trojúhelníku na pomezí Čech. Frýdek-Místek 2007; Ders.: Malachias. Prophezeiungen für das neue Jahrtausend. Waldkirchen 1998; tschechische Ausgabe: Proroctví pro třetí tisíciletí. Věstby českého Nostradama. Frýdek-Místek 2008.

46 Manfred Böckl: Der Prophet aus dem Böhmerwald. Dachau 2006.

47 Vgl. William Declaire: Vorstufe eines Weltkrieges und vorbeugende Maßnahmen. Gelnhausen 2009, S. 284; Zurück zu den Quellen, Teil 5/20 (Böhmen 1921 & 1835). 27.10.2005. In: <el-abba.org/forumex-proph/messages15/155994.htm> (letzter Zugriff 7.3.2015); Herwig Duschek: Die Apokalypse des Johannes, Prohezeiungen und Seher (24). 17.5.2012. In: <www.gralsmacht.com/wp-content/uploads/2012/06/905–artikel.pdf> (letzter Zugriff 12.1.2015); Ders.: Die Apokalypse des Johannes, Prophezeiungen & Seher (25). 18.5.2012. In: <www.gralsmacht.com/wp-content/uploads/2012/06/906–artikel.pdf> (letzter Zugriff 12.1.2015); Ders.: Die Apokalypse des Johannes, Prophezeiungen & Seher (27). In: <www.gralsmacht.com/wp-content/uploads/2012/06/906–artikel.pdf> (letzter Zugriff 12.1.2015); Ders.: Die Apokalypse des Johannes, Prophezeiungen & Seher (28). 23.5.2012. In: <www.gralsmacht.com/wp-content/

Neben den Erwähnungen in Werken der Hochliteratur fand der Sagenstoff selbst im 19. und 20. Jahrhundert Eingang in literarisch verarbeitete Anthologien. Er ist etwa 1833 in einem in München gedruckten Band des *Taschenbuchs für die vaterländische Geschichte* nachweisbar. Die Formulierungen legen nahe, dass eine Textversion aus dem Umfeld der tschechischen nationalen Wiedergeburt als Vorlage gedient haben könnte.[48]

Der Pädagoge und Schriftsteller Josef Virgil Grohmann (1831 – 1919) integrierte eine Adaption der Sage 1863 in sein *Sagen-Buch von Böhmen und Mähren*.[49] Dabei erwähnte er drei Varianten. Die erste betraf jene des blinden Jünglings, der Kaiser Karl IV. geweissagt habe, die zweite handelte von einem erblindeten Ritter mit seherischen Fähigkeiten. Die dritte, offenbar in Nordböhmen verbreitete Variante vermischte die Sage des Uhrmachers Hanuš, des Schöpfers der Prager Astronomischen Uhr/Pražský orloj am Altstädter Rathaus/Staroměstská radnice, mit jener des „blinden Jünglings". Hanuš, so die Sage, sollte vom Prager Rat geblendet werden, um kein zweites Kunstwerk dieser Art schaffen zu können. Kurz zuvor habe er eine Feder des Uhrwerks verbogen und damit die Uhr für Jahrhunderte außer Betrieb gesetzt. Die letztere Version passt zu dem bereits erwähnten Zeitungsartikel aus dem Jahre 1866, die allerdings das erneute Funktionieren der Uhr als Prädestination einer drohenden Katastrophe wertete.

Ein tschechisches Pendant zu Grohmanns Sammlung war das im Jahre 1894 gedruckte Büchlein *Staré pověsti české* (Alte böhmische Sagen) des Schriftstellers Alois Jirásek (1851 – 1930),[50] des Autors einer Vielzahl historischer Romane zur Geschichte der Böhmischen Länder. Auf der Grundlage älterer literarischer Vorlagen und Überlieferungen präsentierte Jirásek seinen Lesern eine Auswahl der prominentesten Sagen- und Legendenstoffe, von der Frühgeschichte der Tschechen bis zu dem Räuber Janošík. In diese Sammlung nahm Jirásek auch die „uralten Weissagungen", die Weissagungen der Sibylle, des blinden Jünglings und des Havlas Pavlata, auf. Als dezidiert katholischer Autor band Jirásek die Weissagungen des blinden Jünglings an die Legende der vom heiligen Wenzel/Václav aus dem Berg Blaník dereinst zum Kampf zur Erneuerung Böhmens herausgeführten Ritter an. Der später im Konzentrationslager Theresienstadt/Terezín ermordete Ethnologe und Germanist Arnošt Vilém Kraus (1859 – 1943) stellte im Jahre 1917 klar, dass diese Verknüpfung in den frühen Textfassungen nicht enthalten sei. Dort sei zwar von einem rettenden Heer, nicht aber von dessen Führung durch den heiligen Wenzel die Rede gewesen.[51]

Die *Weissagungen des blinden Jünglings* waren in den Böhmischen Ländern beim

---

uploads/2012/06/908 – artikel.pdf> (letzter Zugriff 12.1.2015).

48 Des blinden Jünglings Weissagung. In: Taschenbuch für die vaterländische Geschichte N. F. 4 (1833), S. 204 – 208. Herausgegeben wurde der Band von dem Historiker und Schriftsteller Joseph Freiherr von Hormayr (1781/82 – 1848).

49 Der blinde Jüngling. In: Josef Virgil Grohmann: Sagen-Buch von Böhmen und Mähren. Erster Theil: Sagen aus Böhmen. Prag 1863, S. 60 – 62. Grohmann, der auch die tschechische Sprache beherrschte, gab als Quelle den 1835 in Leitomischl erschienenen Druck (vgl. Anm. 19) an.

50 Alois Jirásek: Staré pověsti české [Alte tschechische Sagen]. Praha 1894.

51 A[rnošt] Kraus: Blaník. In: Národopisný věstník československý 12 (1917), S. 113 – 143, hier S. 117.

tschechischen und beim deutschen Publikum ein beliebter populärer Lesestoff.[52] Der Kulturhistoriker und Ethnologe Čeněk Zíbrt (1864–1932) gab im Jahre 1914 in der Reihe *Světová knihovna* (Weltbibliothek) des Prager Verlags Otto den Band *Zlatý jelen. Na pražském mostě. Slepý mládenec. Sibylla a jiná proroctví staročeské* (Der goldene Hirsch. Auf der Prager Brücke. Der blinde Jüngling. Die Sibylle und andere altböhmische Weissagungen) heraus.[53]

Den blinden Jüngling und seine Weissagungen führte auch im Jahre 1924 der Volkskundler Gustav Jungbauer (1886–1942) in seiner Sammlung von *Böhmerwald-Sagen* an. Allerdings ist er dort vollkommen losgelöst von der Zeit Kaiser Karls IV., sondern sagt den Bau von Eisenbahnlinien durch den Wald sowie den Ausbruch des Ersten Weltkriegs voraus.[54] Jungbauer erweist sich damit selbst als konservativer Prophet, der den Einbruch der Modernisierung mit ihren technischen und gewaltsamen Aspekten in die vermeintlich heile, traditionelle Welt des Böhmerwaldes/Šumava thematisiert. Da Jungbauer der seit 1918 existierenden Tschechoslowakischen Republik feindlich gegenüberstand, kann die Erwähnung des Ersten Weltkriegs auch als eine Chiffre für den Untergang der vorausgegangenen österreichisch-ungarischen Monarchie gedeutet werden.

4. Rationalistische Zurückweisungen der „Weissagungen"

Kritische Stimmen gegenüber den *Weissagungen* wurden seit der Aufklärung im 18. Jahrhundert aus unterschiedlichen geistigen Haltungen heraus zu Papier gebracht. Dies gilt etwa für die Richtung des rationalen Protestantismus, der stark von der zeitgenössischen Philosophie der Aufklärung und ihrer Vernunftbetonung bestimmt war. Im ersten Band des von dem braunschweigischen lutherischen Geistlichen Heinrich Philipp Konrad Henke (1752–1809) herausgegebenen Periodikums *Religionsannalen* wurde ein Artikel über religiöse Gewohnheiten des Volkes in Böhmen veröffentlicht. Dieser Aufsatz erwähnt auch die *Weissagungen des blinden Jünglings*, die nach der Wertung des anonym gebliebenen Verfassers „in Böhmen als das Steckenpferd der leidigen Volkspropheten sich noch lange erhalten" werden. Auch gegenüber einem katholischen Informanten, der dem Verfasser eine deutsche Manuskriptversion der *Weissagungen* überlassen hatte, äußerte der Autor unverhohlen sein Missfallen, in dem er ihm gegenüber zu verstehen gab, „der Jüngling müsse

52 Vgl. Mel[ichar] Chytil: Zábavné čtení našich předků [Erheiterndes Lesen unserer Vorfahren]. In: Selský archiv. Časopis pro obecné i kulturní dějiny selského stavu hlavně moravského a slezského 3/2 (1904), S. 122.

53 Čeněk Zíbrt: Zlatý jelen. Na pražském mostě. Slepý mládenec. Sibylla a jiná proroctví staročeské [Der goldene Hirsch. Auf der Prager Brücke. Der blinde Jüngling. Die Sibylle und andere altböhmische Weissagungen]. Praha 1914 (Světová knihovna 1154–1155). Vgl. Oesterreichisch-ungarische Buchhänder-Correspondenz, 55. Jg., Nr. 45, 11.11.1914, S. 564.

54 Gustav Jungbauer (Hg.): Böhmerwald-Sagen. Jena 1924, S. 172.

nicht nur an beiden Augen, sondern auch an Verstande blind gewesen seyn".[55] Die Blindheit fungiert hier nicht nur als körperliches Gebrechen, sondern auch als Metapher für die menschliche Unaufgeschlossenheit gegenüber den Errungenschaften der Aufklärung. Ein Rezensent von Henkes Zeitschrift, der ebenfalls dem Rationalismus verpflichtete Johann Philipp Gabler (1753–1826), zu jener Zeit Prediger an der Universität Altdorf, wandelte die aufklärerische Erkenntnis in ein nationales und konfessionelles Stereotyp um, indem er über „die Böhmen" schrieb:

> Sie halten viel auf ein verworrenes prophetisches Buch: Der blinde Jüngling; der Böhme ahnet, träumt, hofft und erwartet gern. Bey manchen dämmert es zwar, besonders durch Umgang mit Protestanten und durch Lectüre ihrer Schriften, aber zum hellen Lichte kommt es nicht.[56]

Andere Autoren betonten nicht aus religiösen, sondern aus politischen Motiven die Vernunftbegabung des Menschen und lehnten jegliche Irrationalität ab. Für eine solche Haltung stand die progressive tschechische Zeitschrift *Svoboda* (Freiheit). Ein Artikel im Märzheft des Jahres 1872 wandte sich prinzipiell gegen die Aussagekraft von Prophezeiungen, die vom Verfasser als der Vernunft entgegengesetzt definiert wurden. Exemplarisch führte er die *Weissagungen des blinden Jünglings* an, bei denen er in sich widersprüchliche Einzelbestandteile ausmachte und daher argwöhnte, es müsse wohl „mehrere Blinde" bei ihrer Abfassung gegeben haben.[57]

Teil des rationalistischen Diskurses war auch die satirische Verarbeitung des Stoffes. Ein anonymer Autor, der mit dem Pseudonym „Jedna 104letá babička" (Eine 104–jährige Großmutter) zeichnete, spielte 1862 in den *Humoristické listy* (Humoristischen Blättern) auf die zeitgenössischen deutsch-tschechischen Vorbehalte und Auseinandersetzungen an.[58]

Ein Redakteur der *Leitmeritzer Zeitung* kommentierte den Wintereinbruch im Januar 1883 mit den Worten: „Das junge Jahr scheint endlich den Weissagungen des weiland blinden Jünglings entsprechen zu wollen."[59] In einem späteren Text des Satireblatts *Komár* (Die Mücke) werden Kommentare zu den Prager Straßenbahnen mit humorvollen Anspielungen auf die *Weissagungen* verbunden.[60]

Die Tatsache, dass Alois Jirásek als eindeutig katholischer Autor das Motiv literarisch verarbeitete, löste in rationalistischen Kreisen der tschechischen Publizistik spotthafte Reaktionen aus, ohne dass Jirásek, der einen hohen Bekanntheitsgrad ge-

---

55 Charakterzüge der Religion und Sitten des Volks in Böhmen. In: Religionsannalen 1, 6. Heft. Braunschweig 1802, S. 613–626, hier S. 618 und 621.

56 G–r [Johann Philipp Gabler]: IV. Religionsannalen, herausgegeben von D. Heinr. Phil. Konr. Henke. Erster Band, I–VI Heft. Braunschweig, 1802. bey Friedrich Viehweg. VIII und 698 S., gr. 8. In: Journal für theologische Literatur 5/1 (1803), S. 344–381, hier S. 375.

57 R. K.: Právo zdravého rozumu čili: Vyvracení pověr, strašidel a kouzel [Das Recht des gesunden Verstands oder: Die Widerlegung von Irrglauben, Gespenstern und Magie]. In: Svoboda, 25.03.1872, S. 171–175.

58 Jedna 104letá babička: Kousek proroctví jistého slepého mládence [Ein Stück der Weissagung des blinden Jünglings]. In: Humoristické listy 4/12 (1862), S. 93.

59 Auscha, 11. Januar. In: Leitmeritzer Zeitung, 13. Jg., Nr. 3, 13.1.1883, S. 13.

60 Vgl. Tramvaye w Praze [Straßenbahnen in Prag]. In: Komár, Nr 3, 16.1.1926, S. 4.

noss, persönlich genannt werden musste. In der humoristischen Zeitschrift *Kopřivy* (Die Brennnesseln) erschien am 12. Juni 1910 ein Liedtext unter dem Titel *Piesnj Slepého Mládence o Halleyowie Kometie* (Lied des blinden Jünglings über den Halleyschen Kometen), dessen Titel eine angeblich alttschechische Orthographie imitierte. Der Dichter dieses „Liedes" nahm bewusst auf die zeitgenössische Politik Bezug, indem etwa Protagonisten aus der Zeit vor dem Ersten Weltkrieg erwähnt wurden. Vor allem aber wurde der Spott an den für die Habsburger, für Fremdherrschaft und Irrationalität stehenden Katholiken ausgelassen, wenn es etwa einleitend hieß:

Proklety, ó tvoře lidský, běda, třikrát běda ti, že jsi nežil katolicky, zle se tobě vyplatí.[61]	Verflucht seist Du, o Menschengeschöpf, Weh, dreimal weh dir, dass du nicht katholisch gelebt hast, wird dir übel heimgezahlt.

Humorvoll gab sich auch der sozialdemokratische tschechische Konsumverein in Wien, der am 19. Februar 1914 zu einer Faschingsveranstaltung einlud. Die Einladungskarte war mit einer zeitgenössischen Adaptation der „Weissagungen" versehen. Allerdings konnte im Februar 1914 noch niemand tatsächlich vorhersehen, dass viele der in ausgelassener Stimmung formulierten Sätze wenige Monate später bittere Realität werden sollten:

> [...] und so wird es im Jahre 1914 alle möglichen Vorzeichen und Umkehrungen auf der Erde geben. Was den Menschen zum Vergnügen und zum Lachen dient, wird verschwinden. Das bittere, Bier genannte Getränk, wird gar nicht mehr gebraut werden [...][62]

Als wenige Monate später der Erste Weltkrieg begann und in den Staaten der Mittelmächte eine strenge Zensur eingeführt wurde, konnte eine unbedachte scherzhafte Äußerung polizeiliche Verfolgung und gerichtliche Ahndung nach sich ziehen. So erging es dem 36–jährigen Tischler František Čermák aus der nordmährischen Ortschaft Drosenau/Drozdov, der Anfang 1915 zu 18 Monaten schwerer Kerkerhaft verurteilt wurde. Er hatte einen privaten Brief im Stil der *Weissagungen des blinden Jünglings* abgefasst und dabei einen für die Habsburger unvorteilhaften Ausgang des Krieges „prognostiziert". Zu seinem Unglück war dieser Brief der Zensur in die

---

61 Piesnj slepého mládence o Halleyowie kometie. In: Kopřivy, 12.5.1910. Zum Teil auch zitiert bei Johana Kotišová: Mediální konstrukce apokalypsy. Navrát Halleyovy komety a konec mayského kalendáře optikou diskurzivní analýzy [Die mediale Konstruktion der Apokalypse. Die Rückkehr des Halleyschen Kometen und das Ende des Maya-Kalenders aus Sicht der Diskursanalyse]. In: Mediální studia 1/2014, S. 6–27, hier S. 20f. – Übertragung aus dem Tschechischen: T. W.

62 „[...] a budou v r. 1914 všeliká znamení a převráty na zemí. Co lidem k zábavě, smíchu sloužilo, zanikne. Nahořklý nápoj, zvaný pivo, ouplně se vařit přestane. Posvícení, muziky a tancování přisně zakázáno bude [...]; A proto kdo toho ještě užit chceš, přijď na masopustní merendu v pondělí 23 února do Grundsteingasse č. 15.". Proroctví slepého mládence [Die Weissagungen des blinden Jünglings]. In: Dělnické listy, 29.2.1914, S. 4.

Hände gefallen.[63] Der literarische Trick, politische Wunschvorstellungen in das Gewand einer Prognose zu kleiden, konnte ihn vor der Bestrafung nicht schützen.

Zum rationalistischen Diskurs gehört auch, dass die *Weissagungen* ungeachtet ihrer Beliebtheit nicht Eingang in das führende enzyklopädische Werk der ersten Tschechoslowakischen Republik, das zwischen 1925 und 1933 in mehreren Bänden herausgegebene *Masarykův slovník naučný*, gefunden haben.

Doch nicht nur für führende liberale Intellektuelle der demokratischen Republik, sondern auch für die Kommunisten scheinen die *Weissagungen des blinden Jünglings* ein Inbegriff von Irrationalität und Desinformation gewesen zu sein. In einer Rundfunkansprache im Rahmen des tschechischen Programms von Radio Moskau während des Zweiten Weltkriegs erklärte der kommunistische Politiker und spätere Diktator Klement Gottwald (1896–1953) am 29. August 1942: „Weshalb rufe ich Euch dies alles in Erinnerung? Deshalb, um Euch dabei zu helfen, den Sinn der aktuellen deutschen Propagandameldungen zu erkunden, den Zweck des gegenwärtigen Goebbelsschen Getönes und den Wert der gegenwärtigen Weissagungen des blinden Jünglings aus dem Berliner und aus dem Prager Rundfunk."[64]

5. Der „blinde Jüngling" im Kontext der sudetendeutschen Vertriebenenrhetorik

Die *Weissagungen des blinden Jünglings* wurden nach 1945 von den deutschen Vertriebenen aus der Tschechoslowakei als immaterielles Fluchtgepäck mitgebracht. Sie gehörten zu einem Kanon von gerüchteartigen Erzählungen, die in Flüchtlingslagern und -notunterkünften in mündlich tradierter Form existierten und etwa von dem Volkskundler Alfred Karasek-Langer (1902–1970) im Zuge seiner Feldforschungen in 24 Varianten registriert worden sind.[65] Offenbar scheint die sagenhafte Erzählung auch durch die Berichte tschechischer Flüchtlinge, die nach der kommunistischen Machtübernahme im Februar 1948 die Tschechoslowakei in Richtung Westen verließen, verstärkt überliefert worden zu sein.[66]

63 Odsouzený „spisovatel" [Ein verurteilter „Schriftsteller"]. In: Dělnícké listy, 30.1.1915, S. 7.

64 „Proč vám toto všechno připominám? Proto, abych vám pomohl prohlédnout smysl nynějších zpráv německé propagandy, účel nynějšího Goebbelsova křepčení a cenu nynějších proroctví slepého mládence z berlínského a pražského rozhlasu." Klement Gottwald: Spisy [Schriften]. Bd. X. Praha 1954, S. 154. Auch zitiert bei Josef Štěpán: K jazyku a stylu Klementa Gottwalda [Zur Sprache und zum Stil Klement Gottwalds]. In: Slovo a sloveslost. Časopis pro otázky teorie a kultury jazyka 47/4 (1986), S. 260–263, hier S. 263.

65 Vgl. Barbara Pischel: Zur volkstümlichen Metaphysik deutscher Heimatvertriebener. In: Jahrbuch für Volkskunde der Heimatvertriebenen 5 (1959/60), S. 63–96, hier S. 82–86; Heinke M. Kalinke: Gerüchte, Prophezeiungen und Wunder. Zur Konjunktur sagenhafter Erzählungen in der unmittelbaren Nachkriegszeit. In: Elisabeth Fendl (Hg.): Zur Ikonographie des Heimwehs. Erinnerungskultur von Heimatvertriebenen. Freiburg i. Br. 2000 (Schriftenreihe des Johannes-Künzig-Instituts 6), S. 159–174, hier S. 162f.

66 Vgl. R. Frank: Wird Prag ein Trümmerhaufen sein? Alte Weissagungen beunruhigen die Bevölkerung der ČSR. In: Passauer Neue Presse, Nr. 166, 11.9.1951, S. 3.

Allerdings spielten nicht nur mündliche Überlieferungen eine Rolle bei der Verbreitung der Weissagungen, sondern es lässt sich auch eine aktive Rolle der Medien nachweisen, etwa in einem Artikel auf der Sonderseite *Das interessiert die Heimatvertriebenen* in der *Passauer Neuen Presse* vom September 1950.[67] Ebenfalls im Jahre 1950 erschien in München unter dem Pseudonym „M. Gunter" eine später mehrfach neu aufgelegte Druckversion des aus Böhmisch Leipa/Česká Lípa stammenden Verlegers und Schriftstellers Max Erbstein (1903–1985). Auszüge des Textes oder Hinweise auf das Buch wurden auch in zahlreichen Organen der Vertriebenenpresse verbreitet und somit weiter bekannt gemacht.[68] Die Prophezeiung wurde in dieser Version bis ins 20. Jahrhundert fortgeschrieben: die Auslösung des Ersten Weltkriegs, die Errichtung der Tschechoslowakei als tschechischer Nationalstaat, die Reaktion der Deutschen darauf, der Zweite Weltkrieg, die Zerstörung Deutschlands und die Vertreibung der Deutschen aus Böhmen wurden darin verarbeitet. Weiter heißt es:

> In Böhmen wird nur noch ein Volk sein, aber es wird soweit vernichtet werden, daß der Rest unter einem Birnbaum Platz findet. Prag, die goldene Stadt genannt, wird untergehen. Viele Jahre später wird erst der Bauer seine Furche ziehn. Fragt ein Wanderer, so wird er sagen: hier stand einst Prag, die goldene Stadt. Gleich nach diesen Kriegen werden die Völker zu ihren Helden, Webstühlen und Pflügen zurückkehren, es fängt für Deutschland ein neues, goldenes Zeitalter an. Gegen 1950 wird in Köln ein neuer Herrscher gekrönt werden. Die Rettung aus der Not kommt übers Wasser.[69]

Der Ausschnitt belegt, dass der Text erst in der Nachkriegszeit entstanden war. Ob allerdings, wie der Volkskundler Albrecht Lehmann anmerkte, der Wille zur Rückkehr durch diese Legende genährt wurde,[70] oder ob nicht die Legende selbst bereits eine verarbeitete Artikulationsform des Rückkehrwillens war, bleibt zu fragen. Es wäre nämlich durchaus auch denkbar, dass in den unmittelbaren Nachkriegsjahren, in denen die alliierten Besatzungsmächte die politische Betätigung von Vertriebenen offiziell eingeschränkt hatten, ein solcher Text als politisch unverfängliche Willensäußerung in die Welt gesetzt wurde. Im Kalten Krieg konnte er als Ersatztext dienen, mit dem aktuelle Wunsch- und Rachevorstellungen in Gestalt einer fiktiven, legendenartigen Geschichte verbalisiert wurden. Denn während sowohl die frühen Drucke als auch die literarische Verarbeitung Jiráseks von einem letztendlich positiven Ausgang der *Weissagungen* ausgegangen waren, versinkt in der Gunter/Erbstein-Version am Ende Böhmen und seine ‚goldene' Hauptstadt Prag in einem Meer von Ruinen und Blut. Für den Leser ergibt sich ein scheinbar kausales Verhältnis zwischen dieser apokalyptischen Weissagung und der vorausgegangenen Vertrei-

---

67 Hier stand einst Prag, das „goldene" genannt. Die bayerischen Propheten sagten dasselbe wie die Propheten in Böhmen. In: Passauer Neue Presse, Nr. 103, 2.9.1950, S. 6 (Sonderseite „Das interessiert die Heimatvertriebenen").

68 Weissagungen des blinden Jünglings. In: Mitteilungen aus dem Kuhländchen, Nr. 3/1950, S. 11f.

69 M. Gunter: Der blinde Jüngling. München 1950, S. 46.

70 Vgl. Albrecht Lehmann: Im Fremden ungewollt zuhaus. Flüchtlinge und Vertriebene in Westdeutschland 1945–1990. 2. Aufl. München 1993, S. 231.

bung der Deutschen. Durch die Mystifizierung der Überlieferungsgeschichte konnte Erbstein den Eindruck erwecken, es handle sich bei seiner eigenhändigen Umschreibung des Textes um eine authentische sudetendeutsche Geschichtslegende.

Sie wurde inspiriert durch die bereits Jahrzehnte zuvor gedruckte Ausgabe eines katholischen Geistlichen, der damit in der Zeit nach dem Ersten Weltkrieg sein Missfallen über die Gründung der Tschechoslowakischen Republik geäußert hatte. In dem der Zentrumspartei nahestehenden Verlag R. van Acken in Lingen an der Ems publizierte 1922 der böhmische Pfarrer Franz Spirago (1862–1942) unter dem Pseudonym „Emanuel Jungmann" eine gedruckte Version.[71] Spirago war bis zu seiner Pensionierung im Jahre 1919 als Seelsorger, Schulrat und Katechet in Böhmen tätig und besaß einen Ruf als Autor volksnaher religiöser Bildungsschriften und eines deutschnationalen Agitators.[72]

Neben der Genese des Erbsteinschen Textes ist dessen Aussagegehalt im Kontext seiner Entstehungszeit – der Nachkriegszeit nach 1945 – beachtenswert. Bis heute gehört es zu den wohlgehüteten Mythen der Selbststilisierung der deutschen Vertriebenenverbände und der deutschen Geschichtspolitik, am 6. August 1950 sei in der *Charta der deutschen Heimatvertriebenen* ein Verzicht auf Rache und Gewalt verkündet worden.[73] Gerade die Erbsteinsche Version der Weissagungen lässt aber keinen Zweifel an dem racheerfüllten Wunsch des Autors und offensichtlich auch vieler seiner Leser, die Tschechen mögen als Konsequenz der Vertreibung eine weltuntergangsähnliche Bestrafung erleben.

Die Version Gunters/Erbsteins wurde 1982 in München noch einmal aufgelegt.[74] Ihre Wirkung auf den Diskurs im sudetendeutschen Vertriebenenmilieu lässt sich an mehreren Veröffentlichungen nachweisen,[75] unter anderem auch einer von antitschechischen Ressentiments geprägten Print-on-demand-Publikation von Felix Sobotta.[76] Sie finden sich auf der Verbandshomepage der Kreisgruppe Hochtaunus der Sudetendeutschen Landsmannschaft.[77] Im *Witikobrief*, dem Mitteilungsblatt des Witikobundes, der „völkischen" (rechtsextremen) Gesinnungsgemeinschaft inner-

---

71 Emanuel Jungmann: Die Prophezeiung des blinden Jünglings über die Zukunft des tschechischen Staates. Aus dem Leben des deutschen Kaisers Karl IV. Lingen (Ems) 1921 (20 Seiten); Dass. 2. Aufl. Lingen (Ems) 1924 (16 Seiten).

72 Vgl. Kurt A. Huber: Franz Spirago (1862–1942). Ein Pionier der neueren Schul- und Volkskatechese. In: Archiv für Kirchengeschichte von Böhmen–Mähren–Schlesien XI (1990), S. 57–71. Die Edition der Weissagungen wird im Schriftenverzeichnis Spiragos auf S. 71 aufgeführt, allerdings ohne den in sämtliche Bibliographien aufgenommenen Verfassernamen „Emanuel Jungmann". Hubers Beitrag selbst erbringt auch keine Aufschlüsselung dieses Pseudonyms.

73 Vgl. Eva Hahn, Hans Henning Hahn: Die Vertreibung im deutschen Erinnern. Paderborn 2010, S. 443–448. Die zeitliche Koinzidenz wird bewusst bei dem Artikel: Hier stand einst Prag, das „goldene" genannt (Anm. 67).

74 M. Erbstein: Der blinde Jüngling. München 1982.

75 Reinhold Fink: Zeitenschnur. Roman. Kirchheim/Teck 2011, S. 88.

76 Felix Sobotta: Mensch was tust Du? ... sind das die Folgen Deines „Soseinwollens"? München 2013, o. S.

77 Die Weissagungen des blinden Jünglings. In: <www.sl-hochtaunus.de/Weissagungen/weissagungen.html> (letzter Zugriff 8.3.2015).

halb der Sudetendeutschen Landsmannschaft, wurde im Mai 2014 ein Beitrag mit den aktuellen Auszügen aus der Racheversion der *Weissagungen* abgedruckt.[78]

6. Zusammenfassung

Im Laufe von etwa vier Jahrhunderten haben die *Weissagungen des blinden Jünglings* eine erstaunliche kulturgeschichtliche Karriere durchlaufen. Ursprünglich wurden sie wohl als eine gegenreformatorische Legende mit apokalyptischem Inhalt konzipiert. Der Bezug zu dem beliebten Kaiser und König Karl IV. von Luxemburg sollte dem Stoff den Anschein historischer Authentizität und Legitimation verleihen. Nicht zuletzt deshalb erfuhr der Text eine erste Wandlung hin zu einem landespatriotischen Sagenstoff, der vor allem in der für die tschechische Nation konstitutiven Phase der tschechischen Wiedergeburt eine Art Renaissance erlebte. Um 1800 kritisierten ihn aus dem Geist der Aufklärung Vertreter des protestantischen Rationalismus, die wohl den gegenreformatorischen Impetus durchschaut hatten. Allerdings mündete dieser rationale Diskurs alsbald in eine nationale und ethnische Stereotypisierung der Tschechen aus einer vermeintlich überlegenen Warte in Deutschland.

Im 19. Jahrhundert erfuhr der Text eine nationale Kodierung und Stereotypisierung, wobei sich aus tschechischer Sicht allgemeiner Humor mit einer antikatholischen und damit auch antihabsburgischen Note verknüpfte. Eine eigenständige Entwicklung nahmen esoterische Abwandlungen des Motivs, die bis heute als Subtext der tschechischen Kultur anzutreffen sind.

Für die Frage der religiösen Konflikthaftigkeit liefert der Text keine Anhaltspunkte im Sinne einer theologischen Debatte über christliche Lehrinhalte, sondern aus dem Geiste volksreligiöser Vorstellungen, die jedoch im Laufe der Jahrhunderte an Virulenz verloren haben, je weiter sie einem Säkularisierungsprozess unterworfen wurden. Die *Weissagungen des blinden Jünglings* binden die Zukunft des Landes, bestimmter Entwicklungen und Tendenzen an die Vergangenheit und Gegenwart an. Damit werden sie, wenngleich Prophezeiungen von ihrem Selbstverständnis her eigentlich auf eine einzige und einmalige apokalyptische Zielrichtung zusteuern, als identitätsrelevanter Stoff reproduzierbar.

Die *Weissagungen des blinden Jünglings* erlebten immer dann eine Aktualisierung, wenn eine konkrete Situation als unergründlich oder bedrohlich empfunden wurde. Dabei waren die angeblichen Prophezeiungen anfangs sicherlich teilweise ernst gemeint, nahmen aber zunehmend auch die Form einer Textform an, hinter deren zum Teil satirischer Ausgestaltung bestimmte Aussagen zu konkreten Situationen geschützt vorgebracht werden konnten. Die *Weissagungen des blinden Jünglings* bildeten für Satiriker und Karikaturisten eine humorvolle Berufungsinstanz. Sie sind es aber auch für unterschiedliche Formen der politischen Instrumentalisierung von geschichtlichen Vorstellungen – von den nationalen Auseinandersetzungen des

78 F[riedebert] Volk: Die Weissagungen des blinden Jünglings. In: Witikobrief, 57. Jg., Nr. 2, Mai 2014, S. 22.

19. Jahrhunderts bis hin zur geschichtsrevisionistischen Publizistik von Teilen der sudetendeutschen Vertriebenenverbände in der Bundesrepublik Deutschland.

Susanne Lachenicht

„Wenn nur noch die Erinnerung bleibt". Diaspora-Identitäten zwischen Vormoderne und Postmoderne

Exulanten, Refugierte oder Glaubensflüchtlinge, wie man wegen ihres Glaubens und/oder wegen ihrer ethnischen Herkunft verfolgte und deshalb migrierende Gruppen in der Frühen Neuzeit nannte, hatten grundsätzlich mehrere Erwartungen zu befriedigen, wollten sie eine neue Heimat finden und in dieser dauerhaft und erfolgreich Fuß fassen: 1. die ihrer eigenen Gruppe, 2. die der sie aufnehmenden Landesregierungen, 3. die der Aufnahmegesellschaften, d. h. ihrer direkten Umgebung, städtisch oder ländlich, kirchlich und säkular. Diskurse, d. h. unter anderem Sprechweisen, Narrative und Praktiken, mussten, vor allem wenn die eigene Konfession nicht die des aufnehmenden, Asyl gewährenden Staates war, nach innen, d. h. gruppenintern, und nach außen, d. h. in Richtung der Regierungen der Aufnahmestaaten bzw. der Aufnahmegesellschaften, notwendigerweise unterschiedlich sein, sie waren kontextualisiert und gegebenenfalls konfligierend.

Beginnen wir mit frühneuzeitlichen Diaspora-Identitätsbildungsprozessen bzw. ihren Voraussetzungen, d. h. mit den Regierungen der Asyl gewährenden Aufnahmeländer. Toleranz, so wie wir sie in Europa heute verstehen, als gleichberechtigte Koexistenz unterschiedlicher Konfessionen und Religionen in einem Gemeinwesen, ist keine Kategorie der Frühen Neuzeit. Es gab zwar durchaus Juristen und Theologen, die Ansätze eines solchen Konzeptes von Toleranz vertraten, wie etwa Erasmus von Rotterdam oder Sebastian Castellio, doch blieben diese Stimmen bis weit ins 18. Jahrhundert hinein marginal bzw. wurden wie die von Castellio diffamiert. Die Gewährung von Asyl für Glaubensflüchtlinge, wenn diese einer anderen Konfession oder Religion als der im Aufnahmeland staatlich bzw. kirchlich vorgegebenen angehörten, erfolgte nach dem Prinzip der *utilitas*, d. h. ihrer Nützlichkeit, nach dem Prinzip der *misericordia*, der christlichen Barmherzigkeit, und nach dem Prinzip der *tolerantia*, der Duldung, die oft, je nach Aufnahmegruppe, diskriminierende Elemente enthielt. Durch die Aufnahme von Andersgläubigen durften zudem nicht die Prinzipien von *pax* und *concordia*, von Frieden und Eintracht des Gemeinwesens, gefährdet werden.[1]

---

1 Vgl. hierzu die folgende Literatur: Ole Peter Grell, Jonathan I. Israel, Nicholas Tyacke (Hg.): From Persecution to Toleration. The Glorious Revolution in England. Oxford 1991; Ole Peter Grell, Bob Scribner (Hg.): Tolerance and Intolerance in the European Reformation. Cambridge 1996; Christiane Berkvens-Stevelinck, Jonathan I. Israel, Guillaume Henri Marie Posthumus Meyjes (Hg.): The Emergence of Tolerance in the Dutch Republic. Leiden 1997 (Studies in the History of Christian Thought 76); Ronnie Po-chia Hsia, Henk van Nierop (Hg.): Calvinism and Religious Toleration in the Dutch Golden Age. Cambridge 2002; Benjamin J. Kaplan: Divided by Faith. Religious Conflict

Jahrbuch des BKGE 23 (2015), S. 191–200

Wegen ihrer religiösen und/oder ethnischen Zugehörigkeit Verfolgte hatten in der Frühen Neuzeit also ein dringendes Interesse, sich für potentielle Aufnahmeländer als nützlich, als anpassungsfähig und als schutzbedürftig darzustellen. Der am University College London lehrende amerikanische Historiker Benjamin Kaplan hat völlig zu Recht darauf hingewiesen, dass sich diese Prinzipien in der gesamten Frühen Neuzeit nicht änderten, dass keinesfalls, wie dies lange Zeit in der Forschung behauptet wurde, ein Fortschritt in Richtung auf mehr Toleranz im heutigen Sinne vom 15. bis zum Ende des 18. Jahrhunderts zu konstatieren sei, sondern Intoleranz und die Verfolgung von Andersgläubigen im Europa der Vormoderne an der Tagesordnung waren und blieben.[2]

Nützlich waren Migranten für die Vergrößerung der Bevölkerungszahlen, die so genannte Peuplierung, für den Landesausbau, die Kolonisation, für spezifische Wirtschaftszweige oder aber für militärische Zwecke.[3] Peuplierung und Landesausbau waren beispielsweise wichtige Motivation für die Aufnahme von Niederländern, Schweizern und Hugenotten in der zweiten Hälfte des 17. Jahrhunderts in Brandenburg-Preußen, nachdem das Land im Dreißigjährigen Krieg und in den Nordischen Kriegen größere Teile seiner Bevölkerung verloren hatte.[4] Zur Stärkung von spezifischen Wirtschaftszweigen wurden in Bordeaux bzw. Aquitanien, ebenso in Amsterdam nach 1570/80 sephardische Juden angesiedelt – um nur ein Beispiel zu nennen.[5] Im Kontext der Glorreichen Revolution d. h. der Kriege, die Wilhelm von

---

and the Practice of Toleration in Early Modern Europe. Cambridge/Mass., London 2007; Stefania Salvadori: Castellios Gewissensfreiheit zwischen Hermeneutik und Vernunft. In: Mariano Delgado, Volker Leppin (Hg.): Ringen um die Wahrheit – Gewissenskonflikte in der Christentumsgeschichte. Fribourg, Stuttgart 2011 (Studien zur christlichen Religions- und Kulturgeschichte 15), S. 213–235; Dieselbe: Sebastian Castellio's Doctrine of Tolerance between Theological Debate and Modernity. In: Andrea Moudarres (Hg.): Foundations of Modernity: New Worlds and the Italian Renaissance. Leiden 2012, S. 195–223.

2 Vortrag, gehalten am 9. Juli 2014 in der Herzog August Bibliothek Wolfenbüttel: Benjamin J. Kaplan: Toleration in Real Life. The Story of an Interfaith Couple, im Rahmen der internationalen Tagung *Toleranz und Pluralismus zwischen Antike und Spätaufklärung*, Bayreuther Historische Kolloquien, geleitet von Susanne Lachenicht (Bayreuth) und Ulrich Berner (Bayreuth).

3 Susanne Lachenicht: Hugenotten in Europa und Nordamerika. Migration und Integration in der Frühen Neuzeit. Frankfurt a. M., New York 2010, S. 193–215.

4 Eckart Birnstiel, Andreas Reinke: Hugenotten in Berlin. In: Stefi Jersch-Wenzel, Barbara John (Hg.): Von Zuwanderern zu Einheimischen. Hugenotten, Juden, Böhmen, Polen in Berlin. Berlin 1990, S. 16–152, hier S. 39–40; Thomas Klingebiel: Aspekte zur Ansiedlung von Hugenotten in den norddeutschen Territorien. In: Frédéric Hartweg, Stefi Jersch-Wenzel (Hg.): Die Hugenotten und das Refuge. Deutschland und Europa. Beiträge zu einer Tagung. Berlin 1990 (Einzelveröffentlichungen der Historischen Kommission zu Berlin 74), S. 67–79, hier S. 75f.

5 Vgl. hierzu Willem Frijhoff: Religious Toleration in the United Provinces: from 'case' to 'model'. In: Po-chia Hsia, Nierop (Hg.): Calvinism and Religious Toleration (Anm. 1), S. 27–52; Jonathan I. Israel: The Dutch Republic: Its Rise, Greatness and Fall, 1477–1806. Oxford, New York 1998, S. 372, 655, 676, 1033; Benjamin J. Kaplan: Dutch religious tolerance: celebration and revision. In: Po-chia Hsia, Nierop (Hg.): Calvinism and Religious Toleration (Anm. 1), S. 8–52; Ronnie Po-Chia Hsia: Introduction. In: Ebd., S. 2f. Siehe zur sephardischen Diaspora auch Jonathan I. Israel: Diasporas within a Diaspora: Jews, Crypto-Jews and the World Maritime Empires, 1540–1740. Leiden 2002; Daviken Studnicki-Gizbert: A Nation Upon the Ocean Sea. Portugal's Atlantic Diaspora and the

Oranien und Wilhelm III. gegen Jakob II. von England führten, sollten im katholischen Irland hugenottische Offiziere oder ganze Regimenter als militärisches Bollwerk gegen die katholischen Jakobiten angesiedelt werden.[6]

In den frühneuzeitlichen europäischen Staaten und ihren Kolonien, in denen Migranten als Individuen ankamen, gingen die städtischen und ländlichen Administrationen davon aus, dass diese sich in eigenen ethnisch-religiösen Gemeinden ansiedeln würden, die wiederum in spezifischen Bereichen Verantwortung für die Flüchtlinge übernehmen würden. Die Kompetenzbereiche frühneuzeitlicher Fremdengemeinden konnten von Armen-, Kranken- und Altenfürsorge, einem Schul- bzw. Bildungswesen bis hin zu einem separaten Rechtssystem, das hieß eigener Jurisdiktion und eigenem Recht, bzw. zu eigenständigen Administrationen reichen. Privilegien, was die Autonomie von Fremdengemeinden oder der fremden *Nationen* im frühneuzeitlichen Staat anging, hingen von unterschiedlichen Faktoren ab: Wurden die Migrantengruppen als Diasporagemeinschaften zum Zweck der Kolonisation und des Landesausbaus, sozusagen an der *Frontier*, angesiedelt, konnten diese sogar ihre eigene Miliz haben, wie dies beispielsweise bei den Herrnhutern an der Sarepta/Russland oder den Salzburger Exulanten im nordamerikanischen Georgia der Fall war, ebenso bei Sepharden auf Jamaika und im bis 1667 englischen, dann niederländischen Surinam. Galten *fremde Nationen* als besonders nützlich für Wirtschaft, Kultur und militärische Sicherheit eines Landes oder trugen sie wie die Hugenotten in Brandenburg-Preußen zusätzlich zur zweiten Konfessionalisierung im Sinne einer Stärkung des calvinistischen Elementes bei, so waren die vom Landesherrn garantierten Privilegien besonders weitgehend und konnten *fremde Nationen* sogar wirtschaftlich und rechtlich besser stellen als andere Untertanengruppen.[7]

Crisis of the Spanish Empire. Oxford 2007; Francesca Trivellato: The Familiarity of Strangers: The Sephardic Diaspora, Livorno, and Cross-Cultural Trade in the Early Modern Period. New Haven/ Conn. 2009; Susanne Lachenicht: Sephardi Jews – Cosmopolitans in the Atlantic World? In: Dies., Kirsten Heinsohn (Hg.): Diaspora Identities. Exile, Nationalism and Cosmopolitanism in Past and Present. Frankfurt a. M., New York, Chicago, S. 31–51.

6 Vgl. Matthew Glozier: The Huguenot soldiers of William of Orange and the Glorious Revolution of 1688. The Lions of Judah. Brighton, Portland 2002; Lachenicht: Hugenotten (Anm. 3), S. 69–85 und S. 139–145.

7 Für einen Überblick bzw. eine holistische Perspektive vgl. Lachenicht: Hugenotten (Anm. 3), S. 193–215. Zu den Herrnhutern an der Sarepta und Mennoniten vgl. Andreas Gestrich: German Religious Emigration to Russia in the Eighteenth and Early Nineteenth Centuries. Three Case Studies. In: Hartmut Lehmann, Hermann Wellenreuther, Renate Wilson (Hg.): In Search of Peace and Prosperity. New German Settlements in Eighteenth-Century Europe and America. University Park, Pennsylvania 2000, S. 77–98, hier S. 78 und 87f., und Michael Schippan: Der Beginn der deutschen Russlandauswanderung im 18. Jahrhundert. In: Mathias Beer, Dittmar Dahlmann (Hg.): Migration nach Ost- und Südosteuropa vom 18. bis zum Beginn des 19. Jahrhunderts. Stuttgart 1999 (Schriftenreihe des Instituts für donauschwäbische Geschichte und Landeskunde 4), S. 47–70, hier S. 52. Siehe auch Roger P. Bartlett: Human Capital. The Settlement of Foreigners in Russia 1762–1804. Cambridge 1979; James Urry: None but Saints. The Transformation of Mennonite Life in Russia, 1789–1889. Winnipeg 1989 (Windflower Communications 14). Zu den Salzburger Exulanten in Georgia siehe u.a. Renate Wilson: Land, Population and Labor. Lutheran Immigrants in Colonial Georgia. In: Lehmann, Wellenreuther, Wilson (Hg.): In Search of Peace and

England hingegen hatte bereits im 16. Jahrhundert seine Probleme mit der Aufnahme *fremder Nationen*. Diese, wie etwa die der deutschen Lutheraner in London oder der Hugenotten oder protestantischen Italiener, bildeten zwar eigene soziale oder kirchliche Gemeinden heraus, waren aber englischem Recht und englischer Jurisdiktion im Bereich des Strafrechts wie auch zivilrechtlich bei Auseinandersetzungen mit Engländern und anderen Migrantengruppen unterstellt. Schon ab dem späteren 16. Jahrhundert, spätestens aber mit der Restauration der Stuarts 1660 wurde in England auf nicht-anglikanische Fremdengemeinden ein zunehmender konfessioneller Konformitätsdruck ausgeübt, der zu merkwürdigen Kompromissen führte. Fremde im englischen Untertanenverband hatten nicht nur loyal gegenüber der Krone zu sein, sondern da diese auch das Oberhaupt der einzig möglichen Kirche, nämlich der anglikanischen, war, auch einen Suprematseid zu leisten, wollten sie in staatliche Dienste treten. So gab es zunehmend offiziell konformistische, d. h. anglikanische Fremdenkirchen in England, die sich bei genauerem Hinsehen aber als wenig anglikanisch-konformistisch entpuppten. Die Fremdenkirchen, die im 16. Jahrhundert zur Förderung des Protestantismus in England ins Land geholt worden waren, entwickelten sich also im Zuge der Weiterentwicklung Englands hin zum Nationalstaat, der nicht nur eine gemeinsame Ethnie, eine Sprache und eine Kultur, sondern in England auch eine Religion, nämlich das anglikanische Bekenntnis, zum Fundament haben sollte, zum Störfaktor.[8]

Während es in England also ab dem späteren 17. Jahrhundert etwas gab, was man als staatlichen und kirchlichen Assimilierungsdruck bezeichnen könnte, kultivierten andere europäische Staaten wie Brandenburg-Preußen ihren heterogenen Untertanenverband. Noch im 18. und frühen 19. Jahrhundert betrachteten die preußischen Könige ‚ihre Hugenotten' als „französische Nation" im preußischen Untertanenverband und sahen deren ‚Andersartigkeit' als Garantie für wirtschaftlichen und kulturellen Fortschritt an.[9]

Damit Privilegien einer *fremden Nation* überhaupt bewilligt werden konnten, musste diese sich als solche, als separate *Nation* erst einmal konstituieren. Migration aufgrund von Verfolgung, Bürger- bzw. Religionskrieg, Vernichtung bis hin zum Genozid geschah an Individuen, die zwar in den Räumen, wo sie verfolgt wurden, als

Prosperity, S. 217–245, hier S. 217–219. Zu den Sepharden in der Karibik vgl. Israel: Diaspora (Anm. 5), S. 367, 383f., 511; Lachenicht: Sephardi Jews (Anm. 5), S. 33–35 und 38–40.

8 Zum neuesten Forschungsstand hierzu siehe Lachenicht: Hugenotten (Anm. 3), S. 108–133, 254–284. Siehe auch Andrew Pettegree: Foreign Protestant Communities in Sixteenth-Century. London, Oxford 1986; Irene Scouloudi (Hg.): Huguenots in Britain and their French Background, 1550–1800. Basingstoke, London 1987; Andrew Pettegree: The French and the Walloon Communities in London, 1550–1688. In: Ole Peter Grell, Jonathan I. Israel, Nicholas Tyacke (Hg.): From Persecution to Toleration. The Glorious Revolution in England. Oxford 1991, S. 77–96; Lien Bich Luu: Immigrants and the Industries of London, 1500–1700. Aldershot 2005.

9 Siehe insbesondere Etienne François: La mémoire huguenote dans le pays du Refuge. In: Frédéric Hartweg, Stefi Jersch-Wenzel (Hg.): Die Hugenotten und das Refuge. Deutschland und Europa. Beiträge zu einer Tagung. Berlin 1990, S. 233–239, hier S. 235. Siehe ebenfalls Myriam Yardeni: Le Refuge huguenot. Assimilation et culture. Paris 2002, S. 118. Ebenso ausführlich Lachenicht: Hugenotten (Anm. 3), S. 168–193.

Teil einer Gruppe, einer ethnischen oder religiösen Gemeinschaft wahrgenommen wurden, in der Regel aber eine wenig homogene Gruppe bildeten. Lokale, regionale und soziale Heterogenität war in den Ländern der Verfolgung ebenso gegeben wie sehr unterschiedliche religiöse Glaubensinhalte und Praktiken. Nach Flucht, Vertreibung und Emigration bildeten sich in der Diasporasituation durch „Binnenintegration" zunächst einmal Diasporakulturen heraus. Diese sollten durch administrative und soziale Strukturen, religiöse Praktiken und eine spezifische Erinnerungskultur, die von Anfang an Heterogenität, Synkretismen und Hybridität auszuklammern versuchte, die *Refugirten* zu einer eigenständigen *Nation* machen. Bestandteile dieser Diasporanationen bzw. Identitäten waren die gemeinsame, durch Verfolgung und/oder Auswanderung verlorene Heimat, eine sich meist erst in der Diaspora herausbildende gemeinsame Sprache und Kultur oder der gemeinsame Glaube.[10]

Besonders deutlich werden diese Identitätsbildungsprozesse in der Entstehung einer jüdisch-sephardischen *Nation*, beispielsweise in Bordeaux und Amsterdam. Frances Malino, Miriam Bodian und Daniel Swetschinski haben gezeigt, wie nach 1580, d. h. als Portugal, wohin nach 1492 viele spanische Juden geflohen waren, in das spanische Weltreich integriert wurde bzw. der Konformitätsdruck in den spanischen Niederlanden vor allem in Antwerpen wuchs, eine jüdisch-portugiesische Diaspora entstand, die erst allmählich unter anderem in Bordeaux, Amsterdam, aber auch in Surinam ein jüdisches Gemeinwesen mit eigenen Synagogen, Bildungssystemen, Gemeindewesen und einem eigenen Kultus herauszubilden begann und ihre heterogenen *converso*-Kulturen im Laufe eines Jahrhunderts in eine gemeinsame jüdisch-sephardisch-portugiesische Identität integrierte. Die *portugeesche joodsche natie* von Amsterdam war immer auch – wie man aus der postmodernen Diasporaforschung heraus sagen würde – ein Konstrukt, partiell in ihrer angenommenen Homogenität fiktiv, ein Sammelbecken unterschiedlichster religiöser Praktiken und Überzeugungen.[11]

Eine eigenständige Diaspora-Identität herauszubilden, war jedoch nicht nur aus den bereits genannten Gründen *de rigueur*. Viel wichtiger, aus der Binnenperspektive der Refugierten, war die Bewahrung des Glaubens oder der Kultur, für die man verfolgt worden war. Verfolgung, Leiden, Tod von Familienmitgliedern, Auswanderung, die Mühen der Migration machten nur Sinn, wenn das, was man vor der Zwangskonversion hatte bewahren wollen, auch in Zukunft Bestand hatte. Je länger

---

10 Zur Diasporasoziologie im Allgemeinen siehe Robin Cohen: Global Diasporas. An Introduction. London 1999, bes. S. IX, 26. Siehe ebenfalls Lachenicht: Sephardi Jews (Anm. 5) und Dies.: Memento Patriae. Religiöse Diasporen in der Frühen Neuzeit. In: Sünne Juterczenka, Kai-Marcel Sicks (Hg.): Figurationen der Heimkehr: Die Passage vom Fremden zum Eigenen in Geschichte und Literatur der Neuzeit. Göttingen 2011, S. 179–193.

11 Siehe hierzu ausführlich Frances Malino: The Sephardic Jews of Bordeaux: Assimilation and Emancipation in Revolutionary and Napoleonic France. University of Alabama 1978, bes. S. 9f.; Daniel M. Swetschinski: Reluctant Cosmopolitans. The Portuguese Jews of Seventeenth-Century Amsterdam. Oxford, Portland/Oregon 2004, bes. S. 4f., 167, 176; Miriam Bodian: Hebrews of the Portuguese Nation. Conversos and Community in Early Modern Amsterdam. Bloomington/In. 1999, bes. S. 85–95.

die Verfolgung der eigenen *Nation* andauerte, desto langfristiger musste das Überleben von Glauben und *Nation* in der Diaspora bewahrt werden. Für diese Bewahrung, die zunächst einmal die Konstruktion einer gemeinsamen Identität voraussetzte, spielen kollektive Erinnerungen bzw. Erinnerungskulturen eine wichtige Rolle. Eine vergleichende Analyse von in der Frühen Neuzeit entstehenden Diaspora-Identitäten zeigt – in unterschiedlichem Mischungsverhältnis – immer wieder ähnliche Elemente auf, unabhängig davon, ob es sich um Hugenotten, Sepharden, Ashkenazen, Mennoniten oder andere wegen ihres Glaubens verfolgte Gemeinschaften handelt. Es geht immer wieder um den ‚einzig wahren Glauben', bei einigen Gruppen – wie bei den Hugenotten und den Sepharden, später auch bei den Ashkenazen – fühlte man sich als von Gott auserwähltes Volk, das um jeden Preis gerettet werden musste. Bei einigen ethnisch-religiösen Gruppen wie den Hugenotten entwickelt sich in der Diaspora auch das Element, die wahren Untertanen der Krone Frankreichs zu sein, die eigentlichen Patrioten, die wirklichen Franzosen, die sehr viel mehr als die französischen Katholiken das wahre Frankreich und seine allen anderen Europäern überlegene Kultur repräsentierten. Diese sollte von den Gate-Keepern dieser Diasporen, Pastoren, Priestern, Rabbis, in jedem Fall bewahrt werden.[12]

Transkonfessionelle Praktiken, mehrfache Konversionen, kontinuierliche Mobilität zwischen Herkunfts- und Aufnahmeland, konfessioneller Pragmatismus, Vermischung und Integration, wie sie im Alltag der Individuen dieser Diasporagemeinschaften an der Tagesordnung waren, Hybridität, um ein Konzept der *postmodern studies* zu bemühen, waren Störfaktoren bzw. wurden aus Erinnerungskulturen und den Narrativen der Diaspora-Identitätsbildung eliminiert bzw. von den Diasporagemeinden entsprechend sanktioniert.[13]

Von den Aufnahmegesellschaften, in städtischen und ländlichen Kontexten, in religiösen und säkularen Räumen wurden Diasporen nicht nur in der Frühen Neuzeit als Fremde wahrgenommen, oft als weit homogenere Gruppen, als dies die heterogenen Praktiken eigentlich suggerierten. Während die Ansiedlung von Glaubensflüchtlingen als eigenständige Kirchengemeinden bzw. sogar separate Kolonien im frühneuzeitlichen Europa die Norm war, stießen sich die Aufnahmegesellschaften oft genau an diesen, von ihren eigenen Regierungen favorisierten Modellen. Die Konflikthaftigkeit religiöser Identitätsbildung war damit im Kontext von Migration und Diasporabildung zwangsläufig angelegt. So beklagten sich beispielsweise die Bewohner der Londoner City in den 1570er Jahren über

12 Siehe u.a. Lachenicht: Hugenotten (Anm. 3), S. 230–240; Dies.: Memento Patriae (Anm. 10); Bodian: Hebrews (Anm. 11), S. 63–68, 85–95, 278–280, 284; Israel: Diasporas (Anm. 5), S. 185; Swetschinski: Reluctant Cosmopolitans (Anm. 11), S. 188f., 194f., 199–211, 213, 216, 217, 226f., 251.

13 Siehe u.a. Bodian: Hebrews (Anm. 11), S. 110–125; Natalia Muchnik: Du judaïsme au catholicisme: les aléas de la foi au XVIIIe siècle. In: Revue Historique 623 (2002), S. 572–609; Lachenicht: Hugenotten (Anm. 3), S. 376–383, 417f., 452–482, 483–506.

> [...] the contynuall and daily resort of strangers of divers nacons unto this cytty [...] [which] is the cause of great scarcety of victuals raiseinge rents and contynuall encreasing of begger Idle vagabonds and theeves of our own countreymen and nacon.[14]

Darüber hinaus hieß es:

> They, [die Fremden] ought not to be in companies or Societies [...] [yet] they are a common wealth within themselves, trade in partner shippe with strangers, and as factors for whole cittyes, comerce with us for nothing that they can have of their own nacon, though they be denized or born heere amongst us, yett they keep themselves severed from us in church, in government, in trade, in language and marriage.[15]

Auch im 17. Jahrhundert finden sich ähnliche Stereotype, wie die folgende Beschwerde aus dem Jahr 1629, wiederum vonseiten der Bürger Londons:

> [They] combyned themselves togeather, they marry not with our nation, they sett their owne people aworke in all sorts of trades [...] they alter not their affection, their apparrell [...] language [...] nor conforme themselves to our churches [and] gouvernment.[16]

Die Angst vor dem Fremden, dem anders Gekleideten, dem, der eine andere Sprache benutzte, nicht nur vor dem Individuum, sondern vor der *fremden Nation* inmitten der eigenen Gesellschaft gehörte in der Frühen Neuzeit zu den wechselseitigen Erfahrungen von Diasporagemeinschaften und Aufnahmegesellschaften, ob wir nun das Amsterdam des Goldenen Zeitalters,[17] das Berlin des frühen 18. Jahrhunderts oder das London des 16. bis 18. Jahrhunderts betrachten. Xenophobie, Sündenbockfunktionen, antijüdische Vorurteile wie Ritualmorde und Ähnliches bilden das Repertoire im Umgang mit frühneuzeitlichen Diasporen, aber eben auch Mischehen, wirtschaftliche Akkulturation, wechselseitiger Spracherwerb und Ähnliches.[18]

Wenn Asyl und Ansiedlung von Glaubensflüchtlingen in der Frühen Neuzeit vom Modell der Fremdengemeinde bzw. der autonomen Kolonie geprägt waren, wenn Narrative und Praktiken frühneuzeitlicher Diasporen bzw. Identitätsbildungsprozesse Exklusivität und Auserwähltsein als Prämissen setzten, wenn gleichzeitig Aufnahmegesellschaften genau diese Narrative und Praktiken als Problem empfanden und Diasporagemeinschaften gleichzeitig einem ständigen Veränderungs-, d.h. Akkulturations- und Integrationsprozess unterlagen – wie verträgt sich das alles miteinander? Und was heißt dies für den Erhalt von Diasporagemeinschaften bzw. für die Bewahrung von Identität von Diasporagruppen bis heute?

Es bedeutet, dass aus der Erinnerungskultur dieser Diasporagemeinschaften gewisse Erfahrungen oder Prozesse der Akkulturation und Integration ausgeblendet

14 Guildhall Library, MS 4096/1/ff 11b–12 Cornhill Ward, Wardmote Inquest, zitiert nach Lien Bich Luu: Assimilation or segregation: colonies of alien craftsmen in Elizabethan London. In: Huguenot Society Proceedings XXVI/2 (1995), S. 160–172, hier S. 160.

15 PRO SP 12/81/29 A, zitiert nach ebd., S. 160.

16 Huntingdon Library, Ellesmere, Ms 2516, zitiert nach ebd., S. 160.

17 Siehe Israel: Diasporas (Anm. 5), S. 198–208, 522–524.

18 Siehe u.a. die Literatur zitiert in Lachenicht: Sephardi Jews (Anm. 10), S. 40–45.

wurden bzw. eventuell sogar werden müssen, dass Erinnerungen an Verfolgung, Migration, Konstrukte dessen, was man als eigene Kultur, als eigenen Glauben auffasst, als konstant und die Jahrhunderte überdauernd wahrgenommen werden, sich *mutatis mutandis* aber an sich ständig wandelnde Kontexte, innerhalb und außerhalb der Diasporagemeinschaften anpassen müssen. Anders gesagt: Erinnerung geriert sich im Sinne von Kontinuität und Dauerhaftigkeit, ist jedoch, um den Effekt von Bewahrung zu erreichen, ständigen Veränderungsprozessen unterworfen. ‚Erinnerung, die bleibt', ist Erinnerung, die sich ständig verändert und sich wandelnden historischen Kontexten flexibel anpasst.

Es gibt Diasporakulturen, die mit diesem ‚gordischen Knoten' sehr erfolgreich umgehen, nicht zuletzt die hugenottische Diaspora, das *Refuge*. Dieses gehört – aus Sicht der Hugenotten – und aus der all ihrer Aufnahmestaaten zu den erfolgreichsten Beispielen für positive Migration und Integration. Sie sind – wie ich dies in meiner Habilitationsschrift bezeichnet habe – „migrierende Musterkinder".[19] Noch heute gibt es in den meisten Ländern, die in der Frühen Neuzeit Hugenotten aufnahmen, eigenständige Kirchengemeinden, französischsprachige Gottesdienste, ein Bewusstsein der Kinder und Kindeskinder der *Réfugiés*, etwas Besonderes, Nachfahren einer *Nation* von Auserwählten, zu sein. Man ist stolz auf seinen hugenottischen Vorfahren, der durch Fleiß, Festigkeit im Glauben, Innovation, seine spezifisch französische Kultur die Aufnahmeländer zu Musterländern machte.[20]

Die *longue durée*-Analyse der hugenottischen Diaspora zeigt jedoch, dass deren Entstehung von all den für Migrationen typischen Problemen genauso behaftet war wie die anderer Migrantengruppen auch. Gruppen- und Identitätsbildung der hugenottischen Diaspora waren von innen und von außen massiven Konflikten unterworfen.[21] Aufnahmeprobleme, Xenophobie, Zusammenstöße mit der einheimischen Bevölkerung, Konflikte aller Art sind jedoch aus der Erinnerungskultur, der Historiographie dieser Diasporagemeinschaft verschwunden, nicht nur intern, sondern auch in der Wahrnehmung von außen. Wie ist das möglich? Wie konnte aus den „Froschessern", den „Paddenschluckern", den „Bohnenfressern",[22] wie die Franzosen noch im 18. Jahrhundert in Brandenburg-Preußen bzw. in Brandenburg-Bayreuth tituliert wurden, der *Musterknabe* unter den Migranten werden? Wie aus den „French Catholics in disguise […] who were sent by the Antichrist",[23] aus den

19 Lachenicht: Hugenotten (Anm. 3), S. 14.

20 Ebd., S. 14f.

21 Dazu ebd., S. 240–254, und den dort zusammengefassten Forschungsstand.

22 Frédéric Hartweg: Die Hugenotten in Berlin: Eine Geschichte, die vor 300 Jahren begann... In: Ders., Stefi Jersch-Wenzel (Hg.): Die Hugenotten und das Refuge (Anm. 9), S. 1–56, hier S. 11f.

23 Zitiert nach Jon Butler: The Huguenots in America: a Refugee People in New World Society. Cambridge/Mass. 1983, S. 73f.

„French dogs",[24] der „disagreeable mixture"[25] und dem „nauseous Hotch potch",[26] als die die Hugenotten in England und seinen Kolonien bezeichnet wurden, diejenigen, die französische Kultur nach England und Nordamerika gebracht hatten?[27]

Erinnerungskultur und „Geschichtsmythologie"[28] haben sich im Fall der Hugenotten ideal an nationale Kontexte angepasst, sich in die sich entwickelnden Nationalhistoriographien integriert. Den *Réfugiés* gelang es in allen Aufnahmestaaten, sich zu einer *noblesse ethnique* zu stilisieren, sowohl in Deutschland als auch in England, Irland, Südafrika, den Niederlanden und Nordamerika, wo hugenottische Vorfahren zum stolzesten Erbe in den Familiengenealogien gehören.[29] Eine wichtige Rolle in der Funktionalisierung von Erinnerungskultur als „kollektive Leistung der Vergegenwärtigung vergangener Ereignisse durch Wiederholung spezifischer, kulturell vorgegebener Riten und Symbole"[30] spielten im Fall der hugenottischen Diaspora die so genannten Hugenottengesellschaften, so die 1852 in Frankreich gegründete *Société de l'Histoire du Protestantisme Français*, die 1878 in Belgien gegründete *Commission pour l'Histoire des* Églises *Wallonnes*, die *Huguenot Society of America* (New York 1883), die *Huguenot Society of London* (1885, seit 1987 *Huguenot Society of Great Britain and Ireland*) und seit 1890 der *Deutsche-Hugenotten-Verein zur Förderung der Geschichte in Deutschland* und zur „Pflege des hugenottischen Geistes". 1922 entstanden die *Huguenot Society of the Founders of Manakin in the Colony of Virginia*, 1975 die *Nederlandse Huguenoten Stichting*.[31] Eine Analyse der Akten der New Yorker *Huguenot Society of America* zeigt beispielsweise, wie hier eine hugenottisch-amerikanische Identität konstruiert wurde, die sich einerseits mit ‚amerikanischer Identität' im späten 19. Jahrhundert, andererseits mit einem transnationa-

---

24 British Library, London, Desmaizeaux Papers, Add. 4282, C, fol. 99, zitiert nach Lachenicht: Hugenotten (Anm. 3), S. 247.

25 A guide for Protestant strangers, thro' the dark labyrinth of the perversness of the French refuge: or, a relation of the civil and ecclesiastical state of the French refugees in London. Designed, as an Introduction, to the bitter Complaints, that the Swiss Proselytes, and generally all Protestant Strangers, have to make to the just, generous and merciful English Nation, in relation to the unjust and barbarous Usage, they have receiv'd from certain Ministers, Elders, Directors, and other Pseudo Christians, that rule the roast in the Refuge and have introduc'd a general Corruption, to the great dislike of several good Souls amongst the Refugees themselves. Done into English from the Friburg edition, printed in Germany by the brothers de Verax. London, Westminster 1701, S. 53, zitiert nach Lachenicht: Hugenotten (Anm. 3), S. 248.

26 Ebd.

27 Bertrand van Ruymbeke: Minority Survival. The Huguenot Paradigm in France and the Diaspora. In: Bertrand van Ruymbeke, Randy J. Sparks (Hg.): Memory and identity. The Huguenots in France and the Atlantic Diaspora, Columbia/SC 2003, S. 1–25.

28 Etienne François: Vom preußischen Patrioten zum besten Deutschen. In: Rudolf von Thadden, Michelle Magdelaine (Hg.): Die Hugenotten 1685–1985. München 1985, S. 198–212, hier S. 201.

29 Van Ruymbeke: Minority Survival (Anm. 28), S. 16f.

30 Lucian Hölscher: Geschichte als Erinnerungskultur. In: Kristin Platt, Mihran Dabag (Hg.): Generation und Gedächtnis. Erinnerung und kollektive Identitäten. Opladen 1995, S. 146–168, hier S. 157.

31 Van Ruymbeke: Minority Survival (Anm. 28), S. XVI.

len Selbstverständnis der Hugenottennachfahren in aller Welt vertrug. Bertrand van Ruymbeke hat ebenso für South Carolina, Ursula Fuhrich-Grubert für das deutsche *Refuge* nachgewiesen, wie hier ähnlich wie in New York die Erinnerung an Leiden, Verfolgung und das Martyrium einer transnationalen, als kosmopolitisch geltenden Diaspora bewahrt und gleichzeitig deren Leistungen für den jeweiligen Nationalstaat (bzw. Bundesstaat) als Patriotismus herausgestellt wurden.[32] Die Konflikthaftigkeit religiöser Identitätsbildung, wie sie typisch für Diasporen in der Frühen Neuzeit ist, verschwand aus diesen Narrativen. An ihre Stelle trat eine Mythen- und Legendenbildung, die allerdings in den letzten Jahrzehnten durch Wirtschafts- und Sozialhistoriker bzw. die postmoderne Diasporaforschung dekonstruiert wurde, mit dem Ziel, Diasporabildung und der Geschichte von Diasporagemeinschaften von ihrer Komplexität etwas zurückzugeben.

32 Ursula Fuhrich-Grubert: Zwischen Patriotismus und Internationalismus. Hugenotten im 19. und 20. Jahrhundert. In: Sabine Beneke, Hans Ottomeyer (Hg.): Zuwanderungsland Deutschland. Die Hugenotten. Wolfratshausen 2005, S. 163–172, hier S. 166–168, und Van Ruymbeke: Minority Survival (Anm. 28), S. 13–15.

Jessica Cronshagen

Herrnhuter Diaspora, Erinnerungskultur und Identitätsbildung „in Abwesenheit" – Briefnetzwerke zwischen Europa und Surinam

1. Einleitung

Am 18. Juli 1792 schrieb Hans Wied, Missionar der Herrnhuter und Präses der Brüdergemeine in Paramaribo, einen Brief an seinen Mitbruder J. Friderizius in Zeist. Dieser Brief war persönlicher Natur, obwohl Hans Wied durch seine Funktion zu einem regelmäßigen Bericht an das Missionswerk in Zeist verpflichtet war. Trotzdem ist er in der offiziellen Korrespondenz des Herrnhuter-Missionswerkes in Zeist erhalten, genauer in der Korrespondenz der Chorpfleger, zu welchen der Bruder Friderizius gehörte.

Der Brief bildet von Beginn an eine persönliche Beziehung zwischen Hans Wied und dem Bruder Friderizius ab. Diese, so macht der Beginn deutlich, fußte auf einer älteren Bekanntschaft innerhalb Europas, denn Hans Wied zeigte sich erfreut über die Möglichkeit des Briefes: „Ich sehe also", so der Missionar, „daß doch daß große WeltMeer was uns von einander Trennt, nicht vermögent ist, die einmal bevestigte liebe auszulöschen."[1] Die persönliche Freundschaft blieb von der Entfernung unberührt, wenn sich auch über die Langsamkeit der Kommunikation beklagt wurde, denn: „Was euch alt und unbedeutend scheint, ist uns hier noch immer neu, u. wichtig, Wenn es auch nicht immer erfreulich ist, so hört man doch gerne wie es hier und da zugeht", besonders seit aufgrund des Kaperkrieges oftmals Schiffe mit europäischen Nachrichten ihr Ziel nicht erreichten.[2]

Der sich über dreieinhalb Seiten erstreckende Brief ist in einem behaglichen Plauderton gehalten: Es werden gemeinsame Bekannte erwähnt; einen in die südafrikanische Mission ziehenden Mitbruder lobt Hans Wied warmherzig-spöttisch für sein „einfältiges Herz" und jede Gelehrsamkeit, die für die Mission entscheidend sein könnte, wobei er allerdings Schwierigkeiten beim Spracherwerb des Bruders vermutet.

Ferner gehe es Hans Wied und seiner Frau gut, es gebe verschiedene, derzeit aber nicht gravierende Krankheiten unter den Missionaren Surinams; über die Mission selbst sei „wenig Interessantes" zu vermelden.[3]

So groß der Hunger nach Informationen aus Europa, so marginal scheinen in diesem Brief die Nachrichten aus den Kolonien. Während auf die Mission selbst nicht

---

1 Hans Wied, Paramaribo, an J. Friderizius, Zeist, 18.7.1792, Het Utrechts Archief (HUA) 98–1, Nr. 47.
2 Ebd.
3 Ebd.

eingegangen wird, verliert Hans Wied doch auf der dritten Seite seines Schreibens noch einige Worte zur Kolonie, er berichtet über Probleme mit den Maroons (von den Plantagen geflohene Sklaven):

> Hier im Lande geht alles seinen gewöhnlichen schiefen Gang, wobey aber doch alles in Ruhe bleibt, fort. Kriege mit einer gewissen Bande ehemals weggelaufener Neger, haben wir so lange ich hir bin, davon merckt man aber weiter nichts; als das man dann und wann erfährt wie viele gefangene; u geräucherte Hände, von erschoßenen, eingebracht werden; u. wir Jährlich eine starke abgabe [...] zahlen müßen. Es scheint die ganze Bande wird durch einen Tapferen Officius Hn. Stoetman [...] ausgerottet werden.[4]

Mit anderen Mitgliedern dieser Maroon-Gruppen, so Hans Wied weiter, habe man Frieden, etwa wie mit jenen am Missionsort in Bambey, zu denen eine enge Beziehung bestünde. Freilich behielten jedoch selbst die Missionierten unter ihnen „immer etwas Lautes". Nach diesen kurzen, beunruhigenden Nachrichten zur Situation in den Kolonien beendete Hans Wied seinen Brief mit Grüßen nach Europa sowie mit dem Wunsch nach der Abordnung weiterer Missionare zur Verstärkung der Station.[5]

Die kurzen Nachrichten über die Gräueltaten der niederländischen Kolonie Surinam erscheinen in ihrer alltäglichen Banalität erschreckend. Die Schilderungen in diesem Brief sind in Bezug auf die Kolonie distanziert und ganz einem räumlich und zeitlich entfernten Europa verhaftet. Die Mission selbst verliert im Brief an Bedeutung, ebenso ergeht es der fremden Umgebung. Es ist, als befinde sich der Missionar noch immer in Europa und würde lediglich nach einer kurzen Reise seinen Mitbruder über die vergangenen Tage befragen. Die Worte über den Krieg mit den Maroons, der in seiner Umgebung mittels entsetzlicher Grausamkeiten stattfand, erinnert an eine kurze, irrelevante Zeitungsnotiz – und dies obgleich doch eigene Mitbrüder im surinamischen Hinterland in der Mission, allerdings mittlerweile durch Friedensverträge gestützt, in Maroon-Gruppen arbeiteten.

Der Brief Hans Wieds war Bestandteil jener beeindruckenden weltweiten Gemeinschaftspflege, die Gisela Mettele in ihrem wegweisenden Buch über das Missionswerk der Herrnhuter herausgearbeitet hat.[6] Sie charakterisierte die Herrnhuter als eine anhand verschiedener identitätsstiftender Parameter eng miteinander verzahnte globale Gemeinschaft. Diese bestand aus einer mehr oder weniger strikt gehandhabten, freilich im Surinam des 18. Jahrhunderts nicht praktizierten Lebensgemeinschaft in Chören, einem angestrebten weltweit identischen Tagesablauf, der Entscheidungsfindung durch den Losentscheid, engen Nachrichtennetzwerken, ei-

4 Ebd.; Hans Wied meint hier den schottisch-niederländischen Soldaten John Gabriel Stedman, der eine wesentliche Rolle bei der Unterdrückung der surinamischen Sklavenaufstände des späten 18. Jahrhunderts spielte. Siehe Richard Price, Sally Price (Eds.): John Gabriel Stedman, Narrative of a Five Years Expedition against the Revolted Negroes of Surinam (Transcribed for the First Time from the Original 1790 Manuscript). Baltimore, London 1988.

5 Ebd.

6 Gisela Mettele: Weltbürgertum oder Gottesreich? Die Herrnhuter Brüdergemeine als globale Gemeinschaft 1727–1857. Göttingen 2009 (Bürgertum. Studien zur Zivilgesellschaft 4).

ner Briefkultur mit Deutsch als *lingua franca* sowie aus einem Kontinente umspannenden ökonomischen Netzwerk.

Ferner beschreibt Mettele die Herrnhuter als eine im schriftlichen Ausdruck geübte „Erzählgemeinschaft“, welche in kursierenden Lebensläufen, den Gemeinenachrichten und Missionsberichten kommunikativ und global ein „kulturelles Gedächtnis“ ausbildete.[7] Diese Medien, so Mettele, dienten der „weltweiten Verständigung über den gemeinsamen Glauben“ und schufen im „kontinuierlichen Austausch über das Geschehen in den weltweiten Gemeinorten [...] ein Gefühl ortsübergreifender Verbindlichkeit und Solidarität“.[8]

Die geregelte Globalisierung von Information machte die Nachrichtenübermittlung durch den privaten Brief obsolet, wobei dieser dennoch zur Pflege persönlicher Beziehungen eingesetzt wurde.

Die Vermittlung von politischen, wirtschaftlichen und vor allem religiösen Informationen blieb von vornherein in die offiziellen Organe der Brüdergemeine ausgelagert. Eine Gemeinschaft besteht jedoch in einer Vielzahl vernetzter und kommunizierter Informationen. Welches also sind jene Mitteilungen, die durch die offiziellen Nachrichtensysteme der Herrnhuter nicht abgedeckt wurden, aber doch durchaus persönliche Ereignisse wie Geburten, Heiraten und Sterbefälle dokumentierten? Welche kommunikativen Bedürfnisse einer globalen Gemeinschaft bildet die mühevoll gepflegte Briefkultur ab?

Bei der Frage danach, welche Funktion die private Kommunikation in der missionarischen Diaspora der Herrnhuter einnahm, soll im Folgenden die Korrespondenz dreier sich in den 1790er Jahren in Surinam befindlicher Missionarsehepaare betrachtet werden. Die Konzentration auf diese Ehepaare bietet sich aus zwei Gründen an: Zum einen war das Missionarspaar für die Surinammission im späten 18. Jahrhundert idealtypisch. Das herrnhuterische Ideal strenger Geschlechtertrennung machte eine geregelte Mission ohne die Einbeziehung von Missionarinnen nahezu unmöglich.[9] Da die Missionsorte in Surinam für eine Chororganisation zu klein waren, lebten die Ehepaare zusammen. Zum anderen waren sie diejenigen Missionare, die in Surinam in der Regel zumindest temporär sesshaft waren. Die Analyse der Mechanismen der Aufrechterhaltung eines den Ozean überspannenden, nahezu nachbarschaftlichen Verhältnisses zu den Gemeinen in Europa ist daher umso interessanter.

---

7 Ebd., S. 191. Der Begriff des kulturellen Gedächtnis ursprünglich bei Aleida Assmann: Erinnerungsräume. Formen und Wandlungen des kulturellen Gedächtnisses, 5., durchges. Aufl. München 2010; zur kommunikativen Gedächtnisbildung auch: Oliver Dimbath, Peter Wehling: Soziologie des Vergessens. Konturen, Themen und Perspektiven. In: Dies. (Hg.): Soziologie des Vergessens. Theoretische Zugänge und empirische Forschungsfelder. Konstanz 2011, S. 7–34.

8 Mettele: Weltbürgertum (Anm. 6), S. 191.

9 Maria Lenders: Strijders voor het lam. Leven en werk van Hernhutter broeders en zusters in Surinam. Leiden 1996, S. 76–100; allgemein zur Rolle weiblicher Herrnhuter in den Kolonien siehe Beverly Prior Smaby: “Only Brothers should be accepted into this proposed council”. Restricting Women’s Leadership in Moravian Bethlehem. In: Jonathan Strom, Hartmut Lehmann (Eds.): Pietism in Germany and North America 1680–1820. Fanham, Burlington 2009, S. 133–162.

Bevor auf die oben genannten Ehepaare, ihr Leben und ihre Briefe näher eingegangen wird, sollen zunächst einige Eckdaten zu den beiden Missionsorten Paramaribo und Neu-Bambey vor dem Hintergrund der missionarischen Diaspora genannt werden. Die Klärung der Natur ihrer Diaspora bildet die Folie für die Untersuchung der Brieffunktionen, die unter vier verschiedenen Gesichtspunkten analysiert werden soll: Konstruktion eines gemeinsamen Alltags, Nähe oder Weite Europas, Einbeziehung der Alterität sowie Vergewisserung des religiösen Netzwerkes. Abschließend wird noch einmal im Fazit versucht, Art und Zweck der Informationsweitergabe im privaten Brief zu charakterisieren.

2. Die missionarische Diaspora in Surinam

Die Herrnhuter Surinammission begann 1735 im direkten Auftrag der niederländischen Westindienkompanie in Amsterdam. Sie war auf die Bekehrung der Sklaven, der Maroons sowie des indigenen Volkes der Arawaken ausgerichtet.[10] Nach anfänglichen Problemen aufgrund des massiven Widerstandes unter den kolonialen Pflanzern konnte sich die Sklavenmission schließlich ab der zweiten Hälfte des 18. Jahrhunderts etablieren, nicht zuletzt durch die sich entwickelnde Praxis der Missionare, selbst Sklaven in ihren Betrieben und auf ihren Plantagen zu halten.[11] Anfänglicher Idealismus, politische Probleme sowie das Arrangement mit der Sklavenhaltergesellschaft ähneln der Geschichte anderer karibischer Missionsorte der Herrnhuter, wie etwa der der dänischen Kolonie St. Thomas. Dies gilt im Übrigen auch für ihren nachhaltigen Erfolg, vor allem in der Mission der Sklaven und ihrer Nachkommen ab dem frühen 19. Jahrhundert, der sich in dieser Intensität zum Zeitpunkt der vorliegenden Korrespondenzen noch nicht abzeichnete.[12]

Insgesamt etablierten sich im späten 18. Jahrhundert in Surinam sechs eher kleine Missionen der Herrnhuter: Paramaribo und Sommelsdyk für die Sklavenmission; Pilgerhut, Saron und Ephren bzw. Hoop für die Mission der Arawaken sowie Neu-Bambey zur Maroon-Mission.[13] Die hier besprochenen Briefe stammen durchweg aus den beiden Missionsorten Paramaribo und Neu-Bambey.

Die Sklavenmission Paramaribos nahm um 1755 ihren Anfang: Die Missionare Ralfs und Dehne eröffneten hier eine Schneiderei, die sich schnell als erfolgreich erwies. Bald kamen eine Bäckerei und eine Uhrmacherei hinzu. Die ersten Missionserfolge erreichten die Herrnhuter in den 1770er Jahren mit dem Beginn der Skla-

10 Lenders: Strijders (Anm. 9), S. 55.

11 Ebd., S. 134–142, 182f.

12 Vgl. zur Geschichte der Herrnhuter in der Karibik Jon Sensbach: Rebeccas Revival. Creating Black Christianity in the Atlantic World. Harvard 2005; sowie Ders.: Slavery, Race and the Global Fellowship. Religious Radicals confront the Modern Age. In: Michele Gillespie: Pious Pursuits. German Moravians in the Atlantic World. Oxford 2007, S. 223–236; zum Erfolg in Surinam im 19. Jahrhundert siehe Ellen Klinkers: Moravian Missions in Times of Emancipation. Conversion of Slaves in Suriname During the Nineteenth Century. In: Ebd., S. 207–222.

13 Lenders: Strijders (Anm. 9), S. 76.

ventaufen.[14] Insgesamt blieb die Anzahl der Missionare in Paramaribo klein, im Jahr 1800 hielten sich dort insgesamt zwölf Missionare auf.[15] Auch die Zahl der Taufen blieb im 18. und frühen 19. Jahrhundert überschaubar: So wurden im Jahr 1802 trotz Mission insgesamt nur 25 Sklaven getauft.[16]

Neu-Bambey im Saramacca-Gebiet war, 1786 gegründet, die letzte einer Reihe sehr kleiner, der Maroon-Gruppe der Saramaccaner folgenden Missionsstationen.[17] Die bis 1813 bestehende Mission umfasste niemals mehr als zwei bis fünf Missionare und war stets auf wirtschaftliche Unterstützung angewiesen. Die Siedlung lag ein wenig außerhalb der Niederlassung der Saramaccaner.[18] 1795 gelang es den Missionaren, mit der Besetzung des Posthalteramtes durch den Missionar Johannes Horn ein kleines Gehalt von der Kolonialverwaltung zu sichern.[19]

Obgleich wirtschaftlich oder – im Falle Bambeys – auch über ein kleines Kolonialamt etabliert, blieben die Missionare unter sich. Sie hielten sich abseits; sowohl von den Kaufleuten und Pflanzern als auch von denjenigen Gruppierungen, denen die Verkündigung des Evangeliums gewidmet war. Ihre Gemeinschaftspflege galt in erster Linie der Brüdergemeine, die zwar im Rahmen der Mission jedem Bekehrten prinzipiell offenstand, bei aller pragmatischen Anpassung an die Kolonie ihre Loyalität aber in der globalen, europäisch zentrierten Gemeine fand. Die europäischen Gemeineorte blieben das von James Clifford diagnostizierte „prior home“ der Diaspora.[20] Der starke Zusammenhalt innerhalb der global agierenden Herrnhutergemeine festigte sich durch die vielseitigen Anpassungsleistungen ihrer Mitglieder in der Diaspora (Sklaverei, Teilnahme an der kolonialen Verwaltung, abgeschiedenes Leben jenseits direkter Kontrolle, kulturelle wie sprachliche Übersetzungsleistungen) in einem Prozess gegenseitiger Abstimmung.

14 Ebd., S. 124.

15 Ebd., S. 77.

16 Hans Wied, Paramaribo, an Christian Heinrich Schreiter, Zeist, 17.12.1802, HUA 48–1, Nr. 41.

17 Zur Geschichte und Vorgeschichte Neu-Bambeys siehe Schwester Meißner: Bericht von dem Entstehen der Brüder=Mission unter den Buschnegern von Bambey, deren Fortgang und Wieder=Erneuerung bis zur neuesten Versetzung des Gemeinleins in eine weiter unten gelegene Gegend des Flusses Suriname. Schreiberhau 1850; Karl Friedrich Ledderhose: Die Mission unter den freien Buschnegern in Surinam. Ein Bild aus der Missionsgeschichte der Brüdergemeine für Jung und Alt. 2. Aufl. Heidelberg 1854; Fritz Staehelin: Die Mission der Brüdergemeine in Suriname und Berbice im achtzehnten Jahrhundert. Eine Missionsgeschichte hauptsächlich in Briefen und Originalberichten. Teil. III.1. Hildesheim 1997 (Nikolaus Ludwig von Zinzendorf: Materialien und Dokumente, Reihe 2, 28), bes. S. 3–8, 80–87, 180–189 sowie die Übersicht über die Missionsstationen im Anhang; zu den amerikanischen Maroons siehe Alvin O. Thompson: Flight to Freedom. African Runaways and Maroons in the Americas. Kingston 2006; zu den Maroons Surinams u. a. Richard Price, Sally Price: Suriname. Afroamerikanische Marron. In: Völkerkundemuseum Herrnhut (Hg.): Ethnographie und Herrnhuter Mission. Herrnhut 2003, S. 203.

18 Siehe Staehelin: Mission (Anm. 17), Teil III.2 (1915–1917), besonders S. 123, sowie Teil III.3 (1918–1920), bes. S. 105.

19 Ders., Teil III.3 (1918–1920), S. 105.

20 James Clifford: Diasporas. In: Cultural Anthropology 9 (1994) 3, S. 302–338, 310.

Identität wurde bei den Herrnhutern, wie bei anderen globalen Glaubensgemeinschaften, innerhalb einer Kommunikationsgemeinschaft verhandelt.[21] Dies geschah, wie oben beschrieben, auf der einen Seite zentral, es erfolgte aber auch dezentral über die Briefkultur.

3. Die Briefe

Bei den folgenden Briefen handelt es sich um die Korrespondenzen dreier Ehepaare, die in den 1790er Jahren in Surinam missionierten: Christina und Johann Georg Arnold, Lenel und Hans Wied sowie Maria Elisabeth und Johann Ludwig Wietz. Die Ehepaare Wied und Arnold betätigten sich in der Sklavenmission Paramaribos, während das Ehepaar Wietz sich in Neu-Bambey aufhielt.

Der Korrespondenz Christina Arnolds lässt sich entnehmen, dass sie als Schneiderin tätig war und wahrscheinlich aus dem Vogtland stammte.[22] Ihr Mann, Johann Georg Arnold, war ebenfalls ein Schneider und im Elsass geboren, er arbeitete wie seine Frau in der Herrnhuter Schneiderei Paramaribos.[23] Zum Zeitpunkt der hier untersuchten Korrespondenz war das Paar kinderlos.[24]

Aus einer Notiz im Findbuch des Bestandes 48–1 aus dem Utrechter Archiv geht hervor, dass Hans Wied, Präses der Brüdergemeine in Paramaribo, 1761 im dänischen Sottrup Sogn geboren wurde. Er hielt sich zwischen 1790 und 1810 in Paramaribo auf.[25] Danach war er bis zu seinem Tod 1844 im Missionswerk der Herrnhuter aktiv.[26] Über seine erste Ehefrau, Lenel Wied, ist vergleichsweise wenig bekannt. Ihr Vater lebte in den 1790er Jahren in Herrnhut, es ist aber unklar, ob dies auch Lenel Wieds Geburtsort ist. In einem Brief an ihren Vater thematisiert Lenel Wied ihren bis dato unerfüllten Kinderwunsch.[27] Im Laufe der Jahre bekam das Paar insgesamt fünf Kinder, von denen allerdings zwei kurz nach der Geburt starben. Lenel Wied starb 1803 bei der Geburt von Zwillingen im Kindbett.[28]

Maria Elisabeth Wietz' Lebenslauf ist im Utrechter Archiv einsehbar, allerdings verfasste sie ihn vor ihrer Heirat und dem Beginn der Mission. Sie stammte aus einer Missionarsfamilie und wurde 1752 als Maria Elisabeth Weinstrauch in Kapstadt

---

21 Vgl. Peter van der Veer: Global Conversions. In: Gareth Griffiths and Jamie S. Scott (Eds.): Mixed Messages. Materiality, Textuality, Missions. New York 2004, S. 221–232.

22 Christina Arnold, Paramaribo, an Christina Elisabeth Müller, Ebersdorf 2.3.1795, The National Archives (TNA) HCA 30–374 (formal wie Anm. 1).

23 Seine Herkunft und seinen Beruf thematisiert er u.a. im Brief an Samuel Liebisch, Herrnhut, 12.3.1795, TNA HCA 30–374.

24 Christina Arnold, Paramaribo, an Christina Elisabeth Müller, Ebersdorf 2.3.1795, TNA HCA 30–374.

25 HUA, 48–1, Notiz im Findbuch.

26 Auszüge aus dem Lebenslauf des Hans Wied in Staehelin: Mission (Anm. 17), Teil III.3 (1918–1920), S. 273–275, hier S. 275.

27 Lenel Wied, Paramaribo, an ihren Vater Johann Georg Schlukner, Herrnhut, 25.2.1795, TNA HCA 30–374.

28 Lebenslauf des Hans Wied wie Anm. 26.

geboren. 1760 wurde sie von ihren Eltern nach Zeist geschickt, wo sie 1764 in die Gemeine aufgenommen wurde. 1783 entschied sie sich, wie ihre Eltern in die Mission zu gehen. 1784 heiratete sie wahrscheinlich schon in Surinam den aus dem brandenburgischen Wittstock stammenden Leinweber und Missionar Johann Ludwig Wietz. Da sie später auch unter dem Namen Marie Elisabeth Haensel aufgeführt wird, ist anzunehmen, dass sie nach dem Tod ihres Mannes eine weitere Ehe einging.[29] Ob das Paar Kinder hatte, ist nicht bekannt.

Werden die, in erster Linie durch Hans Wied verfassten Rechnungen, offiziellen Berichte, Diarien und Bestellungen ausgeklammert, so liegen bis dato 37 Briefe der Eheleute vor. Sie stammen in erster Linie aus einem Bestand 1795 gekaperter Briefe, die in London in den National Archives verwahrt sind und damit einen seltenen Glücksfall unmittelbar überlieferter Herrnhuter Privatkorrespondenz von Missionarinnen und Missionaren darstellen.[30] Alle vorliegenden Briefe Lenel Wieds sowie der Eheleute Arnold und Wietz wurden im Februar und März 1795 geschrieben. Von Hans Wied wurden zusätzlich Korrespondenzen in den Unterlagen der Zeister Missionsgesellschaft ausgewertet, die heute im Archiv in Utrecht zugänglich sind. Seine Briefe decken einen etwas größeren Zeitraum zwischen 1792 und 1809 ab. Von den drei Ehemännern ist zusätzlich schriftliches Material in der Edition Fritz Staehelins überliefert, das sich aber nicht eindeutig privaten oder überwiegend privaten Korrespondenzen zuordnen lässt.[31] So bleiben bis dato von Hans Wied 16, von seiner Ehefrau Lenel Wied vier, von Christina Arnold sechs und Johann Georg Arnold drei Briefe. Das Ehepaar Wietz hinterließ im High Court of Admirality vier (Johann Ludwig) bzw. drei (Maria Elisabeth) Briefe.

Die überwiegende Zahl der Briefe war für die europäischen Gemeineorte bestimmt: für die Gemeinen im niederländischen Zeist, im sächsischen Herrnhut bzw. Berthelsdorf, in Barby, Niesky, Neudietendorf und Ebersdorf, im dänischen Christiansfeld sowie im schlesischen Gnadenfrei. Ein Brief der Maria Elisabeth Wietz trägt als Bestimmungsort lediglich den Vermerk „Mesopothamia"; es ist möglich, dass er ursprünglich in einem anderen Brief zur Weiterleitung enthalten war. Dieser Brief war, vor seiner „Kaperung" und Einlagerung in London zur leiblichen Schwester Maria Elisabeths unterwegs gewesen. Dabei handelt es sich um Anna Herbst, eine Missionarin, die ebenfalls der Familientradition im Missionswerk gefolgt war.[32] Was also offenbart diese bis zu drei Kontinente umspannende Korrespondenz?

---

29 Informationen zum Ehepaar Wietz aus HUA 1004–1249; Staehelin: Mission (Anm. 17), Teil III.2 (1918–1920). Ihre Heirat thematisiert Maria Elisabeth Wietz im Schreiben an Anna Dorothea Liebisch, 3.3.1795, TNA HCA 30–374.

30 Siehe zum Bestand Dagmar Freist: „Ich schicke Dir etwas Fremdes und nicht Vertrautes". Briefpraktiken als Vergewisserungsstrategie zwischen Raum und Zeit im Kolonialgefüge der Frühen Neuzeit. In: Dies. (Hg.): Diskurse – Körper – Artefakte. Historische Praxeologie in der Frühneuzeitforschung. Bielefeld 2015 (Praktiken der Subjektivierung 4), S. 373–404.

31 Vermerke und Zitate der beiden Missionare finden sich in den Bänden Staehelin: Mission (Anm. 17), Teil III.2 und III. (1918–1920).

32 Maria Elisabeth Wietz, Neu-Bambey, an Anna Herbst, „Mesopothamia", 6.3.1795, TNA HCA 30–374.

4. Die Konstruktion eines gemeinsamen Alltags

Obwohl es sich bei den Absendern der Briefe um Personen handelte, die aus damaliger Sicht aus tiefer religiöser Überzeugung an exotische Orte zogen, bewegte sich die Korrespondenz überwiegend im Bereich des Weltlichen und Alltäglichen. Die Briefe vermitteln nahezu nachbarschaftliche Gespräche jenseits von Raum und Zeit, innerhalb eines scheinbar geteilten Alltags. Entsprechend finden sich Wendungen wie die Freude, sich mit dem Gegenüber „ganz Naturell zu unterhalten" oder das Glück sich „wieder mit dir underhalten" zu können.[33] Zu diesem Zweck wurde der Korrespondent nahezu körperlich als Gegenüber imaginiert[34], eine Heraufbeschwörung, die auch auf Dritte ausgedehnt wurde: Gemeinschaftspflege, Nachbarschaft und Kommunikationskultur manifestierten sich im gemeinsamen Austausch. Wie Hans Wied sich im eingangs zitierten Brief halb spöttisch, halb liebevoll an einen Mitbruder erinnerte, so nahm er in einem weiteren Brief an Samuel Liebisch auf ähnliche Weise Anteil an dem Schicksal und den Eigenarten gemeinsamer Bekannter:

> Über des Armen Reimans gute verhalten auf der Reise nach Petersburg haben wir uns alle gefreut; an Br. Wagner ergehen in Ebersdorf theilgenommen; u. über die Umstände in Ostindien; daß der l Br. Schumann – der hier wegen seiner Treflige Bibel übersetzung, nicht leicht vergeßen wird – so balde seinen Lauf vollendet […] herzl. Betrübt.[35]

Selbst dort, wo die Anknüpfung an gemeinsame Bekannte zunächst fehlte, wurde munter geplaudert. Unbekannte wurden einander über den Atlantik hinweg vorgestellt. So wusste Johann Ludwig Wietz als Hausvater Neu-Bambeys über seine jüngst eingetroffenen Schützlinge in einem Brief an Samuel Liebisch folgendes zu berichten:

> […] noch meine Aussagen über die 2 Brüder beyzufügen so glaube ich daß der Br. Horn der rechte Man […] vor die Posthalterschaft ist, und er hat die dazugehörige Qualitet, hat aber eine schwächliche hütte. vor all. mit der Sprache wird es wohl ein wenig langsam gehen, doch hat er schon einen Hüpschen anfang damit gemacht und ist fleissig in erlernung der selben, ich suche ihn den derweilen bey seinen geschäften mit den Negern zu helfen unser Br Johanis Mehr ist ein gütiges eingängiges Herz aber ein etwas schwacher verstand, und es wird schwer mit der Sprache lernen halten, dazu ist er noch ein schlechter schreiber wie ich […].[36]

Ähnlich bemüht, allerdings insgesamt gnädiger, zeigte sich Johann Ludwig Wietz in der Charakterisierung der Missionarinnen. In einem Brief an seine leibliche Schwester in Ebersdorf beschrieb er sein „kleines, niedlich Haußgemeinlein", die

---

33 Lenel Wied, Paramaribo, an Elisabeth Burchardt, Herrnhut, 10.3.1795, TNA HCA 30–374; Johann Georg Arnold, Paramaribo, an Matthias Keck, Christiansfeld, 7.3.1795, TNA HCA 30–374.

34 Dagmar Freist: „Ich schicke Dir etwas Fremdes und nicht Vertrautes". Briefpraktiken als Vergewisserungsstrategie zwischen Raum und Zeit im Kolonialgefüge der Frühen Neuzeit. In: Dies. (Hg.): Diskurse – Körper – Artefakte. Historische Praxeologie in der Frühneuzeitforschung. Bielefeld 2015 (Praktiken der Subjektivierung 4), S. 373–404, S. 394.

35 Hans Wied, Paramaribo, an Samuel Liebisch, Berthelsdorf, 15.3.1795, TNA HCA 30–374.

36 Johann Ludwig Wietz, Neu-Bambey, an Samuel Liebisch, Berthelsdorf, 1795, TNA HCA 30–374.

Schwester Horn sei „eine brave arbeitsame Schwester, und kann mit allen umgehen und hilft meiner Frau sehr viel in der Wirtschaft, sie ist meinen lieben Schwager seine Landsmännin".[37] Ferner erwähnte er einen weiteren Bekannten, den „Bruder Andreas", bei welchem es sich wahrscheinlich um Johann Andreas Riemer handelt, einen Missionar, der angesichts grausamer kolonialer Verhältnisse aus Surinam floh, sich später mit der Brüdergemeine überwarf und 1801 seine Memoiren über die Zeit in Paramaribo und Neu-Bambey veröffentlichte.[38] 1795 hingegen, als Riemer gerade nach seiner Flucht aus Surinam Gegenstand interkontinentaler Gespräche war, berichtete Wietz seiner Schwester: „[...] über unseren Br. Andreas seine umstande habe mich betrübt aber auch wieder gefreut da ich auß seinem Schreiben ersehen habe wie ihm der liebe Heiland diese umstände zu seinem besten gereichen läst."[39]

Neben dem Gespräch über gemeinsame Bekannte oder bekanntgemachte war ein zentrales Thema der Briefe die Gesundheit. Dies war angesichts der tödlichen Gefahr tropischer Krankheiten nicht ungewöhnlich, und in der Tat spricht aus zahlreichen Schilderungen die jüngst überwundene Angst vor dem eigenen oder dem Tod eines nahestehenden Menschen. So erkrankte Johann Ludwig Wietz laut einer Schilderung seiner Schwester im September 1794 am „Seitenstechen", „so daß ich dachte der l: Heiland könte mich bey der gelegenheit wohl zu sich nehmen", er sei jedoch jetzt „wider gans Actif und meiner Hüte nach wieder wie vorhin". Jetzt hingegen sorge er sich um den Bruder Mehr, welcher „bey uns aber die meiste zeit her krang [war] so daß ich beynahe glaubte er würde zum Heiland gehen".[40] Angesichts der häufigen Tropenkrankheiten mit ungewissem Ausgang schrieb auch seine Frau Maria Elisabeth Wietz in einem Brief an Anna Dorothea Liebisch über die kleine Gemeine in Neu-Bambey, der Heiland habe ihnen durch so „manchen schwarzen Proben durchgeholfen", mittlerweile lebe man aber „recht vergnügt zusammen" und habe „einander lieb".[41]

Obwohl schwere Krankheiten in der Regel rückblickend behandelt wurden, diente ihre Thematisierung im Brief weniger dem Ruf nach Unterstützung als der Fortführung „alltäglichen Geplauders" über ein dem Gegenüber vertrautes Thema. Tropische Krankheiten waren exotisch genug, um das Interesse des Adressaten zu erregen, aber gleichzeitig als Krankheiten vertraut genug, das Verständnis des Gegenübers zu wecken.[42] So war dann auch das Gros der geschilderten Krankheiten eher

37 Johann Ludwig Wietz, Neu-Bambey, an seine Schwester Maria Dorothea Merchern, Ebersdorf, 5.3.1795, TNA HCA 30–374.

38 Johann Andreas Riemer: Missions=Reise nach Suriname und Berbice zu einer am Surinamflusse im dritten Grad der Linie wohnenden Freynegernation. Nebst einigen Bemerkungen über die Missions=anstalten der Brüderunität zu Paramaribo. Zittau 1801.

39 Johann Ludwig Wietz, Neu-Bambey, an seine Schwester Maria Dorothea Merchern, Ebersdorf, TNA HCA 30–374.

40 Johann Ludwig Wietz, Neu-Bambey, an seine Schwester Maria Dorothea Merchern, Ebersdorf, TNA HCA 30–374.

41 Maria Elisabeth Wietz, Neu-Bambey, an Anna Dorothea Liebisch, Berthelsdorf, 3.3.1795 TNA HCA 30–374.

42 Annika Raapke: „In Gelb!" Selbstentwürfe eines Mannes im Fieber. In: Freist (Hg.): Diskurse –

harmloser Natur, Christina Arnold berichtete sogar von einem wohltuenden Klima in Paramaribo. Sie habe bald nach ihrer Ankunft einen Ausschlag bekommen „den man hier den roden Haud nennt welger sehr gesund ist". Ihre einzige bisherige Beschwerde sei „im vorigen Jahr im Mey […] Neßelsucht" gewesen.[43] Sie scheint geradezu mit ihrer robusten Gesundheit und dem Widersprechen der Erwartung, in den Tropen sehr krank werden zu können, zu kokettieren. Ein ähnlich fröhliches Plaudern über eher harmlose Erkrankungen findet sich bei Johann Ludwig Wietz, welcher sich über seine „schwächliche Hütte"[44] beschwerte, wobei er aber allgemein zum Kranksein „keine zeit" habe.[45] Seine Frau beschrieb ihr nachlassendes Augenlicht und die baldige Notwendigkeit einer Brille, „ich bin wohl nicht so alt, aber doch gehe ich schon in mein 44 Jahr".[46]

Angesichts der potentiell tödlichen Umwelt, besonders im Falle des Ehepaares Wietz in Neu-Bambey, der Gefahr durch Aufstände und Krankheiten, der täglichen Begegnung mit Menschen völlig anderer Kulturen, einer exotischen Tier- und Pflanzenwelt sowie der von Hans Wied beschriebenen kolonialen Grausamkeiten der Sklavenhaltergesellschaft, an denen sich die Herrnhuter auch selbst beteiligten, erscheint der Tenor der Briefe verwunderlich: Hier dominiert Plauderei über bekannte und unbekannte Personen sowie ausgestandene und harmlose Krankheiten das Geschehen. Die Briefe waren auch der Ort nicht immer vergnüglicher, niemals aber irritierender Gespräche, womit sie einen Kontrast und Gegenpol zu den Gemeinenachrichten, Diarien und Reiseberichten bildeten. Selbst persönliche Katastrophen wie der Tod naher Angehöriger wurden nur am Rande erwähnt, zumal sie, im Vertrauen auf ein funktionierendes Nachrichtennetzwerk innerhalb der globalen Brüdergemeine, beim Gegenüber schlichtweg als bereits bekannt vorausgesetzt wurden. So ging Hans Wied in einem Brief an David Benjamin Rothe in Zeist auf den Tod einer Missionarin mit den Worten ein, der Bruder habe „an den dem l. Bruder Randt, u. uns allen so unerwarteten Geschwinden Heimruf, seiner Ehefrau […] gewiß Herzlichen Theil genommen".[47] Sogar den Tod seiner eigenen Ehefrau zehn Jahre später erwähnte der Missionar eher am Rande. In einem Brief an Christian Heinrich Schreiter in Zeist, rund vier Monate nach dem Tod seiner Frau Lenel Wied, ging er auf das traurige Ereignis erst im letzten Drittel des Briefes, nach der Darstellung geschäftlicher Angelegenheiten, nach den einleitenden Worten „Ohne Zweifel wirst du bereits vernommen haben" ein.[48] Das Vertrauen in das Nachrichtennetzwerk war groß und hatte zu klaren Zuständigkeiten der Informationsmedien geführt: Die Ge-

---

Körper – Artefakte (Anm. 34), S. 243–263.

43 Christina Arnold, Paramaribo, an Christina Müllern, Gnadenfrei, 25.2.1795, TNA HCA 30–374.

44 Johann Ludwig Wietz, Neu-Bambey, an seine Schwester Maria Dorothea Merchern, Ebersdorf, TNA HCA 30–374.

45 Johann Ludwig Wietz, Neu-Bambey, an seine Tante Mariana Lojsa Merchern in Ebersdorf, 1795, TNA HCA 30–374.

46 Maria Elisabeth Wietz, Neu-Bambey, an Anna Dorothea Liebisch, Berthelsdorf, 3.3.1795 TNA HCA 30–374.

47 Hans Wied, Paramaribo, an David Benjamin Rothe, Zeist, 9.8.1793, HUA 1004, Nr. 1153.

48 Hans Wied, Paramaribo, an Christian Heinrich Schreiter, Zeist, 23.2.1804, HUA 48–1, Nr. 411.

meinenachrichten informierten über positive wie negative Ereignisse; die Briefe hielten die Gemeinschaft mit Berichten über Alltägliches am Leben.

Beliebter als der Tod war auch das Thema der Ehe in ihrem praktischen Vollzug. So tauschte sich Lenel Wied 1795 mit Anna Dorothea Liebisch über die Heirat des Bruders Löschen aus, eine arrangierte Ehe, bei welcher der Ehemann seine zukünftige Braut vor ihrer Ankunft in Paramaribo nicht kannte. Offenbar auf Nachfrage über die Reaktion des Bräutigams wusste Lenel Wied zu berichten: „[…] daß ging aber doch beßer als wir erwartet haben, nur hätte er gewünscht, daß sie 10 Jahr jünger wäre, den er glaubt, der Zweck wird nicht erreicht werden, weil sie die schwarze Sprage nie lernen wird.“[49]

Ähnlich wie bei den Krankheiten verband die Thematisierung der Ehe die Kontinente, indem wiederum etwas Bekanntes („Ehe“) vorsichtig mit dem Auftrag in der Fremde („gemeinsam mit den Heiden sprechen“) konfrontiert wurde.

Ein weiteres häufiges Thema war die verbreitete Kinderlosigkeit unter den Missionarinnen, ein Umstand, der wahrscheinlich einem recht hohen Heiratsalter geschuldet war und zur zeitlichen Verzögerung der Familiengründung in Missionarsfamilien führte. Das hatte zur Folge, dass Schwangerschaften nicht oder später als erwartet eintraten.[50] Sowohl Lenel Wied als auch Christina Arnold beschrieben ihre ausbleibenden Schwangerschaften als ein verwunderliches und in Surinam typisches, aber an den eigenen europäischen Erfahrungshorizont anknüpfendes Phänomen. So meinte Lenel Wied, die ausbleibende Schwangerschaft nach vier Jahren Ehe sei erstaunlich, hätte doch ihre Mutter zwölf und ihre Schwiegermutter zehn Kinder gehabt. Es sei wohl Gottes Wille.[51]

Die Herrnhuter waren in der Tat eine globale Gemeinschaft, eine Diaspora, die sich loyal gegenüber ihrer europazentrierten Weltgemeinschaft verhielt und somit das Aufrechterhalten einer nahezu nachbarschaftlichen Kommunikation ermöglichte. Selbst der Missionsgottesdienst in der Sklavengemeinde wurde im europäischen Takt beschrieben, so berichtete Christina Arnold:

> […] der Heiland bekent sich recht gnädig zu unsern Negern u. Teutschen Versamlung, den Dienstag und Freutag [sic] ist Biebel Lecktion, den Donnerstag wird eine Rede an die Abendmahls u Getauften gehalden, den Sontag ist eine 9Uhr Predigt und abends wirt die Litanei gebetet.[52]

Die doch oftmals kontingente Mission der Sklaven Paramaribos erhielt durch diese Schilderung Ordnung und wurde durch Zeitangaben und Begriffe in die europäische Vorstellungswelt integriert.

---

49 Lenel Wied, Paramaribo, an Anna Dorothea Liebisch, Berthelsdorf, 11.3.1795, TNA HCA 30–374.

50 Vgl. Lenders: Strijders (Anm. 9) S. 83.

51 Lenel Wied, Paramaribo, an Elisabeth Burchardt, Herrnhut, 10.3.1795, TNA HCA 30–374; Christina Arnold äußert sich ähnlich erstaunt über die geringe Fertilität der Missionarinnen in Surinam: Christina Arnold, Paramaribo, an Christina Elisabeth Müller, 2.3.1795, TNA HCA 30–374.

52 Christina Arnold, Paramaribo, an Johann Friedrich Müller, Gnadenfrei, TNA HCA 30–374.

Die Suche nach dem geteilten Alltag, dem Verbindenden und den Brücken gemeinsamer Erfahrungen bildet den Schwerpunkt der Briefe. Und doch erhalten die Korrespondenzen aller hier genannten Missionarinnen und Missionare auch andere Elemente, jene der Erinnerung, die immer schon eine Distanz beinhalten, und auch jene massiver Erfahrung von Irritation und Alterität, die jedoch immer den Schilderungen von Normalität untergeordnet bleiben. Wann und wie die Vorstellung eines gemeinsamen Alltags aufgebrochen, aber oftmals letztendlich doch wieder integriert werden konnte, soll im Folgenden thematisiert werden.

5. Nahes oder weites Europa?

Ist der imaginierte gemeinsame Alltag das Kennzeichen einer Diaspora, so ist die Erinnerung ein erstes Zeichen des Abschieds von der alten Heimat und der Bereitschaft, alte Zugehörigkeiten der Vergangenheit zuzurechnen.

Wenngleich sie sich als globale Gemeinschaft sahen, vollzogen die Missionare in der Diaspora immer wieder beachtliche Anpassungsleistungen an die jeweilige koloniale Umwelt. Dies galt besonders in ökonomischen Belangen, verstanden sich die Herrnhuter doch auch als ein globales Netzwerk wirtschaftlicher Kontakte untereinander, dessen Erfolg Anpassungsleistungen vor Ort, etwa durch Sklavenhaltung, einschloss.[53] Ein wichtiges Kennzeichen der Herrnhutermission war die doppelte Integration: zum einen die globale Gemeinschaft und zum anderen die je unterschiedliche Diasporawelt.

Bewusst kenntlich gemachte Erinnerung ist rar in der Korrespondenz der Herrnhuter, lebte man doch in einer weltweiten Gemeinschaft, die hier und jetzt stattfand. Entsprechend selten wurden Erinnerungen beschworen, etwa als Christina Arnold vermerkte, sie denke „gar oft an alle meine liebe Geschwister […] das du noch an die Zeit denckst da wir beysamen waren in Neudietendorf glaube ich gerne, ich habe es auch nicht vergessen."[54]

Noch deutlicher tritt der Moment des Erinnerns bei Lenel Wied zutage, die sich einer Schwester in Herrnhut gegenüber zärtlich an die letzten Wochen erinnerte, die sie dort bei ihrem Vater verbrachte:

> Solte es der l. Heiland so fühgen, daß [ich] Herrnhut einmal wieder zu sehen kriegte, würde mein erster Gang zu ihnen sein […] wäre ich ledig, ich glaube ich wäre noch bei ihnen, Sie haben also jetzt die Paulin in der Küche, u. können nicht mit ihr zufrieden sein, weil sie herrschsüchtig und grob ist, ich habe sie nie Speciel gekant, aber wie sie bey Ringelmanns war, habe ich daßelbe von ihr gehört.[55]

53 Jon Sensbach: "Don't Teach My Negroes to Be Pietists". Pietism and the Roots of the Black Protestant Church. In: Jonathan Strom, Hartmut Lehmann, James von Horn Melton (Eds.): Pietism in Germany and North America 1680–1820. Fanham, Burlington 2009, S. 183–198; Zum globalen Wirtschaftsnetzwerk der Herrnhuter siehe Katherine Carté Engel: Religion and Profit. Moravians in Early America. Philadelphia 2009.

54 Christina Arnold, Paramaribo, an Johann Friedrich Müller, Gnadenfrei, 26.2.1795, HCA 30–374.

55 Lenel Wied, Paramaribo, an Elisabeth Buchardt, Herrnhut, 10.3.1795, TNA HCA 30–374.

Die Sehnsucht nach dem Ort offenbart eine Heimatverbundenheit, die dem Konzept der globalen Gemeinschaft entgegenstand und somit schnell durch das Sprechen, wenn auch nicht persönlich, über gemeinsame Bekannte abgelöst wurde. Der durch Gott gegebene Auftrag war in der Kolonie und innerhalb der globalen Gemeine zu vollziehen, zumal sich die Missionare freiwillig in die Diaspora begaben. Das Leben in der Kolonie wurde gemeinhin durchaus als hart beschrieben und wahrgenommen, im persönlichen Gespräch überwog aber die Beteuerung, dass es im Alltag gut gehe. Dennoch sticht der sehr positive Ton heraus, den Christina Arnold anschlug, als sie an Christina Elisabeth Müller in Ebersdorf schrieb:

> O könte es doch ein mal geschehen, das du meinen Liebe mit mir köntest in der Colonie Sparzieren gehen es würde dir wohl beßer als in deinem Rauen Vogtlande gefallen, doch müsen wir auch was entbehren was angenehm vors Auge ist, weil es gar keine berge hier im Lande giebt, darinnen hat Vogtland vorziege [sic], Felsen und Berge, Gebüsch und die Logis, alles das ist in deiner Nähe, dieses ist vor einen känner der Natur sehr angenehm [...] du schreibst das du dich freuen würst wen wir ein mal zum besuch heimwärs kommen würden, das glaube ich nicht, ich wüste nicht was die gelegenheit dazu sein sollte, u. mein Man würde die Kälde auch nicht gut zu sagen.[56]

Diese Äußerungen Christina Arnolds, deren Schilderungen allesamt außerordentlich lebhaft und detailliert sind, sind bemerkenswert. Zwar sind Naturbetrachtungen in den Herrnhuter-Korrespondenzen und -Berichten nicht auffallend, der direkte Vergleich mit einer Region, wohl der Heimatregion, ist jedoch ganz und gar ungewöhnlich, ebenso wie das Preisen der Vorzüge der Kolonie. Überhaupt finden sich selten Verweise auf eine Verbundenheit mit einer Region, was eventuell mit der Mobilität der Gemeinschaft als solcher in Zusammenhang steht. In der Regel wird die Heimatregion dann erwähnt, wenn sie in der Sorge um nahestehende Menschen relevant wurde; so bemühte Johann Georg Arnold in seiner Angst um Angehörige aufgrund des im heimischen Elsass tobenden Krieges gar das Motiv des Vaterlandes:

> Für die mit getheilde nachricht, in Deinem geliebten vom 21ten Juni, von meinem Lieben Vaterland [...] dancke ich dir mein l: Bruder Liebisch recht Herzlich. In den Zeitungen finde ich fast garnichts vom Elzaß: ob mein alder l: vader, und noch eins von meinen l geschw. am Leben sein möchten, daß weiß Gott. Die armen Menschen, die durch den erschräcklichen Krieg, ins äußerste Elend versetzt worden, Jammern mich oft sehr ich weiß oft nicht, wie ichs dem l: Heild genug verdanken soll, daß er mich allein [Hervorhebungen im Original] auß meines vaters Hauß geführet u. nun von der härschenden noth u: jammer vollen gefahr Erretted hat.[57]

Gemeinhin war der Ort, welcher als Bezugspunkt gegenüber der Diaspora genannt wird, jedoch nicht die Herkunftsregion sondern Europa. So betonte Christina Arnold gegenüber ihrer leiblichen Schwester in Barby, sie genieße eine gute

56 Christina Arnold, Paramaribo, an Christina Elisabeth Müller, Ebersdorf, 2.3.1795, TNA HCA 30–374.

57 Johann Georg Arnold, Paramaribo, an Samuel Liebisch, Herrnhut, 12.3.1795, TNA HCA 30–374.

Gesundheit „so wie in Europa".[58] Neu angekommene Geschwister wurden in der Regel als „europäische Geschwister" bezeichnet.[59] Die hohe Mobilität der Herrnhuter auch innerhalb Europas machte eine Abgrenzung nach Regionen oder Territorien bereits vor der Atlantiküberquerung obsolet.[60] Folgerichtig waren die europäischen Kriege der 1790er Jahre ein dominantes Thema der Briefe: Die Sorge um Angehörige trat neben der Irritation der durch Kriegshandlungen unterbrochenen globalen Gemeinschaft auf, die zwar als jenseits von Zeit und Raum imaginiert wurde, aber dennoch innerhalb der politischen Ereignisse existierte. Dies war Johann Georg Arnold durchaus bewusst, wenn er um seine Angehörigen zitterte und über mangelnde Nachrichten und unterbrochene Kommunikation klagte:

> [...] ich bin sehr verlanget zu hören, wie es unsern lieben Gemeine Neuviedt u. Zeist: (bei den nahen heranricken der Franzosen:) Gegangen ist [...] hier Leben wir noch in ungestorter ruh, in frieden, auser daß die Franzosen Einige hieher bestümde schüffe zur See weg genommen haben, welches verursachte, daß die Lebens mittel zu mancher Zeit um die Hälfte Theurer waren, als gewöhnlich.[61]

Neben Johann Georg Arnold sorgten sich auch Hans Wied und Maria Elisabeth Wietz in ihren Briefen um die europäischen Gemeinen und beklagten sich über die unterbrochenen Nachrichtenwege.[62] Das erprobte und verlässliche Nachrichtennetzwerk funktionierte nicht mehr, es war plötzlich für die sich rasch wandelnde Welt des Krieges zu langsam, zu schwerfällig geworden. Der Versuch, die Lücke, die so in der globalen Nachrichtengemeinschaft der Herrnhuter auftrat, durch das private Korrespondenznetz zu füllen, mutet nahezu rührend an, denn natürlich war der Informationsweg hier ebenso langsam, schwerfällig und unzuverlässig – zumal diese Briefe, mit Ausnahme desjenigen Hans Wieds, ihr Ziel nie erreichten. Die Entfernung zwischen Europa und Surinam, die durch einen geteilten Alltag, wenn auch zeitverzögert, überbrückt wurde, war in der Sorge um nahestehende Personen plötzlich schmerzhaft spürbar.

6. Die Integration der Alterität

Bisher konzentrierte sich die Analyse der Herrnhuter in Surinam auf den Aspekt der globalen, gleichzeitig eurozentrierten Gemeinschaft unter Berücksichtigung ih-

---

58 Christina Arnold, Paramaribo, an Anna Margareta, Barby, 27.2.1795, TNA HCA 30–374.

59 Siehe u. a. Hans Wied, Paramaribo, an David Benjamin Rothe, Zeist, 30.5.1794, HUA 1004, Nr. 1153; Lenel Wied, Paramaribo, an ihren Vater, 25.2.1795, TNA HCA 30–374.

60 Siehe zur oftmals enormen Mobilität innerhalb der Brüdergemeine etwa Dietrich Meyer: Zinzendorf und die Herrnhuter Brüdergemeine 1700–2000. Neuausg. Göttingen 2009, bes. S. 71–75; sie wird auch in den Lebensläufen der Missionare deutlich, siehe etwa verschiedene ganz oder in Auszügen abgedruckte Lebensläufe bei Staehelin: Mission (Anm. 17).

61 Johann Georg Arnold, Paramaribo, an Matthias Keck, Christiansfeld, 7.3.1795 TNA HCA 30–374.

62 Hans Wied, Paramaribo, an David Benjamin Rothe, Zeist, 9.8.1793, HUA 1004, Nr. 1153; Maria Elisabeth Wietz, Neu-Bambey, an Dorothea Liebisch, Herrnhut, 3.3.1795, TNA HCA 30–374.

rer Selbstwahrnehmung als Diaspora. Allerdings haben die postcolonial studies gezeigt, dass eine gemeinschaftliche Identität im kolonialen Kontext maßgeblich über die Definition von Alterität erfolgt.[63] Dies gilt umso mehr, als sich die Zeit um 1800, wie Jürgen Osterhammel gezeigt hat, diskursgeschichtlich als „Sattelzeit" jener Epoche darstellt, in der eine europäische „Zivilisierungsidee in großem Stile praktisch zu werden begann." Dies, so Osterhammel, geschah zum einen durch ein neues Vertrauen in die Pädagogik und Erziehbarkeit des Menschen, zum anderen durch die „Formulierung universaler Stufenmodelle der Menschheitsentwicklung von schlichten Urzuständen bis zur vollen Entfaltung einer auf Recht und Arbeitsfleiß beruhenden Bürgergesellschaft".[64] Die Herrnhuter waren demnach in doppelter Weise in die kolonialen Kategorisierungs- und Benennungspraktiken des ausgehenden 18. Jahrhunderts eingebunden:[65] Galt es doch, sich als europäische Gemeinschaft abzugrenzen und gleichzeitig ihre Mission der christlichen Erziehung von Sklaven, Maroons und indigener Bevölkerung zu rechtfertigen.

So wurden den Eingeborenen stereotype Charaktereigenschaften zugeschrieben, die sich auch in den Briefen niederschlugen. Beispielswiese führte Hans Wied im eingangs zitierten Brief die Wildheit der Maroons an. Die Schneiderin Christina Arnold charakterisierte die beiden Sklavinnen, die bei ihr in die Lehre gegeben worden waren, als faul. Allgemein galten Wildheit und Faulheit als feststehende Charakteristika der afrikanischstämmigen Menschen in der Umgebung der Herrnhuter.[66]

Die Mission selbst, die alltägliche Tätigkeit, die Momente der Kontaktaufnahme sowie das Einfinden in die kulturelle Praxis fremder Völker fand in den Privatbriefen verhältnismäßig wenig Raum. Gerne wurde in dieser Hinsicht auf die Diarien und Berichte verwiesen, so etwa bei Maria Elisabeth Wietz, die an Anna Dorothea Liebisch schrieb: „Wie es sonst hier mit der Neeger bekehrung geht u was sonst so hie und da vorgekommen ist wirst du aus unserm Diarium welches jetzt mitgeschickt wird höhren".[67]

Nachrichten über die Exotik fremder Orte waren wichtig und interessant, aber ihr Ort war der offizielle Auftrag und folgerichtig auch die offiziellen Schriftstücke der Diarien und Berichte, in welchen in der Tat eine intensive beschreibende und bewertende Auseinandersetzung mit den Sklaven, Indianern und Maroons stattfand.[68] Die

---

63 Vgl. zu diesem Kontext Edward W. Said: Orientalism. New York 1978; darauf aufbauend u.a. Nicholas B. Dirks: Colonialism and Culture. Michigan 1992; Frederick Cooper: Kolonialismus denken. Konzepte und Theorien in kritischer Perspektive. Deutsche Übersetzung. Köln 2012 (Industrielle Welt 81); jüngst Achille Mbembe: Kritik der schwarzen Vernunft. Berlin 2014.

64 Jürgen Osterhammel: Die Verwandlung der Welt. Eine Geschichte des 19. Jahrhunderts, München 2009.

65 Zu den Praktiken des Kategorisierens und Benennens siehe etwa Cooper: Kolonialismus (Anm. 52), bes. S. 52–57.

66 Christina Arnold, Paramaribo, an Christina Elisabeth Müller, Ebersdorf, 2.3.1795, TNA HCA 30–374.

67 Maria Elisabeth Wietz, Neu-Bambey, an Anna Dorothea Liebisch, Herrnhut, 3.3.1795, TNA HCA 30–374.

68 Vgl. etwa das Reisediarium des Johannes Horn nach Neu-Bambey, 8.2.1795, TNA HCA 30–379.

Hauptfunktion der Briefe war nicht die Übermittlung, sondern die Vergewisserung.

Entsprechend wurden diejenigen Dinge aus dem missionarischen Leben thematisiert, die entweder an gemeinsame Erfahrungen anknüpften oder den Schreibenden besonders nachhaltig irritierten. Dabei war die Irritation lediglich ein Mittel, um ein vertrautes Gespräch zu erzeugen, das in offiziellen Berichten nicht in derartiger Weise hergestellt werden konnte.

An gemeinsame Erfahrungen konnte etwa beim leidigen Thema Spracherwerb angeknüpft werden. Die Sprachvielfalt war sicherlich nahezu jedem Mitglied der hochmobilen Herrnhutergemeine vertraut, sei es durch eigene Reisen oder durch Besucher. Das Zurechtfinden in der Sprachvielfalt Surinams war hingegen eine ungleich größere Herausforderung.[69] Besonders das Ehepaar Arnold beschäftigte sich in der Korrespondenz intensiv mit der Sprache der Sklaven Paramaribos und fand eine große Freude an der anekdotischen Vermittlung von Übersetzungen, die nach den Worten Christina Arnolds die Kreativität der Missionare herausforderte:

> Ihre Sprache ist sehr arm an worden, wenn sie zum Hl. Sagen wollen welges oft sehr oft vorkomt, ich weis dem Heiland nicht genug zu dancken, so heist es übersezt, ach mein Mund ist nicht breit und nicht groß genug dem Heiland genug zu dancken, das er mich aus dem Sündenscham herausgeholt.[70]

Ähnlich interessiert an der exotischen Sprache zeigte sich ihr Ehemann, der in einem Brief an Matthias Keck im dänischen Christiansfeld eine Übersetzung des Vaterunsers in die „Negersprache" lieferte. Gleichzeitig versprach er das Senden einiger Raritäten aus Surinam. Die unmittelbare Erfahrung der fremden Umgebung wurde hingegen im Brief nicht thematisiert.[71]

Wie bei Mitteilungen über sprachliche Phänomene, so konnten die Herrnhuter auch in der Schilderung der Unbequemlichkeiten des Reisens an eine nahezu globale Erfahrung anknüpfen. Wie bereits im Zusammenhang mit dem Spracherwerb verdeutlicht wurde, wird auch bei den Reiseschilderungen versucht die Darstellung des Fremden über Bekanntes abzumildern. So schilderte Lenel Wied der Schwester Mariana de Watteville in Herrnhut die Umstände einer Reise, die sie gemeinsam mit ihrem Mann in seiner Position als Präses der Gemeine Surinams nach Hoop in Begleitung einiger Arawaken unternahm. Da die Reisegruppe, so Lenel Wied, aufgrund des starken Tidenhubes auf dem Wasserwege alle sechs Stunden habe pausieren müssen, gingen in diesen Momenten

> die Indianer im Busch jagen, u in einer halben Stunde Bringen sie einen Hirsch oder paar wilde Vögel für uns u die zum Eßen da werden 2 Feuer eins für sie, u eins für uns auf die

69 Zur Sprachvielfalt Surinams siehe Eithne B. Carlin: Patterns of language, patterns of thought. The Caribbean languages. In: Dies.: Jacques Arends (Ed.): Atlas of the Languages of Suriname. Leiden 2002, S. 47–81; Natalie Zemon Davis: Creole Languages and their uses. The example of colonial Suriname. In: Historical Research 82 (2009) 216, S. 268–284.

70 Christina Arnold, Paramaribo, an Christina Elisabeth Müller, Ebersdorf, 2.3.1795, TNA HCA 30–374.

71 Johann Georg Arnold, Paramaribo, an Matthias Keck, Christiansfeld, 7.3.1795, TNA HCA 30–374.

> Erde gemacht, u dan kocht man so gut sichs eben auf solche Art thun läßt, freilig hatte ichs da nicht so, wie in Burchharts Küche, es fiel mir wirklich ein, da ich beim Feuer stant, u der Rauch mir meine Augen fast aus bis, ich dachte, waß wird die Schw. Burckhart wohl sagen, wenn sie mich auf so eine Arth kochen sähe?[72]

Durch das Schaffen eines Raumes, der auf kulturell Eigenem basiert (Reisen, Kochen, die Küche einer gemeinsamen Bekannten), erscheint die Missionarin in dieser Schilderung trotz ihres exotischen Umfeldes der europäischen Schwester näher als die sie begleitenden Arawaken, mit denen nicht einmal das Feuer geteilt wird. Demnach erfolgt die Konstituierung von Differenz und Zugehörigkeit nicht nur über die Konstruktion von kultureller Identifikation, sondern auch über räumliche Distanz bzw. Nähe.

Eine ähnliche Distanz wird in einem Brief Lenel Wieds an Anna Dorothea Liebisch hergestellt, die, wie hier deutlich wird, einst selbst einmal Missionarin in Paramaribo war. Es wird ein Zusammentreffen zwischen Sklaven thematisiert, die Grüße übermittelt haben:

> Deine Grüße an meine Neger Schw: so wie auch an unsre HausNeger habe an sie alle ausgerichtet, sie laßen dich u deinen Mann recht viel mahl grüßen, sie sagen, seht nur, diese Missi hat nur 5 Mohnath in unsrer Mitte gewohnt, u sie hat uns doch nicht vergeßen, uns arme schwartze Menschen, u Masser Wagner hat 7 Jahr bey uns gewohnt, u war unser Domine, u hat uns noch nicht einmal Gruß gesehndet.[73]

Auch hier war die Gemeine jenseits des Atlantiks näher als die Sklaven Paramaribos, die, als abhängig und kindlich beschrieben, in eine klare Hierarchie verwiesen wurden. Die globale Gemeinschaft folgte in Surinam der strengen kolonialen Hierarchie ihrer Umgebung und im Sinne Osterhammels einem zivilisierend-lehrenden Auftrag, der Distanz verlangte. Dass die Herrnhuter in Paramaribo Haussklaven hielten, war mittlerweile selbstverständlich.

So waren dann auch jene seltenen festgehaltenen Momente der Irritation durch fremde Kulturen von jener Distanz geprägt. Evident wurde diese etwa bei den Trauerritualen der Sklaven Paramaribos, von denen sich Christina Arnold aufgrund des Lärms schockiert zeigt: Nach mehreren Todesfällen unter den in der Nachbarschaft lebenden Sklaven berichtet die Missionarin über „jämmerliches geschrey [...] dieses geht so Tag u. Nagt fort“. Dieser Lärm klinge „nicht anders [...] als hatten sie sich alle bey den köpfen, u wollen die leiche nicht heraus laßen“.[74] Die Briefe als Ort des Alltäglichen dienten somit auch der Mitteilung von persönlicher Irritation, die in den Berichten keine Form fand. Gleichzeitig stützen die Irritationsmomente das inszenierte Europa der Kolonie, wurden die Sklaven hier doch einmal mehr als Wilde konstruiert. In eine ähnliche Richtung weisen irritierte und frustrierte Äußerungen über den schleppenden Fortgang der Mission, wenn das „verkündigte Wort“

---

72 Lenel Wied, Paramaribo, an Mariana de Watteville, Herrnhut, 13.3.1795, TNA HCA 30–374.

73 Lenel Wied, Paramaribo, an Anna Dorothea Liebisch, Herrnhut, 13.3.1795, TNA HCA 30–374.

74 Christina Arnold, Paramaribo, an Dorothea Maria Müller, Herrnhut, 28.2.1795, TNA HCA 30–374.

kaum „eindruck auf die Herzen der Neger" machte oder gar auf die Unterstützung der Obrigkeit gehofft wurde, „endlich [...] Heidnische verbindungen der neger [...] zu verbieten".[75]

Interessanterweise, und so wohl nur in der Sattelzeit denkbar, positionierten sich die Missionare zwar eurozentrisch, aber doch in erster Linie als Herrnhuter und nicht als Europäer. So wurde zu den übrigen aus Europa stammenden Einwohnern der Kolonie ebenfalls eine, wenn auch weniger tiefgreifende, Distanz aufgebaut. Christina Arnold wies das Gebaren der anderen Kolonialherren mit nahezu ähnlicher Intensität wie dasjenige der trauernden Sklaven von sich:

> Alle Scheuschliche [sic] Sünden gehen hier im schwange, ganz öffentlich, es ist nicht genug wen auch einer eine blanke Frau hat, es giebt immer noch matresen [Mätressen] [...] wer am besten betriegen kann, erinnert sich deßen, mit vergnügen [...] Man mus sich wundern wie Gott noch mit gedult trein sehen kan, so sagen selbst die Neger.[76]

Der Prozess der Identitätsbildung durch geschaffene Alterität fand demnach in Surinam auf zwei Ebenen statt: einmal durch frühe rassistische Stereotype von Europäern gegenüber Nicht-Europäern und einmal als „wahre Christen" gegenüber anderen Europäern. In beiden Fällen treten die Herrnhuter als frühe Vertreter einer Zivilisierungsidee in Erscheinung. Verhandelt und präsentiert wurde die globale Identität in der Kommunikationsgemeinschaft der Briefkultur.

7. Vergewisserung des religiösen Netzwerkes im Brief

Neben der Alltagskonstruktion, der Erinnerung an Europa, dem Eurozentrismus und dem Alteritätsentwurf weisen die Briefe weitere typische Elemente herrnhuterischer Briefkultur auf. So beinhalten sämtliche Schreiben oft auch an die Ränder gekritzelte Grüße, ein Element der Vergewisserung über die globale Gemeinschaft.[77] Des Weiteren werden eine tiefe Religiosität sowie eine intensive persönliche Beziehung zu Gott deutlich. Johann Ludwig Wietz wusste sich etwa angesichts grassierender Krankheiten in Neu-Bambey oftmals nicht anders zu helfen als durch ein Gespräch mit dem „l: Heiland über unsern müßlige Lage".[78] Die eigene Religiosität wurde ferner durch das immer wiederkehrende Bekenntnis eigener Armut und Unwürdigkeit in nahezu jedem Brief bestätigt.[79] Die religiöse Selbstvergewisserung war Teil herrnhuterischer Alltagskultur und wurde dementsprechend in den Briefen kommuniziert.

---

75 Hans Wied, Paramaribo, an David Benjamin Rothe, Zeist, HUA 1004, Nr. 1153; Hans Wied, Paramaribo, an Samuel Liebisch, Herrnhut, 15.3.1795, TNA HCA 30–374.

76 Christina Arnold, Paramaribo, an Anna Margareta, Barby, 27.2.1795, TNA HCA 30–374.

77 Siehe etwa Christina Arnold, Paramaribo, an Dorothea Maria Müller, Herrnhut, 28.2.1795, TNA HCA 30–374.

78 Johann Ludwig Wietz, Neu-Bambey, an Samuel Liebisch, Berthelsdorf, 1795, TNA HCA 30–374.

79 Siehe etwa Johann Ludwig Wietz, Neu-Bambey, an J.H.G. Jahr, Neudietendorf, 6.3.1795, TNA HCA 30–374.

Schlussendlich thematisieren die Briefe die Briefkultur selbst, etwa von wem Briefe eintrafen, mit wem sie gemeinsam gelesen und wohin sie gesendet wurden.[80] Oftmals finden sich Mahnungen an Adressaten, doch fleißig zu schreiben – Johann Georg Arnold drohte einem Bruder gar mit dem Abbruch jeder Korrespondenz, wenn sein Gegenüber ihm weiterhin derartig selten antworte.[81]

Die Mahnung zum Schreiben war mehr als ein freundschaftlicher Aufruf zur Korrespondenz. Die Briefe waren für die Herrnhuter als globale Gemeinschaft essentiell. Sie fingen alles auf, was das Nachrichtennetz aus Berichten, Diarien, Losungen und den Gemeinenachrichten nicht bieten konnte: einen globalen Alltag, ein Zusammenleben über den Atlantik hinweg, wobei gleichzeitig die Distanz zur tatsächlichen räumlichen Nachbarschaft kommuniziert und manifestiert wurde.

Die über das Briefnetzwerk angestrebte Relativierung räumlicher Entfernung wurde von Lenel Wied in einem Brief an ihren Vater pointiert dargestellt. Diese war erschrocken, erst spät von der Heirat ihrer Schwester Christel erfahren zu haben und vermutete die Kaperung entsprechender Briefe. Als beinahe noch erschreckender empfand die Missionarin jedoch den Umstand, dass diese Heirat einen Umzug der Schwester von Herrnhut nach Berlin nach sich zog, denn das Befinden ihrer Schwester in „dieser großen Stadt“ bereitete ihr Sorgen: „[…] von Hause weg zu sein, [sie] weiß gar nicht waß das ist, unter frembden Leuten zu wohnen u mit ihnen umzugehen“.[82] Berlin, so scheint es, war mitunter ebenso fremd wie Paramaribo.

80 Zum Thema des gemeinsamen Lesens siehe Hans Wied, Paramaribo, an David Benjamin Rothe, Zeist, 9.8.1793, HUA 1004, Nr.1153.

81 Johann Georg Arnold, Paramaribo, an Matthias Keck, Christiansfeld, 7.3.1795, TNA HCA 30–374.

82 Lenel Wied, Paramaribo, an ihren Vater Johann Georg Schlukner, Herrnhut, 25.2.1795, TNA HCA 30–374.

Beiträgerinnen und Beiträger

Dr. Robert Born, Geisteswissenschaftliches Zentrum Geschichte und Kultur Ostmitteleuropas e.V. an der Universität Leipzig (GWZO);
rborn@uni-leipzig.de

Dr. Jessica Cronshagen, Carl von Ossietzky Universität Oldenburg, Institut für Geschichte;
j.cronshagen@uni-oldenburg.de

Dr. Lorenz Erren; Johannes Gutenberg-Universität Mainz, Arbeitsbereich Osteuropäische Geschichte;
lerren@uni-mainz.de

Prof. Dr. Dagmar Freist, Carl-von-Ossietzky Universität Oldenburg, Institut für Geschichte;
dagmar.freist@uni-oldenburg.de

PD Dr. Mihai-D. Grigore, Leibniz-Institut für Europäische Geschichte (IEG), Mainz;
grigore@ieg-mainz.de

Wojciech Gruk M.A., Uniwersytet Wrocławski, Instytut Historii Sztuki, Wrocław/Breslau;
wojciech.gruk@uni.wroc.pl

Dr. Corinna Hauswedell, Forschungsstätte der Evangelischen Studiengemeinschaft. Institut für interdisziplinäre Forschung e.V. (FEST), Heidelberg;
corinna.hauswedell@fest-heidelberg.de

Prof. em. Dr. Arno Herzig, Hamburg;
arno.herzig@uni-hamburg.de

Prof. Dr. Susanne Lachenicht, Universität Bayreuth, Lehrstuhl für Geschichte der Frühen Neuzeit;
susanne.lachenicht@uni-bayreuth.de

Dr. Anna Mikołajewska, Uniwersytet Mikołaja Kopernika w Toruniu, Katedra Filologii Germańskiej, Toruń/Thorn;
mikolajewska.anna@gmail.com

Prof. Dr. Silvia Serena Tschopp, Universität Augsburg, Philologisch-Historische Fakultät, Lehrstuhl für Europäische Kulturgeschichte;
silvia.tschopp@phil.uni-augsburg.de

Prof. Dr. Matthias Weber, Bundesinstitut für Kultur und Geschichte der Deutschen im östlichen Europa, Oldenburg;
Matthias.Weber@bkge.uni-oldenburg.de

PD Dr. Tobias Weger, Bundesinstitut für Kultur und Geschichte der Deutschen im östlichen Europa, Oldenburg;
tobias.weger@bkge.uni-oldenburg.de

Prof. Dr. Thomas Wünsch, Universität Passau, Philosophische Fakultät, Lehrstuhl für Neuere und Neueste Geschichte Osteuropas und seiner Kulturen;
thomas.wuensch@uni-passau.de